A.C.J.

competence center finanz- und bankmanagement

Herausgeber: Prof. Dr. Arnd Wiedemann

Arnd Wiedemann

Financial Engineering
Bewertung von Finanzinstrumenten

2., überarbeitete und erweiterte Auflage

Sonnemannstr. 9-11 60314 Frankfurt am Main
Telefon 0 69 / 95 91 63-0 Fax 0 69 / 95 91 63-95

> Bibliografische Information Der Deutschen Bibliothek
> Die Deutsche Bibliothek verzeichnet diese Publikation in der Deutschen Nationalbibliografie; detaillierte bibliografische Daten sind im Internet über http://dnb.ddb.de abrufbar.
> ISBN 3-933165-68-7

competence center finanz- und bankmanagement
Herausgeber: Prof. Dr. Arnd Wiedemann
Band 1:
Arnd Wiedemann: Financial Engineering – Bewertung von Finanzinstrumenten

Besuchen Sie uns im Internet:
http://www.verlag.bankakademie.de

2., überarbeitete und erweiterte Auflage 2004
© 2004 Bankakademie-Verlag GmbH, Sonnemannstraße 9–11, 60314 Frankfurt am Main

Umschlaggestaltung: Maikranz Design & Dialog, Darmstadt

Das Werk einschließlich aller seiner Teile ist urheberrechtlich geschützt. Jede Verwertung außerhalb der engen Grenzen des Urheberrechtsgesetzes ist ohne Zustimmung des Verlages unzulässig und strafbar. Das gilt insbesondere für Vervielfältigungen, Mikroverfilmungen und die Einspeicherung und Verarbeitung in elektronischen Systemen.

Printed in Germany
ISBN 3-933165-68-7

Vorwort zur 2. Auflage

Genau 1 Jahr und 2 Monate hat es gedauert, da war die 1. Auflage verkauft. Über die damit verbundene Akzeptanz am Markt habe ich mich sehr gefreut. Aus dem von unseren Leserinnen und Lesern erhaltenen Feed Back konnten wir entnehmen, dass die Konzeption des Buches ankommt. Die Kombination eines traditionellen Printmediums mit dem Internet, aber auch mit unserer Lernsoftware auf CD-ROM ermöglichen einen optimalen und zugleich effizienten Lernerfolg.

Die Neuauflage haben wir zum Anlass genommen, die Fehler zu korrigieren, die sich trotz intensivster Qualitätskontrolle in die 1. Auflage eingeschlichen haben. Bedanken möchte ich mich in diesem Zusammenhang ganz herzlich bei allen, die uns Korrekturhinweise und Verbesserungsvorschläge gemailt haben. Auch in der 2. Auflage sind wir für jeden Hinweis dankbar (fe@zinsrisiko.de).

Inhaltlich ist das Buch ebenfalls erweitert worden. Komplett umstrukturiert wurde das Kapitel Aktienoptionen und Optionspreismodelle. Methodisch baut der Text nunmehr konsequent auf den impliziten Gleichgewichtswahrscheinlichkeiten auf und leitet sämtliche Bewertungen von diesen ab. Erweitert wurde das Kapitel ferner um die Bewertung von amerikanischen Optionen und Optionen mit Dividendenrechten.

Bei den Anleihen mit Mehrfachkündigungsrechten ist ein Kapitel zu stochastischen Zinssätzen in einer risikoneutralen Binomialstruktur eingefügt worden, die zu deren Bewertung benötigt werden. Neben den Multi-Callable Bonds sind nun zusätzlich auch die Multi-Putable Bonds aufgenommen worden. Vollständig neu ist das Kapitel zu den Wandelanleihen. Diese sind momentan als Finanzierungsvehikel für Unternehmen sehr in Mode, aufgrund ihrer finanzmathematischen Komplexität für einen Investor aber schwer durchschaubar. Dies gilt insbesondere dann, wenn neben dem reinen Wandlungsrecht auch noch Kündigungsrechte integriert sind.

Bei der Überarbeitung und Erweiterung wurde ich tatkräftig von meinem Mitarbeiter, Herrn Dipl.-Kfm. Heino Betz, unterstützt. In vielen Diskussionen haben wir immer wieder das didaktische Konzept auf den Prüfstand gestellt. Bei der technischen Umsetzung half wieder Frau Dipl.-Kffr. Nadine Treichel. Neu hinzugekommen ist Herr cand. rer. pol. Patrick Birkhölzer. Ihnen allen sei für ihr Engagement herzlich gedankt!

Siegen, im Januar 2004 *Arnd Wiedemann*

Vorwort zur 1. Auflage

Mit dem Buch „Financial Engineering – Bewertung von Finanzinstrumenten" liegt nunmehr der erste Band der neu gegründeten Schriftenreihe „competence center finanz- und bankmanagement" vor. Die Schriftenreihe möchte im Bereich Finanz- und Bankmanagement die Nahtstelle zwischen Theorie und Praxis besetzen.

Die wissenschaftliche Seite deckt mein gleichnamiger Lehrstuhl an der Universität Siegen ab, dessen thematischer Fokus auf Fragen der modernen Banksteuerung und des unternehmerischen Finanzmanagements, speziell des finanziellen Risikomanagements in Unternehmen, liegt. Mit der Schriftenreihe soll auch eine Plattform für Dissertationen und gegebenenfalls herausragende Diplomarbeiten geschaffen werden, um neueste Erkenntnisse aus dem Bereich des Finanz- und Bankmanagements an wissenschaftlich interessierte Leserinnen und Leser zu kommunizieren.

Die Schriftenreihe will darüber hinaus praxisorientierte Fragestellungen aufgreifen, auf die unsere Beratungsgesellschaft, die ccfb – Prof. Dr. Wiedemann Consulting GmbH & Co. KG, im Rahmen von Projekten stößt und deren Diskussion uns von allgemeinem Interesse scheint.

Das Fundament des vorliegenden ersten Bandes bildet die Einstiegsvorlesung der von mir in Siegen vertretenen speziellen Betriebswirtschaftslehre Finanz- und Bankmanagement. Auf der Vorlesung „Bewertung von Finanzinstrumenten" bauen sowohl die bankspezifischen Vorlesungen (Ergebnisinformationssysteme in Banken und Risikomanagement in Banken) als auch die unternehmensspezifischen Vorlesungen (Finanzcontrolling und Risikomanagement in Unternehmen) auf.

Das Vorlesungskonzept zu diesem Buch hat sich in der Lehre bewährt und wird multimedial durch ein Selbstlernprogramm ergänzt und unterstützt. Auf vielfachen Wunsch wird das Lehrmaterial nun durch das vorliegende Buch komplettiert.

Da Finanzprodukte im Allgemeinen und die strukturierten Produkte im Speziellen einem steten Wandel unterliegen und häufig auch von ganz bestimmten Marktsituationen abhängen, haben wir unter www.zinsrisiko.de eine Diskussionsplattform (Rubrik: Akademie online) geschaffen, die neben Lösungshinweisen zu den Fallstudien auch Raum für neuere Entwicklungen bietet. Für Korrekturhinweise und Verbesserungsvorschläge sind wir dankbar.

Inhaltlich basieren die Ausführungen auf dem ausgereiften und praktisch mehrfach erprobten Vorlesungsskript. Die Qualität eines Buches steht und fällt aber insbesondere mit den an der Erstellung des Werkes Beteiligten. Hier wurde ich wesentlich von zwei Mitarbeitern unterstützt, Herrn Dipl.-Kfm. Heino Betz und Herrn Dipl.-Kfm. Andreas von Stosch, die mit hohem persönlichen Engagement die zügige Erstellung vorantrieben.

Bei der Anfertigung der zahlreichen Abbildungen halfen die Damen und Herren cand. rer. pol. Peik Achtert, Jörg Frohne, Kerstin Mittelbach, Jelena Schaufler und Nadine Treichel. Die technische Gesamtkoordination lag in den Händen von Herrn Dipl.-Kfm. Christian Volker Schwarz, der alle Herausforderungen, die ein solches Buchprojekt mit sich bringt, souverän löste. Ihnen allen gilt mein herzlicher Dank!

Siegen, im November 2002 *Arnd Wiedemann*

Inhaltsübersicht

1	Financial Engineering	1
2	Finanzmathematische Grundlagen	3
2.1	Basiselemente der Finanzmathematik	3
2.2	Zahlungsstrom-Transformatoren	11
2.3	Barwertberechnung	28
2.4	Yield to Maturity	35
2.5	Fallstudien zu finanzmathematischen Grundlagen	39
3	Symmetrische Finanzprodukte	41
3.1	Festverzinsliche Anleihen	41
3.2	Variabel verzinsliche Anleihen (Floater)	86
3.3	Forward Rate Agreements	89
3.4	Swaps	100
3.5	Fallstudien zu symmetrischen Finanzprodukten	131
4	Aktienoptionen und Optionspreismodelle	139
4.1	Optionstypen	139
4.2	Gewinn- und Verlustmöglichkeiten bei Optionsgeschäften	142
4.3	Bewertungskomponenten von Optionen	145
4.4	Optionspreismodelle	155
4.5	Fallstudien zu Optionspreismodellen	216
5	Strukturierte Finanzprodukte mit Aktienoptionen	219
5.1	Aktienanleihen	219
5.2	Discount-Zertifikate	235
5.3	Index-basierte Anleihen	240
5.4	Fallstudien zu strukturierten Finanzprodukten mit Aktienoptionen	261
6	Zinsoptionen	265
6.1	Anleiheoptionen	265
6.2	Caps	287
6.3	Floors	300

	6.4	Collars	312
	6.5	Swaptions	320
	6.6	Fallstudien zu Zinsoptionen	332
7		Strukturierte Finanzprodukte mit Zinsoptionen	339
	7.1	Anleihen mit einfachem Kündigungsrecht	339
	7.2	Anleihen mit mehrfachem Kündigungsrecht	358
	7.3	Reverse Floater	374
	7.4	Leveraged Floater	386
	7.5	Gecapte Constant Maturity Swaps	395
	7.6	Fallstudien zu strukturierten Finanzprodukten mit Zinsoptionen	400
8		Wandelanleihen	407
	8.1	Produktdesign von Wandelanleihen	407
	8.2	Einsatz von deterministischen Forward Rates in Binomialbäumen	410
	8.3	Bewertung einer unkündbaren Wandelanleihe	416
	8.4	Bewertung einer kündbaren Wandelanleihe	424
	8.5	Fallstudien zu Wandelanleihen	431

Anhang 433

Abkürzungsverzeichnis 435

Literaturverzeichnis 439

Stichwortverzeichnis 441

Inhaltsverzeichnis

1	Financial Engineering	1
2	Finanzmathematische Grundlagen	3
	2.1 Basiselemente der Finanzmathematik	3
	2.1.1 Zinsbegriffe	3
	2.1.2 Zählweisen	3
	2.1.3 Zinskalküle	5
	2.1.4 Zinsstrukturkurven	7
	2.2 Zahlungsstrom-Transformatoren	11
	2.2.1 Zerobond-Abzinsfaktoren	11
	2.2.2 Zerobond-Aufzinsfaktoren	17
	2.2.3 Nullkuponzinssätze	20
	2.2.4 Forward-Zinssätze	23
	2.2.5 Interpolation von Zinssätzen	24
	2.2.6 Kalkulatorische Dreiecksbeziehung	25
	2.3 Barwertberechnung	28
	2.3.1 Barwertberechnung bei flacher Zinsstrukturkurve	28
	2.3.2 Barwertberechnung durch Duplizierung	29
	2.3.3 Barwertberechnung mit Hilfe von Zerobond-Abzinsfaktoren	33
	2.4 Yield to Maturity	35
	2.5 Fallstudien zu finanzmathematischen Grundlagen	39
	2.5.1 Fallstudie 1: Berechnung von Zahlungsstrom-Transformatoren	39
	2.5.2 Fallstudie 2: Barwertbestimmung	39
3	Symmetrische Finanzprodukte	41
	3.1 Festverzinsliche Anleihen	41
	3.1.1 Bewertung von bonitätsrisikolosen festverzinslichen Anleihen	41
	3.1.1.1 Anleihen mit jährlicher Zinszahlung	41
	3.1.1.2 Anleihen mit halbjährlicher Zinszahlung	47
	3.1.1.3 Nullkupon-Anleihen	49
	3.1.2 Kurswertrisiko von bonitätsrisikolosen festverzinslichen Anleihen	51
	3.1.3 Kennzahlen zur Abbildung von Kurswertrisiken	60
	3.1.3.1 Duration	60
	3.1.3.2 Modified Duration	64
	3.1.3.3 Convexity	66

	3.1.3.4	Effective Duration 72
	3.1.3.5	Key Rate Durationen 74
	3.1.3.6	Basispoint Values 76
3.1.4		Bewertung von bonitätsrisikobehafteten festverzinslichen Anleihen 78
3.2		Variabel verzinsliche Anleihen (Floater) 86
3.3		Forward Rate Agreements 89
3.3.1		Produkteigenschaften von Forward Rate Agreements 89
3.3.2		Bewertung von Forward Rate Agreements 91
3.4		Swaps 100
3.4.1		Plain Vanilla Swaps 100
	3.4.1.1	Produkteigenschaften von Plain Vanilla Swaps 100
	3.4.1.2	Bewertung von Plain Vanilla Swaps 102
	3.4.1.3	Barwertrisiko von Plain Vanilla Swaps 103
3.4.2		Forward Swaps 108
	3.4.2.1	Produkteigenschaften von Forward Swaps 108
	3.4.2.2	Bewertung von Forward Swaps 109
3.4.3		In Area Swaps 112
	3.4.3.1	Produktbeschreibung 112
	3.4.3.2	Convexity Adjustment 114
	3.4.3.3	Bewertung von In Area Swaps 117
3.4.4		Constant Maturity Swaps 121
	3.4.4.1	Produktbeschreibung 121
	3.4.4.2	Timing Adjustment 123
	3.4.4.3	Bewertung von Constant Maturity Swaps 124
3.5		Fallstudien zu symmetrischen Finanzprodukten 131
3.5.1		Fallstudie 3: Bewertung von bonitätsrisikolosen Anleihen 131
3.5.2		Fallstudie 4: Durationsanalyse 132
3.5.3		Fallstudie 5: Bewertung von bonitätsrisikobehafteten Anleihen . 133
3.5.4		Fallstudie 6: Bewertung eines Floaters 133
3.5.5		Fallstudie 7: Bewertung von Forward Rate Agreements 134
3.5.6		Fallstudie 8: Bewertung von Plain Vanilla Swaps 134
3.5.7		Fallstudie 9: Bewertung von Forward Swaps 135
3.5.8		Fallstudie 10: Bewertung eines In Area Swaps 136
3.5.9		Fallstudie 11: Bewertung eines Constant Maturity Swaps 137
4		Aktienoptionen und Optionspreismodelle 139
4.1		Optionstypen 139
4.2		Gewinn- und Verlustmöglichkeiten bei Optionsgeschäften 142

4.3		Bewertungskomponenten von Optionen	145
	4.3.1	Auszahlungsprofile	145
	4.3.2	Innerer Wert	146
	4.3.3	Zeitwert	149
	4.3.4	Preisbestimmungsfaktoren von Optionen	151
4.4		Optionspreismodelle	155
	4.4.1	Modellansätze	155
	4.4.2	Binomialmodell	156
	4.4.2.1	Modellstruktur	156
	4.4.2.2	Herleitung der Auf- und Abwärtsfaktoren	158
	4.4.2.3	Gleichgewichtsbedingung	159
	4.4.2.4	Bewertung von europäischen Calloptionen	162
	4.4.2.4.1	Einperiodenfall	162
	4.4.2.4.2	Duplikationsansatz	164
	4.4.2.4.3	Analytische Bestimmung des Callpreises	168
	4.4.2.5	Bewertung von europäischen Putoptionen	172
	4.4.2.6	Put-Call Parität	178
	4.4.2.7	Mehrperiodenfall bei europäischen Optionen	179
	4.4.2.8	Bewertung von amerikanischen Calloptionen	184
	4.4.2.9	Bewertung von amerikanischen Putoptionen	191
	4.4.2.10	Dividendenzahlungen	198
	4.4.3	Black/Scholes-Modell	204
	4.4.3.1	Modellstruktur	204
	4.4.3.2	Bewertungsformel für Calloptionen	204
	4.4.3.3	Verteilungsannahme der Kurse	206
	4.4.3.4	Wurzelgesetz	209
	4.4.3.5	Einfluss der Volatilität und der Restlaufzeit auf den Optionspreis	210
	4.4.3.6	Bewertungsformel für Putoptionen	212
	4.4.4	Vergleich der Modelle	213
4.5		Fallstudien zu Optionspreismodellen	216
	4.5.1	Fallstudie 12: Bewertung mit dem Binomialmodell	216
	4.5.2	Fallstudie 13: Bewertung mit dem Black/Scholes-Modell	217
5		Strukturierte Finanzprodukte mit Aktienoptionen	219
5.1		Aktienanleihen	219
	5.1.1	Produktdesign	219
	5.1.2	Vergleich zwischen Aktienanleihe und Direktinvestion	221
	5.1.3	Risiken und Auswahlkriterien	225

5.1.4	Bewertung einer Aktienanleihe	227
5.1.5	Berechnung der Kuponhöhe	231

5.2 Discount-Zertifikate ... 235
   5.2.1 Produktdesign ... 235
   5.2.2 Bewertung eines Discount-Zertifikats ... 236
   5.2.3 Vergleich zwischen Aktienanleihe und Discount-Zertifikat ... 238

5.3 Index-basierte Anleihen ... 240
   5.3.1 Produktdesign ... 240
   5.3.2 Vergleich der index-basierten Anleihe mit einer Festzinsanlage ... 242
   5.3.3 Vergleich einer index-basierten Anleihe mit einer Direktinvestition ... 248
   5.3.4 Bewertung index-basierter Anleihen ... 250
      5.3.4.1 Synthetische Konstruktion ... 250
      5.3.4.2 Index-Optionen ... 253
      5.3.4.3 Preiskomponenten der index-basierten Anleihe ... 258

5.4 Fallstudien zu strukturierten Finanzprodukten mit Aktienoptionen ... 261
   5.4.1 Fallstudie 14: Bewertung einer Aktienanleihe ... 261
   5.4.2 Fallstudie 15: Bewertung eines Discount-Zertifikats ... 262
   5.4.3 Fallstudie 16: Bewertung einer index-basierten Anleihe ... 263

6 Zinsoptionen ... 265

6.1 Anleiheoptionen ... 265
   6.1.1 Vergleich von Anleihe- und Aktienoptionen ... 265
   6.1.2 Modellierung des Anleihekursverlaufs ... 270
   6.1.3 Bewertung von Anleihe-Calloptionen ... 273
   6.1.4 Bewertung von Anleihe-Putoptionen ... 277
   6.1.5 Zins- und Kursvolatilitäten ... 278

6.2 Caps ... 287
   6.2.1 Auszahlungsprofile von Caps ... 287
   6.2.2 Caplets ... 289
   6.2.3 Ausgleichszahlungen von Caps ... 292
   6.2.4 Innerer Wert von Caps ... 294
   6.2.5 Black-Modell für Caps ... 297

6.3 Floors ... 300
   6.3.1 Auszahlungsprofile von Floors ... 300
   6.3.2 Floorlets ... 302
   6.3.3 Ausgleichszahlungen von Floors ... 304
   6.3.4 Innerer Wert von Floors ... 306

6.3.5 Black-Modell für Floors 309
6.4 Collars 312
    6.4.1 Produktdesign 312
    6.4.2 Innerer Wert von Collars 315
    6.4.3 Black-Modell für Collars 318
6.5 Swaptions 320
    6.5.1 Auszahlungsprofile von Swaptions 320
    6.5.2 Ausgleichszahlungen von Swaptions 324
    6.5.3 Innerer Wert von Swaptions 325
    6.5.4 Black-Modell für Swaptions 329
6.6 Fallstudien zu Zinsoptionen 332
    6.6.1 Fallstudie 17: Bewertung von Anleiheoptionen 332
    6.6.2 Fallstudie 18: Bewertung von Caps 333
    6.6.3 Fallstudie 19: Bewertung von Floors 334
    6.6.4 Fallstudie 20: Bewertung von Collars 335
    6.6.5 Fallstudie 21: Bewertung von Swaptions 336

7 Strukturierte Finanzprodukte mit Zinsoptionen 339

7.1 Anleihen mit einfachem Kündigungsrecht 339
    7.1.1 Produktdesign 339
    7.1.2 Single-Putable Bonds 340
        7.1.2.1 Auszahlungsprofile 340
        7.1.2.2 Bewertung von Single-Putable Bonds 345
    7.1.3 Single-Callable Bonds 349
        7.1.3.1 Auszahlungsprofile 349
        7.1.3.2 Bewertung von Single-Callable Bonds 353
7.2 Anleihen mit mehrfachem Kündigungsrecht 358
    7.2.1 Produktdesign 358
    7.2.2 Einsatz von stochastischen Forward Rates in Binomialbäumen 359
    7.2.3 Multi-Callable Bonds 365
    7.2.4 Multi-Putable Bonds 370
7.3 Reverse Floater 374
    7.3.1 Produktdesign 374
    7.3.2 Symmetrische Komponenten eines Reverse Floater 375
    7.3.3 Optionskomponenten eines Reverse Floater 378
    7.3.4 Bewertung der Komponenten eines Reverse Floaters 379
7.4 Leveraged Floater 386
    7.4.1 Produktdesign 386

	7.4.2	Symmetrische Komponenten eines Leveraged Floater 387
	7.4.3	Optionskomponenten eines Leveraged Floaters 389
	7.4.4	Bewertung der Komponenten eines Leveraged Floater 391
7.5		Gecapte Constant Maturity Swaps 395
	7.5.1	Produktdesign 395
	7.5.2	Bewertung der Optionskomponente 397
7.6		Fallstudien zu strukturierten Finanzprodukten mit Zinsoptionen 400
	7.6.1	Fallstudie 22: Bewertung eines Single-Putable Bond 400
	7.6.2	Fallstudie 23: Bewertung eines Multi-Callable Bond 401
	7.6.3	Fallstudie 24: Bewertung eines Reverse Floaters 402
	7.6.4	Fallstudie 25: Bewertung eines Leveraged Floater 403
	7.6.5	Fallstudie 26: Bewertung eines gecapten Constant Maturity Swaps 404

8 Wandelanleihen 407

8.1 Produktdesign von Wandelanleihen 407
8.2 Einsatz von deterministischen Forward Rates in Binomialbäumen 410
8.3 Bewertung einer unkündbaren Wandelanleihe 416
8.4 Bewertung einer kündbaren Wandelanleihe 424
8.5 Fallstudien zu Wandelanleihen 431
    8.5.1 Fallstudie 27: Bewertung einer unkündbaren Wandelanleihe 431
    8.5.2 Fallstudie 28: Bewertung einer kündbaren Wandelanleihe 432

Anhang 433

Abkürzungsverzeichnis 435

Literaturverzeichnis 439

Stichwortverzeichnis 441

1 Financial Engineering

Die Welt der Finanzinstrumente wird stetig vielfältiger. Auch die Geschwindigkeit, mit der sich neue Formen der Geldanlage entwickeln, nimmt rasant zu. Noch zu Beginn des 20. Jahrhunderts dominierte die Anleihe als Anlageform. Diese existiert auch heute noch, sei es mit fixen oder variablen Zinserträgen. Sie bekam jedoch im Verlauf des vorherigen Jahrhunderts Konkurrenz durch die Aktie. Um beide Anlageformen herum entwickelten sich immer neue Finanzinstrumente. So entstanden Swaps, um Zinserträge zu tauschen oder Forward Rate Agreements um zukünftige Zinsen bereits heute zu sichern.

Gegen Ende des vorherigen Jahrhunderts kamen auch asymmetrische Produkte hinzu. Sie sind dadurch gekennzeichnet, dass ihre Gewinn- und Verlustmöglichkeiten nicht gleichverteilt sind. Die bekannteste Form ist die Option. Es gibt mittlerweile Optionen auf die unterschiedlichsten Basisinstrumente. So kann mit Optionen z.B. an der Entwicklung von Aktien, Zinsen oder Währungen partizipiert werden.

Nachdem eine Vielzahl von verschiedenen Produkten am Markt existiert, wurde begonnen, diese auch miteinander zu kombinieren. Ähnlich dem Konstruieren eines Ingenieurs wird dieser Vorgang „Financial Engineering" genannt.

Es gibt zwei wesentliche Gründe für die rasante Entwicklung des Financial Engineering. Zum einen haben sowohl die Firmenkunden als auch die Privatkunden und institutionellen Anleger einen großen Bedarf an individuellen, massgeschneiderten Lösungen, die ihren finanziellen Bedürfnissen resp. ihren Anlageinteressen entsprechen. Als zweites versuchen sich die Anbieter von Finanzprodukten in einer Welt zunehmender Informationstransparenz durch innovative Produkte von der Konkurrenz abzusetzen.

Dieses Buch soll es dem Leser ermöglichen, sich im Dschungel der Finanzinstrumente zurechtzufinden. Dazu wird beschrieben, wie sich die einzelnen Finanzprodukte bewerten lassen. Begonnen wird mit symmetrischen Basisinstrumenten, wie Straight Bonds oder Floatern aber auch derivativen Produkten wie Forward Rate Agreements und Swaps. Anschließend folgt ein Kapitel zu den asymmetrischen Basisinstrumenten. Die Grundlagen werden am Beispiel von Aktienoptionen erklärt.

In einem ersten Block von strukturierten Finanzprodukten werden Kombinationen aus Anleihen und Aktienoptionen vorgestellt und bewertet. Dazu gehören Aktienanleihen, Discount-Zertifikate und index-basierte Anleihen.

Anschließend werden Zinsoptionen erläutert und bewertet. Hierzu zählen Anleiheoptionen, Caps, Floors und Swaptions. Auch sie werden mit den symmetrischen Basisinstrumenten verknüpft. Dies ergibt Produkte wie Callable Bonds, Putable Bonds, Reverse und Leveraged Floater oder gecapte Constant Maturity Swaps.

Den Abschluss bildet ein Kapitel zu Wandelanleihen, die aufgrund ihrer Hybridstruktur sowohl Fremd- wie auch Eigenkapitalbestandteile enthalten. Neben den Varianten mit ausschließlichem Wandlungsrecht für den Investor werden auch Konstruktionen mit zusätzlichem Kündigungsrecht für den Emittenten analysiert.

Vom didaktischen Konzept verfolgt das Buch zwei Ansätze, die miteinander kombiniert werden. Zum einen werden stets zuerst die Basisinstrumente vorgestellt, aus deren Kombination anschliessend exemplarisch neue Finanzinstrumente konstruiert werden. Neben dem Verständnis für die grundlegenden Kombinationstechniken und Bewertungsansätze sollen auch vielfältige Möglichkeiten zur selbständigen Anwendung des Erlernten geboten werden. Hierzu sind eine Reihe von Fallstudien entwickelt worden.

Lösungshinweise zu den Fallstudien bietet das Internetportal zum finanziellen Risikomanagement in Unternehmen und Banken www.zinsrisiko.de. Zum Download stehen auf www.zinsrisiko.de auch eine Vielzahl von EXCEL-basierten Bewertungstools zur Verfügung, auf die im Text hingewiesen wird. Da sich der Markt für Finanzinstrumente im ständigen Umbruch befindet, ist auch eine Diskussionsplattform für neue Entwicklungen eingerichtet worden. Diese bietet auch die Möglichkeit, uns Korrekturhinweise, Fehler und Verbesserungsmöglichkeiten mitzuteilen. Wir freuen uns über jede Mail!

2 Finanzmathematische Grundlagen

2.1 Basiselemente der Finanzmathematik

2.1.1 Zinsbegriffe

Die Grundlage für die Bewertung sämtlicher Zinsinstrumente sind Marktzinsen. An den internationalen Finanzmärkten existieren eine Vielzahl von Zinssätzen und gleichzeitig auch eine große Anzahl an unterschiedlichen Bezeichnungen für die verschiedenen Zinssätze. Zu Beginn dieses Kapitels werden die wichtigsten Zinsbegriffe dargestellt, die unterschiedlichen Zählweisen, die an den Märkten existieren beschrieben, sowie die drei Zinskalküle lineare, exponentielle und kontinuierliche Verzinsung erläutert. Abschließend wird auf den Begriff und das Wesen von Zinsstrukturkurven eingegangen.

Als **Nominalzins** wird derjenige Zins bezeichnet, welcher den Kosten einer Geldaufnahme bzw. dem Ertrag für eine Geldanlage für eine bestimmte Zeitperiode entspricht. Ist beispielsweise der Nominalzins für ein Girokonto 1 % p.a., erhält der Kontoinhaber für jeden sich heute durchgängig für das ganze nächste Jahr auf dem Konto befindlichen Euro einen Cent nach Ablauf des Jahres an Zinsen.

Kuponzinssätze werden die Zinssätze von klassischen festverzinslichen Anleihen genannt (vgl. Kapitel 3.1). Sie geben denjenigen Zinssatz an, zu dem sich ein Straight Bond, d.h. eine Anleihe mit jährlicher Zinszahlung und endfälliger Tilgung, verzinst.

In der Praxis wird sehr oft auch mit **Nullkuponzinssätzen**, sogenannten **Zero Rates** kalkuliert. Diese Zinssätze berücksichtigen den Zinseszinseffekt bei mehrjährigen Geldaufnahmen oder -anlagen. Die Zero Rates schließen Zinszahlungen zwischen dem Beginn und dem Ende eines Finanzgeschäftes aus, so dass nur noch zwei Zahlungszeitpunkte existieren, der Beginn und das Ende des jeweiligen Geschäftes.

2.1.2 Zählweisen

Hinter oder vor den aktuellen Kursen von Anleihen stehen oft die Bezeichnungen „30/360", „30/365", „act/360", „act/365" oder „act/act". Diese Bezeichnungen beziehen sich auf die jeweilige Zählweise der Tage für die Zinsberechnung.

Bei der Bezeichnung **30/360** wird unabhängig von der tatsächlichen Anzahl der Tage in einem Monat, jeder Monat mit 30 Tagen und das Jahr mit 360 Tagen angesetzt. Bei **30/365** wird dementsprechend das Jahr mit 365 Tagen kalkuliert.

Die Bezeichnungen **act/360** und **act/365** bedeuten, dass bei der Ermittlung der Laufzeittage die exakte kalendarische Anzahl der Tage angesetzt wird und das Jahr wiederum pauschal mit 360 bzw. 365 Tagen gezählt wird.

Bei der letzten Bezeichnung **act/act** werden sowohl die Laufzeittage als auch die Tage des Kalenderjahres exakt ermittelt.

Innerhalb der beschriebenen Zählweisen kann durch Umformen jede Zählweise in eine andere transformiert werden. Wird beispielsweise für einen Zinssatz $i_{(1)}$ mit der Zählweise act/360 der entsprechende Zinssatz $i_{(2)}$ mit der Zählweise act/365 gesucht, ergibt sich folgender Zusammenhang:

$$i_{(2)} = \frac{360}{365} \cdot i_{(1)} \quad \text{und} \quad i_{(1)} = \frac{365}{360} \cdot i_{(2)}$$

Bei einem 1-Jahreszins $i_{(1)}$ auf Basis act/360 von 5,00 % ergibt sich ein korrespondierender Zinssatz i_2 auf Basis von act/365 von 4,93 %:

$$i_{(2)} = \frac{360}{365} \cdot i_{(1)} \rightarrow \quad i_{(2)} = \frac{360}{365} \cdot 5,00 = \mathbf{4,93\ \%}$$

Wird für einen Zinssatz $i_{(1)}$ mit m Zinsverrechnungsterminen pro Jahr ein entsprechender Zinssatz $i_{(2)}$ mit nur einem Zinsverrechnungstermin im Jahr gesucht, ergibt sich folgende Beziehung:

$$i_{(2)} = \left[1 + \frac{i_{(1)}}{m}\right]^m - 1 \quad \text{und} \quad i_{(1)} = \left[(1 + i_{(2)})^{\frac{1}{m}} - 1\right] \cdot m$$

Sei $i_{(1)}$ mit m=2 Zinsverrechnungsterminen pro Jahr (halbjährliche Zinszahlungen) gleich 4,94 %, dann ergibt sich ein korrespondierender Zins $i_{(2)}$ mit nur einem Zinsverrechnungstermin pro Jahr von 5,00 %:

$$i_{(2)} = \left[1 + \frac{0,0494}{2}\right]^2 - 1 = 0,05 = \mathbf{5,00\ \%}$$

2.1.3 Zinskalküle

Nachdem die unterschiedlichen Zinssätze und deren Zählweisen erläutert wurden, folgt jetzt die Darstellung der verschiedenen Methoden zur Berechnung der Zinsen. Dabei wird zwischen linearer oder einfacher Verzinsung, exponentieller und kontinuierlicher Verzinsung unterschieden.

Die **lineare Verzinsung** ist die einfachste Form der Verzinsung. Die mathematische Formel für diese Methode der Verzinsung lautet:

$$NV_n = NV_0 \cdot [1 + i \cdot LZ(t_0, t_n)]$$

mit:
- NV_n = Nominalvolumen inklusive Zinszahlung in t=n
- NV_0 = Nominalvolumen
- i = Zinssatz
- $LZ(t_0, t_n)$ = Laufzeit von t=0 bis t=n in Jahren

Anhand eines Beispiels soll die Berechnung einer linearen Verzinsung dargestellt werden. Ein Anleger habe 100 EUR Anfangskapital, welches er für drei Jahre zu einem Zinssatz von 4 % anlegen möchte. Bei linearer Verzinsung erhält er innerhalb der drei Jahre 112 EUR:

$$NV_3 = 100 \cdot (1 + 0{,}04 \cdot 3) = 112 \text{ EUR}$$

Die Methode der linearen Verzinsung betrachtet keine Zinseszinseffekte, sondern addiert lediglich die jährlich anfallenden Zinszahlungen von 4 EUR zu insgesamt 12 EUR nach 3 Jahren.

Mit Hilfe der **exponentiellen Verzinsung** lässt sich der bei der linearen Verzinsung vernachlässigte Zinseszinseffekt berücksichtigen. Mathematisch ergibt sich die exponentielle Verzinsung aus:

$$NV_n = NV_0 \cdot (1 + i)^{LZ(t_0, t_n)}$$

Betrachtet man erneut obiges Beispiel der 3-jährigen Geldanlage von 100 EUR zu 4 %, resultiert bei exponentieller Verzinsung nach 3 Jahren ein Kapitalbetrag in Höhe von 112,49 EUR:

$$NV_3 = 100 \cdot (1 + 0{,}04)^3 = 112{,}49 \text{ EUR}$$

Derselbe Betrag ergibt sich auch mit der linearen Verzinsung, wenn die jährlich anfallenden Zinsen stets erneut für ein Jahr anlegt werden (vgl. Abb. 1).

t	0	1	2	3	Summe
Nominal-volumen	100,00				100,00
Zinsen		4,00	4,00	4,00	12,00
Zinses-zinsen			4 · 0,04 = 0,16	4 · 0,04 = 0,16 4,16 · 0,04 = 0,17	0,49
Summe	100,00	4,00	4,16	4,33	12,49

Abb. 1: Überführung der linearen in exponentielle Verzinsung

Bei der Methode der **kontinuierlichen oder stetigen Verzinsung** wird schließlich davon ausgegangen, dass die Zinsen nicht nur jährlich weiterverzinst werden, sondern täglich bzw. kontinuierlich. Mathematisch errechnet sich die kontinuierliche Verzinsung aus folgender Formel:

$$NV_n = NV_0 \cdot e^{i \cdot LZ(t_0, t_n)}$$

Aus dem obigen Beispiel würde nach drei Jahren ein Kapitalbetrag in Höhe von 112,75 EUR resultieren:

$$NV_3 = 100 \cdot e^{0,04 \cdot 3} = 112,75 \text{ EUR}$$

Auch in diesem Fall kann der stetige Zinssatz aus der einfachen linearen Verzinsung berechnet werden. Dafür müssen in einem ersten Schritt beide Kapitalbeträge inklusive Zinszahlungen in t=n gleichgesetzt werden. Durch Einsetzen und entsprechende Umformungen ergibt sich schließlich folgende Formel:

$$i_{kontinuierlich} = \frac{\ln[1 + i_{linear} \cdot LZ(t_0, t_n)]}{LZ(t_0, t_n)}$$

Im Beispiel wäre ein linearer 3-Jahreszins von 4,00 % äquivalent einem exponentiellen 3-Jahreszins von 3,78 %.

$$i_{kontinuierlich} = \frac{\ln(1 + 0{,}04 \cdot 3)}{3} = 0{,}0378 = \mathbf{3{,}78\ \%}$$

Fazit: Je häufiger die anfallenden Zinsen dem Kapital zugerechnet und mitverzinst werden, desto höher ist der Kapitalbetrag am Ende der Laufzeit. Einen Vergleich aller drei Zinskalküle zeigt Abb. 2.

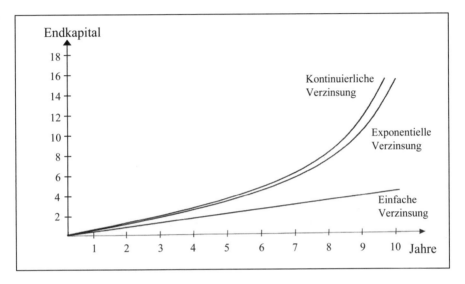

Abb. 2: Vergleich der drei Zinskalküle

2.1.4 Zinsstrukturkurven

In der Regel können an den Finanzmärkten für unterschiedliche Laufzeiten auch verschiedene Zinssätze beobachtet werden. Geldmarktzinsen decken den Laufzeitbereich von einem Tag bis zu einem Jahr ab. Quotiert werden Geldmarktzinsen üblicherweise im Abstand von einem Monat. Überjährig existieren Zinssätze am Kapitalmarkt für Laufzeiten von einem bis zu 30 Jahren. Hier werden die Zinssätze in Laufzeiten von ganzen Jahren notiert.

Werden sämtliche Punkte von bekannten Zinssätzen des Geld- und Kapitalmarktes in einem Koordinatensystem abgetragen, welches jeder Laufzeit den entsprechenden Zinssatz zuordnet, und diese Punkte daraufhin miteinander verbunden, erhält man eine **Zinsstrukturkurve**. Liegt vereinfacht der 1-jährige Zinssatz bei

4 %, der 2-jährige bei 5 % und der 3-jährige bei 6 %, resultiert daraus die in Abb. 3 dargestellte Zinsstrukturkurve.

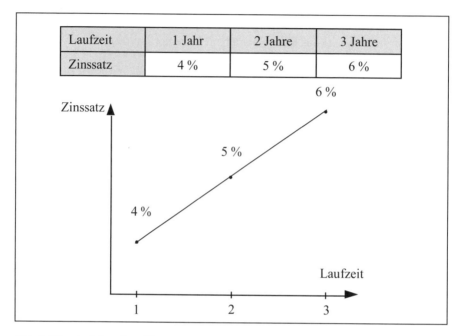

Abb. 3: Konstruktion einer Zinsstrukturkurve

Eine bekannte Zinsstrukturkurve an den deutschen Finanzmärkten leitet sich aus dem **Deutschen Rentenindex,** kurz **REX** genannt, ab. Der REX ist ein Indikator für die Kursentwicklung von Anleihen, der in Euro ausgewiesen dem Kurs einer Bundesanleihe mit einem durchschnittlichem Kupon von 7,44 % entspricht und stets eine durchschnittliche Laufzeit von 5,49 Jahren aufweist. Die Berechnung erfolgt in fünf Schritten (vgl. STEINER/BRUNS 2002, S. 150):

1. Es werden die Renditen aller Anleihen, Obligationen und Schatzanweisungen des Bundes sowie des Fonds Deutscher Einheit aus den jeweiligen Schlusskursen berechnet.

2. Daraus wird die Renditestruktur in Abhängigkeit vom jeweiligen Kupon und der jeweiligen Laufzeit erstellt.

3. Aus der erstellten Renditestruktur werden diejenigen Renditen mit ganzzahligen Laufzeiten in die Kurse von 30 Indexanleihen umgerechnet. Bei den 30 Indexanleihen handelt es sich um fiktive idealtypische Anleihen mit ganzzahligen Laufzeiten zwischen 1 und 10 Jahren sowie drei ver-

mit ganzzahligen Laufzeiten zwischen 1 und 10 Jahren sowie drei verschiedenen Kuponzinssätzen in Höhe von 6 %, 7,5 % und 9 %.

4. Jeder der ermittelten Kurse wird mit seinem aus drei kompletten Zinszyklen errechneten Gewicht multipliziert.

5. Die Summe der 30, mit den Gewichten multiplizierten Kurse ergibt den REX. Ausführlich wird die Konzeption des REX bei SCHIERENBECK/ WIEDEMANN 1996, S. 244 ff. dargestellt.

Die Basis für die Berechnung des REX bildet der 30.12.1987. Abb. 4 zeigt die Zinsstrukturkurven des REX und zusätzlich des **PEX** (Deutscher Pfandbriefindex) sowie die **Swapsätze** vom 23.05.2001.

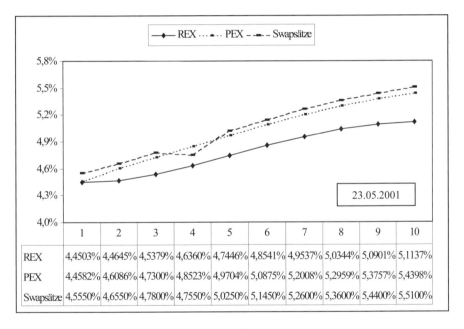

Abb. 4: REX-, PEX- und Swapkurve im Vergleich

Liegen die kurzfristigen Zinsen unter den langjährigen, spricht man von einer **„normalen" Zinsstrukturkurve**. Sind hingegen die kurzfristigen Zinsen höher als die langfristigen wird die Zinsstrukturkurve als **„invers"** bezeichnet. Sind die Zinsen aller Laufzeiten gleich hoch, liegt eine **„flache" Zinsstrukturkurve** vor (vgl. Abb. 5).

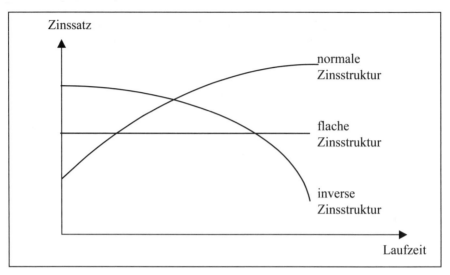

Abb. 5: Normale, inverse und flache Zinsstrukturkurve

2.2 Zahlungsstrom-Transformatoren

2.2.1 Zerobond-Abzinsfaktoren

Unter Zahlungsstrom-Transformatoren werden alle Instrumente zusammengefasst, mit denen Zahlungen auf der Zeitachse verschoben werden können. Dabei werden drei Bewertungsfaktoren unterschieden, der Bewertungszeitpunkt, die Transformationsrichtung und der Transformationszeitraum. Durch diese drei Faktoren lassen sich sämtliche Möglichkeiten der Zahlungsstromtransformation durch den in Abb. 6 dargestellten **Kalkulationszinswürfel** beschreiben (vgl. SCHIERENBECK/ WIEDEMANN 1996, S. 11).

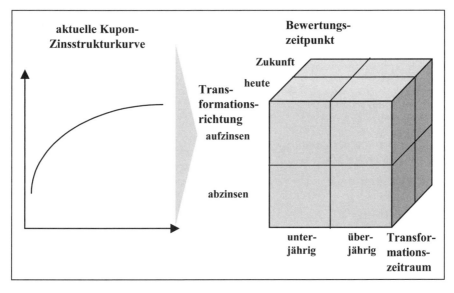

Abb. 6: Kalkulationszinswürfel

Hinsichtlich des **Bewertungszeitpunkts** kann zwischen der Bewertung heute oder in der Zukunft unterschieden werden. Die **Transformationsrichtung** gibt an, ob die jeweilige Zahlung auf- oder abgezinst werden soll. Der **Transformationszeitraum** kann sowohl überjährig als auch unterjährig sein. Zunächst sei im Folgenden die Vorgehensweise dargestellt, mit der zukünftige Zahlungen in ihren heutigen Wert umgerechnet werden können.

Die zentrale Fragestellung lautet, wie viel eine Geldeinheit, die in der Zukunft anfällt, zum heutigen Zeitpunkt wert ist. Etwas umformuliert, wird nach der Höhe der Zahlung gefragt, die heute angelegt werden muss, um die gewünschte Zahlung in der Zukunft zu erhalten. Normiert man die in der Zukunft anfallenden Zahlungen auf eine Geldeinheit, lässt sich mit Hilfe der so generierten Zahlungsstrom-Transformatoren der heutige Wert einer zukünftigen Zahlung in beliebiger Höhe durch einfache Multiplikation mit dem zugehörigen Zahlungsstrom-Transformator ermitteln.

Begonnen sei mit dem **einjährigen Zerobond-Abzinsfaktor**. Die Notation der Zerobond-Abzinsfaktoren bzw. der Zahlungsstrom-Transformatoren allgemein lautet **ZB-AF (t,LZ)**, wobei zuerst mit (t) der Bewertungszeitpunkt (hier t=0) und anschliessend mit (LZ) die Laufzeit (hier 1 Jahr) angegeben wird. Benötigt wird der 1-Jahreszins aus der aktuellen Zinsstrukturkurve. Angenommen, der 1-jährige Zins liegt bei 5 %, dann errechnet sich der 1-jährige Zerobond-Abzinsfaktor ZB-AF (0,1) wie folgt:

$$x \cdot (1 + 0{,}05) = 1$$

$$\rightarrow \quad x = \frac{1}{1{,}05} = \mathbf{0{,}9524}$$

mit: x = 1-jähriger Zerobond-Abzinsfaktor

bzw. allgemein:

$$x \cdot (1 + i) = 1$$

$$\rightarrow \quad x = \frac{1}{(1+i)} \qquad i = \text{1-jähriger Zinssatz}$$

Werden heute 0,9524 EUR zu einem Zinssatz von 5 % für ein Jahr angelegt, erhält man nach einem Jahr 0,9524 EUR sowie die Zinszahlung von 0,0476 EUR, also in der Summe genau 1 EUR bzw. die eine Geldeinheit, die in einem Jahr generiert werden sollte, zurück.

Entsprechend der Vorgehensweise bei der Berechnung des 1-jährigen Zerobond-Abzinsfaktors lässt sich auch der **2-jährige Zerobond-Abzinsfaktor** bestimmen (vgl. Abb. 7). Der 1-jährige Zins liegt in diesem Beispiel erneut bei 5 % und der 2-jährige bei 6 %.

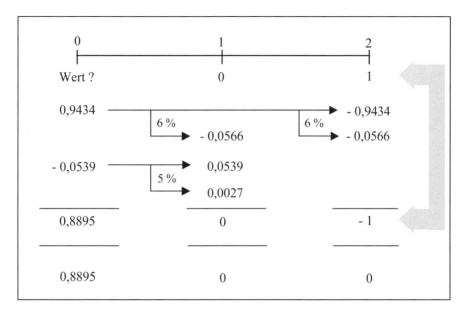

Abb. 7: Berechnung des ZB-AF (0,2)

Gesucht wird eine heutige Geldanlage, welche in 2 Jahren exakt eine Geldeinheit oder 1 EUR generiert, ohne dass zwischenzeitliche Zinszahlungen anfallen (Nullkuponanleihe). Eine Anlage von 0,9434 EUR zum heutigen Zeitpunkt führt in 2 Jahren zu einer Auszahlung in Höhe von 1 EUR.

Zusätzlich fällt allerdings nach einem Jahr eine Zinszahlung in Höhe von 0,0566 EUR an. Um diese Zahlung auszugleichen, ist zum heutigen Zeitpunkt eine Geldaufnahme in Höhe von 0,0539 EUR nötig. Diese führt im Zeitpunkt t=1 zu einer Rückzahlung von 0,0566 EUR, welche genau der Zinszahlung der 2-jährigen Geldanlage in t=1 entspricht.

Damit ergeben sich in der Summe nur noch im Zeitpunkt t=2 und im Zeitpunkt t=0 Differenzen. In t=2 wird genau der 1 EUR generiert und dafür wird in der Summe aus Geldanlage und Geldaufnahme ein Gesamtbetrag in Höhe von 0,8895 EUR im heutigen Zeitpunkt benötigt. Dieser Wert entspricht dem gesuchten ZB-AF (0,2).

Angenommen, der 3-jährige Zins liegt bei 7 %, dann lässt sich aus der Zinsstruktur von 5 %, 6 % und 7 % der **3-jährige Zerobond-Abzinsfaktor** generieren (vgl. Abb. 8).

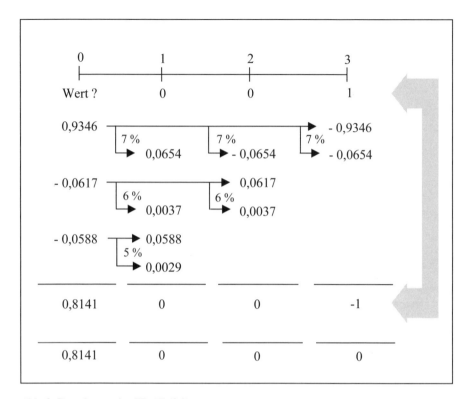

Abb. 8: Berechnung des ZB-AF (0,3)

Die Vorgehensweise entspricht der bei der Ermittlung des 2-jährigen ZB-AF gezeigten, nur dass nunmehr weitere Geldaufnahmen zum Ausgleich der anfallenden Zinszahlungen notwendig sind (vgl. ausführlich SCHIERENBECK/WIEDEMANN 1996, S. 18 f.).

Neben Zerobond-Abzinsfaktoren für ganze Jahre lassen sich auch **unterjährige ZB-AF** aus der aktuellen Zinsstrukturkurve ableiten (vgl. SCHIERENBECK/WIEDEMANN 1996, S. 15). Die Vorgehensweise wird an einem Beispiel veranschaulicht, indem in 90 Tagen, also nach 3 Monaten, eine Zahlung in Höhe von einer Geldeinheit oder 1 EUR anfällt. Gesucht ist der heutige Wert der Zahlung in drei Monaten.

Der aktuelle 3-Monats-Zins am Geldmarkt liegt bei 4,32 %. Als Abrechnungsusance wird 30/360 unterstellt. Da sich die genannte Zinsangabe, wie alle anderen Zinssätze auch, auf eine Anlagedauer von einem ganzen Jahr bezieht, ist der Zins zuerst auf die tatsächliche Laufzeit umzurechnen. Für eine Laufzeit von 3 Monaten erhält man lediglich Zinsen in Höhe von 1,08 %:

$$4,32 \cdot \frac{90}{360} = 1,08\ \%$$

Um nach 3 Monaten eine Zahlung von 1 EUR zu generieren, ist heute eine Geldaufnahme in Höhe von 0,9893 Euro notwendig:

$$\frac{1}{(1+0,0108)} = 0,9893$$

Aus diesem Beispiel lässt sich auch die allgemeine Vorschrift zur Berechnung von Zerobond-Abzinsfaktoren beliebiger unterjähriger Laufzeiten ableiten:

$$\text{ZB-AF }(0,LZ) = \frac{1}{1+i \cdot \dfrac{LZ}{Basis}}$$

mit: ZB-AF = Zerobond-Abzinsfaktor
 i = Kupon-Zinssatz
 LZ = Laufzeit, über die diskontiert werden soll (1-365 Tage)
 Basis = 360 oder 365 Tage

Mit Hilfe der bisher gezeigten Zerobond-Abzinsfaktoren lassen sich beliebige Geldbeträge, die in der Zukunft anfallen, auf den heutigen Zeitpunkt diskontieren. Auf den heutigen Zeitpunkt (t=0) zu diskontieren, ist aber nur eine von vielen Möglichkeiten.

Deutlich erweitern lässt sich der Anwendungsbereich, wenn auch Zerobond-Abzinsfaktoren mit einem **Bewertungszeitpunkt in der Zukunft** errechnet werden. Die Vorgehensweise sei am Beispiel der Kalkulation des ZB-AF (1,2) dargestellt (vgl. Abb. 9).

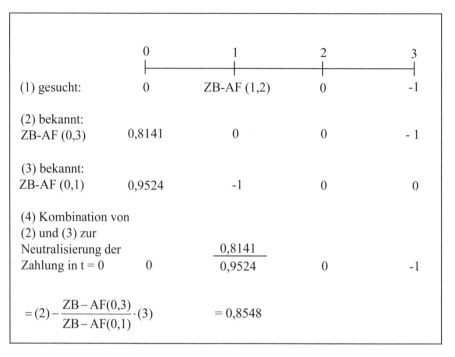

Abb. 9: Kalkulation des ZB-AF (1,2)

Der gesuchte Zerobond-Abzinsfaktor transformiert eine Zahlung, die in drei Jahren anfällt, auf den Zeitpunkt in einem Jahr. Zur Ermittlung des ZB-AF (1,2) wird die Zahlung in t=3 zunächst mit dem bekannten ZB-AF (0,3) auf den Zeitpunkt t=0 diskontiert. Bekannt ist außerdem, dass eine Zahlung in Höhe von 1 EUR, die in einem Jahr anfällt, heute 0,9524 EUR wert ist. Dividiert man die beiden bekannten Zerobond-Abzinsfaktoren, resultiert daraus der gesuchte ZB-AF (1,2).

Allgemein lassen sich zukünftige Zerobond-Abzinsfaktoren aus den schon bekannten Zerobond-Abzinsfaktoren mit Bewertungszeitpunkt t=0 ableiten. Die Formel dafür lautet:

$$ZB - AF(t, LZ) = \frac{ZB - AF(0, t + LZ)}{ZB - AF(0, t)}$$

Nach dieser Formel lassen sich sämtliche **zukünftigen Zerobond-Abzinsfaktoren** berechnen, die für eine Zinsstruktur mit einem 1-Jahreszins von 5 %, einem 2-Jahreszins von 6 %, einem 3-Jahreszins von 7 %, einem 4-Jahreszins von 8 % und einem 5-Jahreszins von 9 % in Abb. 10 dargestellt sind.

Laufzeit (LZ) Beginn (t)	1	2	3	4	5
0	0,9524	0,8895	0,8141	0,7292	0,6379
1	0,9340	0,8548	0,7656	0,6698	
2	0,9152	0,8198	0,7172		
3	0,8957	0,7836			
4	0,8748				

Abb. 10: Zerobond-Abzinsfaktoren ZB-AF (t,LZ)

2.2.2 Zerobond-Aufzinsfaktoren

Im Gegensatz zu den Zerobond-Abzinsfaktoren ist es mit Hilfe der **Zerobond-Aufzinsfaktoren (ZB-UF)** möglich, beliebige Geldbeträge vom Betrachtungszeitpunkt heute in die Zukunft zu transformieren (vgl. SCHIERENBECK/WIEDEMANN 1996, S. 21 ff.).

Beispielsweise sei gefragt, wie viel eine Geldeinheit bzw. 1 EUR heute in einem Jahr wert ist, wenn der aktuelle 1-jährige Geldmarktzins bei 5 % liegt. Nach Ablauf eines Jahres erhält man für eine Geldanlage in Höhe von 1 EUR inklusive der Zinsen einen Betrag von 1,05 EUR. Diese 1,05 entsprechen genau dem 1-jährigen Zerobond-Aufzinsfaktor. Mit dessen Hilfe kann jeder beliebige Betrag von heute auf den Zeitpunkt t=1 durch einfache Multiplikation transformiert werden.

Nachdem die Kalkulation von Zerobond-Abzinsfaktoren ausführlich behandelt wurde, sei auf eine detaillierte Berechnung der Zerobond-Aufzinsfaktoren verzichtet, da zwischen diesen beiden Faktoren ein direkter Zusammenhang besteht (vgl. Abb. 11).

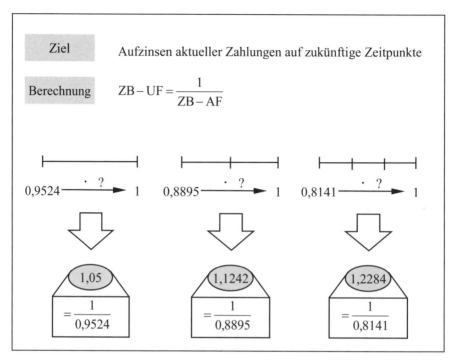

Abb. 11: Zusammenhang von Zerobond-Auf- und -Abzinsfaktoren

Sowohl Zerobond-Abzinsfaktoren als auch Zerobond-Aufzinsfaktoren generieren aus einer Zahlung zu einem bestimmten Zeitpunkt den Wert der Zahlung zu einem anderen Zeitpunkt, ohne dass zwischenzeitliche Zinszahlungen anfallen. Diese gehen in die Berechnung der Zahlungsstrom-Transformatoren unmittelbar mit ein.

Auch bei den Zerobond-Aufzinsfaktoren lassen sich nicht nur diejenigen mit Bewertungszeitpunkt heute, sondern, in Analogie zu den Zerobond-Abzinsfaktoren auch solche, die in der Zukunft beginnen, berechnen. Für die Kalkulation der zukünftigen Zerobond-Aufzinsfaktoren werden die schon bekannten Zerobond-Aufzinsfaktoren mit Bewertungszeitpunkt t=0 benötigt. Abb. 12 zeigt grafisch, wie die **zukünftigen ZB-UF** aus den bereits bekannten generiert werden können.

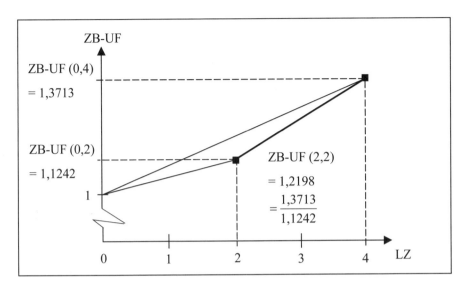

Abb. 12: Grafische Ableitung zukünftiger Zerobond-Aufzinsfaktoren

Auch hierbei errechnet sich der zukünftige ZB-UF durch die Division von zwei ZB-UF mit dem Bewertungszeitpunkt t=0:

$$ZB-UF(t, LZ) = \frac{ZB-UF(0, t+LZ)}{ZB-UF(0, t)}$$

Auch die Zerobond-Aufzinsfaktoren lassen sich für beliebige Bewertungszeitpunkte und Laufzeiten berechnen (vgl. Abb. 13). Zugrundegelegt ist wieder die bereits bekannte Zinsstrukturkurve von 5 %, 6 %, 7 %, 8 % und 9 %.

Laufzeit (LZ) Beginn (t)	1	2	3	4	5
0	1,0500	1,1242	1,2284	1,3713	1,5676
1	1,0707	1,1699	1,3061	1,4929	
2	1,0926	1,2198	1,3943		
3	1,1169	1,2761			
4	1,1431				

Abb. 13: Zerobond-Aufzinsfaktoren ZB-UF (t, LZ)

2.2.3 Nullkuponzinssätze

Bisher wurden aus der aktuellen Kupon-Zinsstrukturkurve die Abzinsfaktoren und Aufzinsfaktoren berechnet. Nunmehr soll dargestellt werden, wie aus den aktuellen Kuponzinsen direkt **Nullkuponzinssätze** (z) berechnet werden können. Diese geben an, welcher Betrag inklusive Zinseszinsen am Ende der Laufzeit generiert wird. Bei Kuponzinssätzen werden jährlich Zinsen gezahlt. Bei Nullkuponzinssätzen fallen die gesamten Zinsen erst **am Ende der Laufzeit** an.

Lediglich bei Laufzeiten von einem Jahr oder weniger sind Kupon- und Nullkuponzinssätze identisch. Bei allen längeren Laufzeiten differieren sie auf Grund der bei den Kuponzinsen zwischenzeitlich anfallenden Zinszahlungen. Nullkuponzinssätze transformieren ebenso wie die Zerobond-Aufzinsfaktoren Geldbeträge vom jeweiligen Betrachtungszeitpunkt auf einen Zeitpunkt in der Zukunft. Es besteht somit ein direkter Zusammenhang zwischen den Zerobond-Aufzinsfaktoren und den Nullkuponzinssätzen (vgl. Abb. 14).

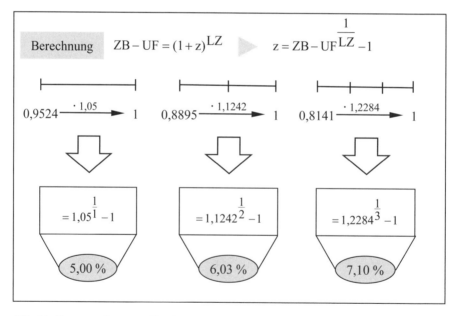

Abb. 14: Zusammenhang von Zerobond-Aufzinsfaktoren und Nullkuponzinssätzen

Ein Beispiel soll die Berechnung von Nullkuponzinssätzen aus den Zerobond-Aufzinsfaktoren weiter veranschaulichen. Der 4-jährige Zerobond-Aufzinsfaktor liegt bei 1,3713. Gesucht ist der Nullkuponzinssatz z (0,4).

1. $ZB-UF(0,4) = (1+z)^4$

2. $1{,}3713 = (1+z)^4$

3. $1+z = \sqrt[4]{1{,}3713}$

4. $z = 0{,}0822 = 8{,}22\%$

Ebenso, wie aus den ZB-UF die Nullkuponzinssätze mit dem Startzeitpunkt heute berechnet werden können, ist es auch bei den Nullkuponzinssätzen möglich, diejenigen mit Startzeitpunkten in der Zukunft zu kalkulieren.

Abb. 15 zeigt die grafische Herleitung des Nullkuponzinssatzes mit Startzeitpunkt in einem Jahr und einer Laufzeit von 3 Jahren z (1,3).

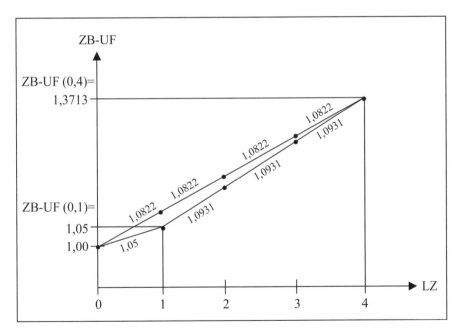

Abb. 15: Grafische Herleitung des zukünftigen Nullkuponzinssatzes z (1,3)

Analytisch berechnet sich der Nullkupon-Zinssatz z (1,3) wie folgt:

$$1,05^1 \cdot [1+z(1,3)]^3 = 1,0822^4$$

$$\Leftrightarrow \quad z(1,3) = \left[\frac{1,0822^4}{1,05^1}\right]^{\frac{1}{3}} - 1$$

$$\Leftrightarrow \quad z(1,3) = 0,0931$$

Der Nullkuponzinssatz z (1,3) liegt demnach bei 9,31 %.

Aus den aktuellen Kuponzinssätzen lassen sich demnach nicht nur Zerobond-Ab- und -Aufzinsfaktoren berechnen, sondern auch die Nullkuponzinssätze für sämtliche Bewertungszeitpunkte und Laufzeiten (vgl. Abb. 16).

Laufzeit (LZ) Beginn (t)	1	2	3	4	5
0	5,00 %	6,03 %	7,10 %	8,22 %	9,41 %
1	7,07 %	8,16 %	9,31 %	10,54 %	
2	9,26 %	10,45 %	11,72 %		
3	11,64 %	12,97 %			
4	14,31 %				

Abb. 16: Nullkuponzinssätze z (t,LZ)

Die Nullkuponzinssätze liegen wie in Abb. 17 darstellt je nach Zinsstruktur auf Grund der Zinseszinsen immer über oder unter den Kuponzinssätzen. Neben der bereits bekannten normalen Zinsstrukturkurve sind auch die Nullkuponzinssätze für eine inverse Zinsstruktur berechnet.

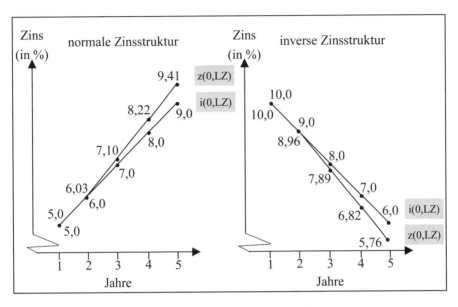

Abb. 17: Kupon- und Nullkuponzinsstrukturkurven im Vergleich

2.2.4 Forward-Zinssätze

Am Ende des letzten Kapitels wurde beschrieben, wie sich zukünftige Nullkuponzinssätze berechnen lassen. Diese werden in der Praxis, ebenso wie **zukünftige Kuponzinssätze**, als **Forward-Zinssätze**, kurz **Forwards**, bezeichnet. Dabei sind die Kupon-Forwards mit einer Laufzeit von jeweils nur einem Jahr oder weniger identisch mit den bereits oben berechneten zukünftigen Nullkuponzinssätzen. Die noch fehlenden Kupon-Forwards mit Laufzeiten über einem Jahr lassen sich mit folgender Formel berechnen (vgl. MARUSEV/PFINGSTEN 1992, S. 6):

$$i(t,LZ) = \frac{1 - ZB - AF(t,LZ)}{\sum_{n=1}^{LZ} ZB - AF(t,n)}$$

Kalkuliert man mit dieser Formel die noch fehlenden Kupon-Forwards für die bekannte normale Zinsstrukturkurve erhält man das in Abb. 18 gezeigte Ergebnis.

Laufzeit (LZ) Beginn (t)	1	2	3	4	5
0	5,00 %	6,00 %	7,00 %	8,00 %	9,00 %
1	7,07 %	8,12 %	9,17 %	10,24 %	
2	9,26 %	10,39 %	11,53 %		
3	11,64 %	12,89 %			
4	14,31 %				

Abb. 18: Kuponzinssätze und Kupon-Forwards i (t,LZ)

2.2.5 Interpolation von Zinssätzen

Bis jetzt wurden sämtliche Zinssätze mit Laufzeiten von ganzen Jahren berechnet, unabhängig davon, ob sie heute oder in der Zukunft beginnen. Noch nicht gezeigt wurde die Kalkulation von Zinssätzen mit **ungeraden Laufzeiten**, beispielsweise der Zins für eine Laufzeit von 1 ½ Jahren (1 Jahr und 6 Monate).

Den Ausgangspunkt für die Kalkulation von Zinsen mit ungeraden Laufzeiten bildet die **lineare Interpolation**. Diese sei zunächst am Beispiel der Kalkulation des Zinses mit einer Laufzeit von 1 ½ Jahren dargestellt. Der Zinssatz für diese Laufzeit muss zwischen den bekannten Zinssätzen für die Laufzeiten von einem und zwei Jahren liegen.

Bei der linearen Interpolation werden die beiden bekannten Zinssätze zunächst subtrahiert, danach durch den jeweiligen Anteil an der Laufzeit des gesuchten Zinssatzes geteilt und abschließend zum laufzeitkürzeren Zins addiert. Liegt beispielsweise der 1-jährige Kuponzinssatz bei 5 % und der 2-jährige bei 6 %, resultiert aus der linearen Interpolation folgender Kuponzinssatz für 1 ½ Jahre:

$$i_{(1+6/12)} = i_{(1)} + (i_{(2)} - i_{(1)}) \cdot \frac{6}{12} = 5 + (6-5) \cdot \frac{6}{12} = 5,5\%$$

bzw. allgemein für halbjährliche Zinssätze:

$$i_{(t+6/12)} = i_{(t)} + (i_{(t+1)} - i_{(t)}) \cdot \frac{6}{12}$$

Den Kuponzinssatz für ein Jahr und beispielsweise 3 Monate erhält man entsprechend aus:

$$i_{(1+3/12)} = i_{(1)} + (i_{(2)} - i_{(1)}) \cdot \frac{3}{12}$$

bzw. allgemein für Kuponzinssätze mit ungeraden Laufzeiten:

$$i_{(t+m/12)} = i_{(t)} + (i_{(t+1)} - i_{(t)}) \cdot \frac{m}{12},$$

wobei m den jeweiligen Monaten des ungeraden Jahres entspricht.

Einzig bei der Berechnung von Zinsen im unterjährigen Bereich entstehen bei der vorgestellten Methode Probleme. Als Zeitpunkt t müsste gemäß den obigen Formeln der Zins für 0 Monate als Kalkulationsgrundlage für die Interpolation zugrunde gelegt werden. Dieser ist allerdings grundsätzlich 0. Bei der linearen Interpolation für Zinsen im unterjährigen Bereich wird deshalb als Zins für den Zeitpunkt (t) nicht der 0-Monatszins, sondern der 1-Monatszins unterstellt und mit diesem kalkuliert.

2.2.6 Kalkulatorische Dreiecksbeziehung

Alle bisher dargestellten Kalkulationsgrößen lassen sich auf Basis der aktuellen Kupon-Zinsstrukturkurve berechnen. Zunächst werden dabei die Zerobond-Ab- und -Aufzinsfaktoren sowie die Nullkuponzinssätze für den heutigen Zeitpunkt mit den verschiedenen Laufzeiten berechnet und daraus die zukünftigen Zerobond-Ab- bzw. -Aufzinsfaktoren, die Nullkupon- und die Forward-Zinssätze generiert. Wie die verschiedenen Kalkulationsgrößen zusammenhängen zeigt Abb. 19.

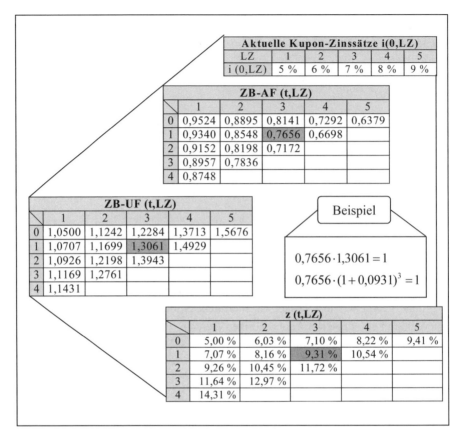

Abb. 19: Kalkulatorische Dreiecksbeziehung

Anhand der Kalkulationsgrößen mit Beginn in einem Jahr (t=1) und einer Laufzeit von 3 Jahren (LZ = 3) wird der Zusammenhang deutlich:

$$\text{ZB-AF}(1,3) \cdot \text{ZB-UF}(1,3) = 1$$

$$0{,}7656 \cdot 1{,}3061 = 1$$

oder:

$$\text{ZB-AF}(1,3) \cdot (1 + z(1,3))^3 = 1$$

$$0{,}7656 \cdot (1 + 0{,}0931)^3 = 1$$

Als EXCEL-Tool zur Berechnung der vorgestellten Zahlungsstrom-Transformatoren steht im Download-Bereich von www.zinsrisiko.de der ZB-Master 1.0 zur Verfügung.

2.3 Barwertberechnung

2.3.1 Barwertberechnung bei flacher Zinsstrukturkurve

Der **Barwert** eines Finanzinstrumentes oder allgemein einer Zahlung ist immer dessen Wert im Bewertungszeitpunkt heute (t=0). Anhand eines einheitlichen Beispiels werden im Folgenden die verschiedenen Methoden zur Barwertermittlung dargestellt und verglichen.

Das Beispiel generiert Auszahlungen in Höhe von 50.000 EUR in einem und in zwei Jahren sowie eine weitere Zahlung in Höhe von 1.050.000 EUR in drei Jahren. Unterstellt sei zunächst eine **flache Zinsstrukturkurve** mit einem einheitlichen Zinssatz von 7 %. Die Berechnung des Barwertes zeigt Abb. 20.

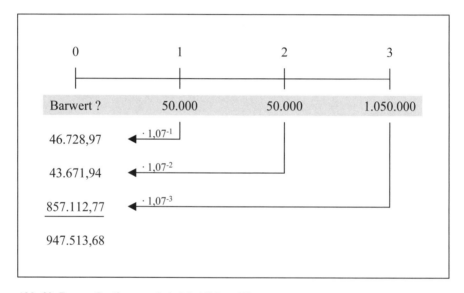

Abb. 20: Barwertbestimmung bei einheitlichem Zins

Bei einem einheitlichen Zinssatz von 7 % ergibt sich ein Barwert des zukünftigen Zahlungsstromes in Höhe von 947.513,68 EUR. Dieser Barwert fasst die drei zukünftigen Zahlungen in einem Wert im Bewertungszeitpunkt t=0 zusammen.

Angenommen, der einheitliche Zinssatz liegt nicht bei 7 %, sondern bei 8 %. Dann würde sich ein Barwert in Höhe von 922.687,09 EUR ergeben. Im Vergleich zum Barwert bei 7 % ist der Barwert bei einem höheren Zins um 24.826,59 EUR gesunken. Bei einem niedrigeren Zinssatz, beispielsweise 6 %, ergibt sich aus den drei Zahlungen ein Barwert von 973.269,88 EUR. Gegenüber dem Zinssatz von 7 % ist der Barwert hier um 25.756,20 EUR gestiegen.

Aus den Beispielen wird die Abhängigkeit des Barwerts vom unterstellten Zinssatz deutlich. Je höher der Zins, desto geringer ist der Barwert resp. je niedriger der unterstellte Zinssatz, desto höher ist der Barwert des Zahlungsstromes. Dabei zeigt das Beispiel auch, dass die Wirkung eines um 1 Prozent höheren Zinses auf den Barwert nicht die gleiche ist wie bei einem um 1 Prozent niedrigeren Zins.

Neben der ohnehin unrealistischen Prämisse einer flachen Zinsstrukturkurve sind bei der Barwertermittlung mit einem einheitlichen Zins noch weitere unrealistische implizite Prämissen verbunden (vgl. SCHIERENBECK/WIEDEMANN 1996, S. 6 f.).

- Der Zins in einem Jahr ist exakt derselbe wie zum heutigen Zeitpunkt, d.h. Geldanlagen in einem Jahr sind erneut zu 7 % möglich.

- Der Zins aller weiteren Jahre ist auch exakt derselbe wie zum heutigen Zeitpunkt, d.h. auch Geldanlagen in zwei oder drei Jahren etc. sind ebenfalls zu 7 % möglich.

In der Realität liegen nicht nur nicht-flache Zinsstrukturkurven vor, sondern die Zinssätze schwanken auch. Auf Grund dessen wird im folgenden Kapitel die Barwertberechnung auf Basis von nicht-flachen Zinsstrukturkurven dargestellt.

2.3.2 Barwertberechnung durch Duplizierung

Ausgangspunkt für dieses Kapitel ist der bereits bekannte Zahlungsstrom. Hinzu kommt eine nicht-flache Zinsstrukturkurve mit einem 1-Jahreszins von 5 %, einem 2-Jahreszins von 6 % und einem 3-Jahreszins von 7 %. Bei einer horizontalen Zinsstrukturkurve mit einem einheitlichen Zinssatz von 7 % konnte der Barwert durch einfaches Abzinsen mit den Faktoren $1{,}07^{-1}$, $1{,}07^{-2}$ und $1{,}07^{-3}$ berechnet werden.

Übernimmt man diese Rechentechnik und tauscht lediglich die flache gegen die nicht-flache Zinsstrukturkurve mit den Zinsätzen 5 %, 6 % und 7 % aus, dann ergibt sich ein neuer Barwert von 949.231,64 EUR (vgl. Abb. 21).

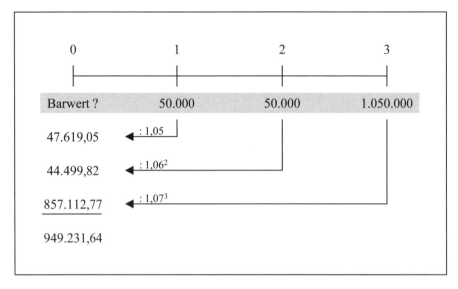

Abb. 21: Falsche Barwertermittlung bei nicht-flacher Zinsstrukturkurve

Allerdings ist auch diese Vorgehensweise finanzmathematisch noch nicht korrekt, da ebenfalls eine Reihe von – unrealistischen – Prämissen gesetzt werden:

1. Die Finanzierung der Zinsen des 2-jährigen Papiers ist in einem Jahr zu 6 % für ein Jahr möglich,

2. Die Finanzierung der Zinsen des 3-jährigen Papiers ist in einem Jahr zu 7 % für 2 Jahre möglich und

3. Die Finanzierung von Zinsen und Zinseszinsen des 3-jährigen Papiers ist in 2 Jahren zu 7 % für ein Jahr möglich.

In Abb. 22 sind die Prämissen der falschen Barwertermittlung ausführlich dargestellt (vgl. SCHIERENBECK/WIEDEMANN 1996, S. 7 f.). Nur wenn in der Zukunft die angenommenen Zinssätze tatsächlich eintreten würden, wäre der ermittelte Barwert korrekt. Damit ist diese Art der Barwertberechnung mit einer Zinsprognose verbunden, die aber der Anwender nicht frei gestalten, sondern die ihm vom Rechenalgorithmus aufgezwungen wird. Bewertungsfragen sollten aber grundsätzlich prognosefrei gelöst werden.

Barwertberechnung 31

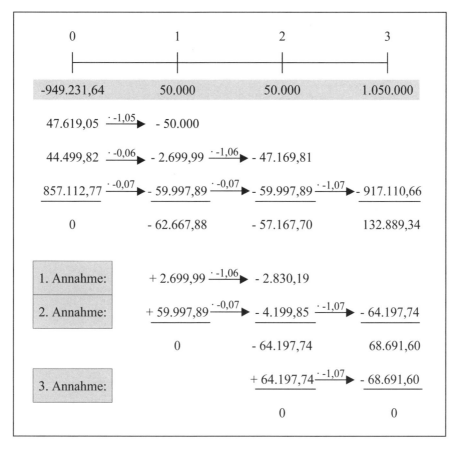

Abb. 22: Implizite Prämissen der falschen Barwertermittlung

Die Berechnung des **„echten" Barwertes** gelingt nur mittels **konsequenter Duplizierung des Zahlungsstromes** durch Gegengeschäfte am Geld- und Kapitalmarkt. Diese basiert ebenfalls auf der aktuellen im Bewertungszeitpunkt gültigen Zinsstrukturkurve, aber eben nur auf dieser. Eine explizite Zinsprognose ist nicht erforderlich. Abb. 23 zeigt die korrekte Berechnung des Barwertes durch Duplizierung.

Die Duplizierung erfolgt mit Geld- und Kapitalmarktgeschäften bei denen jährlich Zinsen gezahlt und die endfällig getilgt werden. Wegen der zwischenzeitlichen Zinszahlungen wird immer mit der laufzeitlängsten Zahlung begonnen.

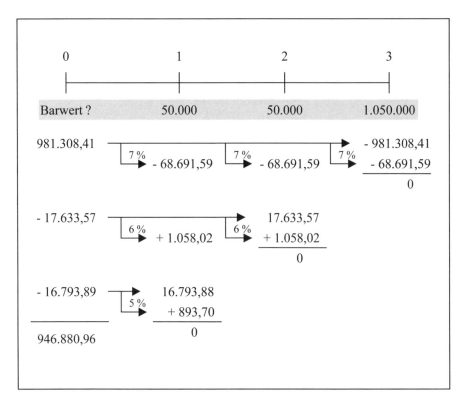

Abb. 23: Berechnung des Barwerts durch Duplizierung des Zahlungsstroms

Um die Zahlung im dritten Jahr in Höhe von 1.050.000 EUR auszugleichen, ist eine 3-jährige Geldaufnahme zu 7 % in Höhe von 981.308,41 EUR erforderlich. Diese führt zu jährlichen Zinszahlungen im ersten und zweiten Jahr von 68.691,59 EUR und zu einer Zins- und Tilgungszahlung im dritten Jahr von insgesamt 1.050.000 EUR.

Als nächstes ist die Zahlung im zweiten Jahr zu duplizieren. Aus dem Ursprungszahlungsstrom bestehen im zweiten Jahr 50.000 EUR. Hinzu kommt die Zinszahlung der 3-jährigen Geldaufnahme. Insgesamt ist im zweiten Jahr demnach ein Cash Flow in Höhe von -18.691,59 EUR zu duplizieren. Dieser kann durch eine 2-jährige Geldanlage zu 6 % in Höhe von 17.633,57 EUR neutralisiert werden. Damit verbleibt eine Zahlungsdifferenz im ersten Jahr von + 50.000 – 68.691,59 + 1.058,02 = 17.633,57 EUR, die durch eine 1-jährige Geldanlage zu 5 % in Höhe von 16.793,88 EUR dupliziert wird.

Barwertberechnung 33

Der durch Duplizierung ermittelte richtige Barwert in Höhe von 946.880,96 EUR liegt demnach um 2.350,68 EUR unter dem vorher falsch berechneten.

2.3.3 Barwertberechnung mit Hilfe von Zerobond-Abzinsfaktoren

Durch die konsequente Duplizierung des Zahlungsstroms lässt sich der Barwert korrekt ermitteln. Eine alternative Rechentechnik bietet der Ansatz der **Zerobond-Abzinsfaktoren**. Statt einer unmittelbaren Diskontierung des zu bewertenden Zahlungsstroms kann auch zweistufig vorgegangen werden. Zuerst werden auf Basis der jeweiligen Zinsstrukturkurve die zugehörigen Zahlungsstrom-Transformatoren (hier Zerobond-Abzinsfaktoren) berechnet, die in normierter Form den heutigen Wert einer Geldeinheit in der Zukunft wiedergeben.

Die Zerobond-Abzinsfaktoren behalten solange ihre Gültigkeit, wie sich die Marktzinsen nicht ändern. Kennt man die Zerobond-Abzinsfaktoren, können beliebige zukünftige Cash Flows durch einfache Multiplikation in ihren heutigen Wert transformiert werden. Bezogen auf das Beispiel sind folgende Rechenschritte zu unternehmen:

1. 1.050.000 EUR in drei Jahren multipliziert mit dem ZB-AF (0,3) von 0,8141 ergeben einen heutigen Wert von 854.787,52 EUR.

2. Die Zahlung aus t=2 hat mittels des ZB-AF (0,2) von 0,8895 einen heutigen Wert von 44.474,39 EUR.

3. Der letzte verbleibende Betrag in Höhe von 50.000 EUR in t=1 hat einen aktuellen Wert von 47.619,05 EUR (Multiplikation mit dem ZB-AF (0,1) von 0,9524).

Werden die aktuellen Werte der Zahlungen (1) bis (3) saldiert, erhält man den aktuellen Barwert in Höhe von 854.787,52 + 44.474,39 + 47.619,05 = 946.880,96 EUR.

Dasselbe Ergebnis lässt sich auch mittels der **Nullkuponzinssätze** erreichen. Die Nullkuponzinssätze für die entsprechenden Laufzeiten sowie die mit ihnen durchgeführte Kalkulation des Barwertes zeigt Abb. 24.

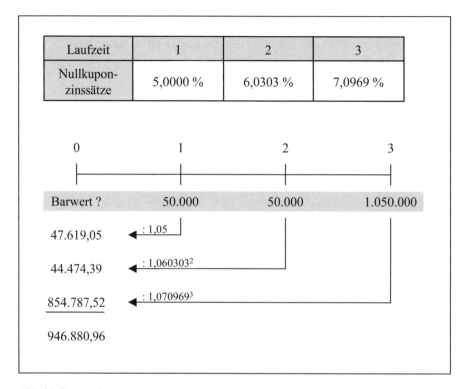

Abb. 24: Barwertberechnung mittels Nullkuponzinssätzen

Damit stehen drei alternative Wege bei der Ermittlung des Barwertes zur Verfügung, die alle drei zum finanzmathematisch richtigen Ergebnis führen.

2.4 Yield to Maturity

Die **Yield to Maturity**, wörtlich übersetzt „der Ertrag bei Fälligkeit", entspricht der Verzinsung, die für ein festverzinsliches Wertpapier gezahlt wird, wenn es bis zum Ende der Laufzeit gehalten wird und alle aus diesem Wertpapier resultierenden zwischenzeitlichen Zinszahlungen ebenfalls bis zum Ende der Laufzeit mit der gleichen Rendite angelegt werden.

Bei einer flachen Zinsstrukturkurve (Kuponzins = Nullkuponzins) würde die über alle Laufzeiten konstante Rendite die zugehörige Yield to Maturity sein. In diesem Fall werden alle aus einem Wertpapier fließenden Zahlungen mit einer konstanten Rendite abgezinst, um den aktuellen Barwert zu erhalten (vgl. Abb. 25).

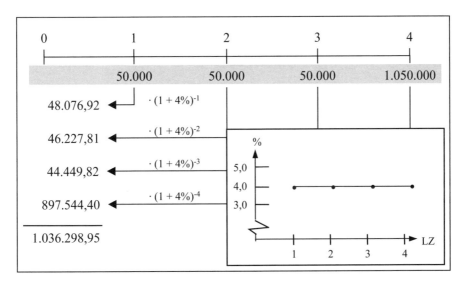

Abb. 25: **Yield to Maturity bei flacher Zinsstrukturkurve**

Bei einer nicht-flachen Zinsstrukturkurve wird die Yield to Maturity über numerische Iteration aus den vorliegenden Kuponzinsen resp. Nullkuponzinsen ermittelt. Das Verfahren sucht eine passende konstante Rendite (= Yield to Maturity), mit der alle aus dem Wertpapier generierten Cash Flows genau auf den aktuellen Barwert abgezinst werden können.

Für das Beispiel mögen der 1-Jahres-Kuponzins bei 4,4503 %, der 2-Jahres-Kuponzins bei 4,4645 %, der 3-Jahres-Kuponzins bei 4,5379 % und der 4-Jahres-Kuponzins bei 4,6360 % liegen (vgl. REX-Zinsen in Abb. 4). Die sich aus diesen

Zinsen ergebenden Nullkuponzinssätze sind in Abb. 26 dargestellt. Auf diese Weise wird die Yield to Maturity mit den aktuellen Kuponzinsen resp. Nullkuponzinsen in Beziehung gebracht (vgl. Abb. 26).

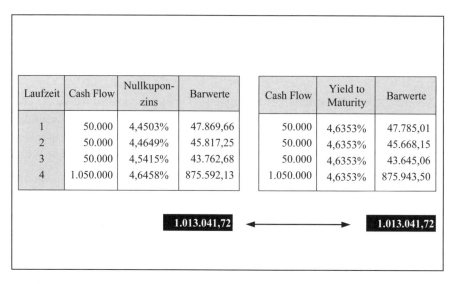

Abb. 26: Yield to Maturity bei nicht-flacher Zinsstrukturkurve

Bei festverzinslichen Wertpapieren, die zu pari notieren, ist die Yield to Maturity identisch mit dem für die Laufzeit des Wertpapiers gültigen Kuponzins. Für die Veranschaulichung dieser Identitätseigenschaft wird der Kuponzins aus dem vorangegangenen Beispiel, der für eine 4-jährige Laufzeit auf dem Geld- und Kapitalmarkt gezahlt wird, von 4,6360 % auf 5,00 % angehoben.

Dadurch wird die im Beispiel verwendete Anleihe mit dem Kupon von 5 % zu pari notieren, unabhängig davon, wo die Marktzinsen der übrigen Laufzeiten liegen. Die zukünftigen Cash Flows der Anleihe können in diesem Fall entweder mit der Yield to Maturity (vgl. Abb. 27) oder mit den aus der Zinsstrukturkurve abgeleiteten Zerobond-Abzinsfaktoren abgezinst werden. Das Ergebnis wird immer identisch sein.

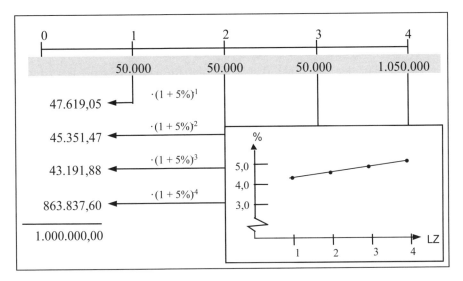

Abb. 27: Yield to Maturity bei pari-notierten Anleihen

Bei festverzinslichen Wertpapieren, die nicht zu pari notieren, gilt folgender Zusammenhang zwischen Yield to Maturity, aktuellem Kurs und Kuponzins:

- Liegt der aktuelle Kurs der Anleihe unter 100, d.h. unter pari, liegt die Yield to Maturity über dem Kuponzins der Anleihe.

- Notiert die Anleihe mit einem Kurs über 100, d.h. über pari, liegt die Yield to Maturity unter dem Kuponzins der Anleihe.

Die Begriffe seien abschließend an einem kleinen Beispiel verdeutlicht. Zugrundegelegt wird eine 1-jährige Anleihe mit einem Volumen von 100 EUR und einem Nominalzins von 5 %, der in diesem Fall auch gleichzeitig den Nullkuponzins darstellt.

Bei einem Kurs von 100 liegt die Yield to Maturity ebenfalls bei 5 %. Wäre der Kurs 98, ergäbe sich eine Yield to Maturity von 7,14 %. Bei einem Kurs von 102 liegt die Yield to Maturity bei 2,94 %.

$$\text{Kurs} = 100 \quad \rightarrow \quad \frac{105}{100} - 1 = 5{,}00\ \%$$

$$\text{Kurs} = 98 \quad \rightarrow \quad \frac{105}{98} - 1 = 7{,}14\ \%$$

$$\text{Kurs} = 102 \quad \rightarrow \quad \frac{105}{102} - 1 = 2{,}94\,\%$$

Neben der aktuellen Zinsstrukturkurve und der Restlaufzeit ist die Cash Flow-Struktur des betrachteten Wertpapiers eine weitere wichtige Determinante der Yield to Maturity. Zwei Wertpapiere mit identischer Restlaufzeit, aber mit unterschiedlichen zwischenzeitlichen Zinszahlungen werden unterschiedliche Yields to Maturity aufweisen.

Um diesen Zusammenhang am Beispiel zu verdeutlichen, wird die Kuponzahlung des 4-jährigen Wertpapiers von 5 % auf 7 % angehoben (vgl. Abb. 28). Die Yield to Maturity sinkt von 4,6353 % auf 4,6318 % beim Wertpapier mit 5 %-Kupon.

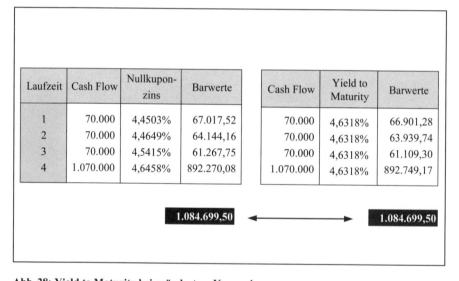

Abb. 28: Yield to Maturity bei geändertem Kuponzins

Das Phänomen unterschiedlicher Yields to Maturity für gleiche Restlaufzeiten wird auf dem Geld- und Kapitalmarkt nicht lange anhalten. Das Ungleichgewicht zwischen Wertpapieren gleicher Risikokategorie und gleicher Restlaufzeit löst eine verstärkte Nachfrage nach den Wertpapieren mit höherer Rendite aus. Durch die Gesetze von Angebot und Nachfrage auf dem Geld- und Kapitalmarkt dürfte sich bei liquiden Anleihen schnell für die gleiche Restlaufzeit eine einheitliche Yield to Maturity einstellen. Das führt auch dazu, dass die Kurse bei handelbaren Zinstiteln von den theoretisch ermittelten Barwerten abweichen können.

2.5 Fallstudien zu finanzmathematischen Grundlagen

2.5.1 Fallstudie 1: Berechnung von Zahlungsstrom-Transformatoren

Gegeben sind folgende Kuponzinssätze:

Jahre	1	2	3	4
Zinssatz	3,5 %	4,0 %	4,5 %	5,0 %

a) Berechnen Sie die Zerobond-Ab- und -Aufzinsfaktoren für sämtliche Laufzeiten.

b) Berechnen Sie die Nullkuponzinssätze für sämtliche Laufzeiten.

c) Bestimmen Sie alle aus den Kuponzinssätzen kalkulierbaren Forward-Zinssätze.

2.5.2 Fallstudie 2: Barwertbestimmung

Gegeben sei folgender Cash Flow einer 4-jährigen Anleihe:

Jahre	1	2	3	4
Cash Flow	65.000	65.000	65.000	1.065.000

Hinweis: Es gelten die Zinssätze aus Fallstudie 1.

d) Bestimmen Sie den **Barwert der Anleihe** durch konsequente **Duplizierung** des Cash Flows.

e) Berechnen Sie den **Barwert der Anleihe** mittels der in Fallstudie 1 ermittelten **Nullkuponzinssätze**.

f) Wie hoch ist der **Barwert** bei einer Ermittlung mit Hilfe der **Zerobond-Abzinsfaktoren**?

g) Der Emittent der Anleihe plant, den Kupon um 0,2 Prozentpunkte anzuheben. Wie verändert sich der **Barwert**?

3 Symmetrische Finanzprodukte

3.1 Festverzinsliche Anleihen

3.1.1 Bewertung von bonitätsrisikolosen festverzinslichen Anleihen

3.1.1.1 Anleihen mit jährlicher Zinszahlung

An den nationalen und internationalen Geld- und Kapitalmärkten existieren eine Vielzahl unterschiedlicher Anleihen, die sich hinsichtlich ihrer Laufzeiten, ihrer Zinszahlungsmodalitäten, ihrer Emittenten oder ihrer Bonität unterscheiden. **Anleihen** sind fest- oder variabel verzinsliche Schuldverschreibungen mit meist vertraglich fixierter Tilgung, die den Schuldnern langfristige Finanzierungsmittel bereitstellen.

Bezüglich der **Emittenten** lassen sich öffentliche Anleihen (Staat, Bund, Post, Bahn, Kommunen u.ä.) von Industrieanleihen (Industrieobligationen) und Anleihen von Hypothekenbanken (Pfandbriefe) unterscheiden. Eine öffentliche Anleihe, beispielsweise eine Bundesanleihe, wird in der Regel als bonitätsrisikolos angesehen, wohingegen private Anleihen von Unternehmen zusätzlich einem Bonitätsrisiko unterliegen. Dieses Risiko muss bei der Bewertung explizit berücksichtigt werden.

Im Hinblick auf die **Zinszahlungsmodalitäten** existieren Anleihen mit vertraglich fixiertem Zinssatz und solche mit variabler Verzinsung. Anleihen mit variabler Verzinsung, auch Floater genannt, werden in Kapitel 3.2 dargestellt. Anleihen mit fester Verzinsung lassen sich weiter hinsichtlich ihrer Zinszahlungszeitpunkte unterscheiden. Diese können jährlich, in kürzeren Abständen oder nur zu Beginn bzw. zum Ende der Laufzeit anfallen.

Anleihen, bei denen der Zinssatz für die gesamte Laufzeit festgeschrieben ist, werden auch **Straight Bonds** genannt. In diesem Abschnitt werden zunächst bonitätsrisikolose Anleihen mit jährlicher Zinszahlung dargestellt und bewertet, bevor auf unterschiedliche Zinszahlungstermine eingegangen wird. Abschließend wird die Bewertung von bonitätsrisikobehafteten privaten Anleihen beschrieben.

Ziel dieses Kapitels ist es, bonitätsrisikolose Anleihen mit jährlicher Zinszahlung zu bewerten. Die zentrale Frage lautet: „Welchen Wert bzw. Kurs oder Preis hat eine Anleihe mit einer bestimmten Laufzeit, einem festgeschriebenen Zinssatz und einem bestimmten Nominalvolumen zum heutigen Zeitpunkt?" Determinanten des Kurses von Anleihen sind deren Laufzeit, das Volumen, der Nominal- oder Effektivzins und die Fälligkeit. Zusätzlich zu diesen anleihespezifischen Faktoren werden als Vergleichsmaßstab die im Bewertungszeitpunkt gültigen Geld- und Kapitalmarktzinssätze benötigt. Auf Basis der im Bewertungszeitpunkt aktuellen Zinsstrukturkurve kann der heutige Wert einer Anleihe bestimmt werden.

Da Straight Bonds festverzinslich sind, stehen alle zukünftigen Zahlungen bereits im Abschlusszeitpunkt fest. Der Barwert einer Anleihe, d.h. derjenige Wert, der sich durch das Diskontieren aller zukünftigen Zahlungen auf den Bewertungstag ergibt, ist die entscheidende Größe für die Bewertung. Aus diesem lässt sich der heutige „faire" (arbitragefreie) Kurs der Anleihe berechnen. Anhand eines einfachen Beispiels einer Bundesanleihe sei die Vorgehensweise der Bewertung von Anleihen mit fester Verzinsung im Folgenden dargestellt.

Zum Bewertungszeitpunkt möge am Geld- und Kapitalmarkt die in Abb. 29 dargestellte Zinsstrukturkurve gelten.

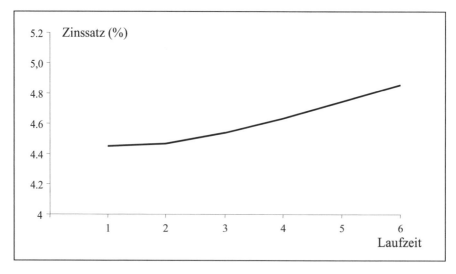

Abb. 29: Zinsstrukturkurve vom 23.05.01

Zu dieser Zinsstrukturkurve gehören die in Abb. 30 dargestellten Marktzinssätze, die daraus resultierenden Zerobond-Ab- und Aufzinsfaktoren sowie Nullkuponzinssätze.

Festverzinsliche Anleihen 43

Laufzeit in Jahren	1	2	3	4	5	6
Kuponzinsen	4,4503 %	4,4645 %	4,5379 %	4,6360 %	4,7446 %	4,8541 %
Abzinsfaktoren (ZB – AB)	0,9574	0,9163	0,8753	0,8339	0,7924	0,7512
Aufzinsfaktoren (ZB – UF)	1,0445	1,0913	1,1425	1,1992	1,2620	1,3313
Nullkuponzinsen (Zero Rates)	4,4503 %	4,4649 %	4,5415 %	4,6458 %	4,7635 %	4,8846 %

Abb. 30: Marktzinssätze vom 23.05.01

Die zu bewertende Anleihe ist folgendermaßen ausgestattet:

- Laufzeit: 4 Jahre
- Nominalvolumen: 1.000.000 EUR
- Nominalzins: 5 %
- Fälligkeit: 20.05.05
- Bewertungszeitpunkt: 20.05.01
- Zinszahlung: jährlich
- Tilgung: endfällig

Ausgangspunkt für die Bewertung der Bundesanleihe ist der Cash Flow, welcher sämtliche Zahlungen der Anleihe sowie deren jeweiligen Zeitpunkt darstellt. Bei der Beispielanleihe fällt im Zeitpunkt t=1, am 20.05.02, eine Zinszahlung in Höhe von 50.000 EUR an. In den darauffolgenden beiden Jahren fällt wiederum die Zinszahlung von 50.000 EUR an, während im letzten Jahr die Zinsen von 50.000 EUR und der Nominalbetrag von 1.000.000 EUR ausgezahlt werden. Abb. 31 zeigt den Cash Flow und die Berechnung des Barwertes der Beispielanleihe.

Auf Basis der aktuellen Zinsstrukturkurve kann mit Hilfe der Nullkuponzinssätze (vgl. Kapitel 2.2.3) der aktuelle Barwert der Bundesanleihe bestimmt werden. Im Bewertungszeitpunkt 20.05.01 ergibt sich für die Bundesanleihe mit vierjähriger Laufzeit und einem Nominalvolumen von 1.000.000 EUR ein Barwert in Höhe von 1.013.041,72 EUR. Aus diesem Barwert lässt sich der **„faire" rechnerische Kurs** der Anleihe zum Bewertungszeitpunkt wie folgt berechnen:

$$\text{rechnerischer Kurs} = \frac{\text{Barwert}}{\text{Nennwert}} \cdot 100$$

Daraus ergibt sich ein aktueller rechnerischer Kurs der Bundesanleihe von:

$$\frac{1.013.041,72}{1.000.000} \cdot 100 = 101,30$$

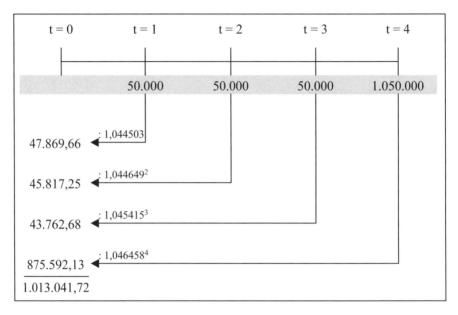

Abb. 31: Cash Flow und Barwert der Beispielanleihe

Dieser Wert spiegelt den „fairen" Kurs der Anleihe wider. Der Kurs liegt über 100, da die 4-jährige Anleihe mit einem Kupon von 5 % ausgestattet ist, das Marktzinsniveau für 4 Jahre aber nur bei 4,636 % liegt. Damit erwirtschaftet die Anleihe für den Investor einen jährlichen Mehrertrag von 0,364 %. Bezogen auf die Gesamtlaufzeit von 4 Jahren ergibt sich ein Mehrertrag von 4 · 0,364 = 1,456. Wenn die Anleihe zu fairen Marktkonditionen gehandelt wird, muss ein Investor, der die Anleihe heute kauft, diesen Mehrertrag bezahlen. Barwertig sind dies 1,30, die sich im Kurs widerspiegeln.

Anleihen werden an der Börse gehandelt und zu jeder Anleihe wird täglich der Kurs an der Börse festgelegt und veröffentlicht. Dieser Kurs weicht in der Regel vom oben berechneten rechnerischen Kurs ab, da dieser durch Angebot und Nachfrage am Markt festgelegt wird. Der Vergleich von rechnerischem Kurs und Kurs am Markt zeigt einem Investor, ob er eine fair bewertete oder eine über- oder unterbewertete Anleihe kauft.

Bei der bisherigen Betrachtungsweise wurde stets davon ausgegangen, dass der Kauf einer Anleihe immer genau mit dem Zinszahlungstermin zusammenfällt. Die Bundesanleihe aus dem dargestellten Beispiel wurde am 20.05.01 gekauft und am 20.05.02 fällt die erste Zinszahlung an. Auch wurden immer ganze Jahre betrachtet. In der Praxis fallen hingegen in der Regel das Kaufdatum und der Zeitpunkt der Zinszahlungen auseinander. Die auf die Zeit zwischen dem letzten Zinszahlungstermin und dem Verkaufstag anfallenden Zinsen werden als **Stückzinsen** bezeichnet. Sie müssen vom Käufer an den Verkäufer bezahlt werden, da der Käufer am nächsten Zinszahlungstermin die volle Höhe der Zinszahlung bekommt, obwohl die Zinsen zwischen dem letzen Zahlungstermin und dem Kaufdatum dem Verkäufer zustehen. Die allgemeine Formel zur Bestimmung der Stückzinsen lautet:

$$\text{Stückzinsen} = \frac{\text{Nennwert} \cdot \text{Kuponzins} \cdot \text{Zinstage}}{100 \cdot 360}$$

Der erste Schritt bei der Berechnung der Stückzinsen ist die Bestimmung der Zinstage zwischen der letzten Zinszahlung und dem Kauf- resp. dem Verkaufdatum. Am deutschen Rentenmarkt ist es üblich, einen Monat mit 30 Tagen und das Jahr mit 360 Tagen zu bewerten (Usance 30/360).

Angenommen, die Beispielanleihe würde nicht am 20.05.01, sondern erst am 20.09.01 verkauft. Hieraus resultieren für die Zeit vom 20. Mai bis 20. September 120 Zinstage (4 Monate). Die Stückzinsen am 20.09.02 betragen demnach:

$$\frac{1.000.000 \cdot 5,0\% \cdot 120}{100 \cdot 360} = 16.666,67 \text{ EUR}$$

Der Käufer muss dem Verkäufer zusätzlich zum aktuellen Preis der Anleihe noch die Stückzinsen in Höhe von 16.666,67 EUR bezahlen.

Der an der Börse notierte Kurs einer Anleihe ist immer der **Clean Price**, d.h die Stückzinsen sind darin nicht enthalten. Der tatsächlich für eine Anleihe zu zahlende Preis (**Dirty Price**) ergibt sich durch die Addition von Clean Price und Stückzinsen:

Dirty Price = Clean Price + Stückzinsen

Angenommen, der Börsenkurs der Bundesanleihe notiert zu 100,20, dann ergibt sich ein Kaufpreis für die Anleihe am 20.09.02 in Höhe von:

1.018.666,67 = (1.000.000 · 1,0020) + 16.666,67

Die berechneten Stückzinsen werden unabhängig vom an der Börse gehandelten Kurs berechnet. Sie sind damit immer arbitragefrei. Um festzustellen, ob der Kauf einer Anleihe vorteilhaft ist, bzw. ob der aktuelle Kurs günstig oder teuer ist, muss dieser mit dem rechnerischen Kurs ohne Einbezug der Stückzinsen (Clean Price) verglichen werden.

Anhand der Bewertung der Beispielanleihe nach einem Jahr sei der Unterschied zwischen Dirty und Clean Price noch einmal deutlich gemacht. Nach einem Jahr fällt die Zinszahlung in Höhe von 50.000 EUR an. Diese Zinsen werden für die Laufzeit von t=0 bis t=1 bezahlt und dürfen somit nicht mehr in die Berechnung des Barwertes der Anleihe im Zeitpunkt t=1 eingehen. Abb. 32 zeigt den Dirty und den Clean Price der Beispielanleihe nach einem Jahr, wobei unterstellt sei, dass sich die Zinsen innerhalb des Jahres nicht geändert haben.

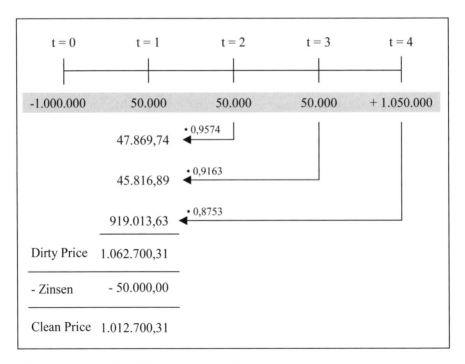

Abb. 32: Dirty und Clean Price der Beispielanleihe

3.1.1.2 Anleihen mit halbjährlicher Zinszahlung

Die bisherigen Darstellungen bezogen sich ausschließlich auf Anleihen mit jährlichen Zinszahlungen. Es existieren allerdings auch eine Vielzahl von Anleihen mit unterjährigen Zinszahlungen. Am Beispiel von halbjährlichen Zinszahlungen, wie sie beispielsweise in den USA oder in Großbritannien üblich sind, soll die Vorgehensweise bei unterjährigen Zinszahlungen verdeutlicht werden.

Ausgangspunkt sei wiederum eine Bundesanleihe mit einem Kupon von 5 %, einem Nominalvolumen von 1.000.000 EUR und einer Restlaufzeit von 4 Jahren. Die Zinsen sollen jetzt allerdings nicht am Jahresende bezahlt werden, sondern halbjährlich. Steht der Cash Flow der Anleihe fest, kann der Barwert ebenfalls wieder mit Hilfe der Nullkuponzinsen ermittelt werden. Bei halbjährlichen Zahlungsterminen muss dabei auf linear interpolierte Nullkuponzinsen mit unterjährigen und gebrochenen Laufzeiten zurückgegriffen werden (vgl. Kapitel 2.2.5).

Statt der bisherigen jährlichen Zinszahlungen in Höhe von 50.000 EUR am Jahresende fallen die Zinsen jetzt halbjährlich an. Die Frage ist, welche Höhe halbjährliche Zinsen haben müssen resp. dürfen, wenn die Effektivverzinsung weiterhin 5 % p.a. betragen soll.

Für eine finanzmathematisch korrekte Berechnung muss die aktuelle Zinsstrukturkurve berücksichtigt werden. Die Anleihe mit den halbjährlichen Zinszahlungen muss mit der Anleihe mit ganzjährigen Zinszahlungen vom Barwert äquivalent sein. Werden die Zinsen für ungerade Laufzeiten linear interpoliert, ergibt sich die Zinsstruktur der Nullkuponzinssätze gemäß Abb. 33.

Jahre	0,5	1	1,5	2	2,5	3	3,5	4
Nullkuponzinssatz (in %)	4,4402	4,4503	4,4576	4,4648	4,5032	4,5415	4,5937	4,6458

Abb. 33: Linear interpolierte Nullkuponzinssätze

Aus dem Barwert der Anleihe mit jährlichen Zinszahlungen und den interpolierten Nullkuponzinsen lässt sich die Höhe der halbjährlichen Zinszahlungen durch retrograde Rechnung, ausgehend vom gegebenen Barwert, kalkulieren. Barwertäquivalent sind die beiden Anleihen, wenn halbjährliche Zinsen in Höhe von 24.715,95 EUR ausgezahlt werden (vgl. Abb. 34).

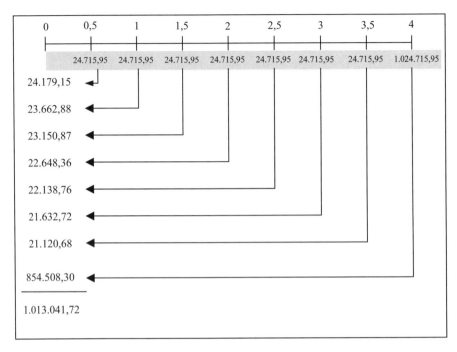

Abb. 34: Cash Flow und Barwert bei halbjährlicher Zinszahlung

Der Barwert der Anleihe mit halbjährlichen Zinszahlungen entspricht exakt dem Wert der Anleihe mit jährlichen Zinszahlungen in Höhe von 1.013.041,72 EUR.

Wird die aktuelle Zinsstrukturkurve nicht in die Berechnung mit einbezogen, kann auf ein Näherungsverfahren zur Kalkulation der halbjährlichen Zinszahlungen anhand des Jahreskupons der Anleihe und der Anzahl der Zinszahlungen zurückgegriffen werden. Die Formel zur Umrechnung des Jahreszinses in periodenkonforme Zinsen lautet (vgl. STEINER/UHLIR 2001, S. 10):

$$i_{(m)} = (1+i)^{(1/m)} - 1 \qquad i = \text{Jahreskuponzins}$$
$$m = \text{Anzahl Zinszahlungen im Jahr}$$

Für das betrachtete Beispiel der Bundesanleihe mit i = 5 % und m = 2 ergibt sich ein periodenkonformer Halbjahreszins von:

$$i_{(2)} = (1+0{,}05)^{1/2} - 1 = 0{,}024695 \text{ bzw. } 2{,}4695\,\%$$

Aus der Kalkulation mit der obigen Formel würden halbjährliche Zinszahlungen in Höhe von 24.695 EUR resultieren. Aus diesem Cash Flow berechnet sich ein Barwert in Höhe von 1.012.895,55 EUR, welcher lediglich geringfügig um den Betrag von 146,17 EUR vom exakten Barwert der Anleihe mit jährlichen Zinszahlungen abweicht.

Auch bei halbjährlicher Zinszahlung fallen in der Regel Kaufdatum und Datum der letzten Zinszahlung auseinander, so dass auch in diesem Fall Stückzinsen bezahlt werden müssen. Die Berechnung erfolgt analog zur bereits dargestellten Vorgehensweise, nur dass bei halbjährlichen Zinszahlungen jetzt nicht mit 360 Tagen im Nenner, sondern nur mit 180 Tagen gerechnet werden muss:

$$\text{Stückzinsen} = \frac{\text{Nennwert} \cdot \text{Zins}_{\text{periodenkonform}} \cdot \text{Zinstage}}{100 \cdot 180}$$

3.1.1.3 Nullkupon-Anleihen

Als weitere Anleihe sei im Folgenden die **Nullkupon-Anleihe** vorgestellt. Diese gibt es in zwei unterschiedlichen Formen. Zum einen die „echten" Nullkupon-Anleihen, bei denen der Emittent

- den Nennwert bestimmt,

- dem Nominalbetrag einen bestimmten Betrag abschlägt und

- die Papiere zum diskontierten Nennwert emittiert.

Diese Art von Nullkupon-Anleihen wird auch **„echte" Nullkuponanleihe** genannt.

Die andere Variante sind sogenannte Zinssammler oder **Kapitalzuwachsanleihen**. Sie werden

- zu einem „normierten" Kurs von beispielsweise 100 oder 1.000 EUR ausgegeben und

- zum Nennwert getilgt, der vor der Emission durch einen Aufschlag auf den „normierten" Emissionskurs bestimmt wird.

Der Unterschied zwischen „echten" Nullkuponanleihen und Zinssammlern wird in der Darstellung der Cash Flow-Profile deutlich (vgl. Abb. 35):

Beispiel: Volumen 1 Mio.	t=0	t=1	t=2	t=3	t=4
„echte" Nullkuponanleihe	- (1.000.000 - Abschlag)	0	0	0	+ 1.000.000
Zins- sammler	- 1.000.000	0	0	0	+ 1.000.000 + Aufschlag

Abb. 35: Cash Flows von „echten" Nullkuponanleihen und Zinssammlern

Die Bewertung von Nullkupon-Anleihen beginnt wiederum mit der Aufstellung des Cash Flows. Am 20.05.01 möge eine Bank eine „echten" Nullkuponanleihe mit einer Laufzeit von 4 Jahren und einer Mindeststückelung von 1.000 EUR ausgeben. Als Abschlag bzw. Diskont legt die Bank 16 % fest, so dass sich ein Emissionskurs von 84 % ergibt. Am Ende der Laufzeit wird der Nennwert (100 %) zurückgezahlt. Daraus resultiert der in Abb. 36 gezeigte Cash Flow.

	t=0	t=1	t=2	t=3	t=4
Cash Flow	- 840	0	0	0	+ 1.000

Abb. 36: Beispiel-Cash Flow einer „echten" Nullkuponanleihe

Zur Beurteilung von Kupon-Anleihen mit jährlichen bzw. halbjährlichen Zinszahlungen wird der Barwert bzw. der rechnerische Kurs der Anleihe ermittelt. Der Vergleich zwischen rechnerischem und tatsächlich an der Börse gehandelten Kurs gibt Aufschluss über die Wertigkeit der Anleihe. Auch bei „echten" Nullkuponanleihen werden als Vergleichsmaßstab alternative Geld- und Kapitalmarktgeschäfte für die Bewertung herangezogen. In Analogie zur bisherigen Vorgehensweise wird der zukünftige Cash Flow der Nullkuponanleihen durch Geld- und Kapitalmarktgeschäfte dupliziert.

Im Beispiel muss ausschließlich der Nennwert der Anleihe von 100 % bzw. 1.000 EUR am Fälligkeitszeitpunkt 20.05.05 dupliziert werden. Gesucht wird ein Geschäft, welches in vier Jahren 1.000 EUR generiert, bei dem zwischenzeitlich aber keine Zahlungen anfallen. Zur Bewertung können die aus den Kuponzinssätzen abgeleiteten Nullkuponzinssätze verwendet werden, welche genau die Zahlungsstruktur ohne zwischenzeitliche Zahlungen nachbilden (vgl. Kapitel 2.2.3). Auf

Festverzinsliche Anleihen 51

Basis der aktuellen Kuponzinsstruktur (vgl. Abb. 29) ergibt sich ein 4-jähriger Nullkuponzinssatz von 4,6458 %. Damit verkörpern die 1.000 EUR in vier Jahren einen heutigen rechnerischen Wert von 833,90 EUR:

$$1.000 : 1,046458^4 = 833,90 \text{ EUR}$$

Aus diesem Barwert der Nullkupon-Anleihe ergibt sich ein rechnerischer Kurs von:

$$\frac{833,90}{1.000} \cdot 100 = 83,39$$

Der Emissionskurs der Bank liegt bei 84 %, so dass bei der Anleihe 840,00 EUR investiert werden müssen, um in vier Jahren 1.000 EUR zu generieren. Der Preis der Anleihe liegt demnach leicht über dem rechnerischen Preis.

Die Bewertung der **Zinssammler** verläuft ähnlich zu derjenigen der „echten" Nullkuponanleihen. Als einziger Unterschied wird nach dem Wert einer heutigen Anlage am Geld- und Kapitalmarkt in vier Jahren gefragt, wobei zwischenzeitlich keine Zahlungen anfallen sollen. Werden heute 1.000 EUR angelegt, ist in vier Jahren auf Basis des heutigen 4-jährigen Nullkuponzinssatzes eine Zahlung in Höhe von 1.199,19 EUR fällig:

$$1.000 \cdot (1 + 4,6458 \%)^4 = 1.199,19 \text{ EUR}$$

Die Anleihe wäre fair bewertet, wenn der Emittent einen Aufschlag auf den Nennwert in Höhe ca. 12 % zusagt.

3.1.2 Kurswertrisiko von bonitätsrisikolosen festverzinslichen Anleihen

Wird der Barwert im Bewertungszeitpunkt nicht durch Kauf resp. Verkauf realisiert, unterliegt die Anleihe bzw. präziser der Cash Flow der Anleihe einem Kurswert- bzw. Zinsänderungsrisiko. Während die Faktoren Kuponzins, Nominalvolumen und Laufzeit vertraglich vereinbart sind, kann sich der Marktzinssatz ändern. Jede Veränderung der Marktzinsen löst eine Änderung des Barwertes und damit auch des Kurses der Anleihe aus. Allgemein gilt:

- Steigt das Zinsniveau, werden die zukünftigen Zahlungen stärker diskontiert und der Barwert und damit auch der Kurs einer Anleihe fällt.
- Fallen hingegen die Marktzinsen, werden die zukünftigen Zahlungen geringer diskontiert und der Barwert und der Kurs einer Anleihe steigt.

Diese Effekte seien anhand eines kleinen Beispiels dargestellt. Ausgangspunkt ist eine 1-jährige Staatsanleihe mit einem Nominalvolumen von 1.000 EUR und einer Verzinsung von 5 % p.a.. Der bewertungsrelevante 1-Jahres-Zins liegt bei 4,5 %. Daraus resultiert ein Zerobond-Abzinsfaktor für den Cash Flow in t=1 in Höhe von 1/1,045 = 0,956938 und ein Barwert von 1.050 · 0,956938 = 1.004,78 EUR.

Im ersten Fall möge der bewertungsrelevante 1-Jahres-Zins auf 5,5 % steigen. Der daraus resultierende Zerobond-Abzinsfaktor liegt bei 1/1,055 = 0,947867. Die Zahlung in t=1 wird stärker abgezinst als beim ursprünglichen Zinssatz von 4,5 %. Der Barwert sinkt und liegt jetzt bei 1.050 · 0,947867 = 995,26 EUR. Die Differenz zwischen dem Effektivzins der Anleihe und dem laufzeitgleichen Geld- und Kapitalmarktzins verringert sich resp. wird sogar negativ. Da letzteres im betrachteten Beispiel der Fall ist, ergibt sich ein Barwert unter dem Nominalvolumen.

Im zweiten Fall möge der Marktzins von ursprünglich 4,5 % auf 3,5 % fallen. Als neuer Zerobond-Abzinsfaktor ergibt sich ein Wert von 1/1,035 = 0,966184. Der Abzinsfaktor ist jetzt höher. Daher werden die zukünftigen Zahlungen geringer diskontiert und es wird ein höherer Barwert von 1.050 · 0,966184 = 1.014,49 erreicht. In diesem Fall ist die Differenz zwischen dem Effektivzins der Anleihe und dem alternativen Geld- und Kapitalmarktzins gestiegen.

In welchem Ausmaß sich der Barwert oder der Kurs einer Anleihe bei Marktzinsänderungen verändert, hängt von drei Faktoren ab (vgl. STEINER/UHLIR 2001, S. 17):

- von der Höhe der Marktzinsänderung,
- von der (Rest-) Laufzeit und
- von der Struktur des Cash Flows der Anleihe.

Im Folgenden sei wieder auf das Eingangsbeispiel mit einer Ursprungslaufzeit von 4 Jahren zurückgegriffen (vgl. Abb. 31). Nunmehr sei angenommen, dass sich die Zinsstrukturkurve im Zeitpunkt t=1, also am 20.05.02, um einen Prozentpunkt parallel nach oben verschoben hat, d.h. alle Zinsen sind um 100 Basispunkte gestiegen. Daraus resultiert ein neuer Barwert in Höhe von 1.035.487,75 EUR (vgl. Abb. 37).

Dieser Barwert (Dirty Price) enthält neben dem Barwert der zukünftigen Cash Flows (Clean Price) auch die im Bewertungszeitpunkt fällige Zinszahlung für das erste Jahr in Höhe von 50.000 EUR. Rechnet man diese aus dem Gesamtbarwert heraus, ergibt sich der Clean Price von 985.487,75 EUR. Dieser bildet die Basis für die Berechnung des Kurses.

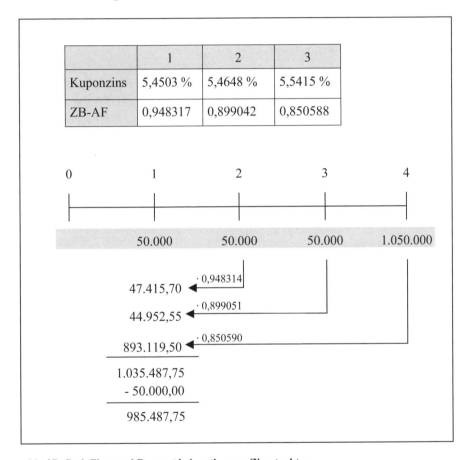

Abb. 37: Cash Flow und Barwert bei gestiegener Zinsstruktur

Der neue Kurs errechnet sich wie folgt:

$$\frac{985.487,75}{1.000.000} \cdot 100 = 98,55$$

Das Beispiel zeigt, dass bei gestiegenen Marktzinsen der Barwert und damit auch der Kurs der Anleihe fällt.

Wird vom neuen Barwert inklusive der Zinszahlung in t=1 (Dirty Price) in Höhe von 1.035.487,75 EUR der Barwert im Zeitpunkt t=0 in Höhe von 1.013.041,72 EUR abgezogen, ergibt sich ein Gewinn von 22.446,03 EUR. Dieser Betrag beinhaltet drei Faktoren:

- die Steigerung der Marktzinsen um einen Prozentpunkt,
- die Verkürzung der Restlaufzeit von vier auf drei Jahre und
- die Zinszahlung in t=1.

Der erste Faktor ist die **Zinszahlung** in t=1 in Höhe von 50.000 EUR. Wird diese vom aktuellen Barwert (Dirty Price) in t=1 abgezogen, verbleibt ein Barwertvelust in Höhe von:

$$(1.035.487,75 - 50.000,00) - 1.013.041,72 = -27.553,97 \text{ EUR}$$

Der errechnete Barwertverlust in Höhe von -27.553,97 EUR ist auf die veränderten Marktzinsen und die Verkürzung der Restlaufzeit zurückzuführen. In welchem Ausmaß diese beiden Faktoren für den Barwertverlust verantwortlich sind, sei im Folgenden analysiert.

Um den Effekt der **Verkürzung der Restlaufzeit** auf den Barwert der Anleihe isoliert von Marktzinsänderungen zu analysieren, muss die Zinsstrukturkurve im Bewertungszeitpunkt t=1 dieselbe sein wie in t=0. Es wird demnach unterstellt, dass die Zinsen in der Zeit von t=0 nach t=1 konstant geblieben sind. Die Frage für die Feststellung der Wirkung der Restlaufzeitverkürzung lautet: „Wie ändert sich der Kurswert der Anleihe durch die Restlaufzeitverkürzung?"

Der Restlaufzeitverkürzungseffekt entsteht, indem sich die für die jeweiligen Cash Flows bewertungsrelevanten Zinssätze um ein Jahr verkürzen. Wurde der bei Rückzahlung der Anleihe fällige Cash Flow aus Sicht von t=0 noch mit dem 4-Jahres-Zins diskontiert, ist er aus Sicht von t=1 nur noch mit dem 3-Jahres-Zins abzuzinsen. Die Restlaufzeit der Anleihe beträgt in t=1 nur noch 3 Jahre, so dass sich die bewertungsrelevante Zinsstrukturkurve insgesamt um 1 Jahr verkürzt hat und nur noch die Zinsen bis zu einer Laufzeit von 3 Jahren für die Berechnung des Barwertes bzw. des Kurses notwendig sind. Abb. 38 stellt die beiden bewertungsrelevanten Zinsstrukturkurven in t=0 sowie in t=1 dar.

Festverzinsliche Anleihen 55

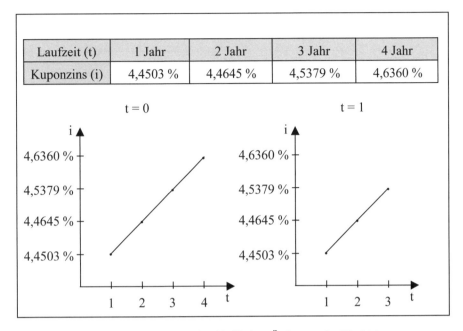

Abb. 38: Zinsstrukturkurven in t=0 und t=1 bei keiner Änderung der Marktzinsen

Den Cash Flow der Anleihe im Zeitpunkt t=1 und die Barwertberechnung zeigt Abb. 39. Die für die Diskontierung der zukünftigen Zahlungen relevanten Zinssätze sind im Vergleich zu denen aus t=0 gefallen. Sinkende Zinsen bedeuten bei gleichen Cash Flows steigende Barwerte. Dieser positive Effekt wird allerdings durch die Veränderung der Zahlungsreihe leicht überkompensiert, so dass sich insgesamt ein Barwertverlust in Höhe von -341,41 EUR ergibt. Dieser Verlust ist ausschließlich auf die Verkürzung der Restlaufzeit zurückzuführen.

Das kein positiver Kurseffekt aus der Restlaufzeitverkürzung entsteht, ist auf die relativ flache Zinsstrukturkurve zurückzuführen. Je steiler die Zinsstrukturkurve ist, umso stärker ist der Kursgewinn aus einer Verkürzung der Restlaufzeit.

Beide Effekte, die Zinszahlung und die Verkürzung der Restlaufzeit können auch zu einem deterministischem Gesamteffekt zusammengefasst werden, da das Ergebnis schon im Abschlusszeitpunkt (t=0) feststeht:

50.000,00 − 341,41 = 49.658,59

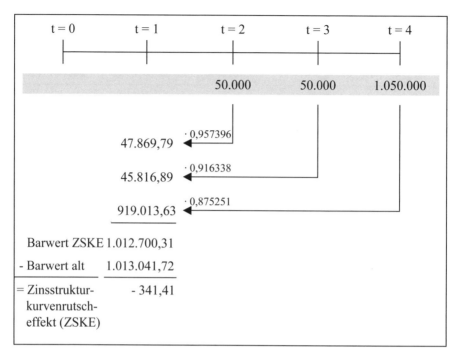

Abb. 39: Cash Flow und Barwertberechnung der Beispielanleihe im Zeitpunkt t=1

Die Wirkung der **Änderung der Marktzinsen** auf den Barwert der Anleihe ist wie folgt zu analysieren. Im Zeitpunkt t=1 haben sich die Zinsen aller Laufzeiten parallel um einen Prozentpunkt (= 100 Basispunkte) nach oben verschoben. Aus den neuen Zerobond-Abzinsfaktoren kann der aktuelle Barwert der Anleihe in t=1 ohne die Berücksichtigung der Zinszahlung in t=1 (Clean Price) berechnet werden. Allerdings ist in diesem Barwert auch der Zinsstrukturkurvenrutscheffekt (ZSKE) in Höhe von -341,41 EUR enthalten.

Um den Marktzinsänderungseffekt (MZE) isoliert zu betrachten, muss der Barwert auf Basis der Annahme konstanter Marktzinsen in t=1 vom aktuellen Barwert zu geänderten Marktzinsen in t=1 abgezogen werden. Diese Differenz stellt die Wirkung der Marktzinsänderungen auf den Barwert der Anleihe dar. Im Beispiel beträgt diese:

Barwert neu (Clean Price)   – Barwert ZSKE   = Marktzinsänderungseffekt

985.487,75 EUR   – 1.012.700,31 EUR   = - 27.212,56 EUR

Der Barwert der Anleihe ist durch die gestiegenen Marktzinsen um 27.212,56 EUR gesunken.

Das gesamte Barwertrisiko einer Anleihe ergibt sich aus der Addition von Zinsstrukturkurvenrutscheffekt, Marktzinsänderungseffekt und der Zinszahlung in t=1 (vgl. Abb. 40).

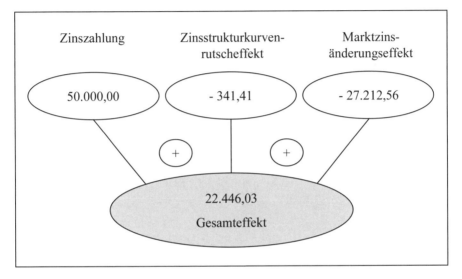

Abb. 40: Aufteilung des Barwertrisikos

Während die Höhe der Zinszahlung in diesem Beispiel in jedem Jahr gleich hoch ist und somit dieser Effekt auf die Barwertänderung in allen Bewertungszeitpunkten leicht zu isolieren ist, sollen im Folgenden die verbleibenden zwei Faktoren, die Marktzinsänderung und die Restlaufzeitverkürzung, noch genauer analysiert werden. In den folgenden Ausführungen wird nur noch mit dem Clean Price kalkuliert.

Steigen die Marktzinsen nach einem Jahr nicht nur um 1 Prozentpunkt, sondern beispielsweise um 2 Prozentpunkte, sinkt der Barwert von ursprünglich 1.013.041,72 EUR auf 959.266,36 EUR. Die Verkürzung der Restlaufzeit hat wiederum einen Kursverlust von -341,41 EUR zur Folge, so dass auf die Marktzinsänderung ein Verlust in Höhe von -53.433,95 EUR entfällt:

959.266,36 EUR – 1.012.700,31 EUR = - 53.433,95 EUR

Aus diesem Beispiel ist zu erkennen, dass die Höhe der Marktzinsänderung und die jeweilige Barwertveränderung in keinem linearen Zusammenhang stehen.

Im letzten Beispiel wurde stets zum Zeitpunkt t=1 bewertet, um die Wirkung von verschieden starken Marktzinsänderungen bei konstantem Zinsstrukturkurvenrutscheffekt zu analysieren. Nunmehr soll die Wirkung einer weiteren Verkürzung der Restlaufzeit analysiert werden. Wie ändert sich der Barwert der Anleihe in t=2, wenn sich die Marktzinsen von t=1 nach t=2 nicht geändert haben?

Der verbleibende Cash Flow besteht nur noch aus zwei Zahlungen. Zum einen die Zinszahlung in t=3 in Höhe von 50.000 EUR und zum anderen die Zinszahlung und Rückzahlung des Nominalvolumens in Höhe von 1.050.000 EUR im Zeitpunkt t=4. Werden diese beiden Zahlungen mit der Zinsstrukturkurve aus t=0 auf t=2 abgezinst, ergibt sich ein Barwert von 1.010.024,48 EUR. Der Barwertverlust, welcher auf die Verkürzung der Restlaufzeit von 4 auf 2 Jahre zurückzuführen ist, beträgt -3.017,24 EUR (1.010.024,48 - 1.013.041,72 = -3.017,24 EUR). Gegenüber der Bewertung in t=1 ist er um 2.675,83 EUR gestiegen (1.010.024,48 – 1.012.700,31 = -2.675,83 EUR).

Bei einer Bewertung in t=3 ergibt sich ein Barwert von 1.005.265,68 EUR und schließlich in t=4 exakt das Nominalvolumen in Höhe von 1.000.000 EUR. Die Entwicklung des Restlaufzeitverkürzungseffekts auf Basis der Zinsstrukturkurve in t=0 zeigt Abb. 41.

Zeitpunkt	Clean Price	Zinsstrukturkurven-rutscheffekt
t = 0	1.013.041,72	
t = 1	1.012.700,31	- 341,41
t = 2	1.010.024,48	- 2.675,83
t = 3	1.005.265,68	- 4.758,80
t = 4	1.000.000,00	- 5.265,68

Abb. 41: Entwicklung des Restlaufzeitverkürzungseffekts

Allgemein kann für die Wirkung der Verkürzung der Restlaufzeit einer Anleihe auf deren Barwert bzw. Kurs festgehalten werden:

- Liegt der Barwert über dem Nominalvolumen, verringert sich dieser im Zeitablauf sukzessive, bis er schließlich zum Laufzeitende genau das Nominalvolumen erreicht oder

- liegt der Barwert unter dem Nominalvolumen, erhöht sich dieser im Zeitablauf sukzessive, bis er schließlich zum Laufzeitende genau das Nominalvolumen erreicht.

Der jeweilige Kurs einer Anleihe fällt bzw. steigt mit der Verkürzung der Restlaufzeit bis er schließlich am Laufzeitende bei 100 % liegt (**Pull to Par-Effekt**).

Neben den drei bisher analysierten Faktoren und deren Wirkung auf den Barwert bzw. den Kurs einer Anleihe ist die **Struktur des Cash Flows** einer Anleihe ein weiterer wichtiger Faktor bei der Ermittlung des Barwertes. Die Struktur des Cash Flows wird vor allem durch den Zins und die Laufzeit bestimmt. Für diese Faktoren bzw. deren Wirkung auf den Barwert gilt allgemein:

1. Entspricht der **Zins der Anleihe** dem Marktzins mit der entsprechenden Laufzeit, ist der Barwert identisch mit dem Nominalvolumen und der Kurs der Anleihe liegt bei 100 %. Liegt der Zins der Anleihe über (unter) dem entsprechenden laufzeitgleichen Marktzins, ergibt sich ein Barwert, der über (unter) dem Nominalwert liegt und damit ein Kurs über (unter) 100 %.

2. Je länger die **Laufzeit einer Anleihe** ist, desto höher ist das Kurs- bzw. Barwertrisiko. Zum einen können sich die Marktzinsen über längere Laufzeiten stärker ändern und zum anderen gilt, dass Zahlungen in der Zukunft heute einen umso geringeren Wert haben, je weiter sie in der Zukunft liegen.

Der Effekt, dass Zahlungen, je weiter sie in der Zukunft liegen, bei normaler Zinsstrukturkurve einen immer geringeren Wert haben, lässt sich am Beispiel eines Zinssammlers verdeutlichen. Untersucht werden sollen zwei Zinssammler, der eine mit einer Laufzeit von einem Jahr und der andere mit einer Laufzeit von drei Jahren. Der 1-jährige Nullkuponzins liegt bei 3 %, der 2-jährige bei 4 % und der 3-jährige bei 5 %. Beide Zinssammler haben ein Nominalvolumen von 1.000 EUR und eine Verzinsung von 6 %. Diese führen jeweils am Laufzeitende zu einer Auszahlung in Höhe von 1.060 EUR. Der Barwert des 1-jährigen Zinssammlers liegt bei $1.060/1{,}03^1 = 1.029{,}13$ EUR, wohingegen der Barwert des

3-jährigen bei nur $1.060/1,05^3 = 915,67$ EUR liegt. Der Cash Flow in drei Jahren ist heute weniger wert als der, der schon in einem Jahr anfällt.

Die Struktur des Cash Flows einer Anleihe steht zumindest bei den bisher betrachteten Straight Bonds im Abschlusszeitpunkt sicher fest. Die Wirkung einer Laufzeitverkürzung auf den Barwert oder den Kurs einer Anleihe ist ebenfalls bereits im Abschlusszeitpunkt kalkulierbar. Die Änderungen der Marktzinsen können hingegen nur prognostiziert werden. Da diese aber einen gravierenden Einfluss auf den Barwert und damit den Kurs einer Anleihe haben, sollte versucht werden, dass hiervon ausgehende Zinsänderungsrisiko einzuschätzen. Mit Hilfe von Kennzahlen kann ermittelt werden, wie sensibel der Barwert einer Anleihe auf Marktzinsänderungen reagiert. Diese Kennzahlen werden im folgenden Kapitel dargestellt.

3.1.3 Kennzahlen zur Abbildung von Kurswertrisiken

3.1.3.1 Duration

Die **Duration (D)** ist eine von F. H. Macaulay entwickelte Kennzahl zur Quantifizierung des Marktzinsänderungsrisikos bei festverzinslichen Wertpapieren (vgl. MACAULAY 1938, S. 44 ff.).

In der bisherigen Betrachtung von Anleihen wurde immer der Barwert, d.h. der Wert einer Anleihe im Betrachtungszeitpunkt als Grundlage für die Bewertung herangezogen. Der Wert einer Anleihe am Ende der Laufzeit kann aus heutiger Sicht durch den Endwert beschrieben werden.

Zwischen dem Endwert (EW) und dem Barwert (BW) eines festverzinslichen Wertpapiers besteht bei konstantem Marktzins - der durch die Yield to Maturity (R) ausgedrückt wird - die folgende Beziehung:

$$EW = BW \cdot (1+R)^n \Leftrightarrow BW \cdot \frac{EW}{(1+R)^n}$$

In Abhängigkeit von der Richtung der Zinsentwicklung entwickeln sich der Endwert und der Barwert gegenläufig:

- Bei sinkenden Marktzinsen steigt der Barwert der Anleihe, wohingegen der Endwert sinkt.
- Bei steigenden Marktzinsen fällt dagegen der Barwert, wohingegen der Endwert steigt.

Diese gegenläufige Entwicklung lässt sich durch zwei Effekte erklären, die das Zinsänderungsrisiko von festverzinslichen Wertpapieren determinieren. Zum einen durch das **Barwertrisiko**, das bei einer Zinsänderung sofort eintritt, und zum anderen durch das **Wiederanlagerisiko**, das die Veränderung der Konditionen für die Anlage fälliger Cash Flows beschreibt.

Diese zwei Effekte wirken stets gegenläufig. Steigende Zinsen haben sinkende Barwerte zur Folge. Dafür ist die Anlage fälliger Zinszahlungen zu höheren Zinsen möglich. Bei sinkenden Zinsen treten diese Wirkungen in genau entgegengesetzter Richtung ein.

Der Barwerteffekt wirkt bei einer Zinsänderung schneller und stärker, wird aber mit abnehmender Restlaufzeit des Wertpapiers durch den Wiederanlageeffekt kompensiert. Wird das Wertpapier bis zum Ende der Laufzeit gehalten, überkompensiert der Wiederanlageeffekt den Barwerteffekt. Diese Gesetzmäßigkeit kann mit Hilfe nachfolgender Gleichung verdeutlicht werden. Unterstellt wird eine Veränderung der Yield to Maturity von (R) nach (R'):

$$\Delta EW = \sum_{t=1}^{n} CF_t \cdot \left[(1+R')^{n-t} - (1+R)^{n-t} \right]$$

Steigt der Zins von (R) auf (R'), ist der Term in der eckigen Klammer positiv. Das bedeutet, dass auch die Veränderung des Endwertes positiv ist. Fällt hingegen der Zins von (R) auf (R'), ist der Term in eckigen Klammern negativ und es ergibt sich eine negative Veränderung des Endwertes.

Die **Duration** bestimmt den Zeitpunkt, zu dem sich Barwert- und Wiederanlageeffekt aufheben. In Abb. 42 ist die gegenläufige Entwicklung von Barwert bzw. Kurswert einer Anleihe und dem Endwert grafisch dargestellt.

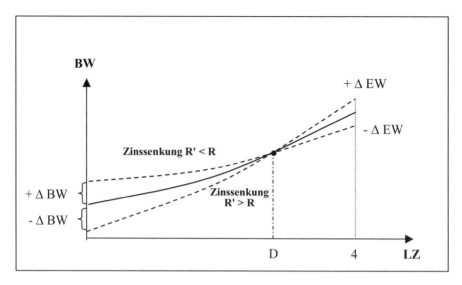

Abb. 42: Grafische Ableitung der Duration

Die durchgezogene Kurve stellt den Wertverlauf einer Anleihe beim aktuellen Marktzinsniveau dar. Steigen die Marktzinsen nach dem Erwerb der Anleihe, so folgt daraus der neue (gestrichelte) Kursverlauf von - Δ BW nach + Δ EW. Der Wert in t=0 fällt und der Wert in t=4 steigt. Im Punkt (D) schneiden sich beide Wertkurven. Genau diesen Punkt bildet die Duration ab. Die Wirkung des steigenden Endwertes und des fallenden Barwertes kompensieren sich. In diesem Zeitpunkt der Laufzeit der Anleihe ist diese frei von Zinsänderungsrisiken.

Die Duration gibt die **durchschnittliche Kapitalbindungsdauer** einer Anleihe in Jahren an. Dabei wird eine flache Zinsstrukturkurve unterstellt. Sämtliche Cash Flows werden mit einem einheitlichen Zins, der Yield to Maturity (R), diskontiert.

Den Ausgangspunkt zur Ableitung der Duration bildet die Gleichung zur Bestimmung des Barwertes eines Wertpapiers:

$$BW = \sum_{t=1}^{n} CF_t \cdot (1+R)^{-t}$$

Die Duration errechnet sich aus folgender Gleichung:

$$D = \frac{\sum_{t=1}^{n} t \cdot CF_t \cdot (1+R)^{-t}}{BW}$$

mit:

    D   = Macaulay Duration
    BW   = aktueller Barwert
    CF_t = Cash Flow im Zeitpunkt t
    R   = Yield to Maturity
    t   = Zeitindex
    n   = Restlaufzeit

Die Berechnung der Macaulay Duration vollzieht sich in vier Schritten:

1. Berechnung der Barwerte der zukünftigen Zahlungen
2. Gewichtung der ermittelten Barwerte mit den Zahlungszeitpunkten
3. Addition der zeitpunktgewichteten Barwerte
4. Division der Summe durch den aktuellen Barwert

Die Berechnung der Duration kann anhand der folgenden Tabelle für das Beispiel der Bundesanleihe mit 4-jähriger Restlaufzeit (vgl. Abb. 31) nachvollzogen werden (vgl. Abb. 43).

Zahlungs-zeitpunkt	Cash Flow im Zeitpunkt t	Barwert (Zins = 4,6353 %)	Gewichtung der Barwerte
(1)	(2)	(3) = (2) · $1,05^{-t}$	(4) = (1) · (3)
1	50.000	47.785,01	47.785,01
2	50.000	45.668,15	91.336,30
3	50.000	43.645,06	130.935,18
4	1.050.000	875.943,50	3.503.774,00
Summe	1.200.000	1.013.041,72	3.773.830,49
=> Macaulay Duration = 3.773.830,49 : 1.013.041,72 Mio. = 3,725 Jahre			

Abb. 43: Berechnung der Duration anhand der Beispielanleihe

Die Yield to Maturity (R) dieser Anleihe beträgt 4,6353 % (vgl. Abb. 26). Als Ergebnis errechnet sich eine Duration von 3,725 Jahren.

Die Duration ist damit eine Zeitraumkennzahl, die die durchschnittliche Kapitalbindungsdauer zinsabhängiger Positionen zum Ausdruck bringt. Aus der Formel lässt sich auch erkennen, dass die Macaulay Duration nie größer sein kann als die Laufzeit einer Anleihe. Bei Nullkuponanleihen ist sie gleich der Laufzeit, bei Kuponpapieren wegen der zwischenzeitlichen Zinszahlungen stets kleiner als die Laufzeit. Dabei gilt für Kuponanleihen, dass die Duration umso kleiner ist,

- je kürzer die Restlaufzeit,
- je höher die Yield to Maturity und
- je höher die Kuponzahlungen sind.

Eine niedrige Duration deutet auf einen schnellen Rückfluss des eingesetzten Kapitals hin. Das Zinsänderungsrisiko sinkt mit abnehmender Duration.

3.1.3.2 Modified Duration

Zur ersten schnellen Abschätzung des Kursrisikos von Anleihen bei sich ändernden Marktzinsen werden Sensitivitätskennzahlen eingesetzt. Die erste wichtige Sensitivitätskennzahl ist die **Modified Duration (MD)**.

Sie errechnet sich, indem der Barwert der Anleihe nach der Yield to Maturity differenziert wird. Um relative Wertänderungen erfassen zu können, wird das Ergebnis dieser Operation noch einmal durch den Barwert der Anleihe dividiert. Die Modified Duration gibt die relative Sensitivität des Barwertes einer Anleihe auf lineare Änderungen der Yield to Maturity an.

$$MD = \frac{1}{BW} \cdot \frac{dBW}{dR}$$

$$= \frac{1}{BW} \sum_{t=1}^{n} -t \cdot CF_t \cdot (1+R)^{-t-1}$$

$$= -\frac{1}{BW} \cdot \frac{\sum_{t=1}^{n} t \cdot CF_t \cdot (1+R)^{-t}}{(1+R)} = -\frac{D}{1+R}$$

Das negative Vorzeichen spiegelt den Effekt wider, dass Barwerte von Anleihen fallen, wenn die Zinsen steigen. Die Modified Duration in der Gleichung ist so definiert, dass das Ergebnis multipliziert mit der Änderung der Yield to Maturity die prozentuale Kursänderung einer Anleihe angibt. Für das obige Beispiel mit einer Macaulay Duration von 3,725 Jahren errechnet sich eine Modified Duration von:

$$MD = -\frac{3{,}725}{1{,}046353} = -3{,}5602$$

Die Wirkung einer Marktzinsänderung auf den jeweiligen Kurs einer Anleihe (**relative Kursänderung**) mit Hilfe der Modified Duration wird durch folgenden Zusammenhang beschrieben:

$$\Delta BW_{rel} = -MD \cdot \Delta R$$

Sinkt die Yield to Maturity um 1 Prozentpunkt, steigt der Kurs der Anleihe um 3,5602 %. Hatte die Anleihe vorher einen Kurs von exakt 100,00 EUR und sinkt die Yield to Maturity um 1 Prozentpunkt (von 4,6353 % auf 3,6353 %), wird ein neuer Kurs von 103,5602 EUR geschätzt.

Aus der prozentualen Veränderung des Anleihekurses lässt sich auch die **absolute Kursänderung** ableiten. Hierbei wird die Frage beantwortet, um wie viel Geldeinheiten der Anleihekurs bei Änderung der Yield to Maturity um 1 Prozentpunkt steigt bzw. fällt. Dabei wird die Modified Duration mit dem Bruch Kurs der Anleihe dividiert durch 100 multipliziert:

$$\Delta BW_{abs} = -MD \cdot \frac{BW}{100}$$

Für die betrachtete Beispielanleihe ergibt sich:

$$\Delta BW_{abs} = -3{,}5602 \cdot \frac{101{,}30}{100} = -3{,}6065$$

Steigt die Yield to Maturity um einen Prozentpunkt, fällt der Kurs der Anleihe um 3,6065 EUR.

Die Modified Duration gibt die Wertveränderungen von Anleihen bei sich ändernden Marktzinsen an. Bei ihrer Anwendung sollten allerdings die Prämissen beachtet werden, die ihr zugrunde liegen und die gleichzeitig auch Anlass zur Kritik geben (vgl. SCHIERENBECK 2003b, S. 301).

1. Es wird eine flache Zinsstrukturkurve unterstellt.

2. Bei Marktzinsänderungen findet stets eine Parallelverschiebung der Zinsstrukturkurve statt.

3. Die Marktzinsänderungen finden abrupt im Bewertungszeitpunkt statt, so dass keine Restlaufzeitverkürzungseffekte analysiert werden können.

3.1.3.3 Convexity

Der Zusammenhang von Anleihekurs und Marktzinsen ist, anders als im Konzept der Modified Duration unterstellt wird, in der Regel nicht linear. Den tatsächlichen Zusammenhang zwischen Anleihekurs und Marktzinsänderung zeigt Abb. 44.

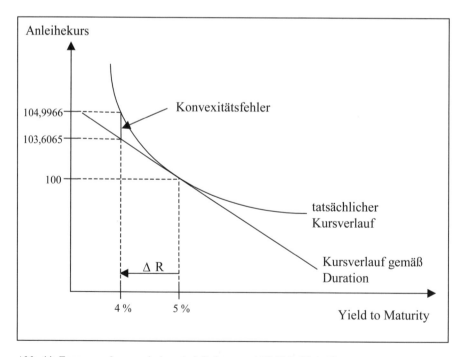

Abb. 44: Zusammenhang zwischen Anleihekurs und Yield to Maturity

Es handelt sich um eine linksgekrümmte Funktion, die auch als konvex bezeichnet wird. Wie aus Abb. 44 zu erkennen ist, unterschätzt die Modified Duration die Wirkung von Marktzinsänderungen auf den Anleihekurs. Im Beispiel führt die Modified Duration bei einer Senkung der Yield to Maturity um 1 Prozentpunkt zu einer Steigerung des Kurses von 100,00 auf 103,6065. Betrachtet man den tatsächlichen Zusammenhang zwischen Anleihekurs und Marktzinsen, erkennt man, dass der Kurs bei einer Senkung der Yield to Maturity um 1 Prozentpunkt auf 104,9966 steigt.

Bei der Berechnung der Barwertveränderung ist die Prämisse der Durationsmethode, eine horizontale Zinsstrukturkurve, zu beachten (vgl. Abb. 45).

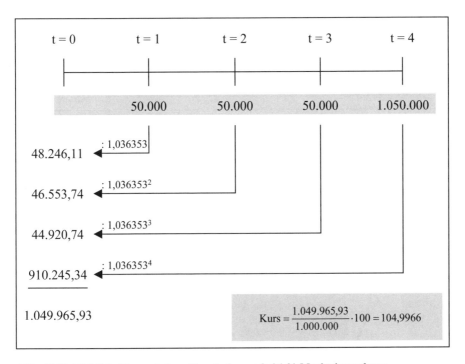

Abb. 45: Tatsächliche Barwert- bzw. Kursänderung bei 1 % Marktzinssenkung

Ebenso wie bei einer Zinssenkung der Anstieg des Anleihekurses unterschätzt wird, wird bei einem Zinsanstieg der Kursverlust der Anleihe überschätzt. Die Anwendung der Modified Duration bei der Schätzung von Kursänderungen führt stets zu einer Unterbewertung der Anleihe. Je größer die Zinsänderung, umso stärker weichen die mit Hilfe der Modified Duration ermittelten Kurse von den mittels Cash Flow-Neubewertung exakt bestimmten Kursen ab.

Änderungen der Yield to Maturity haben permanente Veränderungen der Modified Duration zur Folge, die dann zu immer größeren Ungenauigkeiten bei der Bewertung von Anleihen führen (vgl. Abb. 46).

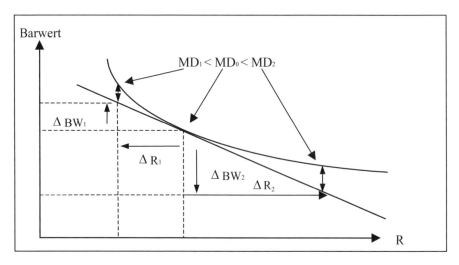

Abb. 46: Ungenauigkeiten der Modified Duration

Den Schätzfehler der Modified Duration korrigiert das Konzept der Convexity **(CV)**. Die Convexity beschreibt die Änderung der Modified Duration in Abhängigkeit von einer Veränderung der Yield to Maturity (vgl. Abb. 47). Sie misst folglich die Krümmung des Zusammenhangs von Anleihekurs und Yield to Maturity.

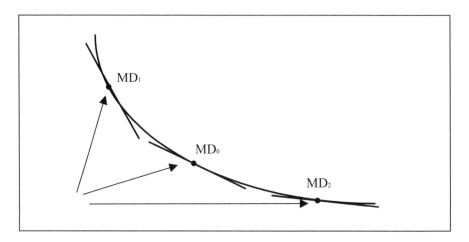

Abb. 47: Convexity als Maß für die Krümmung der Barwert-Rendite-Kurve

Festverzinsliche Anleihen

Mathematisch ist die Convexity als erste partielle Ableitung der Modified Duration nach der Yield to Maturity definiert. Die Formel für ihre Berechnung lautet:

$$CV = \frac{\sum_{t=1}^{n} t(t+1) \cdot CF_t \cdot (1+R)^{-t}}{(1+R)^2 \cdot \sum_{t=1}^{n} CF_t \cdot (1+R)^{-t}} = \frac{\sum_{t=1}^{n} t(t+1) \cdot CF_t \cdot (1+R)^{-t}}{(1+R)^2 \cdot BW}$$

Im Vergleich zur Modified Duration ist im Zähler lediglich der Term (t+1) hinzugefügt und der Nenner mit dem Term $(1+R)^2$ multipliziert worden. Für die Beispielanleihe errechnet sich die Convexity wie in Abb. 48 gezeigt.

Zahlungszeitpunkt	Cash Flow in t	Barwert bei R = 4,6353 %	t · (t + 1)	gewichtete Barwerte
(1)	(2)	(3) = (2) · 1,046353^{-t}	(4)	(5) = (3) · (4)
1	50.000	47.785,01	2	95.570,02
2	50.000	45.668,15	6	274.008,90
3	50.000	43.645,06	12	523.740,72
4	1.050.000	875.943,50	20	17.518.870,00
Summe		1.013.041,72		18.412.189,64

$$CV = \frac{1}{1.013.041,72} \cdot \frac{1}{(1+0,046353)^2} \cdot 18.412.189,64 = 16,6005$$

Abb. 48: Bestimmung der Convexity für die Beispielanleihe

Das Ergebnis ist eine Convexity von 16,6005. Allgemein gilt, dass die Convexity umso höher ist, je größer der Fehler in der Abschätzung der Kursentwicklung mit Hilfe der Modified Duration ist (vgl. Abb. 49).

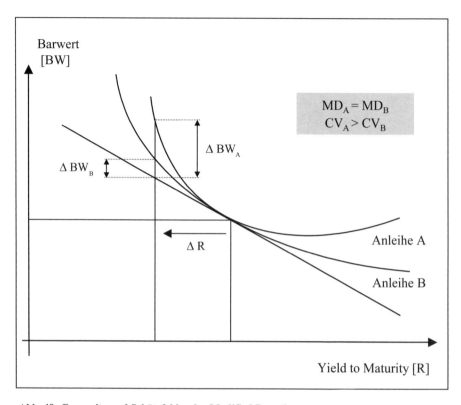

Abb. 49: Convexity und Schätzfehler der Modified Duration

Aus der Convexity-Eigenschaft lässt sich auch schließen, dass bei Anlagealternativen in Anleihen resp. Anleihenportefeuilles mit gleicher Modified Duration, immer diejenige Anlagealternative wertvoller ist, die die höhere Convexity aufweist. Die Kursgewinne bei Zinssenkungen sind größer, wohingegen die Kursverluste bei Zinssteigerungen geringer sind.

Mit der ermittelten Convexity kann der Anleihekurs genauer abgeschätzt werden als bei der Duration, da die Krümmung der Anleihekurs-Yield to Maturity-Kurve mit berücksichtigt wird. Es gilt folgende Formel für die Abschätzung des Anleihekurses in Abhängigkeit von Marktzinsänderungen, die sich aus der Taylor-Reihe entwickeln lässt:

$$\Delta BW = -MD \cdot BW \cdot \Delta R + \frac{1}{2} \cdot CV \cdot BW \cdot \Delta R^2$$

Festverzinsliche Anleihen

Da der letzte Teil der obigen Formel immer positiv ist, werden Kursverluste immer verringert, wohingegen Kursgewinne erhöht werden. Für die Beispielanleihe mit einem Nominalvolumen von 1.000.000 EUR, einer Restlaufzeit von 4 Jahren und einem Zinskupon von 5 % ergeben sich folgende Ergebnisse in Abhängigkeit von der unterstellten Änderung der Yield to Maturity (vgl. Abb. 50):

Marktzinsveränderung	- 1 %	- 2 %
Barwert der Anleihe	1.050.035,54	1.088.816,29
Modified Duration	-3,5602	-3,5602
Convexity	16,6005	16,6005
Schätzung des Barwertes mit MD	1.049.108,06	1.085.174,37
Schätzung des Barwertes mit MD + CV	1.049.948,88	1.088.537,74
Absolute Abweichung mit MD	- 927,48	- 3.641,92
Absolute Abweichung mit MD + CV	- 86,66	- 278,55
Relative Abweichung mit MD	- 0,0883 %	- 0,3345 %
Relative Abweichung mit MD + CV	- 0,0083 %	- 0,0256 %

Abb. 50: Schätzung des Anleihepreises mit Duration und Convexity

Unter Zuhilfenahme der Convexity liegt der geschätzte Kurs oder Preis der Anleihe bei einer Marktzinssenkung um 1 %-Punkt bei 1.049.948,88 EUR im Gegensatz zu dem mit Hilfe der Modified Duration geschätzten Preis von 1.049.108,06 EUR. Im Vergleich zum kalkulierten tatsächlichen Barwert in Höhe von 1.050.035,54 EUR führt die Schätzung des Preises unter Einbezug der Convexity zu deutlich besseren Ergebnissen.

3.1.3.4 Effective Duration

Die **Effective Duration** hebt die bisher unterstellte Prämisse einer horizontalen Zinsstrukturkurve auf. Mit ihrer Hilfe kann auch die Duration bei einer normalen oder inversen Zinsstrukturkurve abgeschätzt werden. Die Formel für die Ermittlung der Effective Duration lautet:

$$ED = \frac{\sum_{t=1}^{n} t \cdot CF_t \cdot (1+z_t)^{-t}}{BW}$$

mit:
- ED = Effective Duration
- BW = aktueller Barwert
- CF_t = Cash Flow im Zeitpunkt t
- z_t = laufzeitspezifische Nullkuponzinssätze
- t = Zeitindex
- n = Restlaufzeit

Bei der Effective Duration werden die zukünftigen Zahlungen nicht mit dem einheitlichen Zinssatz (Yield to Maturity) der Modified Duration oder der Convexity abgezinst, sondern mit den laufzeitspezifischen Nullkuponzinssätzen. Die Berechnung der Effective Duration für die Beispielanleihe zeigt Abb. 51.

t (1)	Cash Flow in t (2)	Nullkuponzinssatz in t (3)	Barwert (4) = $(3)^{-t} \cdot 2$	Gewichteter Barwert (5) = (1) · (4)
1	50.000	4,4503 %	47.869,66	47.869,66
2	50.000	4,4649 %	45.817,25	91.634,50
3	50.000	4,5415 %	43.762,67	131.288,01
4	1.050.000	4,6458 %	875.592,13	3.502.368,52
Summe	1.200.000	-	1.013.041,72	3.773.160,69

$$\Rightarrow \text{Effective Duration} = \frac{3.773.160,69}{1.013.041,72} = 3,725$$

Abb. 51: Effective Duration der Beispielanleihe

Die durchschnittliche Kapitalbindungsdauer der Anleihe beträgt mit der Effective Duration 3,725 Jahre. Ein Unterschied zur Macaulay Duration wird erst bei Betrachtung weiterer Nachkommastellen deutlich. Die Effective Duration liegt mit 3,724586 leicht unter der Macaulay Duration von 3,725247.

Die Ergebnisse von Effective und Macaulay Duration werden stets voneinander abweichen, selbst wenn in die Berechnung der Macaulay Duration die aktuelle Zinsstruktur indirekt über die Yield to Maturity einfließt. Die Diskontierung mit der Yield to Maturity stellt lediglich sicher, dass beide Verfahren zum gleichen Barwert der Anleihe gelangen. Unterschiede können daher lediglich durch die Größe im Zähler, d.h. die gewichteten Barwerte entstehen. Während die Macaulay Duration jede Zahlung mit dem gleichen Zins, der Yield to Maturity diskontiert, findet beim Konzept der Effective Duration auch die Form der Zinsstrukturkurve über die individuellen laufzeitspezifischen Nullkuponzinssätze Eingang.

Ob die Effective Duration über oder unter der Macaulay Duration liegt, hängt von der zugrunde liegenden Zinsstrukturkurve ab und kann daher nicht allgemeingültig beantwortet werden. Bei einer normalen Zinsstrukturkurve wird die Zahlung, die in t=4 anfällt mit dem Nullkuponzins in Höhe von 4,6458 % stärker diskontiert als bei der Macaulay Duration, bei der lediglich mit einer Yield to Maturity in Höhe von 4,6353 % diskontiert wird. Die restlichen Zahlungen in den Zeitpunkten t=1, t=2 und t=3 werden dagegen bei der Effective Duration mit geringeren Zinsen diskontiert. Ihre Bedeutung ist wegen des kleineren Volumens aber deutlich geringer im Vergleich zur Zahlung in t=4.

Die stärkere Diskontierung der höchsten Zahlung in Höhe von 1.050.000 EUR im Zeitpunkt t=4 führt im Beispiel dazu, dass der Zähler bei der Berechnung der Effective Duration im Vergleich zur Macaulay Duration kleiner wird. Diese wird zudem noch am stärksten gewichtet. Der Barwert ist wie ausgeführt in beiden Durationskonzepten gleich. Die geringere Summe der gewichteten diskontierten Cash Flows führt im betrachteten Beispiel im Vergleich zur Macaulay Duration zu einer geringeren Effective Duration. Bei einer inversen Zinsstrukturkurve wären die Ergebnisse umgekehrt.

Mit der Macaulay Duration ist es über die Modified Duration möglich, absolute bzw. relative Barwertänderungen in Bezug auf Zinsänderungen zu bestimmen. Dabei wird die Macaulay Duration durch den Term (1+R) geteilt. Bei der Effective Duration kann eine Schätzung der Barwertänderung bei Zinsänderungen nicht ermittelt werden, da die aktuelle Zinsstrukturkurve mit in den Laufzeiten unterschiedlichen Zinssätzen zugrunde gelegt wird. Aus diesem Grund findet das Konzept der Macaulay Duration unter Berücksichtigung der Yield to Maturity als Diskontierungszins zur schnellen Abschätzung von Kurswertrisiken weitere Verbreitung als die Effective Duration. Soll finanzmathematisch korrekt die komplette Zinsstrukturkurve in die Risikoanalyse einfließen, ist das Konzept der Effective Duration in Richtung der Key Rate Durationen auszubauen.

3.1.3.5 Key Rate Durationen

Während die Macaulay Duration mit der Yield to Maturity mit einem einheitlichen Zinssatz diskontiert und die Effective Duration die Berücksichtigung der unterschiedlichen Zinssätze für unterschiedliche Laufzeiten einführt, ist bei beiden Konzepten nur eine eingeschränkte Abbildung von Marktzinsänderungen möglich. Konkret wird bei den bisher dargestellten Kennzahlen zur Messung des Kurswertrisikos einer Anleihe von der Prämisse ausgegangen, dass sich die Zinsstrukturkurve ausschließlich durch Parallelverschiebungen ändert. Mit den beiden folgenden Methoden lassen sich auch die Barwertkonsequenzen komplexer Zinsstrukturkurvenveränderungen abbilden.

Der **Key Rate Duration (KRD)** liegt die Prämisse zugrunde, dass die Zinsstrukturkurve und deren Änderungen durch bestimmte Schlüsselrenditen (Key Rates) und deren Bewegung determiniert wird (vgl. Abb. 52).

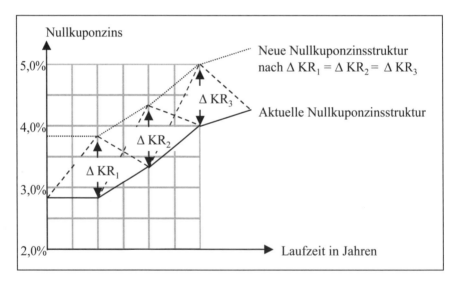

Abb. 52: Schlüsselrenditen (Key Rates)

Die Key Rate im Zeitpunkt (t) entspricht dem laufzeitgleichen Nullkuponzins im Zeitpunkt (t). Die Key Rate Duration für eine bestimmte Laufzeit gibt an, wie der Barwert der zugehörigen Cash Flows **prozentual** auf die Veränderung der Key Rate für diese Laufzeit reagiert (vgl. SCHIERENBECK 2003b, S. 305). Die Sensitivität einer Anleihe lässt sich durch ein Set laufzeitspezifischer Key Rate Durationen beschreiben.

Mathematisch sind die Key Rate Durationen die partiellen Ableitungen der Barwertformel nach den laufzeitspezifischen Key Rates, dividiert durch den aktuellen Barwert der Anleihe multipliziert mit 100:

$$KRD_t = -\frac{\frac{\Delta BW}{\Delta KR_t}}{BW \cdot 100} = \frac{t \cdot CF_t \cdot (1+KR_t)^{-t-1}}{BW \cdot 100}$$

mit: KRD_t = laufzeitspezifische Key Rate Duration
 BW = aktueller Barwert
 CF_t = Cash Flow im Zeitpunkt t
 KR_t = laufzeitspezifische Key Rate (Nullkuponzins)
 t = Zeitindex

Beispielhaft sei im Folgenden analysiert, wie der Barwert der Beispielanleihe prozentual schwankt, wenn die Key Rate der entsprechenden Laufzeit um 1 Prozentpunkt schwankt. Dabei zeigt Abb. 53 noch einmal die zugrundeliegende Zinsstrukturkurve.

Laufzeit	1	2	3	4
Kuponzinsen	4,4503 %	4,4645 %	4,5379 %	4,6360 %
Nullkuponzinsen	4,4503 %	4,4649 %	4,5415 %	4,6458 %

Abb. 53: Zinsstrukturkurve für die Berechnung der Key Rate Durationen

$$KRD_1 = \frac{1 \cdot 50.000 \cdot (1,044503)^{-2}}{1.013.041,72 \cdot 100} = 0,04524\ \%$$

$$KRD_2 = \frac{2 \cdot 50.000 \cdot (1,044649)^{-3}}{1.013.041,72 \cdot 100} = 0,08659\ \%$$

$$KRD_3 = \frac{3 \cdot 50.000 \cdot (1,045415)^{-4}}{1.013.041,72 \cdot 100} = 0,12397\ \%$$

$$KRD_4 = \frac{4 \cdot 1.050.000 \cdot (1,046458)^{-5}}{1.013.041,72 \cdot 100} = 3,30379\ \%$$

Wenn die 1-Jahres-Key Rate um 1 Prozentpunkt schwankt, verändert sich der Barwert der 4-jährigen Beispielanleihe um 0,04524 Prozentpunkte. Entsprechend würde sich der Barwert bei Schwankungen der 2-, 3- oder 4-Jahres-Key Rate um 0,08659, 0,12397 oder 3,30379 Prozentpunkte ändern. Am stärksten reagiert der Barwert bei einer Änderung der 4-Jahres-Key Rate. Das hat zwei nachvollziehbare Gründe:

1. Die 4-Jahres-Key Rate hat die längste Restlaufzeit und wirkt entsprechend am stärksten und

2. der Cash Flow in t=4 ist mit der Rückzahlung des Nominalvolumens und den Zinsen (1.050.000 EUR) deutlich höher als die übrigen Cash Flows mit jeweils nur 50.000 EUR.

3.1.3.6 Basispoint Values

Im Gegensatz zur prozentualen Änderung des Barwerts einer Anleihe auf Schwankungen der Key Rates spiegeln die laufzeitspezifischen **Basispoint Values (BPV)** die absoluten Barwertkonsequenzen von Änderungen einzelner Nullkuponzinssätze um 1 Basispunkt (BP) wider. Eine Änderung um 1 Basispunkt entspricht einer Änderung um 0,01 Prozentpunkte. Die Formel für die Berechnung der einzelnen BPV in den entsprechenden Laufzeiten lautet:

$$BPV_t = t \cdot CF_t \cdot (1+z_t)^{-t-1} \cdot 1\, BP$$

mit: CF_t = Cash Flow im Zeitpunkt t
z_t = laufzeitspezifischer Nullkuponzins
t = Zeitindex

Für die betrachtete Beispielanleihe ergeben sich folgende BPV:

$BPV_1 = 1 \cdot 50.000 \cdot (1{,}044503)^{-2} \cdot 0{,}0001 \qquad = 4{,}583\ EUR/BP$

$BPV_2 = 2 \cdot 50.000 \cdot (1{,}044649)^{-3} \cdot 0{,}0001 \qquad = 8{,}772\ EUR/BP$

$BPV_3 = 3 \cdot 50.000 \cdot (1{,}045415)^{-4} \cdot 0{,}0001 \qquad = 12{,}558\ EUR/BP$

Festverzinsliche Anleihen 77

$$BPV_4 = 4 \cdot 1.050.000 \cdot (1{,}046458)^{-5} \cdot 0{,}0001 \quad = 334{,}688 \text{ EUR/BP}$$

Bei einer Änderung der 1-jährigen Nullkuponzinsen um 1 BP würde der Barwert der 4-jährigen Beispielanleihe um 4,583 EUR schwanken. Entsprechend ändert sich der Barwert bei Änderungen der 2-, 3- oder 4-jährigen Nullkuponzinssätze um 8,772, 12,558 oder 334,688 EUR. Auch hier reagiert der Barwert am stärksten auf Änderungen des 4-jährigen Nullkuponzinssatzes. Die Gründe sind die selben wie sie bereits bei der Berechnung der prozentualen Änderung mit den Key Rate Durationen aufgeführt wurden.

Jahr	Aktuelle Kuponzinssätze	Aktuelle Nullkuponzins-sätze	Simulierte Marktzins-änderung	Neue Nullkuponzins-sätze
1	4,4503 %	4,4503 %	+ 100 BP	5,4503 %
2	4,4645 %	4,4649 %	+ 60 BP	5,0649 %
3	4,5379 %	4,5415 %	+ 30 BP	4,8415 %
4	4,6360 %	4,6458 %	+ 20 BP	4,8458 %

Abb. 54: Erwartete Änderung der Nullkuponzinssätze

Abschließend sei beispielhaft eine Risikoanalyse anhand einer erwarteten Zinsänderung mit den BPV dargestellt. Die erwartete Änderung der Zinsstrukturkurve bzw. der Nullkuponzinssätze zeigt Abb. 54.

Demnach steigt der 1-jährige Nullkuponzins um 100 BP, der 2-jährige um 60 BP, der 3-jährige um 30 BP und der 4-jährige um 20 BP. Der Barwert der Beispielanleihe reagiert auf diese Veränderungen der Nullkuponzinssätze wie folgt:

$\Delta BW_1 = -BPV_1 \cdot \Delta BP_1 \quad = -4{,}583 \cdot 100 \quad = -458{,}30 \text{ EUR}$

$\Delta BW_2 = -BPV_2 \cdot \Delta BP_2 \quad = -8{,}772 \cdot 60 \quad = -526{,}32 \text{ EUR}$

$\Delta BW_3 = -BPV_3 \cdot \Delta BP_3 \quad = -12{,}558 \cdot 30 \quad = -376{,}74 \text{ EUR}$

$\Delta BW_4 = -BPV_4 \cdot \Delta BP_4 \quad = -334{,}688 \cdot 20 \quad = -6.693{,}76 \text{ EUR}$

$\Delta BW \qquad\qquad\qquad\qquad\qquad\qquad = -8.055{,}12 \text{ EUR}$

Bei der erwarteten Änderung der Nullkuponzinssätze würde sich ein Barwertverlust der Beispielanleihe in Höhe von 8.055,12 EUR ergeben. Dies entspricht einer prozentualen Änderung von 0,795143 % (8.055,12 : 1.013.041,72). Auf das gleiche Ergebnis kommt man auch mit den Key Rate Durationen.

$\Delta BW_1 = -KRD_1 \cdot \Delta KR_1 \quad = -0{,}04524 \cdot 0{,}01 \quad = -0{,}00045824$

$\Delta BW_2 = -KRD_2 \cdot \Delta KR_2 \quad = -0{,}08659 \cdot 0{,}006 \quad = -0{,}00051954$

$\Delta BW_3 = -KRD_3 \cdot \Delta KR_3 \quad = -0{,}12397 \cdot 0{,}003 \quad = -0{,}00037191$

$\Delta BW_4 = -KRD_4 \cdot \Delta KR_4 \quad = -3{,}30379 \cdot 0{,}002 \quad = -0{,}00660758$

$\Delta BW \qquad\qquad\qquad\qquad\qquad\qquad = -0{,}007951{,}43$

Nachdem die Bewertung von (risikolosen) Staatsanleihen mit unterschiedlichen Laufzeiten, deren Barwertrisiken und die Kennzahlen für das Barwertrisiko ausführlich dargestellt wurden, sei im nächsten Kapitel auf die Bewertung von Unternehmensanleihen eingegangen, die auch Bonitätsrisiken beinhalten und daher anders bewertet werden müssen.

3.1.4 Bewertung von bonitätsrisikobehafteten festverzinslichen Anleihen

Auch im deutschsprachigen Raum hat sich für Unternehmensanleihen der aus dem englischen stammende Begriff „Corporate Bonds" eingebürgert. Während Straight Bonds ausschließlich einem zinsänderungsrisikobedingten Kurs- oder Barwertrisiko unterliegen, muss bei der Bewertung von Corporate Bonds zusätzlich das Bonitätsrisiko des Schuldners mit beachtet und bewertet werden. Unter dem **Boni-**

tätsrisiko ist die Gefahr der Nichterfüllung von Zahlungsverpflichtungen seitens des Schuldners zu verstehen (vgl. STEINER/BRUNS 2002, S. 57).

Bonitätsbewertung	Rating-Symbol	
	Moody`s	S&P
Sehr gute Anleihen:		
Beste Qualität, geringstes Ausfallrisiko	Aaa	AAA
Hohe Qualität, aber etwas größeres Risiko als die Spitzengruppe	Aa1 Aa2 Aa3	AA+ AA AA-
Gute Anleihen:		
Gute Qualität, viele gute Investmentattribute, aber auch Elemente, die sich bei veränderter Wirtschaftsentwicklung negativ auswirken können	A1 A2 A3	A+ A A-
Mittlere Qualität, aber mangelnder Schutz gegen die Einflüsse sich verändernder Wirtschaftsentwicklung	Baa1 Baa2 Baa3	BBB+ BBB BBB-
Spekulative Qualität:		
Spekulative Anlage, nur mäßige Deckung für Zins- und Tilgungsleistungen	Ba1 Ba2 Ba3	BB+ BB BB-
Sehr spekulativ, generell fehlende Charakteristika eines wünschenswerten Investments, langfristige Zinszahlungserwartung gering	B1 B2 B3	B+ B B-
Junk Bonds:		
Niedrigste Qualität, geringster Anlegerschutz, in Zahlungsverzug oder indirekte Gefahr des Verzugs	Caa Ca C	CCC CC C

Abb. 55: Rating-Klassen und deren Rangfolge

Bei der Beurteilung von Anleihebonitäten bzw. der Bonität der Emittenten von Anleihen dominieren zwei amerikanische Agenturen auf den internationalen Märkten:

1. Standard & Poor's (S&P) (www.standardpoors.com) und
2. Moody's Investors Service (Moody's) (www.moodys.com).

Auf Basis qualitativer und quantitativer Kriterien werden die Unternehmen nach ihrer Bonität unterschiedlichen Rating-Klassen zugeordnet (vgl. Abb. 55). Anleihen bzw. Unternehmen mit der höchsten Bonitätsstufe werden z.B. bei Standard & Poor's als Triple A (AAA) bezeichnet. Anleihen oder Unternehmen, die mit Triple C (CCC) oder sogar nur Single C (C) geratet sind, weisen dagegen eine hohe Ausfall- bzw. Verzugsgefahr auf.

Die Bewertung von Corporate Bonds basiert grundsätzlich auf der im vorherigen Kapitel dargestellten Bewertungstechnik für risikolose Straight Bonds. Allerdings muss die zusätzliche Bonitätsrisikokomponente beachtet werden. Eine risikolose Staatsanleihe mit 4-jähriger Restlaufzeit muss bei gleichem Kupon einen höheren Wert haben als eine Unternehmensanleihe, die zusätzlich bonitätsrisikobehaftet ist.

Laufzeit	BBB Rating	Deutsche Government Kurve	Credit-Spread
3 M	4,1122 %	3,5065 %	0,6057 %
6 M	4,2622 %	3,6160 %	0,6462 %
1 J	4,6223 %	3,9290 %	0,6933 %
2 J	5,1694 %	4,2845 %	0,8849 %
3 J	5,5650 %	4,5263 %	1,0387 %
4 J	5,8209 %	4,7426 %	1,0783 %
5 J	5,9575 %	4,8243 %	1,1332 %
7 J	6,1810 %	5,0275 %	1,1535 %
8 J	6,2844 %	5,1289 %	1,1555 %
9 J	6,3184 %	5,1494 %	1,1690 %
10 J	6,3831 %	5,1701 %	1,2130 %

Abb. 56: Zero-Spread-Kurven für BBB geratete Unternehmensanleihen

Alternativ muss die bonitätsrisikobehaftete Anleihe bei gleichem Preis (Kurs) einen höheren Kupon ausweisen. Dieser kann in den risikolosen Marktzins der Anleihe und die bonitätsspezifischen Risikokosten aufgeteilt werden. Letztere

Festverzinsliche Anleihen

lassen sich als Differenz (Spread) zwischen den Zinssätzen von Bundesanleihen (Government Kurve) und der jeweiligen Verzinsung der verschiedenen Risikoklassen (Swapkurven) messen. Am Markt existiert demnach für jede Bonitäts- oder Risikoklasse eine eigene **Spreadkurve** (vgl. Abb. 56).

Es ist zu erkennen, dass mit zunehmender Laufzeit die Spreads immer größer werden. Je länger die Laufzeit einer Anleihe, desto größer ist die Wahrscheinlichkeit eines Ausfalls oder Verzugs von zukünftigen Zahlungen und dementsprechend höher fällt die Risikoprämie aus. In Analogie zu den bisher betrachteten (risikolosen) Marktzinssätzen, können sich auch die Spreadkurven ändern. Neben den aktuellen Marktzinssätzen sind daher stets auch die aktuellen Spreads zu verwenden.

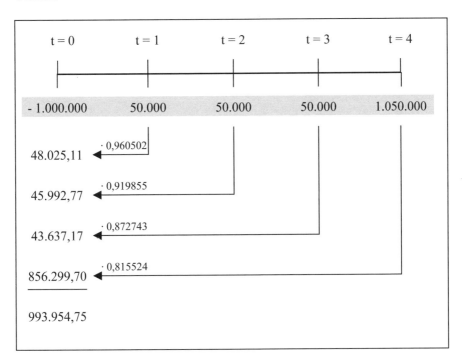

Abb. 57: Beispielhafte Bewertung einer BBB-gerateten Unternehmensanleihe

Die Vorgehensweise der Bewertung von Corporate Bonds sei im Folgenden anhand eines vereinfachten Beispiels dargestellt. Nach der Agentur Standard & Poor's sei ein Unternehmen als Triple B (BBB) geratet worden. Um eine Anleihe des Unternehmens zu bewerten, muss demnach die Swapkurve für BBB-geratete Unternehmen zugrunde gelegt werden. Für eine Triple B geratete Anleihe mit

4-jähriger Restlaufzeit, einem Nominalvolumen von 1.000.000 EUR und einem Nominalzins von 5 % berechnet sich der aktuelle Barwert durch Diskontieren der zukünftigen Zahlungen mit den Zinssätzen der Swapkurve für BBB-geratete Unternehmen (vgl. Abb. 57).

Es ergibt sich ein Barwert in Höhe von 993.954,75 EUR. Im Vergleich zum risikolosen Barwert bei Diskontierung mit den Zinsen der Government-Kurve liegt der Barwert mit Risikoprämie um 1.025.989,41 EUR − 993.954,75 EUR = 32.034,66 EUR niedriger. Diese Differenz entspricht der Risikoprämie der BBB-gerateten Unternehmensanleihe.

Zu beachten ist bei bonitätsrisikobehafteten Anleihen, dass die Bonitätsrisikoprämie isoliert betrachtet werden muss, weil sie das Ergebnis für die Übernahme des Bonitätsrisikos, nicht jedoch des Zinsänderungsrisikos ist. Ein Beispiel möge die Trennung der beiden Komponenten in das Ergebnis für das Bonitätsrisiko und für das Zinsänderungsrisiko verdeutlichen.

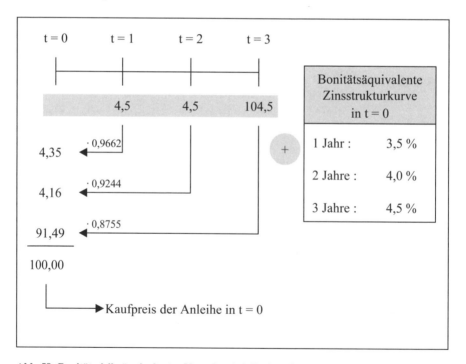

Abb. 58: Bonitätsrisikoäquivalenter Kurs der Anleihe in t=0

Festverzinsliche Anleihen

Ausgangssituation ist eine bonitätsrisikobehaftete Anleihe mit folgender Ausstattung:

- Nominalvolumen   100 EUR
- Kupon   4,5 %
- Bonitätsrisiko-Spread   0,5 %
- Laufzeit   3 Jahre

Der aktuelle bonitätsäquivalente Kurs sowie die dazugehörige Zinsstrukturkurve zeigt Abb. 58. Der Kaufpreis liegt exakt bei 100. Würde dagegen mit der bonitätsrisikolosen Zinsstrukturkurve (3,0 % 1-Jahreszins, 3,5 % 2-Jahreszins und 4,0 % 3-Jahreszins) bewertet, resultiert daraus ein Kaufpreis bzw. ein Kurs von 101,40, da die Zinsen um 0,5 Prozentpunkte geringer sind. Die Differenz in Höhe von 1,40 stellt den Barwert des Bonitätsspreads dar.

Steigen die Marktzinsen 1 Jahr später um + 100 BP bei unverändertem Bonitätsspread, resultiert daraus ein neuer bonitätsrisikobehafteter Barwert in Höhe von 103,75 (vgl. Abb. 59). Der bonitätsrisikolose Barwert liegt dagegen bei 104,50 (4,0 % 1-Jahreszins, 4,5 % 2-Jahreszins und 5,0 % 3-Jahreszins).

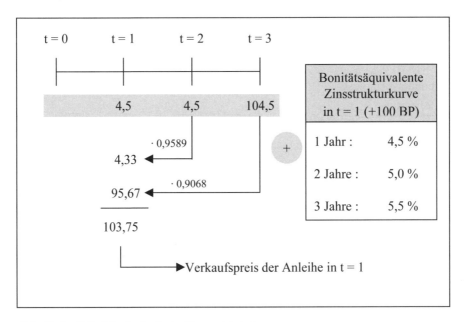

Abb. 59: **Bonitätsrisikoäquivalenter Barwert in t=1**

Wird die Anleihe nach einem Jahr wieder verkauft, ergibt sich ein Gewinn in Höhe von 103,57 – 100,00 = 3,57. Dieser lässt sich auf die beiden Erfolgsfaktoren, die Übernahme von Zins- und Bonitätsrisiken, aufteilen. Die beiden Ergebniskomponenten können rechnerisch separiert werden, indem die Anleihe zu beiden Zeitpunkten einmal mit der bonitätsäquivalenten und einmal mit der bonitätsrisikolosen Zinsstrukturkurve bewertet wird.

Bei der Bewertung des Cash Flows mit den bonitätsrisikolosen Zinssätzen ergibt sich stets ein höherer Barwert, da die Zinsen niedriger sind. Die Differenz zwischen den beiden Barwerten bringt den Barwert des Bonitätsspreads zum Ausdruck. In t=0 ergibt sich ein Barwert von 1,40 EUR (101,40 – 100,00) und in t=1 von 0,93 EUR (104,50 – 103,75). Da der Investor die Anleihe (und damit auch das Bonitätsrisiko) für ein Jahr gehalten hat, kann er die Differenz von 0,47 EUR (1,40 – 0,93) vereinnahmen.

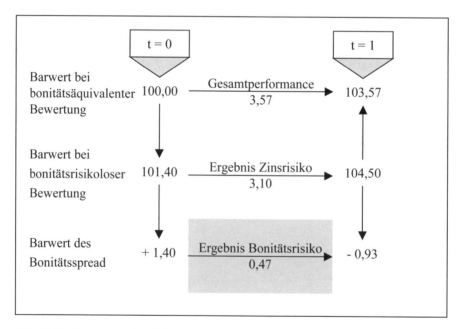

Abb. 60: Performanceanalyse bei unveränderter Bonität (Spread = 0,5 %)

Die zweite Ergebniskomponente ist der Kursgewinn für das übernommene Zinsrisiko. Da die Marktzinsen gestiegen sind, die Restlaufzeit sich aber um ein Jahr verkürzt hat, ergibt sich bei der Bewertung mit den risikolosen Marktzinsen ein Kurs der Anleihe von 100,00 (Clean Price). Hinzu kommt der Zinsertrag von 4,50 EUR, so dass der Gesamtwert (Dirty Price) 104,50 beträgt. Zu Beginn lag er bei

101,40, so dass das Ergebnis aus der Zinsrisikoübernahme 3,10 beträgt (vgl. Abb. 60).

Verändert sich neben den Marktzinssätzen auch die Bonität des Schuldners - im Beispiel eine Verschlechterung um 0,2 % - resultieren daraus die in Abb. 61 dargestellten Ergebnisse. Der Barwert der Anleihe in t=1 sinkt bei bonitätsäquivalenter Bewertung auf 103,20. Damit liegt die Gesamtperformance nur noch bei 3,20. Da die Ursache die gesunkene Bonität ist, muss das Ergebnis aus der Zinsrisikoübernahme unverändert bei 3,10 bleiben. Das Ergebnis für das Bonitätsrisiko ist dagegen auf 0,10 gesunken, denn an den Käufer der Anleihe ist eine höhere Entschädigung für die Übernahme des Bonitätsrisikos zu zahlen.

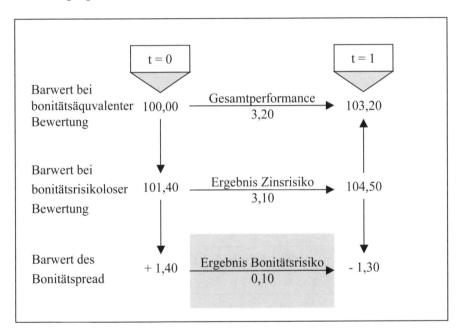

Abb. 61: Performanceanalyse bei verschlechterter Bonität (Spread = 0,7 %)

3.2 Variabel verzinsliche Anleihen (Floater)

Floater ist die Kurzbezeichnung für eine variabel verzinsliche Anleihe. Diese Bezeichnung ist abgeleitet aus dem Terminus Floating Rate Note. Im Gegensatz zu den bisher beschriebenen Anleiheformen erfolgt die Zinsfestlegung nicht bereits im Abschlusszeitpunkt. Der Zins ist vielmehr an die Entwicklung eines Referenzzinses gekoppelt. Je nachdem, wie sich dieser Referenzzins entwickelt, verändert sich auch der Zins des Floaters. Daher die Bezeichnung „Floating" Rate Note. Ein möglicher Referenzzins von Floatern ist beispielsweise der Euribor. Die Zinsfestlegung eines Floaters könnte z.B. lauten: Euribor + 0,75 %. Entscheidend für die Zinszahlung bzw. die konkrete Zinsfestlegung ist dann die Höhe des Euribors an den jeweiligen vorab festgelegten Fixing-Tagen.

Am Beispiel einer Ex post-Bewertung sei die Vorgehensweise der Bewertung eines Floaters im Folgenden dargestellt. Wurde beispielsweise ein 2-jähriger Floater mit einer Verzinsung „Euribor + 0,75 %" am 24.05.99 emittiert und wurden dabei halbjährliche Zinszahlungen vereinbart, werden am jeweiligen Fixing-Tag die Euribor-Sätze ermittelt und auf diese Zinssätze noch 0,75 % aufgeschlagen. Der daraus ermittelte Zinssatz bestimmt die Höhe der Zinszahlung. Wurde beispielsweise der Floater mit einem Nominalvolumen in Höhe von 5.000.000 EUR mit den Bedingungen aus dem obigen Beispiel gekauft, hätten sich folgende Zinssätze und Zinszahlungen ergeben (vgl. Abb. 62).

Zeitpunkt	05/99	11/99	05/00	11/00	05/01
6M-Kuponzins	2,55 %	3,48 %	4,54 %	5,13 %	4,56 %
$t = 0$ (05/99)	$t = 1$ (11/99)	$t = 2$ (05/00)	$t = 3$ (11/00)	$t = 4$ (05/01)
- 5.000.000	82.500	105.750	132.250	5.147.000
	$\dfrac{2,55\% + 0,75\%}{2}$	$\dfrac{3,48\% + 0,75\%}{2}$	$\dfrac{4,54\% + 0,75\%}{2}$	$\dfrac{5,13\% + 0,75\%}{2}$

Abb. 62: Zinszahlungen des Beispielfloaters

Die exakte Zahlungsreihe ist daher erst am letzten Fixing-Tag bekannt. Wie kann nun ohne Kenntnis der zukünftigen Zinssätze bereits heute der Barwert oder Kurswert eines Floaters festgestellt werden? Der Barwert ergibt sich stets aus der Diskontierung der zukünftigen Zahlungen auf den Bewertungszeitpunkt. Bei einem Floater stehen die zukünftigen Zinszahlungen im Abschlusszeitpunkt jedoch noch nicht fest. Ohne eine Zinsprognose abgeben zu müssen, lassen sich die aus heutiger Sicht noch unbekannten Zinssätze durch die aus der aktuellen Zinsstrukturkurve abgeleiteten Forward Rates substituieren. Ein vereinfachtes Beispiel zeigt die Vorgehensweise bei der Bewertung von Floatern mittels der Forward Rates.

Ein Kunde kauft heute einen Floater mit einem Nominalvolumen in Höhe von 5.000.000 EUR, einer Laufzeit von 2 Jahren und jährlichen Zinszahlungen. Dafür erhält er nach einem Jahr eine Zinszahlung in Höhe von 5.000.000 · (Euribor + 0,75 %). Nach zwei Jahren erhält er das eingesetzte Kapital in Höhe von 5.000.000 EUR zurück sowie die Zinszahlung 5.000.000 · (Euribor + 0,75 %).

Aus der heute aktuellen Zinsstrukturkurve (Annahme: 1-Jahres-Zins liegt bei 4 % und 2-Jahres-Zins bei 4,5 %) lässt sich die rechnerisch faire Forward Rate bestimmen, die für die Bewertung des Beispielfloaters benötigt wird. In diesem Beispiel wird lediglich die Forward Rate FR(1,1) = 5,025126 % benötigt. Abb. 63 zeigt den Cash Flow des Beispielfloaters.

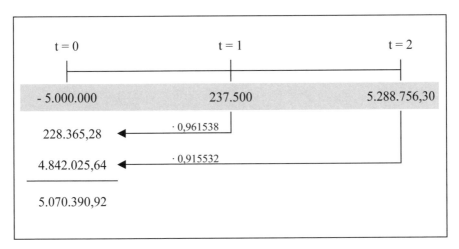

Abb. 63: **Cash Flow und Barwert des Beispielfloaters**

Die Zinszahlung im ersten Jahr ergibt sich aus dem 1-Jahreszins von 4,00 % zuzüglich dem Aufschlag von 0,75 %. Die für die Bewertung des Floaters im zweiten Jahr erforderliche Zinszahlung ergibt sich aus der Forward Rate FR(1,1), zu der ebenfalls der Spread hinzu addiert wird. Beim betrachteten Beispielfloater ergibt sich daraus ein Barwert von 5.023.122,57 EUR bzw. ein Kurs von 5.023.122,57 / 5.000.000 · 100 = 100,46. Dass der Kurs des Floaters nicht exakt bei 100 notiert liegt an dem Aufschlag von 0,75 %. Würde sich der Floater exakt auf Basis der Marktkonditionen verzinsen, ergäbe sich zu Beginn jeder neuen Zinsperiode ein Kurs von 100.

Im Gegensatz zu den Straight Bonds unterliegen Floater nur einem geringen Kurswertrisiko, da der Käufer von steigenden Zinsen ebenso wie von fallenden unmittelbar betroffen ist. Kurswertrisiken können nur in der laufenden Zinsperiode auftreten.

Wird ein Floater zwischen zwei Zinszahlungsterminen bewertet, müssen zunächst die zukünftigen Zahlungen auf den Bewertungszeitpunkt diskontiert werden. Dabei dürfen die für die laufende Zinsperiode angefallenen Stückzinsen nicht außer acht gelassen werden. Sie berechnen sich nach der bereits im Kapitel zu den Anleihen (vgl. Kapitel 3.1.1) dargestellten Formel. Die kalkulierten Stückzinsen müssen vom aktuellen durch die Diskontierung der zukünftigen Zahlungen ermittelten Barwert (Dirty Price) abgezogen werden. Der Kurs des Floaters nähert sich dabei immer mehr an 100 %, je näher der Bewertungstag am nächsten Zinszahlungstermin liegt (Pull to Par-Effekt).

3.3 Forward Rate Agreements

3.3.1 Produkteigenschaften von Forward Rate Agreements

Ein **Forward Rate Agreement (FRA)** ist ein Vertrag, bei dem zwei Vertragspartner Zinszahlungen tauschen. Dabei wird ein Zins (der FRA-Zins) für einen in der Zukunft liegenden Zeitpunkt bereits bei Vertragsabschluss fixiert. Allgemein sind die Marktteilnehmer bei der Ausgestaltung der FRA-Verträge frei, allerdings werden die Regelungen der British Bankers Association (BBA), die sogenannten FRABBA-Terms, als Standard allgemein akzeptiert (vgl. BBA 2002).

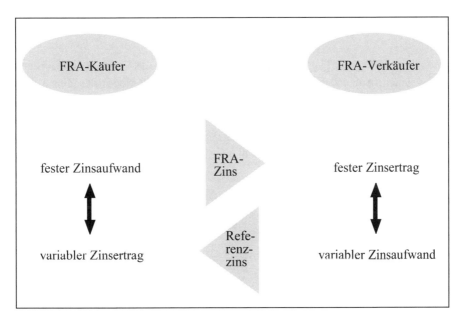

Abb. 64: Austausch von Zinszahlungen mit einem FRA

Beim Kauf eines FRA zahlt der **Käufer** zukünftig einen festen Zinsaufwand, während er im Gegenzug in der Zukunft einen variablen Zinsertrag erhält (vgl. Abb. 64). Der Käufer eines FRA rechnet demnach mit steigenden Zinsen, denn in diesem Fall bezahlt er den festen Zinsaufwand und erhält vom Verkäufer die gestiegenen Zinserträge. Der **Verkäufer** eines FRA erhält dagegen einen zukünftigen festen Zinsertrag und muss im Gegenzug einen variablen Zinsaufwand bezahlen. Der Verkäufer erwartet sinkende Marktzinsen, denn bei fallenden Zinsen erhält er den festen höheren Zinsertrag, muss auf der Gegenseite aber nur noch die geringeren Zinsaufwendungen bezahlen.

Ein FRA ist so konstruiert, dass sich der FRA-Käufer verpflichtet, dem FRA-Verkäufer einen fest vereinbarten Zins, den FRA-Zins, zu zahlen. Auf der Gegenseite erhält er seinen Zinsertrag auf Basis eines Referenzzinses, welcher unmittelbar vor Beginn des zukünftigen Zeitraumes am Fixing-Tag festgelegt wird.

Determinanten von FRA's sind:

- der Abschlusstag,
- der Beginn der Vorlaufzeit,
- der Fixing-Tag,
- der Beginn und das Ende der FRA-Periode,
- das Nominalvolumen und
- der FRA-Zins.

Am Abschlusstag wird vertraglich festgelegt, wie lange die Vorlaufzeit dauert und für welchen in der Zukunft liegenden Zeitraum (FRA-Periode) der Zins fixiert werden soll. Zudem wird der Fixing-Tag festgelegt, an dem der Referenzzins, beispielsweise der Euribor, ermittelt wird. Ein FRA, das beispielsweise in 3 Monaten beginnt (Vorlaufzeit) und eine FRA-Periode von 3 Monaten hat, also insgesamt 6 Monate läuft, wird als 3-6 FRA bezeichnet. Abb. 65 zeigt ein Beispiel für einen 3-6 FRA.

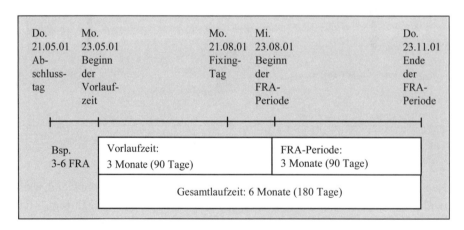

Abb. 65: Beispiel für ein 3-6 FRA

Bei der Berechnung des FRA-Zinses wird mit denselben Usancen wie am Geld- und Kapitalmarkt gerechnet, d.h. der Monat wird mit 30 Tagen und das Jahr mit 360 Tagen kalkuliert.

Forward Rate Agreements

FRA's sind das erste derivative Finanzinstrument, das in diesem Buch beschrieben wird. Es werden nur die Zinszahlungen, nicht aber die Kapitalpositionen getauscht. Für die Bewertung sind die Kapitalpositionen dennoch erforderlich. Ohne sie können die absoluten Zinserträge resp. -aufwendungen nicht ermittelt werden. Aus der Zahlungsstromperspektive ergeben sich damit keine Unterschiede zu den bisher beschriebenen Anleihen. Die Kapitalpositionen von FRA's sind lediglich kalkulatorischer Natur, d.h. real fließen sie nicht.

3.3.2 Bewertung von Forward Rate Agreements

Der Käufer eines 3-6 FRA erhält am Erfüllungstag, d.h. zu Beginn der FRA-Periode, fiktiv den vereinbarten Kapitalbetrag. Am Ende der FRA-Periode erfolgt die Rückzahlung des fiktiven Kapitalbetrags und des festgelegten FRA-Zinses auf diesen Kapitalbetrag für die entsprechende Laufzeit. Auf der Gegenseite zahlt der Verkäufer am Erfüllungstag den fiktiven Kapitalbetrag und erhält am Ende der FRA-Periode einerseits den fiktiven Kapitalbetrag und zum anderen die Zinsen, die auf Basis des am Fixing-Tag ermittelten Referenzzinses berechnet werden (vgl. Abb. 66).

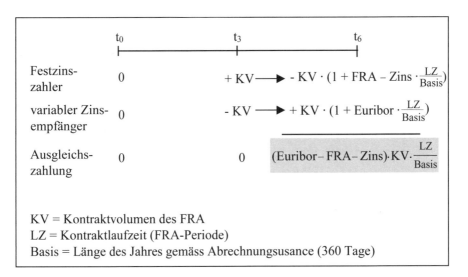

Abb. 66: Konstruktion eines 3-6 FRA

Der Käufer sichert sich für die Zukunft einen festen Zinsaufwand, z.B. für einen kurzfristigen Kredit in der Zukunft. Wollte er sich bereits den Zinsertrag für eine in der Zukunft liegende kurzfristige Geldanlage sichern, müsste er ein FRA verkaufen. Die Bezeichnungen Kauf resp. Verkauf beziehen sich damit auf die gewünschte Absicherungsposition. Der Käufer erhält feste Zinsaufwendungen, der Verkäufer feste Zinserträge.

Aus der Differenz zwischen dem festgelegten FRA-Zins und dem Referenzzins ergibt sich in der Regel eine Ausgleichszahlung für einen der beiden Vertragspartner am Ende der FRA-Periode. Welcher Vertragspartner - der Käufer oder der Verkäufer – die Ausgleichszahlung zu leisten hat, hängt davon ab, ob der Referenzzins über oder unter dem vereinbarten FRA-Zins liegt. Im betrachteten Beispiel, indem ein Unternehmen als Käufer auftritt, muss das Unternehmen die Ausgleichszahlung leisten, wenn der Referenzzins unter dem FRA-Zins liegt. Liegt der Referenzzins dagegen über dem FRA-Zins muss die Bank zahlen (vgl. Abb. 67).

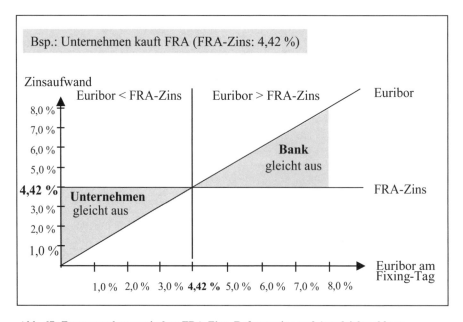

Abb. 67: Zusammenhang zwischen FRA-Zins, Referenzzins und Ausgleichszahlung

Die Ausgleichszahlung am Ende der FRA-Laufzeit lässt sich mit Hilfe der folgenden Formel berechnen:

$$\text{Ausgleichszahlung} = \frac{(\text{Referenzzins} - \text{FRA} - \text{Zins}) \cdot \text{Laufzeit} \cdot \text{Volumen}}{\text{Basis} \cdot 100}$$

Die Ausgleichszahlung eines FRA's erfolgt in der Praxis allerdings nicht am Ende der FRA-Periode, sondern bereits unmittelbar im Anschluss an das Zinsfixing. Dies ist möglich, da sobald am Fixing-Tag der Referenzzins ermittelt ist, alle bewertungsrelevanten Zinsen feststehen. Die Ausgleichszahlung am Ende der FRA-Periode muss lediglich auf den Anfang der FRA-Periode (den Erfüllungstag) abgezinst werden.

$$\text{Ausgleichszahlung} = \frac{(\text{Referenzzins} - \text{FRA} - \text{Zins}) \cdot \text{Laufzeit} \cdot \text{Volumen}}{\text{Basis} \cdot 100 + \text{Referenzzins} \cdot \text{Laufzeit}}$$

Statt einer Diskontierung mit dem Referenzzins können alternativ auch die Zerobond-Abzinsfaktoren genutzt werden. Die formale Herleitung der Ausgleichszahlung mit Hilfe der Zerobond-Abzinsfaktoren zeigen folgende Gleichungen (vgl. WIEDEMANN/NOLTE 1994, S. 639):

(1) $\left[KV \cdot (i(m,n) - i_{FRA}(m,n)) \cdot \frac{n}{\text{Basis}} \right] \cdot ZB - AF(m,n)$

(2) $\left[KV + KV \cdot i(m,n) \cdot \frac{n}{\text{Basis}} - KV - KV \cdot i_{FRA}(m,n) \cdot \frac{n}{\text{Basis}} \right] \cdot ZB - AF(m,n)$

(3) $\left[KV \cdot \left(1 + i(m,n) \cdot \frac{n}{\text{Basis}}\right) - KV \cdot \left(1 + i_{FRA}(m,n) \cdot \frac{n}{\text{Basis}}\right) \right] \cdot ZB - AF(m,n)$

(4) $\left[KV \cdot \frac{1}{ZB - AF(m,n)} - KV \cdot \frac{1}{ZB - AF_{FRA}(m,n)} \right] \cdot ZB - AF(m,n)$

(5) $KV \cdot \left[1 - \frac{ZB - AF(m,n)}{ZB - AF_{FRA}(m,n)} \right]$

Die Zinsdifferenz zwischen FRA-Zins und Referenzzins am Ende der FRA-Periode lässt sich aus Sicht des Käufers durch den Term (1) darstellen. Er muss den vereinbarten FRA-Zins bezahlen und erhält auf der Gegenseite den Referenzzins. Es folgt in der Klammer noch die Anpassung auf die unterjährige Laufzeit. Durch die Multiplikation mit dem Zerobond-Abzinsfaktor für die vereinbarte Laufzeit erhält man den Barwert der Ausgleichszahlung am Erfüllungstag. Durch die Umformungen in den Termen (2), (3) und (4) ergibt sich schließlich die zu leistende oder zu empfangende Ausgleichszahlung aus Sicht des Käufers durch den Term

(5). Für den FRA-Verkäufer hat die Ausgleichszahlung das entgegengesetzte Vorzeichen.

Ein Beispiel soll die Berechnung der Ausgleichszahlung eines FRA's abschließend veranschaulichen. Ein Unternehmen kauft am 23.05.01 ein 3-6 FRA über ein Volumen von 2 Mio. EUR zum FRA-Zins von 4,42 %. Die Ausgleichszahlung lässt sich wie folgt ermitteln (vgl. Abb. 68).

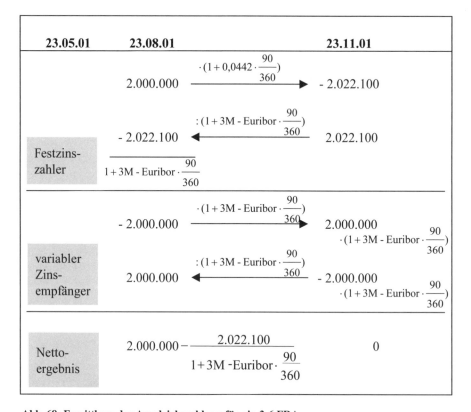

Abb. 68: Ermittlung der Ausgleichszahlung für ein 3-6 FRA

Aus Abb. 68 ist ersichtlich, dass für die Ermittlung der Ausgleichszahlung ausschließlich die Seite des Festzinszahlers betrachtet werden muss, da nur hier eine Zinsdifferenz entstehen kann, während auf der Seite des variablen Zinsempfängers die 2.000.000 EUR lediglich mit dem 3-Monats-Euribor auf- und anschließend wieder abgezinst werden.

Liegt der 3-Monats-Euribor am Fixing-Tag beispielsweise bei 3,42 %, muss das Unternehmen

Forward Rate Agreements

$$2.000.000 - \frac{2.022.100}{1 + 0,0342 \cdot \frac{90}{360}} = -4.957,61 \text{ EUR}$$

bezahlen, während es bei einem 3-Monats-Euribor von 5,42 %

$$2.000.000 - \frac{2.022.100}{1 + 0,0542 \cdot \frac{90}{360}} = +4.933,16 \text{ EUR}$$

von der Bank erhalten würde.

Zu den gleichen Ergebnissen kommt man auch auf Basis der angeführten Formeln:

1. 3-Monats-Euribor liegt am Erfüllungstag bei 3,42 %:

$$\frac{(3,42 - 4,42) \cdot 90 \cdot 2.000.000}{360 \cdot 100 + 3,42 \cdot 90} = -4.957,61 \text{ EUR}$$

2. 3-Monats-Euribor liegt am Erfüllungstag bei 5,42 %:

$$\frac{(5,42 - 4,42) \cdot 90 \cdot 2.000.000}{360 \cdot 100 + 5,42 \cdot 90} = +4.933,16 \text{ EUR}$$

Die Beispielrechnung macht auch hier deutlich, dass es für die Höhe der Ausgleichszahlung von Bedeutung ist, ob die Zinsen um 100 Basispunkte steigen oder fallen. Die Symmetrie bei der Marktzinsveränderung bedeutet keine Symmetrie bei den absoluten Ausgleichszahlungen.

Der Barwert eines FRA's am Erfüllungstag stimmt mit dem Wert der Ausgleichszahlung am Erfüllungstag exakt überein. Ebenfalls eindeutig ist das Ergebnis im Zeitpunkt des Geschäftsabschlusses (t=0), wenn das FRA zu Marktzinsen abgeschlossen wird (FRA-Zins = Forward Rate). Dann ist der Barwert des FRA gleich Null (symmetrisches Produkt).

Im Abschlusszeitpunkt von Null abweichende Barwerte treten nur auf, wenn das FRA nicht zu Marktkonditionen abgeschlossen wird. Dies wird immer dann der Fall sein, wenn bei einem Partner auch noch Bonitätsrisikoprämien in den Preis einfließen. Je schlechter die Bonität ist, umso mehr wird der FRA-Zins von den Forwardsätzen, die auf Basis einer bonitätsrisikolosen Zinskurve ermittelt werden, abweichen. Ein Barwert von Null sollte sich bei fairer Marktbewertung ergeben, wenn mit den bonitätsäquivalenten Zinsen diskontiert wird (vgl. auch die Ausführungen in Kapitel 3.1.4).

Zu klären bleibt noch, wie sich der Barwert auch für beliebige Zeitpunkte zwischen dem Abschlusszeitpunkt und dem Erfüllungszeitpunkt bestimmen lässt. Wie bereits gezeigt, kann die variable Seite bei der Barwertberechnung außer acht gelassen werden, da diese zu jedem Zeitpunkt einen Barwert in Höhe des Nominalvolumens aufweist. Aufgabe ist es daher, die Festzinsseite durch adäquate Gegengeschäfte am Geld- und Kapitalmarkt zu duplizieren. Dabei spielt es aus Bewertungssicht keine Rolle, ob die Gegengeschäfte liquiditätswirksam wird oder wie bei FRA's nur die Zins- und nicht die fiktiven Kapitalzahlungen getauscht werden. Für eine korrekte Bewertung ist es zwingend erforderlich, die fiktive Kapitalposition mit zu bewerten und sich nicht nur auf die Zinszahlungen zu beschränken.

Die Bewertungstechnik, die der Ermittlung von Forwardzinsen folgt, sei anhand von zwei Beispielen veranschaulicht. Zum einen sei der Preisaufschlag kalkuliert, den das kaufende Unternehmen (FRA-Zins 4,42 %) im Vergleich zu den bonitätsrisikolosen Marktzinsen zahlen muss. Zum anderen sei die Bewertung nach einem Monat erneut durchgeführt, um die Wertentwicklung des FRA bei veränderten Marktzinsen zu zeigen.

Im Abschlusszeitpunkt gelten folgende Marktzinsen:

  3-Monats-Zins in t=0 = 4,3 %

  6-Monats-Zins in t=0 = 4,5 %

Einen Monat später haben sich die Geldmarktsätze folgendermaßen verändert:

  2-Monats-Zins in t=1 = 4,4 %

  5-Monats-Zins in t=1 = 4,7 %

Um den Preis des FRA im Abschlusszeitpunkt (t=0) zu ermitteln, ist der Cash Flow des FRA durch Geldmarktgeschäfte zu duplizieren (vgl. Abb. 69).

Forward Rate Agreements

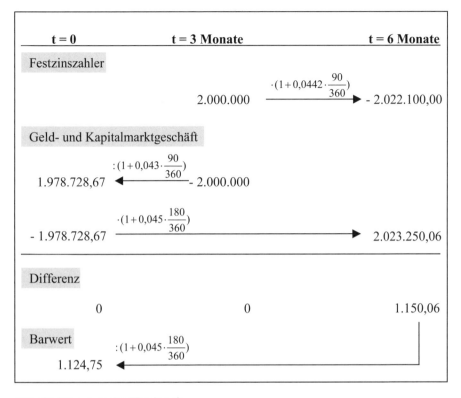

Abb. 69: Bewertung des FRA in t=0

Um im Zeitpunkt t=3 Monate eine Zahlung von 2.000.000 EUR zu duplizieren, müssen heute (im Beispiel der 23.05.01) bei einem unterstellten 3-Monats-Zins von 4,3 % 1.978.728,67 EUR [2.000.000 : (1+ 0,043 · 1/4)] aufgenommen werden. Dieser Kredit wird für 6 Monate zu einem Zins von 4,5 % angelegt. Dies führt in sechs Monaten zu einer Zahlung von 2.023.250,06 EUR [1.978.728,67 · (1 + 0,045 /2)].

Stellt man dieser Zahlungsreihe das „echte" FRA im Zeitpunkt t=6 Monate in Höhe von 2.022.100 EUR gegenüber, resultiert daraus eine Differenz von 1.150,06 EUR im Zeitpunkt t=6 Monate oder barwertig im Zeitpunkt t=0 von 1.124,75 EUR. Die Bank verdient demnach mit diesem Geschäft 1.124,75 EUR.

Für die Bewertung nach einem Monat sind zum einen die geänderten Marktzinsen und zum anderen die verkürzte Restlaufzeit zu berücksichtigen (vgl. Abb. 70).

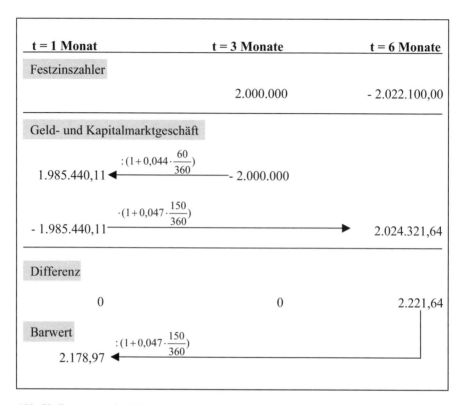

Abb. 70: Bewertung des FRA in t=1

Durch die veränderten Zinsen und die Restlaufzeitverkürzung ist der Barwert von 1.124,75 EUR in t=0 auf 2.178,97 EUR gestiegen.

Mit FRA's lassen sich zukünftige Zinssätze bereits im heutigen Zeitpunkt sichern. Durch den Kauf eines FRA's ist es möglich, sich gegen zukünftig steigende Zinsaufwendungen abzusichern. Beispielsweise lässt sich bereits heute ein Zinssatz von 4,42 % in 3 Monaten mit einer Laufzeit von 3 Monaten sichern. Bei gestiegenen Zinsen resultiert aus dem Kauf des FRA's eine positive Ausgleichszahlung am Erfüllungstag, die zum Ausgleich der gestiegenen Marktzinsen dient.

Zu beachten ist allerdings, dass es sich bei FRA's um symmetrische Finanzprodukte handelt. FRA's fixieren Zinssätze. Bei steigenden Zinsen profitiert der Käufer, bei fallenden der Verkäufer. Der zukünftige Zins steht mit Sicherheit fest.

Auch bei den Forward Rate Agreements gilt für die Bewertung zwischen zwei Zinszahlungsterminen, dass die jeweils für die laufende Zinsperiode angefallenen

Stückzinsen kalkuliert und vom diskontierten Cash Flow abgezogen werden müssen, um den aktuellen Barwert (Clean Price) zu erhalten. Ebenso, wie bereits bei den Anleihen und den Floatern gezeigt, gilt auch hier der Pull to Par-Effekt, d.h. je enger der Bewertungstag am Fixing-Tag liegt, umso mehr nähert sich der Barwert dem Nominalvolumen.

3.4 Swaps

3.4.1 Plain Vanilla Swaps

3.4.1.1 Produkteigenschaften von Plain Vanilla Swaps

Swaps zählen ebenso wie die Forward Rate Agreements zu den symmetrischen derivativen Finanzinstrumenten. Bei einem Zinsswap tauschen die beiden Vertragspartner Zinszahlungen. Die eine Partei erhält einen festen im Voraus vereinbarten Zinssatz, den Swapzins, während die andere Partei einen variablen Referenzzins, beispielsweise den Euribor, erhält.

Die einfachste Swapkonstruktion sind **Plain Vanilla Swaps**, deren Nennwert für die gesamte Laufzeit fest ist. Die Laufzeit von Swaps beträgt in der Regel zwischen einem und zehn Jahren. Wie bei den FRA's wird der Referenzzins 2-3 Tage vor den sogenannten „Roll Over Dates", den Zinszahlungsterminen festgelegt. Bezüglich der Tageszählweise ist es bei Swap-Geschäften in EUR üblich, auf der Festzinsseite mit act/act und auf der variablen mit act/360 zu kalkulieren.

Abb. 71: Zusammenhang von Receiver- und Payer-Swap

Je nachdem, welches Ziel durch den Abschluss eines Swaps verfolgt wird, kann zwischen einem Receiver- und einem Payer-Swap unterschieden werden (vgl. Abb. 71). Mit einem **Receiver-Swap** oder auch **Festzinsempfänger-Swap** erfolgt eine Absicherung gegen fallende Zinsen. Man erhält den festen, im Voraus vereinbarten Zinssatz und bezahlt auf der Gegenseite einen variablen. Fallen die Zinsen, erhält man immer noch den vorher vereinbarten festen Zinssatz, muss aber auf der variablen Seite einen geringeren Zinsaufwand bezahlen.

Bei einem **Payer-Swap** oder **Festzinszahler-Swap** ist die Absicherungswirkung genau umgekehrt. Steigen die Zinsen und ist man im Besitz eines Payer-Swaps, erhält man auf der variablen Seite einen höheren Zinsertrag, zahlt aber nur den im Voraus vereinbarten festen Zinssatz als Zinsaufwand.

Mit Zinsswaps können sich die Marktteilnehmer demnach sowohl gegen fallende als auch steigende Zinsen absichern. Swapgeschäfte sind wie FRA's nicht bilanzwirksam. Es werden lediglich Zinszahlungen ohne Kapitalaufnahme oder -anlage ausgetauscht.

Für die Bewertung ist ein Swapgeschäft gedanklich als eine Kombination aus einem festverzinslichen Wertpapier und einer Floating Rate Note zu sehen. Dabei müssen beide Geschäfte dasselbe Nominalvolumen aufweisen, so dass im Ergebnis lediglich die Zinszahlungen ausgetauscht werden.

Beginn \ Laufzeit	1	2	3	4	5	6	7	8	9	10
0	4,5550%	4,6550%	4,7800%	4,7550%	5,0250%	5,1450%	5,2600%	5,3600%	5,4400%	5,5100%
1	4,7598%	4,9008%	4,8282%	5,1575%	5,2816%	5,3997%	5,5004%	5,5788%	5,6468%	
2	5,0489%	4,8650%	5,3038%	5,4296%	5,5489%	5,6484%	5,7230%	5,7872%		
3	4,6725%	5,4413%	5,5704%	5,6916%	5,7892%	5,8587%	5,9183%			
4	6,2581%	6,0609%	6,0735%	6,1123%	6,1412%	6,1727%				
5	5,8216%	5,9729%	6,0577%	6,1074%	6,1523%					
6	6,1011%	6,1700%	6,2032%	6,2394%						
7	6,2433%	6,2591%	6,2915%							
8	6,2760%	6,3179%								
9	6,3625%									
10										

Abb. 72: Swapzinssätze vom 23.05.01

In der Praxis existieren an den internationalen Geld- und Kapitalmärkten für Swapgeschäfte eigene Swap-Zinssätze und damit **Swap-Zinsstrukturkurven**. Abb. 72 zeigt die Swap-Zinssätze vom 23.05.01.

3.4.1.2 Bewertung von Plain Vanilla Swaps

Bei der Bewertung von Zinsswaps werden die Festzinsseite und die Seite der variablen Zinsen isoliert von einander betrachtet. Als Beispiel möge ein Receiver- d.h. ein Festzinsempfänger-Swap mit einer Laufzeit von 3 Jahren, einem Volumen von 1 Mio. EUR und einem vereinbarten festen Zinssatz von 4,78 % dienen. Begonnen sei mit der Bewertung der Festzinsseite (vgl. Abb. 73). Da der Swap zu Marktkonditionen abgeschlossen wurde, besitzt die Festzinsseite einen Barwert exakt in Höhe des Nominalvolumens von 1.000.000 EUR.

Fixe Seite	t=0	t=1	t=2	t=3
Nullkuponzinssatz		4,5550 %	4,6573 %	4,7877 %
Kauf „Anleihe"	- 1.000.000	+ 47.800	+ 47.800	+ 1.047.800
Barwert	+ 1.000.000	+ 45.718	+ 43.640	+ 910.642

Abb. 73: Cash Flow und Barwert der Festzinsseite des Beispielswaps

Wird die variable Seite des Swaps mit den aus der Zinsstrukturkurve abgeleiteten Forward Rates bewertet, ergibt sich auch hier ein Barwert exakt in Höhe des Nominalvolumens von 1.000.000 EUR (vgl. Abb. 74).

Variable Seite	t=0	t=1	t=2	t=3
Nullkuponzinssatz		4,5550 %	4,6573 %	4,7877 %
Verkauf „FRN"	+ 1.000.000	- 45.550	- 47.598	- 1.050.489
Barwert	- 1.000.000	- 43.566	- 43.456	- 912.978

Abb. 74: Cash Flow und Barwert der variablen Seite des Beispielswaps

Beide Barwertermittlungen resultieren aus derselben Zinsstrukturkurve. Auf der variablen Seite werden die zukünftigen Zinszahlungen auf Basis der aus der aktuellen Zinsstrukturkurve generierten Forward Rates abgeleitet, so dass sich zwangsläufig auf beiden Bewertungsseiten der gleiche Barwert in Höhe des Nominalvolumens von 1.000.000 EUR ergeben muss.

3.4.1.3 Barwertrisiko von Plain Vanilla Swaps

Wie wirken sich nun Marktzinsveränderungen auf die Barwerte aus? Zunächst soll ein Parallelshift der Zinsstruktur im Zeitpunkt t=1 um + 100 BP unterstellt werden. Für die Festzinsseite resultiert daraus ein Barwert in Höhe von 983.873 EUR (vgl. Abb. 75).

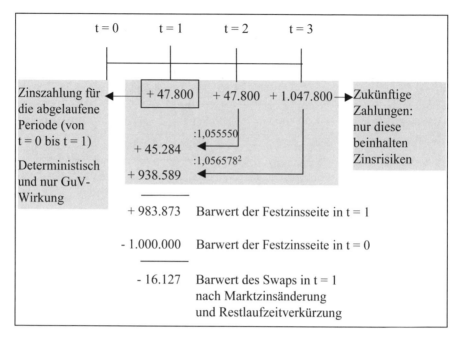

Abb. 75: Cash Flow und Barwert der Festzinsseite in t=1 bei Zinsveränderung um + 100 BP

Der Barwert der Festzinsseite ist auf Grund der gestiegenen Zinsen und der Restlaufzeitverkürzung gegenüber t=0 um 16.127 EUR gefallen.

Bei der Bewertung der variablen Seite werden zunächst wieder die zukünftigen Zinszahlungen auf Basis der in t=1 gültigen Zinsstrukturkurve berechnet und daraufhin auf den Bewertungszeitpunkt diskontiert.

Da die zukünftigen Zinszahlungen aus der im Bewertungszeitpunkt aktuellen Zinsstrukturkurve ermittelt werden und daraufhin mit den identischen Zinssätzen bzw. den daraus resultierenden Zerobond-Abzinsfaktoren diskontiert werden, ergibt sich auf der variablen Seite des Swap-Geschäftes wieder ein Barwert in Höhe des Nominalvolumens (vgl. Abb. 76).

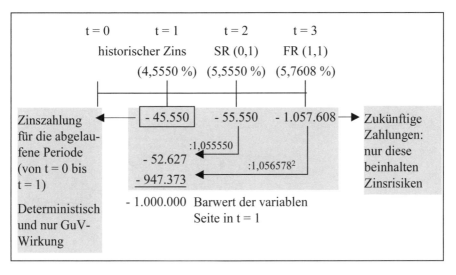

Abb. 76: Cash Flow und Barwert bei Zinsveränderung um + 100 BP

Allgemein gilt, dass die variable Seite immer einen Barwert in Höhe des Nominalvolumens aufweist, wenn exakt an einem Roll Over Date, d.h. einem Zinszahlungstermin bewertet wird. Zwischen zwei Roll Over Dates kann der Barwert hingegen leicht vom Nominalvolumen abweichen.

Als Beispiel seien die beiden Roll Over Dates im Zeitpunkt t=2 und t=3 untersucht. Analysiert werden soll ausschließlich die variable Swapseite. Diese wird im Beispiel jährlich im Zins angepasst. Es möge in t=2 weiterhin die Zinsstrukturkurve aus t=1 mit dem bereits unterstellten Parallelshift von +100 BP gelten. Im Zeitpunkt t=2 hat die variable Seite des Swaps wieder einen Barwert in Höhe von 1.000.000 EUR bzw. einen Kurs von 100. Die variablen Swapzinsen entsprechen den Marktzinsen, d.h. der 1-Jahreszins für den variablen Aufwand beträgt 5,555 %.

Im Bewertungszeitpunkt t=2,5 ergibt sich für die variable Seite der Barwert durch Abzinsen der Zahlung in t=3 in Höhe von 1.055.550 EUR. Dabei möge der Zins für die restlichen 6 Monate 6,465 % bei act/360 betragen. Unterstellt wird, dass die Zinsen innerhalb des halben Jahres erneut um + 100 BP gestiegen sind. Als Barwert ergibt sich dann ein Wert von 1.021.786,76 (vgl. Abb. 77):

$$1.055.550 : (1 + 0{,}06465 \cdot \frac{184}{360}) = 1.021.786{,}76 \text{ EUR}$$

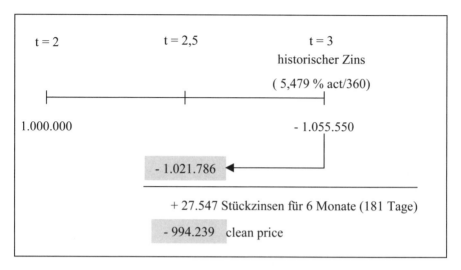

Abb. 77: Bewertung der variablen Swapseite zwischen zwei Roll Over Dates

Dieser Barwert entspricht dem Dirty Price, d.h in ihm sind die Stückzinsen enthalten. Die Stückzinsen berechnen sich nach derselben Formel, die bereits bei den Anleihen verwendet wurde (vgl. Kapitel 3.1.1.1). Nach 6 Monaten belaufen sich die Stückzinsen auf 27.547 EUR:

$$\frac{1.000.000 \cdot 5,479^* \cdot 181}{100 \cdot 360} = 27.547 \text{ EUR}$$

* *Die Zinsen resultieren aus der Umrechnung des alten Zinssatzes von t=2 in Höhe von 5,555 % auf die Zählweise act/360.*

Im Bewertungszeitpunkt t=3, also dem nächsten Roll Over Date, wird die variable Seite den Marktzinsen wieder angeglichen und es ergibt sich erneut ein Barwert von 1.000.000 EUR. Die Annäherung an den Barwert in Höhe des Nominalvolumens (Pull to Par-Effekt) zeigt Abb. 78 für unterschiedliche Tage bis zum nächsten Roll Over Date.

Der Zinssatz beträgt nach 181 Tagen 6,555 % p.a. respektive 6,465 % bei act/360)				
Tage bis zum nächsten Roll-Over	Dirty Price	Stückzinsen	Clean Price	Zinstage
365	-1.000.000	0	-1.000.000	0
334	-1.004.490	4.718	-999.772	31
306	-1.008.580	8.979	-999.600	59
275	-1.013.147	13.697	-999.450	90
245	-1.017.607	18.263	-999.344	120
214	-1.022.256	22.981	-999.275	151
184	-1.021.786	27.547	-994.239	181
153	-1.027.322	32.265	-995.057	212
122	-1.032.919	36.983	-995.936	243
92	-1.038.393	41.548	-996.845	273
61	-1.044.112	46.266	-997.846	304
31	-1.049.706	50.832	-998.874	334
0	-1.055.550	55.550	-1.000.000	365
365	-1.000.000	0	-1.000.000	0

(Hinweis: Start am 01.01. eines Jahres)

Abb. 78: Clean und Dirty Price der variablen Swapseite zwischen zwei Roll Over Dates

Die Bewertung von Plain Vanilla Swaps entspricht demnach bei Bewertungen an den Roll Over Dates der eines Festzinsgeschäftes. Nur bei unterjährigen Bewertungszeitpunkten treten zusätzlich zu den bekannten Zinsänderungseffekten der Festzinsseite auch Barwertveränderungen auf der variablen Seite auf. Im Zeitpunkt der nächsten Zinsanpassung, d.h. des nächsten Roll Over Dates, ist der Barwert der variablen Seite allerdings wieder beim Nominalvolumen.

Wie bei der Kalkulation der Ausgleichszahlung bei den FRA's (vgl. Kap. 3.3) reicht auch für die Bewertung von Swap-Geschäften die Betrachtung der Festzinsseite bei Zinsveränderungen an Roll Over Dates aus, um den Barwert zu ermitteln. Bei dazwischenliegenden Zeitpunkten schwankt der Barwert der variablen Seite. Wie gezeigt, folgt die Bewertung der Barwertschwankung der variablen Seite zwischen den Zinszahlungsterminen derjenigen bei Floatern bzw. bei Forward Rate Agreements.

3.4.2 Forward Swaps

3.4.2.1 Produkteigenschaften von Forward Swaps

Der **Forward Swap** entspricht in seiner Funktionsweise dem Plain Vanilla Swap mit dem einzigen Unterschied, dass die Laufzeit des eigentlichen Swaps erst nach Ablauf einer Vorlaufzeit, d.h. in der Zukunft beginnt. Nach dem Ende der Vorlaufzeit entspricht der Forward Swap einem Plain Vanilla Swap. Den zeitlichen Aufbau eines Forward Swap mit 1-jähriger Vorlaufzeit, 2-jähriger Swaplaufzeit, halbjährlichen variablen und jährlichen fixen Zinszahlungen zeigt Abb. 79.

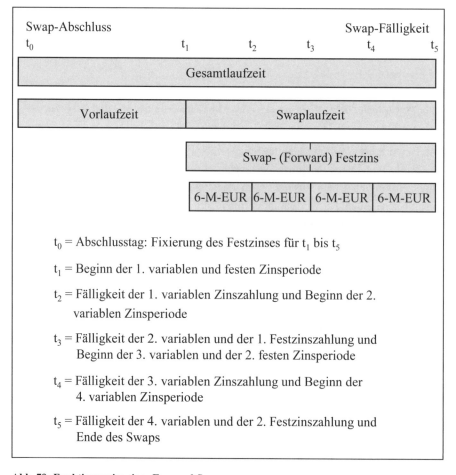

Abb. 79: Funktionsweise eines Forward Swaps

3.4.2.2 Bewertung von Forward Swaps

Anhand eines **Forward Receiver-Swaps** mit einem Nominalvolumen in Höhe von 1.000.000 EUR, welcher in einem Jahr beginnt und dann eine Laufzeit von 4 Jahren hat, sei die Vorgehensweise bei der Bewertung von Forward Swaps im Folgenden beschrieben. Die Höhe der Festzinszahlung bestimmt sich aus der jeweiligen Forward Rate.

Als Grundlage zur Berechnung der benötigten Forward Rate FR(1,4) gelten die bereits in Kapitel 3.4.1 gezeigten Swapzinssätze. Aus diesen Zinssätzen resultiert eine Forward Rate FR(1,4) in Höhe von 5,157455 % (zur Kalkulation der Forward Rate FR(1,4) vgl. auch ZB-MASTER 1.0 als Download auf www.zinsrisiko.de).

Die Zinszahlungen werden jährlich endfällig bezahlt. Als variabler Zins wird der 1-Jahres-Euribor vereinbart, d.h die variable Seite wird jährlich angepasst. Den Cash Flow der Festzinsseite des Forward Swaps zeigt Abb. 80.

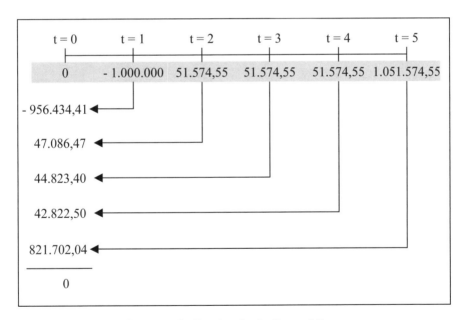

Abb. 80: Cash Flow und Barwert der Festzinsseite des Forward Swaps

Im Bewertungszeitpunkt t=0 ergibt sich ein Barwert der Festzinsseite des Forward Swap in Höhe von 0 EUR. Das gilt allerdings nur, wenn der Swap unter fairen Marktbedingungen kalkuliert wird, d.h. die Festzinszahlungen aus der fairen Forward Rate FR(1,4) ermittelt werden. In der Praxis wird auf die faire Forward Rate in der Regel noch eine Marge aufgeschlagen (Upfront-Prämie). Dann hat die Festzinsseite keinen Barwert von Null.

Der Preis eines Forward Swap wird am Markt in Prozent p.a. quotiert. Dabei liegt dieser Quotierung als variable Gegenseite regelmäßig der 6-Monats-Euribor zugrunde. Denkbar ist für die variable Verzinsung aber auch der 3-Monats-Euribor.

Eine mögliche Quotierung könnte beispielsweise lauten: 1:4 Jahre: 5,3 %. Die Bezeichnung 1:4 Jahre bedeutet, dass der Forward Swap eine Laufzeit von 4 Jahren hat und in einem Jahr beginnt. Die 5,3 % bedeuten im Falle des Forward Receiver-Swaps, dass der Käufer bereit ist, den 6-Monats-Euribor zu zahlen, wenn er auf der Gegenseite in einem Jahr für die Laufzeit von 4 Jahren einen festen Zins in Höhe von 5,3 % p.a. auf das festgelegte Nominalvolumen erhält. Es möge weiterhin die bekannte Swapkurve Gültigkeit haben. Aus dem fixierten Swapzins resultiert der in Abb. 81 dargestellte Cash Flow und Barwert.

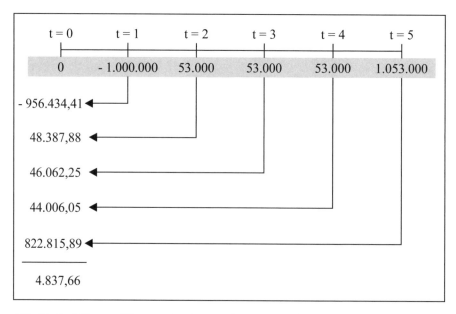

Abb. 81: Cash Flow und Barwert des Forward Swaps bei einem Festzins von 5,3 %

Der Barwert ist jetzt durch die im Vergleich zur fairen Forward Rate FR(1,4) höheren Zinszahlungen von Null auf 4.837,66 EUR gestiegen.

Für die variable Seite des Forward Receiver-Swaps gilt dasselbe, wie bereits bei den Plain Vanilla Swaps (vgl. Kapitel 3.4.1). Die variable Seite hat exakt einen Barwert in Höhe des Nominalvolumens, wenn an einem Roll Over Date bewertet wird. Nur zwischen zwei Zinsfixierungsterminen weicht der Barwert vom Nominalvolumen ab.

Soll der Barwert des Forward Receiver-Swaps im Zeitpunkt t=0 ermittelt werden, wird der Cash Flow der variablen Seite aus den entsprechenden Forward Rates generiert.

Abweichend von den marktüblichen unterjährigen variablen Zinszahlungen sei dieses Beispiel vereinfacht mit jährlichen variablen Zinszahlungen gerechnet. Zur Bewertung der variablen Seite werden die Forward Rates FR(1,1), FR(2,1), FR(3,1) und FR(4,1) benötigt. Aus ihnen ergibt sich der in Abb. 82 dargestellte Cash Flow.

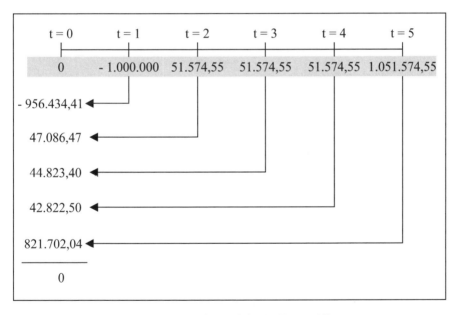

Abb. 82: Cash Flow und Barwert der variablen Seite des Forward Swaps

Es ergibt sich, wie erwartet, ein Barwert der variablen Seite des Forward Swaps von Null. Aus der Addition beider Seiten resultiert der Gesamtbarwert des Swaps. Wertschwankungen im Zeitablauf können an den Roll Over Dates nur von der Festzinsseite kommen. Zwischen den Zinsanpassungsterminen können geringere Wertschwankungen auch aus der variablen Seite resultieren.

3.4.3 In Area Swaps

3.4.3.1 Produktbeschreibung

Ein **In Area Swap** ist ein Swap, bei dem Zinszahlung und Zinsfeststellung zum gleichen Zeitpunkt erfolgen. Betrachtet seien die Daten des Plain Vanilla Swaps (vgl. Abb. 73). Die Marktdaten seien unverändert. Laufzeit und Nominalvolumen entsprechen sich. Lediglich der Swaptyp wird von Plain Vanilla in In Area geändert. Die Systematik von Zinsfeststellung und Zinszahlung beider Typen zeigt Abb. 83.

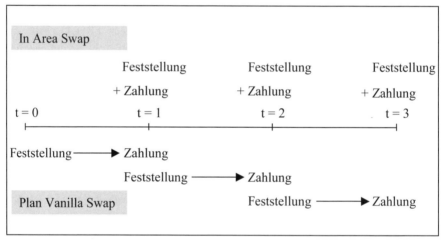

Abb. 83: Zinsfestellung und Zinszahlung von Plain Vanilla und In Area Swaps

Beim Plain Vanilla Swap liegen der Bewertung der variablen Seite die Forward Rates FR(t,1) zugrunde. Der Zeitpunkt der Zinsanpassung wird durch t angegeben. Beispielsweise sei die Kuponzahlung in t=2 betrachtet. Es handelt sich um einen Festzinsempfänger-Swap. Die Festzinsseite ergibt einen Zinsertrag von 4,78 %. Der Zinsaufwand der variablen Seite ergibt sich aus der Forward Rate FR(1,1). Der Zins wird in t=1 festgelegt und im Zeitpunkt t=2 gezahlt. Der Zeitraum zwischen t=1 und t=2 entspricht einer Zinsperiode. Die Zinsperiode im Beispiel beträgt 1 Jahr.

Beim In Area Swap sei ebenfalls die Kuponzahlung in t=2 betrachtet. Die Festzinsseite ergibt unverändert einen Zinsertrag von 4,78 %. Die variable Seite kann jedoch nicht mehr mit den deterministischen Forward Rates exakt bewertet werden. Vielmehr muss beim In Area Swap der Zinssatz auf Basis der aktuellen Zinsstrukturkurve gefunden werden, der am Tag der Zinszahlung existiert. Für die Kuponzahlung der variablen Seite in t=2 muss der Zins in zwei Jahren zum Zinszahlungstermin gefunden werden. Gleiches gilt für den Zeitpunkt t=3.

Die Convexity zeigt, dass der Zusammenhang zwischen dem Preis einer Anleihe und ihrem Zins nicht linear ist (vgl. Kap. 3.1.3.3). Damit ist im Prinzip die Bewertung eines zinsabhängigen Produkts mit den aktuellen deterministischen Forward Rates nicht exakt möglich, da der in der Zukunft zu einem bestimmten Zinsanpassungstermin eintretende Zinssatz nicht mit der aus heutiger Sicht bekannten Forward Rate übereinstimmt.

Plain Vanilla Produkte können dennoch mit den Forward Rates zum aktuellen Bewertungszeitpunkt bewertet werden. Der auftretende Bewertungsfehler wird durch ein **natürliches time-lag** des Produkts zwischen Zinsfeststellung und Zinszahlung ausgeglichen.

Das natürliche time-lag sei anhand des Plain Vanilla Swaps gezeigt. Der zu zahlende Zins in der folgenden Zinsperiode wird zu Beginn der Zinsperiode festgelegt. Für die Dauer der Zinsperiode ist der Zins bekannt. Damit hat der Plain Vanilla Swap generell ein natürliches time-lag von einer Zinsperiode. Da die Zinsanpasssung im Beispiel jährlich an den 1-Jahres Euribor erfolgt, beträgt das natürliche time-lag ein Jahr.

Da beim In Area Swap Zinsfeststellung und Zinszahlung zu ein und demselben Termin stattfinden, hat dieser Swaptyp kein natürliches time-lag. Bei der Bewertung des In Area Swaps lässt sich der Fehler bei der Zinsberechnung auf Grund der Nicht-Linearität des Zusammenhangs zwischen Preis und Zins mit Hilfe der Convexity berücksichtigen.

Im Beispiel erfolgt die erste Zinsanpassung auf der variablen Seite des In Area Swaps in t=1. Zu diesem Zeitpunkt wird der Zins des Swaps festgelegt und zugleich gezahlt. Die zweite Zinsanpassung findet in t=2 statt. Der Referenzzins wird ebenfalls sofort gezahlt. Für t=3 gilt die gleiche Systematik. Für alle drei Zinsanpassungstermine fehlt das natürliche time-lag des Plain Vanilla Swaps.

Zur Bewertung des In Area Swaps ist eine **Zinssatzkorrektur** zu jedem Zinsanpassungstermin notwendig. Diese Korrekturen erfolgen unter Berücksichtigung der Beziehung zwischen Preis und Zins einer Anleihe über das Convexity Adjustment.

3.4.3.2 Convexity Adjustment

Das Convexity Adjustment ist eine **Zinssatzkorrektur**. Es ist eine Approximation an den exakten zukünftigen Zins, der aus der Nicht-Linearität zwischen Preis und Zins einer Anleihe entsteht. Als **Basis** dienen die deterministischen **Forward Rates** aus der aktuellen Zinsstrukturkurve. Diese Forward Rates werden durch das Convexity Adjustment korrigiert.

Die Zinssatzkorrektur ist in zwei Fällen anzuwenden. Zum einen, wenn das natürliche time-lag zwischen Zinsfeststellung und Zinszahlung bei der Bewertung nicht berücksichtigt werden kann. Bei einem In Area Swap ist das fehlende time-lag der Grund für die Anwendung des Convexity Adjustments. Zum anderen wird ein Convexity Adjustment notwendig, wenn die Laufzeit des Referenzzinses länger ist als die Dauer einer Zinsperiode. Dies ist zum Beispiel bei den später noch behandelten Constant Maturity Swaps der Fall (vgl. Kap. 3.4.4).

Bei der Berechnung des Convexity Adjustments werden die relevanten Forward Rates (FR), die Volatilität der Forward Rates (σ_{FR}), die Laufzeit der Anleihe bis zum Zinstermin (LZ) und das Verhältnis von Modified Duration (MD) und Convexity (CV) einer laufzeitgleichen festverzinslichen Anleihe berücksichtigt. Die formale Darstellung der **Convexity Adjustment (CVA)** lautet (vgl. HULL 2003, S. 524 ff.):

$$CVA = -\frac{1}{2} \cdot FR^2 \cdot \sigma_{FR}^2 \cdot \frac{CV}{MD} \cdot LZ$$

Das Convexity Adjustment ist stets positiv. Dies ergibt sich aus dem Verlauf der Convexity. Strenggenommen ist diese Zinssatzkorrektur nur für flache Zinsstrukturkurven definiert. Als Grund dieser Einschränkung gilt die Verwendung der Modified Duration und Convexity. Zur exakteren Bewertung könnte auf die Effective Duration (vgl. Kap. 3.1.3.4) und die Effective Convexity zurückgegriffen werden. Da es sich bei der Berechnung von jeglicher Art von Duration und Convexity um endfällige Anleihen handelt, ist die rechnerische Abweichung zwischen tatsächlicher und flacher Zinsstrukturkurve aber gering. Bei der Bewertung durch das Convexity Adjustment wird zusätzlich vereinfachend angenommen, dass die Volatilität der Forward Rates im Zeitablauf konstant sei.

Die Berechnung eines Convexity Adjustments möge anhand eines Beispiels verdeutlicht werden. Betrachtet seien die Marktdaten aus Abb. 72. Die Zinssatzkorrektur sei zum Zeitpunkt t=1, also in einem Jahr, berechnet. Zu diesem Zeitpunkt soll der 1-Jahres Geldmarktsatz festgestellt und gezahlt werden. Es ergibt sich eine Laufzeit (LZ) bis zum Zinstermin von eins. Als Basis dient die Forward Rate FR(1,1). Diese beträgt 4,7598 %. Die Forward Rate hat eine Volatilität (σ_{FR}) von 15 %. Das Nominalvolumen betrage 1.000.000 EUR.

Es sind zuerst die Modified Duration und die Convexity einer festverzinslichen Anleihe mit einer Laufzeit gleich der Laufzeit des Geldmarktsatzes zum Bewertungszeitpunkt zu berechnen. Die Laufzeit beträgt daher ein Jahr. Der zur Diskontierung der Cash Flows in der Modified Duration bzw. der Convexity verwendete Zinssatz entspricht der Yield to Maturity (vgl. Kap. 2.4). Für eine Anleihe, die zu pari notiert, kann in diesem Fall der laufzeitspezifische Zinssatz aus der aktuellen Zinsstrukturkuve verwendet werden. Dieser beträgt zum Zeitpunkt t=1 für ein Jahr 4,7598 %.

Zur Erhöhung der Übersichtlichkeit ist sowohl bei der Modified Duration als auch bei der Convexity die Division durch BW · (1+R) unterlassen worden. Für die Berechnung des Convexity Adjustments muss diese Division nicht berücksichtigt werden, da in die Rechnung der Quotient aus beiden Größen einfließt und sich der Term BW · (1+R) daher aufhebt. Durch diese Vereinfachung werden beide Größen absolut angegeben.

Die abgeänderte Modified Duration (MD_a) ergibt sich aus folgender Berechnung:

$$MD_a = -\sum_{t=1}^{n} t \cdot CF_t \cdot (1+R)^{-t}$$

Die Anzahl der Zinsanpassungstermine ist (t) und (CF_t) ist der Cash Flow zum Zeitpunkt (t). Die Yield to Maturity wird durch (R) angegeben.

Im Beispiel ergibt sich im Zeitpunkt t=1 für eine 1-jährige Anleihe ein Cash Flow in t=2 von 1.047.598 EUR. Dieser setzt sich aus der Zinszahlung in Höhe von 47.598 EUR und der Rückzahlung des Nominalvolumens von 1.000.000 EUR zusammen. Die abgeänderte Modified Duration beträgt daher -1.000.000.

$$MD_a = -\frac{1.047.598}{1,047598} = -1.000.000$$

Die abgeänderte Convexity (CV_a) ergibt sich aus folgender Berechnung:

$$CV_a = \frac{\sum_{t=1}^{n} t \cdot (t+1) \cdot CF_t \cdot (1+R)^{-t}}{(1+R)}$$

Für den Zeitpunkt t=1 beträgt die zu berücksichtigende abgeänderte Convexity 1.909.129,27.

$$CV_a = \frac{1 \cdot 2 \cdot 1.047.598}{1,047598^2} = 1.909.129,27$$

In die Berechnung des Convexity Adjustments für t=1 geht der Quotient aus beiden abgeänderten Größen ein. Dieser beträgt -1,90913 und entspricht dem Quotient von Modified Duration und Convexity aus der ursprünglichen Berechnungsformel.

$$\frac{CV_a}{MD_a} = \frac{1.909.129,27}{-1.000.000} = -1,90913$$

Damit ergibt sich für den Zinstermin t=1 für alle relevanten Produkte ein Convexity Adjustment von 0,00048659. Dies entspricht einer **Korrektur** der Forward Rate FR(1,1) um **0,5 Basispunkte**.

$$CVA = -\frac{1}{2} \cdot 0,047598^2 \cdot 0,15^2 \cdot -1,90913 \cdot 1 = 0,000048659$$

Der für die Bewertung in t=1 korrekte Zinssatz ist die korrigierte Forward Rate $FR_K(1,1)$ in Höhe von 4,7648 %.

$$FR_K(1,1) = FR(1,1) + CVA = 0,047598 + 0,000048659 = 0,047648 = 4,7648\%$$

Im Beispiel ergibt sich bei einem Nominalvolumen von 1.000.000 EUR eine **Barwertdifferenz** durch die Bewertung mit der korrigierten Forward Rate gegenüber der deterministischen Forward Rate von **47,82 EUR**.

$$\text{Barwertdifferenz} = \frac{1.000.000 \cdot (0,047648 - 0,047598)}{1,04555} = 47,82 \text{ EUR}$$

3.4.3.3 Bewertung von In Area Swaps

Bei einem In Area Swap ist der Zeitpunkt von Zinsfeststellung (Fixing) und Zinszahlung identisch. Der variable Referenzzins, der zu einem Zinstermin festgestellt wird, wird entweder sofort vereinnahmt (Payer-Swap) oder sofort gezahlt (Receiver-Swap). Den Unterschied zu einem Plain Vanilla Swap bei der Zinsfeststellung zeigt Abb. 84.

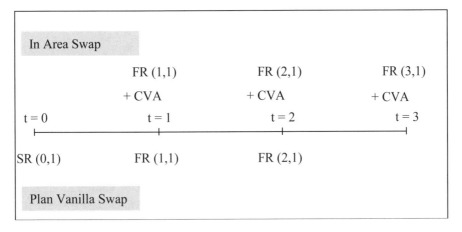

Abb. 84: Zinsfeststellung von Plain Vanilla und In Area Swaps

Betrachtet sei wieder der Zinstermin t=1. Bei einem Plain Vanilla Swap determiniert die Forward Rate FR(1,1) die Höhe des Kupons der variablen Seite für die folgende Zinsperiode. Unter Berücksichtigung der Notwendigkeit einer Anpassung auf Grund der Convexity entspricht diese Forward Rate nicht exakt dem zu zahlenden Kupon der variablen Seite des In Area Swaps in t=1. Bei diesem Swap ist die Forward Rate FR(1,1) um das betreffende Convexity Adjustment zu korrigieren.

Die Bewertung eines In Area Swaps möge anhand eines Beispiels gezeigt werden. Abb. 85 zeigt eine Übersicht über die Daten des verwendeten Swaps. Es seien die Marktdaten aus Abb. 72 verwendet.

Typ	Receiver-Swap
Laufzeit	3 Jahre
Referenzzinssatz	1-Jahres Euribor
Festzinssatz	4,78 %
Nominalvolumen	1.000.000 EUR
Zinsanpassung	jährlich
Volatilität der Forward Rates	15 %

Abb. 85: Marktdaten des In Area Swap

In t=0 hat die Festzinsseite analog zum laufzeitgleichen Plain Vanilla Swap einen Barwert von 1.000.000 EUR (vgl. Abb. 73). Für die Bewertung der variablen Seite des In Area Swaps sind die Kuponzahlungen an den drei Zinsterminen festzustellen. Abb. 86 stellt die Zinszahlungen von Plain Vanilla und In Area Swap gegenüber.

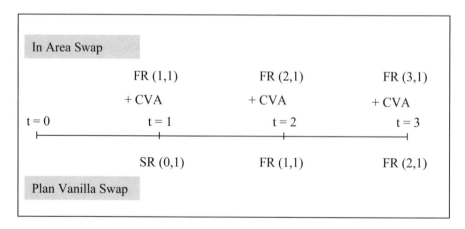

Abb. 86: Zinszahlungen von Plain Vanilla und In Area Swap

Die variable Seite des Plain Vanilla Swaps hat einen Barwert in Höhe des Nominalvolumens von 1.000.000 EUR, da zum aktuellen Bewertungszeitpunkt mit den deterministischen Forward Rates bewertet wird (vgl. Abb. 74). Zur Berechnung des Barwerts der variablen Seite des In Area Swaps sind die drei angesprochenen Forward Rates FR(1,1), FR(2,1) und FR(3,1) jeweils um das Convexity Adjustment zu korrigieren.

Die **Forward Rate FR(1,1)** beträgt 4,7598 %. Das ihr zugehörige **Convexity Adjustment** für den Zinstermin t=1 beträgt **0,5 Basispunkte** (vgl. Kap. 3.4.3.2). Der korrigierte Zinssatz $FR_K(1,1)$ beträgt damit 4,7648 %.

Die **Forward Rate FR(2,1)** beträgt 5,0489 %. Das entsprechende **Convexity Adjustment** beträgt **einen Basispunkt**. Die korrigierte Forward Rate $FR_K(2,1)$ liegt damit bei 5,0589 %. Die Berechnung des Convexity Adjustments sei nachstehend erläutert. Zuerst ist die abgeänderte Modified Duration zu ermitteln. Diese beträgt – 1.000.000.

$$MD_a = -\frac{1.050.489}{1,05489} = -1.000.000$$

Die abgeänderte Convexity beträgt 1.888.022,45.

$$CV_a = \frac{1 \cdot 2 \cdot 1.050.489}{1,05489^2} = 1.888.022,45$$

Der Quotient aus Convexity und Modified Duration ist -1,88802.

$$\frac{CV_a}{MD_a} = \frac{1.888.022,45}{-1.000.000} = -1,88802$$

Daraus leitet sich das Convexity Adjustment für den Zinstermin t=2 wie folgt ab:

$$CVA = -\frac{1}{2} \cdot 0,050489^2 \cdot 0,15^2 \cdot -1,88802 \cdot 2 = 0,000108$$

Die **Forward Rate FR(3,1)** beträgt 4,6725 %. Das entsprechende **Convexity Adjustment** beträgt **1,4 Basispunkte**, so dass die korrigierte Forward Rate $FR_K(3,1)$ 4,6885 %.

Dabei ist die abgeänderte Modified Duration wiederum - 1.000.000.

$$MD_a = -\frac{1.046.725}{1,046725} = -1.000.000$$

Die abgeänderte Convexity beträgt 1.910.721,54.

$$CV_a = \frac{1 \cdot 2 \cdot 1.046.725}{1,046725^2} = 1.910.721,54$$

Der Quotient aus Convexity und Modified Duration ist:

$$\frac{CV_a}{MD_a} = \frac{1.910.721,54}{-1.000.000} = -1,91072,$$

so dass sich ein Convexity Adjustment für den Zinstermin t=3 von 0,000141 errechnet.

Die variable Seite des In Area Swaps entspricht bei einem Receiver-Swap einer Short Position. Die Bewertung der variablen Seite mit den um das jeweilige Convexity Adjustment korrigierten Forward Rates zeigt Abb. 87. Die Diskontierung erfolgt mit Hilfe der aus den Kuponzinssätzen von Abb. 72 errechneten Nullkuponzinsen.

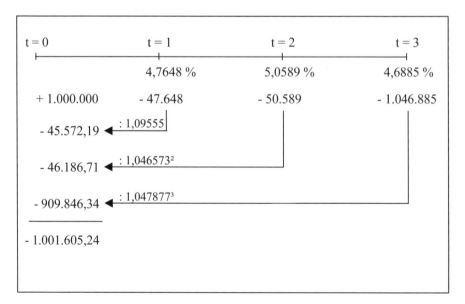

Abb. 87: Bewertung der variablen Seite des In Area Swaps

Die variable Seite des In Area Swaps hat einen Barwert von -1.001.605,24 EUR. Der Barwert des gesamten In Area Receiver-Swaps beträgt damit - 1.605,24 EUR. Der In Area Swap hat einen geringeren Wert als der entsprechende Plain Vanilla Swap, da die Shortposition der variablen Seite einen höheren Wert aufweist. Die Bewertung der Festzinsseite ist bei beiden Swaps identisch. Die Entstehung der Differenz von 1.605,24 EUR auf der variablen Seite im Vergleich zum laufzeitgleichen Plain Vanilla Swap zeigt Abb. 88. Der Rundungsfehler von 0,15 EUR entsteht durch die Verwendung der gerundeten Forward Rates.

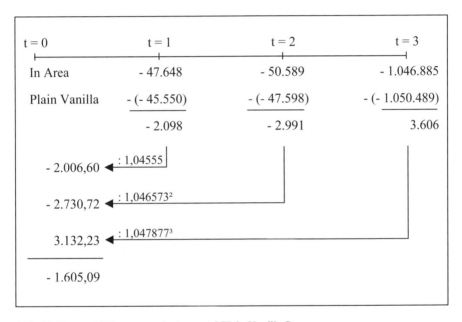

Abb. 88: Barwertdifferenz von In Area und Plain Vanilla Swap

3.4.4 Constant Maturity Swaps

3.4.4.1 Produktbeschreibung

Im Unterschied zum Plain Vanilla Swap und zum In Area Swap, bei denen Festzinszahlungen gegen variable Zinszahlungen getauscht werden, zahlen bzw. empfangen bei einem **Constant Maturity Swap** (CMS) beide Vertragspartner einen variablen Zinssatz. Allerdings haben die beiden variablen Zinsseiten unterschiedliche Referenzzinsen. Während der eine Kontrahent einen kurzfristigen Geldmarktzins, z.B. den 6- oder 12-Monats-Euribor, erhält, zahlt der andere einen langfristigen Kapitalmarktsatz, beispielsweise den 4-Jahres-Swapsatz. Dabei wird der Kapitalmarktsatz jährlich neu fixiert. Jeweils zu Beginn einer neuen Zinsbindungsperiode, in diesem Fall ein Jahr, werden sowohl für die Geldmarkt- als auch für die Kapitalmarktseite die Zinssätze neu angepasst. CMS haben im Vergleich zu Plain Vanilla Swaps ein geringeres Zinsänderungsrisiko, da auch die Kapitalmarktzinsen jedes Jahr an die aktuelle Zinsstruktur angepasst werden.

Während die variable Geldmarktseite beim CMS wie beim Plain Vanilla Swap bewertet wird, ergeben sich Unterschiede für die Kapitalmarktseite. Die Vorgehensweise sei anhand eines CMS mit 2 Jahren Laufzeit und einer Ankopplung der Kapitalmarktseite an den 4-Jahreszins gezeigt. Die Geldmarktseite möge vereinfacht wieder jährlich angepasst werden.

In Analogie zur variablen Geldmarktseite werden jetzt auch für die Kapitalmarktseite zukünftige Zinssätze benötigt. Um arbitragefrei zu bewerten, dienen auch hier die Forward Rates als Substitut für die heute noch nicht bekannten zukünftigen 4-jährigen Kapitalmarktzinsen. Im Beispiel werden die SR(0,4), FR(1,4) und FR(2,4) benötigt (vgl. Abb. 89). Die Forward Rates der Kapitalmarktseite sind allerdings um eine Zinsatzkorrektur zu ergänzen.

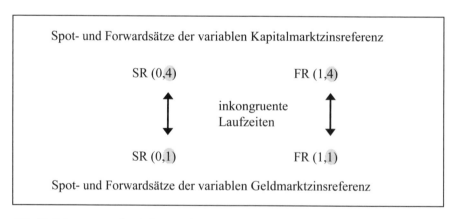

Abb. 89: Inkongruente Laufzeiten bei CMS

3.4.4.2 Timing Adjustment

Für die variable Geldmarktseite werden die zukünftigen 1-Jahreszinssätze gesucht und für die variable Kapitalmarktseite, auch CMS-Seite genannt, die zukünftigen 4-Jahreszinssätze. Die Zinsperiode beträgt jeweils ein Jahr, da beide Zinssätze jährlich neu angepasst werden.

Der Referenzzins der Geldmarktseite ist der 1-Jahres Euribor. Da die Laufzeit des Referenzzinssatzes mit der Dauer der jeweiligen Zinsperiode identisch ist, ist die Geldmarktseite eines CMS analog zur Geldmarktseite eines Plain Vanilla Swaps zu bewerten. Der Bewertung liegen die deterministischen Forward Rates auf Basis der aktuellen Zinsstrukturkurve zugrunde. Das natürliche time-lag der variablen Seite von einem Jahr bei einer Zinsperiode von einem Jahr ermöglicht die exakte Bewertung mit den bekannten unkorrigierten Forward Rates.

Der Referenzzins der Kapitalmarktseite ist der 4-Jahres Swapsatz. Da die Laufzeit des Referenzzinssatzes größer ist als die Dauer der jeweiligen Zinsperiode ist ein Convexity Adjustment notwendig (vgl. Kap. 3.4.3.2). Bei der Zinssatzkorrektur für einen In Area Swap ist die Anpassung über das Convexity Adjustment ausreichend, da die Zinsfeststellung und die Zinszahlung zu ein und demselben Zeitpunkt erfolgt. Bei der Kapitalmarktseite eines CMS liegt jedoch analog zum Plain Vanilla Swap zwischen der Zinsfeststellung und der Zinszahlung der Zeitraum einer Zinsperiode. Die über das Convexity Adjustment korrigierte Forward Rate ist noch zusätzlich auf den Zinszahlungstermin am Ende der Zinsperiode zu beziehen. Diese zweite Zinssatzkorrektur erfolgt über das **Timing Adjustment**.

Betrachtet sei die Kapitalmarktseite eines 2-Jahres CMS mit dem 4-Jahres Swapsatz als Referenzzins. Der Höhe der Kuponzahlung in t=1 liegt die um das Convexity Adjustment korrigierte Forward Rate $FR_K(1,4)$ zugrunde. Um das natürliche time-lag zwischen Zinsfeststellung und Zinszahlung der Kapitalmarktseite zu berücksichtigen, wird die korrigierte Forward Rate $FR_K(1,4)$ einer zweiten Korrektur durch das Timing Adjustment unterworfen.

Das Timing Adjustment ist der Teil der Zinssatzkorrektur, der entsteht, weil die Kuponhöhe in t=1 zwar mit einem Convexity Adjustment zu diesem Zeitpunkt korrigiert werden muss, aber erst in t=2 gezahlt wird. Allgemein ist das **Timing Adjustment (TA)** folgendermaßen definiert (vgl. HULL 2003, S. 527 ff.):

$$TA = -\frac{\rho \cdot \sigma_{FR} \cdot \sigma_{FRZ} \cdot FRZ \cdot FR \cdot LZ}{1 + FRZ}$$

(FRZ) ist die Forward Rate der jeweiligen Zinsperiode. Beispielsweise ist die (FRZ) für die Zinsperiode zwischen t=1 und t=2 die Forward Rate FR(1,1). (FR) ist die Forward Rate des zugrundeliegenden Kapitalmarktzinses. Für den Zinstermin in t=1 ist es die Forward Rate FR(1,4). Zur Berechnung des Timing Adjustments sind zwei Volatilitäten notwendig. Dabei ist (σ_{FR}) die Volatilität der Forward Rates des zugrundeliegenden Kapitalmarktzinses, im Beispiel des 4-Jahres Swapsatzes. (σ_{FRZ}) ist die Volatilität des Geldmarktsatzes. Die Korrelation zwischen beiden Volatilitäten wird durch den gemeinsamen Korrelationskoeffizienten (ρ) berücksichtigt. Die Korrelation zwischen den Volatilitäten von kurz- und langlaufenden Forward Rates möge im Zeitablauf stabil sein und bei 0,7 liegen. (LZ) ist die Laufzeit bis zum betrachteten Zinstermin. Bei Zinsperioden von einem Jahr ist (LZ) für den Zinstermin in t=1 eins.

Die Berechnung des Timing Adjustment möge anhand eines Beispiels verdeutlicht werden. Die Volatilität (σ_{FR}) sei 15 % und die Volatilität (σ_{FRZ}) 20 %. Es gelten weiterhin die Marktdaten aus Abb. 72. Betrachtet sei die Zinsperiode von t=1 bist t=2. Die Dauer der Zinsperiode betrage ein Jahr. (FRZ) ist die Forward Rate FR(1,1) und (σ_{FRZ}) die Volatilität der 1-Jahres Forwardzinssätze. Die Forward Rate FR(1,1) beträgt 4,7598 %. Die Kapitalmarktseite sei mit dem 4-Jahres-Swapsatz bewertet und (σ_{FR}) ist die Volatilität der 4-Jahres Forward Rates. Die Forward Rate FR(1,4) beträgt 5,1575 %. Für den Zinstermin t=1 ergibt sich daraus ein **Timing Adjustment** (TA) von **- 0,5 Basispunkten**.

$$TA = -\frac{0{,}7 \cdot 0{,}15 \cdot 0{,}20 \cdot 0{,}047598 \cdot 0{,}051575 \cdot 1}{1 + 0{,}047598} = -0{,}000049$$

Das Timing Adjustment ist stets negativ. Die Höhe wird von den verschiedenen Volatilitäten und der Form der aktuellen Zinsstrukturkurve bestimmt. Der Bewertung liegen einige vereinfachende Annahmen zugrunde. Die beiden Volatilitäten werden für alle Zinstermine als konstant angenommen. Der Korrelationskoeffizient sei ebenfalls konstant.

3.4.4.3 Bewertung von Constant Maturity Swaps

Die Bewertung eines CMS sei anhand eines Beispiels gezeigt. Der betrachtete CMS habe die Daten aus Abb. 90. Es seien wieder die Marktdaten aus Abb. 72 zugrundegelegt.

Swaps 125

Typ	Longposition Geldmarktseite
Geldmarktseite	1-Jahres-Euribor
Kapitalmarktseite	4-Jahres-Swapsatz
Laufzeit	2 Jahre
Nominalvolumen	1.000.000 EUR
Zinsanpassung	jährlich
Volatilität Forward Swapzinsen σ_{FR}	15 %
Volatilität Forward Geldmarktzinsen σ_{FRZ}	20 %

Abb. 90: Marktdaten eines Constant Maturity Swaps

Im Gegensatz zu den bisher vorgestellten Swapkonstruktionen werden bei den CMS für die Aufstellung des Cash Flow lediglich die Zinszahlungen berücksichtigt. Auf den Einbezug des fiktiv eingesetzten Kapitals kann beim Cash Flow verzichtet werden, da beide Swapseiten variabel verzinslich sind.

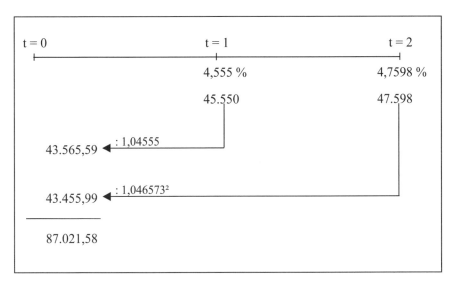

Abb. 91: Bewertung der Geldmarktseite des Constant Maturity Swaps

Als erstes sei die Geldmarktseite bewertet. Auf Grund der gleichen Dauer einer Zinsperiode bis zur nächsten Zinsanpassung und der Laufzeit des Referenzzinses kann die Geldmarktseite mit den unkorrigierten deterministischen Forward Rates bewertet werden. Abb. 91 zeigt die Bewertung der Geldmarktseite mit den Forward Rates und die Diskontierung mit den Nullkuponzinsen. Sie hat einen Barwert von 87.021,58 EUR.

Zur Bewertung der Kapitalmarktseite sind die beschriebenen Zinssatzkorrekturen für t=0 und t=1 durchzuführen. Zu beiden Zinsterminen ist sowohl ein Convexity Adjustment und ein Timing Adjustment zu berechnen. Der korrigierte Zins von t=0 wird in t=1 und der korrigierte Zins von t=1 wird in t=2 gezahlt. Abb. 92 zeigt die Zeitpunkte der Zinsfeststellung und der Zinszahlung anhand des 2-Jahres-CMS.

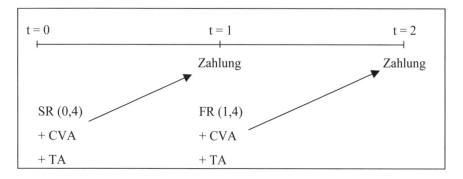

Abb. 92: Zinsfeststellung und Zinszahlung beim Constant Maturity Swap

Zunächst sei der Zinsfeststellungstermin t=0, der die Zinszahlung für t=1 determiniert, betrachtet. Die aktuelle Spot Rate SR(0,4) ist bekannt. Es bedarf daher keiner Zinssatzkorrektur. Zum gleichen Ergebnis führt die Berechnung über Convexity Adjustment und Timing Adjustment. Beide Korrekturen haben einen Wert von Null Basispunkten, da die Laufzeit LZ bis zum betrachteten Zinstermin für t=0 Null beträgt. Die Zinszahlung der Kapitalmarktseite, die in t=1 fällig wird, ist mit der unkorrigierten Spot Rate SR(0,4) exakt bewertet. Im Beispiel beträgt diese 4,7550 %.

Als nächstes seien die notwendigen Zinssatzkorrekturen für t=1 betrachtet. Die erste Korrektur ist das **Convexity Adjustment (CVA)**. Zur Berechnung des (CVA) ist die Kenntnis der Modified Duration (MD) und der Convexity (CV) einer Anleihe mit 4 Jahre Laufzeit in t=1 notwendig. Die Yield to Maturity der Anleihe entspricht der Forward Rate FR(1,4). Diese beträgt 5,1575 %. Für die 4-

jährige Anleihe ergibt sich eine abgeänderte Modified Duration (MD$_a$) von − 3.715.230,98.

$$MD_a = -\left(\frac{51.575}{1,051575} + \frac{103.150}{1,051575^2} + \frac{154.725}{1,051575^3} + \frac{4.206.300}{1,051575^4}\right) = -3.715.230,98$$

Die abgeänderte Convexity (CV$_a$) hat einen Wert von 17.201.216,54.

$$CV_a = \frac{103.150}{1,051575^2} + \frac{309.450}{1,051575^3} + \frac{618.900}{1,051575^4} + \frac{21.031.500}{1,051575^5} = 17.201.216,54$$

Der Quotient aus Modified Duration und Convexity beträgt - 4,62992.

$$\frac{CV_a}{MD_a} = \frac{17.201.216,54}{-3.715.230,98} = -4,62992$$

Das Convexity Adjustment (CVA) ergibt für den Zinstermin t=1 eine Zinssatzkorrektur von 1,4 Basispunkten.

$$CVA = -\frac{1}{2} \cdot 0,051575^2 \cdot 0,15^2 \cdot -4,62992 \cdot 1 = 0,000139$$

Zur vollständigen Berechung der Korrektur ist als zweites das **Timing Adjustment (TA)** in t=1 zu berechnen. Die Forward Rate FRZ(1,1) zwischen den Zinsterminen t=1 und t=2 beträgt 4,7598 %. Es ergibt sich ein Timing Adjustment von - 0,5 Basispunkten.

$$TA = \frac{-0,7 \cdot 0,15 \cdot 0,2 \cdot 0,047598 \cdot 0,051575 \cdot 1}{1 + 0,047598} = -0,0000491$$

Die gesamte Zinssatzkorrektur für einen Zinstermin ergibt sich als Summe aus Convexity Adjustment und Timing Adjustment. Im Beispiel beträgt die gesamte Korrektur für t=1 0,9 Basispunkte.

Zinssatzkorrektur = 1,4 BP − 0,5 BP = 0,9 BP

Die für die Bewertung relevante korrigierte Forward Rate FR$_K$(1,4) beträgt 5,1665 %.

$FR_K(1,4) = 0,051575 + 0,00009 = 0,051665 = 5,1665\%$

Bei Kenntnis der korrigierten Forward Rate kann die Kapitalmarktseite bewertet werden. Im Beispiel des 2-Jahres CMS hat sie einen Barwert von -92.647,53 EUR (vgl. Abb. 93).

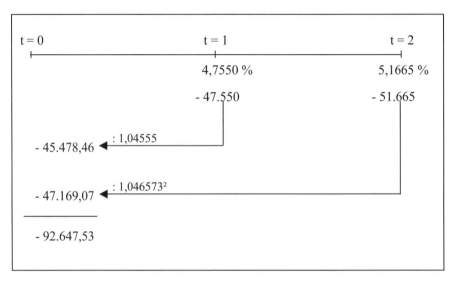

Abb. 93: Bewertung der Kapitalmarktseite des Constant Maturity Swaps

Bei einer normalen Zinsstrukturkurve liegen die Zinsen für längere Laufzeiten über denen für kürzere Laufzeiten. Daraus resultieren höhere Forward Rates für die Bewertung der Kapitalmarktseite – beispielsweise $FR_K(1,4)$ – als für die Geldmarktseite $FR(1,1)$. Da die Forward Rates die Zinszahlungen determinieren, entstehen auf der Kapitalmarktseite im Vergleich zur Geldmarktseite höhere Zinszahlungen. Aus diesen höheren Cash Flows resultiert ein höherer Barwert der Kapitalmarktseite. Da es sich bei Constant Maturity Swaps ebenso wie bei allen anderen bisher dargestellten Finanzinstrumenten um symmetrische Produkte handelt, müssen für eine faire Bewertung die Barwerte beider Seiten des Swaps gleich sein.

Bei CMS bestehen grundsätzlich drei Möglichkeiten, um die aus den unterschiedlichen Forward Rates entstehende Barwertdifferenz auszugleichen. Bei einer normalen Zinsstrukturkurve kann ein

- **Aufschlag** in Basispunkten **auf den Geldmarktzinssatz** oder

- **Abschlag** in Basispunkten **auf den Kapitalmarkt-Zinssatz** oder

- eine **prozentuale Partizipation** am Kapitalmarkt-Zinssatz

für einen CMS festgelegt werden.

Die Barwertdifferenz zwischen Geldmarkt- und Kapitalmarktseite beträgt 87.021,58 − 92.647,53 = − 5.625,95 EUR. Der Ausgleich der kalkulierten Barwertdifferenz sei am Beispiel einer **prozentualen Partizipation am Kapitalmarkt-Zinssatz** gezeigt. Als Ergebnis für den Beispiel-CMS ergibt sich durch das Gleichsetzen der beiden Barwerte eine Partizipationsrate von 93,9276 %.

$$87.021{,}58 = 92.647{,}53 \cdot x \Rightarrow x = 0{,}939276 = 93{,}9276\,\%$$

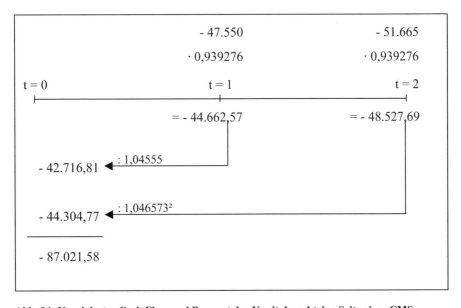

Abb. 94: Korrigierter Cash Flow und Barwert der Kapitalmarktzins-Seite eines CMS

Bei einer Partizipationsrate von 93,9276 % auf den Kapitalmarkt-Zinssatz gleichen sich die Barwerte der Geldmarkt- und der Kapitalmarktzinsseite des CMS aus. Für eine Bewertung mit einem Barwert des CMS von Null EUR müsste eine Partizipation von 93,9276 % auf den Kapitalmarkt-Zinssatz festgelegt werden. Die Bewertung des CMS mit der berechneten Partizipationsrate zeigt Abb. 94.

Weitere Berechnungen zum Ausgleich der Barwertdifferenz mit Aufschlägen auf den Geldmarktsatz und Abschlägen auf den Kapitalmarktsatz finden sich unter www.zinsrisiko.de.

3.5 Fallstudien zu symmetrischen Finanzprodukten

3.5.1 Fallstudie 3: Bewertung von bonitätsrisikolosen Anleihen

Eine Bank möchte eine 4-jährige Anleihe mit 4 % Nominalzins und einem Volumen von 1.000.000 EUR bewerten. Folgende Marktdaten liegen vor:

Jahre	1	2	3	4
Zinssatz	5,00 %	5,40 %	5,55 %	5,71 %
ZB-AF	0,9524	0,9000	0,8500	0,8000

a) Berechnen Sie den **aktuellen Barwert** der Anleihe.

b) Ein Jahr später kommt es zu einer Verschiebung der Marktzinsstrukturkurve. Für die neue Konstellation liegen die folgenden Marktdaten vor:

Jahre	1	2	3
Zinssatz	5,95 %	6,00 %	6,05 %
ZB-AF	0,9438	0,8900	0,8393

Bestimmen Sie den **neuen Barwert** und zerlegen Sie die Barwertänderung in die Komponenten **Zinszahlung**, **Zinsstrukturkurvenrutsch-** und **Marktzinsänderungseffekt**.

3.5.2 Fallstudie 4: Durationsanalyse

Eine Bank hält in ihren Aktiva zum Zeitpunkt t=0 die folgende Anleihe:

- Nominalvolumen: 10 Mio. EUR
- Zinskupon: 5 %, jährliche Zinszahlung
- Restlaufzeit: 3 Jahre
- Rückzahlung: endfällig

Die aktuelle Marktzinsstrukturkurve für Nullkuponrenditen stellt sich wie folgt dar:

1 Jahr	2 Jahre	3 Jahre
4,80 %	5,00 %	5,50 %

a) Ermitteln Sie die **Modified Duration** der Anleihe und interpretieren Sie das Ergebnis.

b) Schätzen Sie die **absolute Barwertänderung** der Anleihe bei einer Veränderung der Marktrendite um + 1 Prozentpunkt mit Hilfe der Modified Duration.

c) Berechnen Sie die **Convexity** der Anleihe und schätzen Sie erneut die absolute Barwertveränderung bei einer Veränderung der Marktrendite um + 1 Prozentpunkt.

d) Kalkulieren Sie die **Effective Duration** der Anleihe.

e) Berechnen Sie für die gegebene Anleihe die **Basis Point Values** und ermitteln Sie anschließend die absolute Barwertänderung dieser Anleihe bei folgendem Zinsszenario:

1 Jahr	2 Jahre	3 Jahre
+ 50 BP	0	- 50 BP

Fallstudien zu symmetrischen Finanzprodukten 133

3.5.3 Fallstudie 5: Bewertung von bonitätsrisikobehafteten Anleihen

Wie ändert sich der Barwert der Anleihe aus Fallstudie 3, wenn es sich um eine bonitätsrisikobehaftete Anleihe handelt, für dessen Bewertung die Zinsstrukturkurve um 150 BP (Bonitätsrisikoprämie bzw. Spread) parallel nach oben verschoben wird.

3.5.4 Fallstudie 6: Bewertung eines Floaters

Ein Floater ist folgendermaßen ausgestattet:

- Nominalvolumen: 1.000.000 EUR
- Laufzeit: 3 Jahre
- Zinssatz: Euribor + 0,6 %
- Zinszahlung: jährlich
- Tilgung: endfällig
- Fälligkeit: 20.05.05
- Bewertungszeitpunkt: 20.05.02

Die aktuelle Marktzinsstrukturkurve stellt sich wie folgt dar:

1 Jahr	2 Jahre	3 Jahre
4,80 %	5,00 %	5,50 %

Ermitteln Sie den **Barwert** und den **Kurs** des Floaters in t=0 mittels der fairen Forward Rates, die sich aus der obigen Zinsstruktur generieren lassen.

3.5.5 Fallstudie 7: Bewertung von Forward Rate Agreements

Gegeben sei ein 3-15 FRA (Forward Rate Agreement) mit einem Volumen von 1.000.000 EUR. Berechnen Sie die **faire Forward Rate** für den 3-15 FRA auf Basis der nachfolgenden Marktzinssätze:

Euribor-Marktzinssätze (Nullkuponzinsen)				
3 Monate	6 Monate	9 Monate	12 Monate	15 Monate
5,00 %	4,95 %	4,90 %	4,85 %	4,80 %

3.5.6 Fallstudie 8: Bewertung von Plain Vanilla Swaps

Eine Bank schließt mit ihrem Kunden nachfolgenden Swap ab:

- Festzinsempfängerswap mit 3 Jahren Laufzeit
- Swapvolumen 5 Mio. EUR
- jährliche Zinszahlung für die feste und variable Seite
- die Marge, die die Bank an dem Swap verdient, beträgt 0,75 Prozentpunkte und wird in den Kundenfestzins eingepreist

Kuponzinssätze bei Geschäftsabschluss:

Laufzeit	1	2	3	4	5
Kupon	4,5900 %	4,6400 %	4,6900 %	4,7600 %	4,9600 %

a) Welchen **Barwert** hat die Festzinsseite, welchen die variable Seite und welchen das Swapgeschäft insgesamt für die Bank? **Interpretieren** Sie den Barwert des Swapgeschäfts insgesamt.

b) Welcher **Unterschied** ergibt sich, wenn die **Marge** von 0,75 % nicht beim Festzins, sondern auf der variablen Zinsseite berücksichtigt wird?

c) Ein Jahr später mögen die Marktzinssätze unverändert sein. Berechnen Sie den **neuen Barwert** des Swaps. Erläutern Sie, auf welcher Seite (fest / variabel) die **Barwertveränderung** entsteht und auf **welche Effekte** diese zurückzuführen ist. Zeigen Sie dabei **konkret, aus welchen Werten** sich die gesamte Barwertveränderung zusammensetzt.

3.5.7 Fallstudie 9: Bewertung von Forward Swaps

Bewerten Sie einen **Forward-Festzinsempfänger-Swap** im Zeitpunkt t=0, der in 1 Jahr mit einer Laufzeit von 3 Jahren beginnt und zu 4,95 % verzinst wird. Das Swapvolumen beträgt 1 Mio. EUR, der Referenzzins auf der variablen Seite ist an den 1-jährigen Geldmarktzins gekoppelt. Es gelten die Kuponzinssätze aus Fallstudie 8.

3.5.8 Fallstudie 10: Bewertung eines In Area Swaps

Eine Bank möchte einen Festzinsempfänger In Area Swap erwerben. Der Swap hat folgende Ausstattungsmerkmale:

Laufzeit:	4 Jahre
Referenzzinssatz:	1-Jahres Euribor
Festzinssatz:	4,5 %
Zinsanpassung:	jährlich
Nominalvolumen:	3.000.000 EUR
Volatilität der Geldmarktzinsen:	11 %

Am Markt existieren folgende Kuponzinsen:

Laufzeit Beginn	1	2	3	4	5
0	6,0 %	5,5 %	5,0 %	4,5 %	4,0 %
1	5,0 %	4,5 %	4,0 %	3,4 %	
2	3,9 %	3,4 %	2,9 %		
3	2,9 %	2,4 %			
4	1,9 %				

Die zugehörige Nullkuponzinsstrukturkurve hat folgendes Aussehen:

Jahre	1	2	3	4	5
Nullkuponzinsen	6,0 %	5,5 %	5,0 %	4,4 %	3,9 %

a) Berechnen Sie den **Barwert der Festzinsseite** des In Area Swaps in t=0.

b) Berechnen Sie sowohl **Modified Duration**, **Convexity** und deren **Quotienten** zu den Zeitpunkten t=1, t=2, t=3 und t=4.

c) Berechnen Sie zu allen Zinsterminen die notwendige **Zinssatzkorrektur**.

d) Berechnen Sie den **Barwert der variablen Seite** des In Area Swaps in t=0.

e) Stellen Sie die Entstehung der **Barwertdifferenz** zu einem Plain Vanilla Swap mit gleicher Ausstattung dar.

3.5.9 Fallstudie 11: Bewertung eines Constant Maturity Swaps

Ein Unternehmen kauft einen Constant Maturity Swap. Dabei nimmt es die Longposition in der Geldmarktseite ein. Der Swap hat folgende Ausstattungsmerkmale:

Geldmarktsatz:	1-Jahres Euribor
Kapitalmarktsatz:	4-Jahres Swapsatz
Nominalvolumen:	5.000.000 EUR
Laufzeit:	3 Jahre
Zinsanpassung:	jährlich
Volatilität Geldmarktzinsen:	15 %
Volatilität Kapitalmarktzinsen:	12 %

Am Markt existieren folgende Kuponzinsen:

Laufzeit Beginn	1	2	3	4	5	6	7
0	3,00 %	3,25 %	3,50 %	4,00 %	4,50 %	4,75 %	5,00 %
1	3,51 %	3,76 %	4,36 %	4,92 %	5,15 %	5,39 %	
2	4,03 %	4,82 %	5,43 %	5,62 %	5,83 %		
3	5,65 %	6,20 %	6,21 %	6,36 %			
4	6,79 %	6,52 %	6,62 %				
5	6,23 %	6,53 %					
6	6,85 %						

Die zugehörige Nullkuponzinsstrukturkurve hat folgendes Aussehen:

Jahre	1	2	3	4	5	6	7
Nullkuponzinsen	3,00 %	3,25 %	3,51 %	4,04 %	4,59 %	4,86 %	5,14 %

a) Stellen Sie den **Cash Flow der Geldmarktseite** des CMS auf und bewerten Sie diese zum Zeitpunkt t=0.

b) Welche Höhe haben die notwendigen **Zinssatzkorrekturen** für die Zinsfeststellung der Kapitalmarktseite in t=0?

c) Berechnen Sie alle weiteren notwendigen **Zinssatzkorrekturen** für die Kapitalmarktseite.

d) Stellen Sie den **Cash Flow der Kapitalmarktseite** des CMS auf und bewerten Sie diese zum Zeitpunkt t=0.

e) Wie hoch ist der **Barwert** des gesamten CMS?

f) Wie hoch muss die **Partizipationsrate** des CMS sein, damit in t=0 ein Barwert von Null existiert?

4 Aktienoptionen und Optionspreismodelle

4.1 Optionstypen

Optionen zählen ebenfalls zu den Derivaten. Ein Derivat ist ein Produkt, das von einem anderen Produkt abgeleitet wird. Der Wert bzw. der Kurs von Finanzderivaten wird deshalb durch ein anderes Finanzinstrument beeinflusst. Das beeinflussende Finanzinstrument heißt **Basiswert**. Bei Aktienoptionen ist der Basiswert eine Aktie. Für eine Option auf die Deutsche Bank Aktie bedeutet dies beispielsweise, dass der Kurs dieser Option durch den Kurs der Deutschen Bank Aktie beeinflusst wird. Oft wird der Basiswert auch, nach der englischen Bezeichnung, Underlying genannt.

Optionen können in standardisierte, börsengehandelte Optionen und nicht-standardisierte OTC-Optionen unterteilt werden. **Standardisierte Optionen** sind vorstrukturierte Produkte, die auf die gängigsten Basiswerte an einer Terminbörse mit festen Laufzeiten gehandelt werden. **OTC-Optionen** („over the counter") werden dagegen nicht an einer Börse gehandelt. Die Kontraktpartner handeln Basiswert und Laufzeit sowie alle weiteren notwendigen Optionsbedingungen individuell aus.

Eine Option ist eine vertragliche Vereinbarung, die dem **Käufer** der Option das Recht einräumt, an bzw. bis zu einem bestimmten Zeitpunkt einen festgelegten Basiswert zum Basis- bzw. Ausübungspreis zu kaufen (Calloption) bzw. zu verkaufen (Putoption). Der Preis des Basiswertes wird im Voraus festgelegt. Der **Verkäufer** einer Option geht dagegen die Verpflichtung ein, den Basiswert zum Basispreis an bzw. bis zu einem bestimmten Zeitpunkt an den Käufer zu liefern (Calloption) bzw. diesen vom Käufer abzunehmen (Putoption).

Optionen lassen sich auf Grund dieser vertraglichen Vereinbarungen in vier verschiedene Grundpositionen einteilen. Zum einen kann nach Kaufoption (Calloption) und Verkaufsoption (Putoption) gegliedert werden. Darüber hinaus kann jede Call- oder Putoption nach Long (Position des Käufers) und Short (Position des Verkäufers) unterschieden werden. Die sich hieraus ergebenden vier Kombinationsmöglichkeiten führen zu spezifischen Rechten und Pflichten für den Optionskäufer bzw. Optionsverkäufer (vgl. Abb. 95).

	Kaufoption Call	**Verkaufsoption** Put
Käufer zahlt Optionspreis und hat ein aktives Entscheidungsrecht	**Käufer einer Kaufoption (Long Call)** Recht auf Bezug des Basiswertes	**Käufer einer Verkaufsoption (Long Put)** Recht auf Abgabe des Basiswertes
Verkäufer erhält die Optionsprämie und hat eine passive Verpflichtung	**Stillhalter von Wertpapieren (Short Call)** Pflicht zur Lieferung des Basiswertes	**Stillhalter in Geld (Short Put)** Pflicht zur Abnahme des Basiswertes

Abb. 95: Arten von Optionspositionen

Handelt es sich bei der Option um den Kauf (Long) einer Kaufoption (Call), spricht man von einer **Long-Calloption**. Dabei muss der Käufer den Optionspreis zahlen. Dafür erhält er das Recht, den Basiswert zum festgelegten Basispreis am bzw. bis zum Verfalltag zu beziehen. Der Käufer der Calloption hat das aktive Entscheidungsrecht, ob er den Basiswert beziehen möchte oder nicht.

Das Gegengeschäft zu einer Long-Calloption ist eine **Short-Calloption**. Dies bedeutet, dass ein Verkauf (Short) einer Kaufoption (Call) vorliegt. Der Verkäufer erhält dafür vom Käufer dieser Option die Optionsprämie. Mit dem Verkauf der Kaufoption geht er die Verpflichtung ein, den Basiswert zu einem festgelegten Basispreis am bzw. bis zum Verfalltag dem Käufer der Option zu liefern. Der Verkäufer der Calloption hat somit eine passive Verpflichtung zur Lieferung des Basiswertes. Ob diese Verpflichtung zu erfüllen ist, hängt davon ab, ob der Käufer sein Entscheidungsrecht zum Bezug des Basiswertes wahrnimmt. Da der Verkäufer einer Kaufoption damit rechnen muss, den Basiswert liefern zu müssen, spricht man auch von einem Stillhalter. Ist der zu liefernde Basiswert ein Wertpapier, nennt man den Verkäufer auch Stillhalter in Wertpapieren.

Besteht die Optionsposition aus dem Kauf (Long) einer Verkaufsoption (Put), ist dies eine **Long-Putoption**. Dabei zahlt der Käufer (Long) an den Verkäufer (Short) den Optionspreis. Mit Zahlung des Optionspreises erwirbt der Käufer der Verkaufsoption das Recht, an den Verkäufer den Basiswert am bzw. bis zum Verfalltag abzugeben. Der dafür vom Verkäufer der Verkaufsoption zu zahlende Preis (Basispreis) wird im Voraus festgelegt. Der Käufer der Putoption hat das aktive Entscheidungsrecht, ob er den Basiswert verkaufen möchte oder nicht.

Eine **Short-Putoption** ist das Gegengeschäft zu einer Long-Putoption. Dabei handelt es sich um den Verkauf (Short) einer Verkaufsoption (Put). Der Verkäufer erhält vom Käufer die Optionsprämie. Mit dem Verkauf der Verkaufsoption geht er die Verpflichtung ein, den Basiswert zu einem festgelegten Basispreis am bzw. bis zum Verfalltag vom Käufer der Option abzunehmen. Der Verkäufer der Putoption hat eine passive Verpflichtung zur Abnahme des Basiswertes. Ob diese Verpflichtung zu erfüllen ist, hängt davon ab, ob der Käufer sein Entscheidungsrecht zur Abgabe des Basiswertes wahrnimmt. Da der Verkäufer der Verkaufsoption damit rechnen muss, den Basiswert abzunehmen und dem Käufer den Basispreis zu zahlen, spricht man auch von einem Stillhalter in Geld.

4.2 Gewinn- und Verlustmöglichkeiten bei Optionsgeschäften

Jede der genannten Grundpositionen hat ein spezifisches Gewinn- und Verlustprofil, das sich aus dem Charakter einer Option als bedingtes Termingeschäft ableitet. Optionen sind bedingte Termingeschäfte, da der Käufer einer Option nur das Recht aber nicht die Pflicht zur Ausübung der Option hat. Daraus ergeben sich die für Optionen typischen **asymmetrischen Gewinn- und Verlustprofile**.

Gemeinsam ist allen Profilen, dass der Käufer stets eine unbegrenzte Gewinnmöglichkeit, aber nur eine begrenzte Verlustmöglichkeit in Höhe des gezahlten Optionspreises besitzt. Der Verkäufer kann hingegen maximal einen Gewinn in Höhe der erhaltenen Optionsprämie erzielen, hat aber generell eine unbegrenzte Verlustmöglichkeit.

Die **Gewinn- und Verlustprofile** für den Kauf und den Verkauf einer **Kaufoption** sind in Abb. 96 grafisch dargestellt.

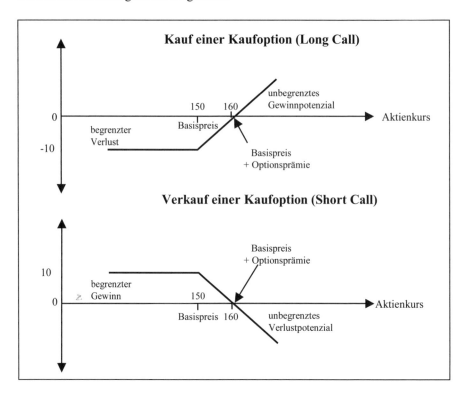

Abb. 96: Gewinn- und Verlustprofile für Kaufoptionen

Der **Long Call** in Abb. 96 hat einen Basispreis von 150 EUR. Die Optionsprämie beträgt 10 EUR. Ab einem Aktienkurs von 150 EUR steigt der Wert des Long Call. Der **Break-Even Punkt** liegt bei **160 EUR**. Dieser ergibt sich aus der Summe von Basispreis und Optionsprämie. Der Long Call befindet sich ab dem Break-Even Punkt in der Gewinnzone.

Der **Short Call** in Abb. 96 hat ebenfalls einen Basispreis von 150 EUR. Die Optionsprämie beträgt wieder 10 EUR. Der Inhaber dieses Short Calls kann maximal einen Gewinn von 10 EUR erzielen. Erreicht der Aktienkurs den Basispreis, verringert sich der Gewinn. Der **Break-Even Punkt** liegt ebenfalls bei **160 EUR**. Der Short Call befindet sich ab dem Break-Even Punkt in der Verlustzone.

Abb. 97 zeigt die **Gewinn- und Verlustprofile** für den Kauf und Verkauf einer **Verkaufsoption**.

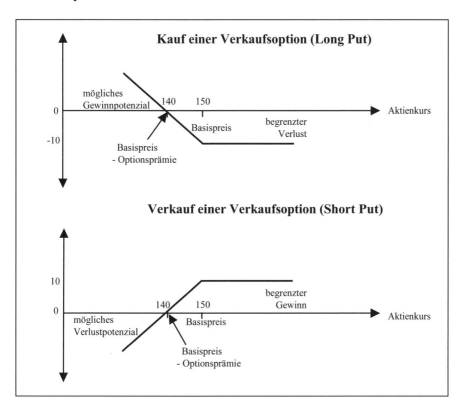

Abb. 97: Gewinn- und Verlustprofile für Verkaufsoptionen

Der **Long Put** in Abb. 97 hat einen Basispreis von 150 EUR. Die Optionsprämie beträgt wiederum 10 EUR. Ab einem Aktienkurs unter 150 EUR steigt der Long Put im Wert. Der **Break-Even Punkt** liegt bei **140 EUR**. Ab diesem Break-Even Punkt befindet sich der Long Put in der Gewinnzone.

Der **Short Put** in Abb. 97 hat ebenfalls einen Basispreis von 150 EUR. Die Optionsprämie beträgt 10 EUR. Der Inhaber des Short Puts kann maximal einen Gewinn von 10 EUR erzielen. Der **Break-Even Punkt** liegt bei **140 EUR**. Der Short Put befindet sich ab Aktienkursen über 140 EUR im Gewinn.

Bei Betrachtung der Profile wird deutlich, dass mit jeder der vier Grundpositionen bestimmte **Erwartungen** verbunden sind. Der Käufer einer Kaufoption geht von steigenden Kursen des Basiswertes aus. Sein Kontraktpartner, der Verkäufer der Kaufoption, erwartet hingegen sinkende oder zumindest konstante Kurse. Der Käufer einer Verkaufsoption erwartet fallende Kurse des Basiswertes, während sein Kontraktpartner, der Verkäufer einer Verkaufsoption, von steigenden oder konstanten Kursen ausgeht.

4.3 Bewertungskomponenten von Optionen

4.3.1 Auszahlungsprofile

Der Wert einer Option setzt sich aus zwei Bestandteilen zusammen, dem inneren Wert und dem Zeitwert. Die Summe aus beiden Größen ergibt den Gesamtwert einer Option. Für diesen wie auch für die beiden Teilkomponenten gilt es im Folgenden Bewertungsmodelle zu finden, die die ungleichen Gewinn- und Verlustprofile von Käufer und Verkäufer in einen fairen Preis münden lassen.

Darüber hinaus ist im Rahmen der Bewertung auch zu berücksichtigen, ob die Option nur einmal am Ende der Laufzeit oder schon früher ausgeübt werden kann. Von einer **europäischen Option** spricht man, wenn diese nur genau am Verfalltag ausgeübt werden kann. Eine **amerikanische Option** kann dagegen während der gesamten Optionslaufzeit ausgeübt werden. Zur Darstellung der Auszahlungsprofile spielt dieser Unterschied keine Rolle, da als Bewertungsstichtag der Verfalltag zugrundegelegt wird.

Der Wert einer **Calloption (C) am Verfalltag** ist abhängig vom Basispreis (X) und vom Preis (A) des Basiswertes am Verfalltag. Damit lautet das Auszahlungsprofil für einen Call:

$$C(A, X) = \max(A - X, 0)$$

Ist bei einer Aktienoption der Preis der Aktie am Verfalltag höher als der Basispreis, ist diese Differenz am Verfalltag der Preis des Calls. Ist die Differenz negativ, dann ist der Preis der Calls Null, denn der Käufer wird sein Recht nicht ausüben und die Option verfallen lassen. Er kann die Aktie am Kassamarkt günstiger erwerben als zum Basispreis der Option.

Beträgt der Preis (A) der zugrundeliegenden Aktie am Verfalltag beispielsweise 120 EUR und liegt der Basispreis (X) bei 100 EUR, dann ergibt sich für die Calloption ein Wert von 20 EUR. Liegt der Kurs der Aktie am Verfalltag dagegen nur bei 80 EUR, ist Wert des Calls 0 EUR.

Der Wert einer **Putoption (P) am Verfalltag** ist von denselben Größen abhängig wie der Call. Unterschiede ergeben sich lediglich beim Auszahlungsprofil:

$$P(A, X) = \max(X - A, 0)$$

Der Preis eines Puts ergibt sich aus der Differenz zwischen dem Basispreis und dem Preis der Aktie am Verfalltag. Ist diese Differenz negativ, beträgt der Putpreis Null.

Bei einem Basispreis von 100 EUR und einem Aktienkurs am Verfalltag von 80 EUR beträgt der Putpreis 20 EUR. Liegt der Aktienkurs am Verfalltag dagegen bei 120 EUR, ist der Putpreis 0 EUR, denn der Käufer des Puts wird sein Verkaufsrecht nicht ausüben und die Option verfallen lassen. Er kann die Aktie am Kassamarkt zu einem höheren Preis als dem Basispreis verkaufen.

4.3.2 Innerer Wert

In diesem Kapitel soll die Bestimmung des inneren Wertes am Beispiel europäischer Optionen gezeigt werden. Die ermittelten Preise für europäische Optionen stellen gleichzeitig auch die Preisuntergrenze für amerikanische Optionen dar. Da letztere für den Käufer wegen der jederzeitigen Ausübungsmöglichkeit mehr Rechte umfassen, wird ihr Preis nie unter dem einer ansonsten identischen europäischen Option liegen.

Der **innere Wert** ist abhängig vom aktuellen Preis des Basiswertes, vom festgelegten Basispreis und vom risikolosen Zins. Letzterer kann z.B. der Zins für eine bonitätsrisikolose Nullkuponanleihe sein. Der innere Wert wird je nach Optionstyp (Call oder Put) unterschiedlich definiert. Er kann als eine erste **Wertuntergrenze** interpretiert werden.

Für eine **Calloption** ergibt sich der innere Wert als Differenz zwischen dem aktuellen Preis des Basiswertes (A) und dem mit dem risikolosen Zins diskontierten Basispreis (X). Damit kann der innere Wert als erster Anhaltspunkt zur Festlegung des Preises einer Calloption verwendet werden. Es gilt:

$$C \geq A - X \cdot (1+z)^{-t}$$

Dabei ist (C) der Callpreis, (A) der aktuelle Preis des Basiswertes, (X) der Basispreis, (z) der risikolose Zins und (t) die Laufzeit in Jahren.

Als Beispiel möge der Aktienkurs 120 EUR betragen. Der Basispreis liegt bei 100 EUR. Für eine laufzeitgleiche bonitätsrisikolose Nullkuponanleihe werden 4 % bezahlt. Die Optionsrestlaufzeit sei 9 Monate. Damit ergibt sich für die Calloption bei einem Aktienkurs von 120 EUR per heute eine Wertuntergrenze von 22,90 EUR.

$$C \geq 120 - 100 \cdot (1+0{,}04)^{-0{,}75} = 22{,}90 \text{ EUR}$$

Für einen fairen Vergleich muss der am Ende der Optionslaufzeit fällige Basispreis (X) mit dem risikolosen Zins über die Optionslaufzeit abgezinst werden. Am Verfalltag besteht Identität mit den Ergebnissen der Analyse im Rahmen der Auszahlungsprofile.

Für eine **Putoption** stellt der innere Wert ebenfalls eine Wertuntergrenze dar. Hier ist der innere Wert als Differenz zwischen dem mit dem risikolosen Zins diskontierten Basispreis und dem aktuellen Preis des Basiswertes definiert. Damit kann der innere Wert auch hier als erster Anhaltspunkt zur Festlegung des Preises einer Putoption verwendet werden. Der innere Wert gibt folgende Wertuntergrenze für den Putpreis (P) vor:

$$P \geq X \cdot (1+z)^{-t} - A$$

Für ein Beispiel soll der Basispreis des Puts 100 EUR betragen. Der aktuelle Aktienkurs des Basiswertes sei 80 EUR. Der risikolos Zins ist wiederum 4 % und die Restlaufzeit der Option beträgt ebenfalls 9 Monate. Damit ergibt sich für den Put eine Wertuntergrenze von 17,10 EUR:

$$P \geq 100 \cdot (1+0{,}04)^{-0{,}75} - 80 = 17{,}10 \text{ EUR}$$

Für die **Wertobergrenze** von Call- und Putoptionen können ebenfalls erste Näherungslösungen gefunden werden. Diese sind zwar nicht mehr als innere Werte definiert, basieren aber auf den selben Größen.

Für die Preisobergrenze einer **Calloption** gilt die Beziehung:

$$C \leq A$$

Diese Preisobergrenze wird sich genau dann einstellen, wenn der Basispreis X einen Wert von Null annimmt. Der Wert einer Calloption kann nie über dem Wert des Basisinstrumentes liegen. Für die Calloption aus dem obigen Beispiel bedeutet dies, dass sie bei einem derzeitigen Aktienkurs von 120 EUR eine theoretische Preisobergrenze von 120 EUR besitzt.

Aus diesen ersten Anhaltspunkten zur Bestimmung eines Optionswertes ergibt sich für Calloptionen ein **Preiskanal**, in dem der gesuchte Optionspreis liegen muss. Der Preiskanal für eine Calloption ist in Abb. 98 dargestellt (vgl. SCHIERENBECK/WIEDEMANN 1996, S. 335).

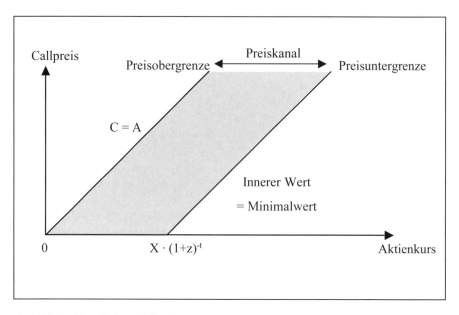

Abb. 98: Preiskanal einer Calloption

Die Calloption des Beispiels hat auf Basis des aktuellen Aktienkurses von 120 EUR einen Preiskanal von 97,10 EUR.

Preiskanal Calloption = 120,00 – 22,90 = 97,10 EUR

Die Preisobergrenze einer **Putoption** ist folgendermaßen definiert:

$P \leq X$

Die Preisobergrenze wird erreicht, wenn der aktuelle Preis des Basiswerts einen Wert von Null hat. Bei einer Aktie als Basiswert müsste der aktuelle Aktienkurs Null betragen, damit die theoretische Preisobergrenze in Gestalt des Basispreises erreicht wird. Die Putoption hat einen Basispreis von 100 EUR. Damit besitzt sie eine theoretische Preisobergrenze von 100 EUR. Abb. 99 zeigt den Preiskanal einer Putoption (vgl. SCHIERENBECK/WIEDEMANN 1996, S. 342).

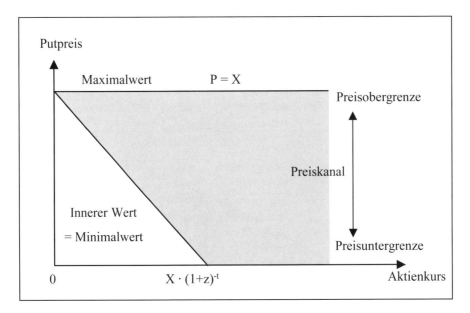

Abb. 99: Preiskanal einer Putoption

Die Putoption hat auf Basis des aktuellen Aktienkurses von 80 EUR einen Preiskanal von 82,90 EUR.

Preiskanal Putoption = 100 – 17,10 = 82,90 EUR

4.3.3 Zeitwert

Um den genauen Wert einer Option innerhalb des Preiskanals zu bestimmen, bedarf es der Berechnung einer weiteren Größe. Diese Größe ist der **Zeitwert**. Der Zeitwert ist als Preis für die Chance zu verstehen, dass sich der der Option zugrundeliegende Basiswert in die vom Anleger gewünschte Richtung entwickelt. Der Zeitwert kann daher nicht wie der innere Wert rechnerisch eindeutig ohne ein Optionspreismodell bestimmt werden. Er ist insbesondere von der Restlaufzeit abhängig. Sicher ist lediglich, dass der Zeitwert am Verfalltag einen Wert von Null annimmt.

Sicher ist auch, dass Optionen mit längerer **Restlaufzeit** einen höheren Zeitwert haben als Optionen mit kürzerer Laufzeit. Den Zusammenhang zwischen Restlaufzeit und Zeitwert stellt Abb. 100 dar (vgl. STEINER/BRUNS 2002, S. 322). Der

Zusammenhang zwischen Zeitwert und Restlaufzeit ist plausibel, denn bei einer längeren Restlaufzeit hat der Anleger eine größere Chance als bei kurzer Restlaufzeit, dass sich der Optionswert in die für ihn günstige Richtung entwickelt.

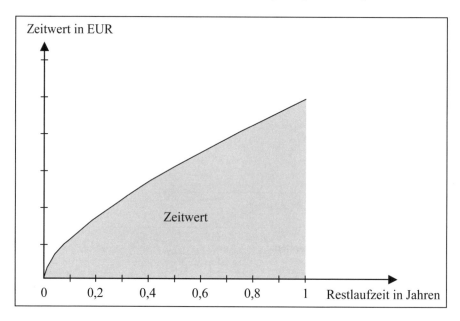

Abb. 100: Zeitwert einer Option in Abhängigkeit von der Restlaufzeit

Der Zeitwert kann auch in Abhängigkeit vom **Basispreis** dargestellt werden. Optionen, bei denen der Preis des Basiswertes nahe am Basispreis liegt, haben einen hohen Zeitwert. Optionen, die weit aus dem Geld oder weit im Geld liegen, haben dagegen nur einen geringen Zeitwert. Dies ist ebenfalls plausibel, da bei Optionen am Geld noch nicht klar ersichtlich ist, wohin sich der Optionspreis entwickeln und ob die Option am Verfalltag einen positiven Wert besitzen wird. Abb. 101 zeigt diesen Zusammenhang grafisch für eine Calloption.

Für Optionen aus dem Geld ist die Wahrscheinlichkeit, dass sie am Verfalltag keinen inneren Wert besitzen höher, als wenn sie nahe am Geld liegen. Umgekehrt gilt, dass für Optionen im Geld die Wahrscheinlichkeit hoch ist, dass diese tatsächlich ausgeübt werden und daher einen inneren Wert aufweisen.

Bewertungskomponenten von Optionen

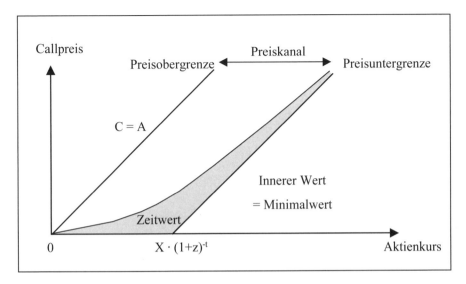

Abb. 101: Zeitwert einer Calloption in Abhängigkeit vom Basispreis

Der Zeitwert lässt sich direkt nicht berechnen, sondern ergibt sich indirekt aus der Differenz von Gesamtwert und innerem Wert.

Zeitwert = Gesamtwert − innerer Wert

Eine der beiden benötigten Größen, der innere Wert einer Option, konnte bereits rechnerisch eindeutig bestimmt werden. Unbekannt ist noch der Gesamtwert einer Option. Um diesen zu berechnen, bedarf es eines Bewertungsmodells. Zwei bekannte Modelle, das Binomialmodell und das Black/Scholes-Modell, sollen im Folgenden vorgestellt werden. Vorab seien aber noch die wichtigsten Preisbestimmungsfaktoren von Optionen dargestellt.

4.3.4 Preisbestimmungsfaktoren von Optionen

Der Preis einer Option wird von einer Vielzahl von Faktoren beeinflusst. Unterscheiden lassen sich direkte und indirekte Preisbestimmungsfaktoren. Die direkten Preisbestimmungsfaktoren treten in einer Bewertungsformel als Variable auf. Dem gegenüber wirken die indirekten Preisbestimmungsfaktoren durch ihren Einfluss am Kapitalmarkt auf die direkten Faktoren ein. In diesem Abschnitt werden die wichtigsten direkten Faktoren und ihre Auswirkungen auf den Optionspreis erläutert. In Form von Simulationen lassen sich diese auch mit Hilfe der unter www.zinsrisiko.de verfügbaren Lernsoftware „Bewertung von Finanzinstrumenten" analysieren.

Zunächst seien die Faktoren beschrieben, die einen unmittelbaren Einfluss auf den bereits beschriebenen inneren Wert ausüben. Der innere Wert war für eine Calloption (C_{IW}) und für eine Putoption (P_{IW}) wie folgt definiert:

$$C_{IW} = A - X \cdot (1+z)^{-t}$$

$$P_{IW} = X \cdot (1+z)^{-t} - A$$

Preis der Basiswertes (A):

Steigende **Preise des Basiswertes (A)** haben auf den Preis einer **Calloption** einen positiven Einfluss. Steigt der Basiswert im Preis, erhöht sich der innere Wert des Calls um denselben Betrag. Steigt der Kurs der zugrundeliegenden Aktie von 100 EUR auf 110 EUR, steigt auch der innere Wert der Option um 10 EUR.

Bei einer **Putoption** würde ein Anstieg des **Preises des Basiswertes** einen Rückgang des Putpreises um denselben Betrag zur Folge haben. Die Erhöhung des Preises des Basiswertes hat einen negativen Einfluss auf den Putpreis. Steigt der Kurs der zugrundeliegenden Aktie von 80 EUR auf 90 EUR, fällt der innere Wert der Option um 10 EUR.

Der Einfluss des Preises des Basiswertes lässt sich auch gut an den bereits dargestellten Gewinn- und Verlustprofilen von Optionen erkennen (vgl. Abb. 96 und Abb. 97).

Basispreis (X):

Steigende **Basispreise (X)** haben auf den **Callpreis** einen negativen Einfluss. Wird ein höherer Basispreis für eine ansonsten identische Option gewählt, sinkt der innere Wert. Dies ergibt sich aus der Formel für den Callpreis, wo der Basispreis (X) als negativer Summand Eingang findet. Wird für die Calloption aus dem Beispiel statt eines Basispreises von 100 EUR ein Preis von 110 EUR verwendet, bedeutet dies für den inneren Wert:

$$C_{IW} = 120 - 100 \cdot (1+0{,}04)^{-0{,}75} = 22{,}90 \text{ EUR (Basispreis} = 100)$$

$$C_{IW} = 120 - 110 \cdot (1+0{,}04)^{-0{,}75} = 13{,}19 \text{ EUR (Basispreis} = 110)$$

Durch die Erhöhung des Basispreises um 10 EUR, sinkt der Callpreis um 9,71 EUR.

Für den **Putpreis** hat ein steigender **Basispreis (X)** hingegen einen positiven Einfluss. Wird ein Basispreis von 110 EUR statt 100 EUR angenommen, bedeutet dies für den inneren Wert:

$$P_{IW} = 100 \cdot (1+0,04)^{-0,75} - 80 = 17,10 \text{ EUR (Basispreis = 100)}$$

$$P_{IW} = 110 \cdot (1+0,04)^{-0,75} - 80 = 26,81 \text{ EUR (Basispreis = 110)}$$

Durch die Erhöhung des Basispreises um 10 EUR, steigt der Putpreis um 9,71 EUR.

Risikoloser Zinssatz (z):

Eine Erhöhung des **risikolosen Zinssatzes (z)** hat auf den **Callpreis** eine positive Auswirkung. Diese entsteht dadurch, dass der diskontierte Wert des Basispreises (X) durch einen höheren Zinssatz kleiner wird. Da dieser diskontierte Wert negativ in den Callpreis eingeht, erhöht sich der Callpreis. Steigt für das Beispiel der risikolose Zinssatz von 4 % auf 6 %, hat dies einen positiven Einfluss auf den Callpreis:

$$C_{IW} = 120 - 100 \cdot (1+0,04)^{-0,75} = 22,90 \text{ EUR (Zinssatz = 4 \%)}$$

$$C_{IW} = 120 - 100 \cdot (1+0,06)^{-0,75} = 24,28 \text{ EUR (Zinssatz = 6 \%)}$$

Durch die angenommene Zinsänderung steigt der innere Wert des Calls um 1,38 EUR.

Der **Putpreis** wird durch einen Anstieg des **risikolosen Zinses** fallen. Durch den Anstieg des Zinssatzes wird der Barwert des Basispreises sinken. Dieser Barwert geht aber beim Put als positiver Wert in den Preis ein und führt zu einem sinkenden Putpreis. Für das Beispiel hat die Zinsänderung folgende Auswirkung auf den Putpreis:

$$P_{IW} = 100 \cdot (1+0,04)^{-0,75} - 80 = 17,10 \text{ EUR (Zinssatz = 4 \%)}$$

$$P_{IW} = 100 \cdot (1+0,06)^{-0,75} - 80 = 15,72 \text{ EUR (Zinssatz = 6 \%)}$$

Der Putpreis verringert sich durch die Zinserhöhung um 1,38 EUR.

Als weitere direkte Preisbestimmungsfaktoren für Optionen sind die Restlaufzeit und die Volatilität zu nennen. Die Formel zur Berechnung der inneren Werte enthält explizit die Restlaufzeit als Variable, die Volatilität taucht dagegen nicht auf.

Restlaufzeit t:

Würde der Einfluss der **Restlaufzeit** auf den Preis einer Option nur auf Basis des inneren Wertes betrachtet, könnte dies zumindest teilweise zu falschen Schlüssen führen. Eine Analyse des Einflusses der Restlaufzeit ist nur unter Betrachtung des Gesamtwertes einer Option in Verbindung mit einem Bewertungsmodell sinnvoll. Darum wird der Einfluss der Restlaufzeit erst im Anschluss an die Betrachtung der Optionspreismodelle vorgenommen.

Volatilität:

Analoges gilt für die **Volatilität**. Sie ist ein wichtiger Einflussfaktor für den Preis von Optionen. Die Volatilität hat keinen Einfluss auf den inneren Wert einer Option. Sie ist aber ein wesentlicher Bestandteil für die Preisbestimmung des Gesamtwertes. Deshalb wird auch sie erst im Anschluss an die Betrachtung der Optionspreismodelle erläutert.

Angebot und Nachfrage:

Zu den indirekten Preisbestimmungsfaktoren von Optionen gehören z.B. **das Angebot bzw. die Nachfrage** nach Optionen. Dabei gilt der volkswirtschaftliche Zusammenhang, dass eine Erhöhung des Angebots den Preis sowohl von Call- als auch von Putoptionen verringert. Für eine Erhöhung der Nachfrage gilt, dass diese den Preis beider Optionstypen erhöht. Für ein Verringerung des Angebots bzw. der Nachfrage gelten die umgekehrten Auswirkungen.

4.4 Optionspreismodelle

4.4.1 Modellansätze

Um den Gesamtwert einer Option zu bestimmen, bedarf es eines preisbestimmenden Modells. Am Markt existieren heute viele verschiedene Optionspreismodelle. Zu den bekanntesten Vertretern zählen das Binomialmodell und das Black/Scholes-Modell. Das Binomialmodell wurde 1979 von Cox, Ross und Rubinstein entwickelt (vgl. COX/ROSS/RUBINSTEIN 1979). Das Black/Scholes-Modell wurde von Black und Scholes 1973 vorgestellt (vgl. BLACK/SCHOLES 1973).

Die bestehenden Modelle lassen sich wie folgt systematisieren. Zum einen kann nach statistischen Bewertungsmodellen und nach Gleichgewichtsmodellen unterschieden werden. Bei den Gleichgewichtsmodellen wird weiterhin nach partiellen und vollständigen Gleichgewichtsmodellen unterteilt. Sowohl das Binomialmodell als auch das Black/Scholes-Modell gehören zu den vollständigen Gleichgewichtsmodellen. Auf die auch der hier verwendeten Systematisierung zugrundeliegende Gleichgewichtseigenschaft wird explizit beim Binomialmodell eingegangen.

Abb. 102 gibt einen Überblick über die Einordnung der Optionspreismodelle (vgl. STEINER/BRUNS 2002, S. 320).

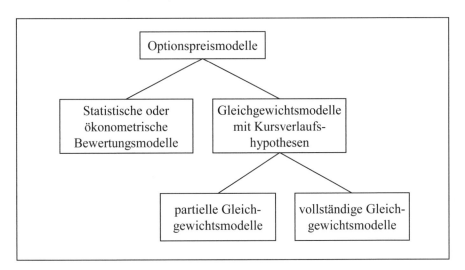

Abb. 102: Systematisierung von Optionspreismodellen

4.4.2 Binomialmodell

4.4.2.1 Modellstruktur

Der innere Wert einer Option und der Preiskanal konnten ohne die Zuhilfenahme eines Modells berechnet werden. Um jedoch den Gesamtwert und damit auch den Zeitwert einer Option bestimmen zu können, wird ein Bewertungsmodell benötigt. Begonnen sei mit der Darstellung des **Binomialmodells**.

Der Name des Modells ergibt sich aus seinem Aufbau. Das Modell beginnt mit einem Szenario in t=0 und endet mit zwei Szenarien in t=1. Da nur zwei mögliche Endszenarien existieren, spricht man von einem **Binomialschritt**, der dem Modell seinen Namen gibt. Dieser Binomialschritt ist in Abb. 103 dargestellt. (S) stellt das Ausgangsszenario, (S_u) das Szenario bei steigenden und (S_d) das Szenario bei fallenden Kursen dar.

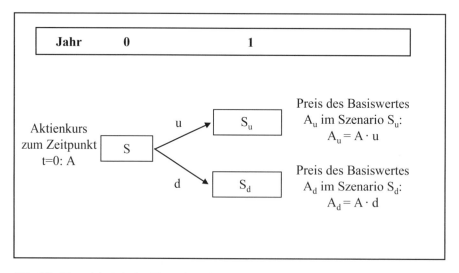

Abb. 103: Binomialschritt im Einperiodenfall

Der Einperiodenfall bedeutet, dass es nur einen Ausgangszeitpunkt und einen Endzeitpunkt gibt. Zwischen diesen beiden Zeitpunkten wird kein neuer Preis des Basiswertes bestimmt. Der Preis wird nur diskret zu zwei Zeitpunkten erfasst. Diese Tatsache ist zumindest dann realistisch, wenn der Zeitabstand zwischen t=0 und t=1 sehr klein ist.

Optionspreismodelle

Das Binomialmodell erfordert eine Reihe von Annahmen. Die wichtigste ist, dass mit diesem Modell eine **risikoneutrale Bewertung** durchgeführt wird. Es dürfen keine Arbitragemöglichkeiten existieren. Sollten Arbitragemöglichkeiten durch Kursfeststellungen dennoch möglich sein, werden diese sofort durch einen Ausgleich von Angebot und Nachfrage beseitigt. Als weitere Annahmen sind zu nennen (vgl. STEINER/BRUNS 2002, S. 324):

- Vollkommener Kapitalmarkt
- Keine Transaktionskosten
- Keine Steuern
- Keine Dividenden
- Möglichkeit uneingeschränkter Leerverkäufe
- Diskreter Aktienhandel
- Konstanter risikoloser Zins für die gesamte Laufzeit

Wie hoch der Preis des Basiswertes (A_u) im Szenario (S_u) ist, wird durch Multiplikation des Preises in t=0 mit einem Aufwärtsfaktor u bestimmt. Ist z.B. der Aufwärtsfaktor u für ein Jahr 1,25 und beträgt der Kurs einer Aktie in t=0 100 EUR, ergibt sich für das Szenario (S_u) in t=1 ein Wert von 125 EUR für die Aktie.

$$\text{Aktienkurs in } S_u = A_u = A \cdot u = 100 \cdot 1{,}25 = 125 \text{ EUR}$$

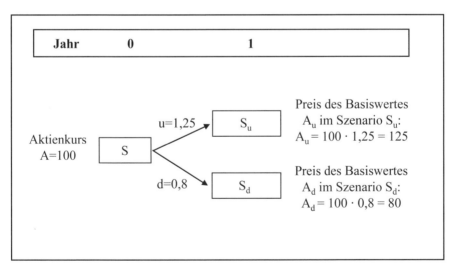

Abb. 104: Binomialschritt mit Beispielwerten

ert der Aktie für das Szenario (S_d) errechnet sich durch Multiplikation des ...... in t=0 mit einem Abwärtsfaktor (d). Ist dieser Abwärtsfaktor(d) für ein Jahr 0,8 und der Kurs einer Aktie in t=0 100 EUR, dann ergibt sich für das Szenario (S_d) in t=1 ein Wert von:

Aktienkurs in $S_d = A_d = A \cdot d = 100 \cdot 0,8 = 80$ EUR

Damit ist der Preis des Basiswertes für alle drei Szenarien bestimmt (vgl. Abb. 104).

4.4.2.2 Herleitung der Auf- und Abwärtsfaktoren

Die Volatilität ist der Parameter, der die Schwankungsbreite der Aktienkurse in einem Optionspreismodell vorgibt. Mit Hilfe der Volatilität kann keine Kursprognose für die Zukunft gemacht werden. Es können lediglich Aussagen darüber getroffen werden, mit welcher Wahrscheinlichkeit ein Aktienkurs bei einer bestimmten Sicherheit (Konfidenzniveau) nicht über oder unter einem bestimmten Niveau liegt.

Im Kapitel 2 „Finanzmathematische Grundlagen" wurde bereits dargestellt, wie aus einem diskreten Jahreszins ein stetiger Zins hergeleitet wird. Dieses Prinzip kann auch auf die Berechnung des Aufwärtsfaktors (u) und des Abwärtsfaktors (d) bei bekannter Volatilität (σ) übertragen werden. Wenn die Volatilität (σ) bekannt ist, gilt folgende Berechnung für den Aufwärtsfaktor (u) (vgl. SCHIERENBECK/ WIEDEMANN 1996, S. 365):

$$u = e^{\sigma \cdot \sqrt{t}}$$

In diesem Fall ist (σ) die jährliche Volatilität der Aktienkurse und $\sqrt{t}$ die Zeitdauer für die der Aufwärtsfaktor u berechnet werden soll. Soll beispielsweise (u) für ein Jahr berechnet werden, ist t=1. Für einen Monat gilt t=1/12. Umgekehrt kann aus dem Aufwärtsfaktor (u) auch auf die Volatilität geschlossen werden:

$$\sigma = \frac{\ln u}{\sqrt{t}}$$

Im Beispiel betrug der Aufwärtsfaktor für den Zeitraum von einem Jahr u=1,25. Aus diesem Wert ergibt sich eine Volatilität von 22,31 %:

$$\sigma = \frac{\ln 1,25}{\sqrt{1}} = 0,2231$$

Der zugehörige Abwärtsfaktor (d) sollte zu (u) in einem reziproken Verhältnis stehen. Für das Binomialmodell können auch abweichende Annahmen gesetzt werden. Für das Black/Scholes-Modell ist diese Annahme aufgrund der Verteilungsannahme der Aktienkursänderungen jedoch zwingend erforderlich. Zur besseren Vergleichbarkeit der Modelle wird das reziproke Verhältnis auch im Binomialmodell verwendet. Daraus folgt, dass bei einem Aufwärtsfaktor von 1,25 der entsprechende Abwärtsfaktor 0,8 betragen muss:

$$d = 1 / u = 1 / 1,25 = 0,8$$

Alternativ kann der Abwärtsfaktor (d) von 0,8 ebenfalls durch die jährliche Volatilität von 22,31 % berechnet werden:

$$d = e^{-\sigma \cdot \sqrt{t}}$$

$$d = e^{-0,2231 \cdot \sqrt{1}} = 0,8$$

4.4.2.3 Gleichgewichtsbedingung

Das Binomialmodell wurde den vollständigen Gleichgewichtsmodellen zugeordnet. Auf die Bedingung des vollständigen Gleichgewichts sei im Folgenden näher eingegangen. Die Eintrittswahrscheinlichkeiten gehen in das Binomialmodell in Form von **impliziten Wahrscheinlichkeiten** ein.

Die impliziten Wahrscheinlichkeiten sorgen für das vollständige Gleichgewicht. Wenn der risikolose Zinssatz (z) für die Optionslaufzeit von einem Jahr bei 10 % liegt, gilt für die Eintrittswahrscheinlichkeit des Aufwärtsfaktors (u) und des Abwärtsfaktors (d) folgende Überlegung:

$$d < 1 + z < u$$

$$d < 1{,}1 < u$$

Für die Kursverlaufshypothese aus Abb. 104 gilt z.B.:

$$u = 0{,}8 < 1+z = 1{,}1 < d = 1{,}25$$

Würde diese Bedingung nicht eingehalten, wären Arbitragemöglichkeiten gegeben, z.B. bei (vgl. STEINBRENNER 1996, S. 188):

$$z < d < u$$

$$1{,}1 < d < u$$

Wenn sowohl der Abwärts- als auch der Aufwärtsfaktor größer als der risikolose Zins sind, ist ein risikoloser Arbitragegewinn möglich, da eine Anlage in Aktien selbst bei der schlechtesten Entwicklung einen höheren Ertrag erbringt als eine risikolose Anlage.

Für eine arbitragefreie Bewertung muss daher folgende Gleichung gelten (vgl. STEINBRENNER 1996, S. 188):

$$z = (u - 1) \cdot p + (d - 1) \cdot (1 - p)$$

Dabei ist (p) diejenige implizite Wahrscheinlichkeit, bei der sich das Binomialmodell im Gleichgewicht befindet. Es wird unterstellt, dass die erwartete Aktienrendite dem risikolosen Zins entspricht. Im Beispiel der Kursverlaufshypothese (vgl. Abb. 104) war $u = 1{,}25$ und $d = 0{,}8$. Der risikolose Zinssatz (z) betrug 10 % für die Optionslaufzeit von einem Jahr. Damit ergeben sich Eintrittswahrscheinlichkeiten für das Aufwärtsszenario (S_u) von $P(S_u) = 2/3$ (66,7 %) und für das Abwärtsszenario (S_d) von $P(S_d) = 1/3$ (33,3 %), denn es gilt:

$$0{,}1 = (1{,}25 - 1) \cdot p + (0{,}8 - 1) \cdot (1 - p)$$

$$p = 0{,}667 = P(S_u) = 1 - P(S_d)$$

Im Binomialmodell werden damit die Eintrittswahrscheinlichkeiten implizit durch die Auf- und Abwärtsfaktoren und den risikolosen Zins vorgegeben. Eine explizite Angabe von Wahrscheinlichkeiten entspricht nur dann einer arbitragefreien Bewertung des Optionspreises, wenn sie mit den impliziten Wahrscheinlichkeiten übereinstimmen. Weichen die expliziten Wahrscheinlichkeiten, z.B. auf Grund von individuellen Vorstellungen der Anleger, davon ab, sind im Binomialmodell Arbitragegewinne möglich.

Alternativ können die impliziten Wahrscheinlichkeiten, die zur Gleichgewichtsbedingung führen, auch über den rechnerischen Zusammenhang zwischen dem Aufwärtsfaktor (u) und dem Abwärtsfaktor (d), sowie einem Wachstumsfaktor (a) berechnet werden. Der Wachstumsfaktor (a) kann als Aufzinsfaktor interpretiert werden und wird folgendermaßen berechnet:

$$a = (1+z)^{LZ}$$

Dabei ist (z) der Nullkuponzins für die Optionslaufzeit und (LZ) die Zeitdauer zwischen zwei Bewertungszeitpunkten. Für das bereits bekannte Beispiel mit einer Optionslaufzeit von einem Jahr und nur einer Bewertung in t=0 und in t=1 ist LZ=1. Unter Berücksichtigung eines laufzeitgleichen Nullkuponzinses von 10 %, ergibt sich ein Wachstumsfaktor (a) von 1,1:

$$a = (1+0,1)^1 = 1,1$$

Da zur Bewertung von Aktienoptionen in der Praxis häufig stetige Zinsen verwendet werden, wird der Wachstumsfaktor (a) aus dem stetigen Zins (R_f) etwas modifiziert berechnet:

$$a = e^{(R_f \cdot LZ)}$$

Der mithilfe der stetigen Zinsen berechnete Wachstumsfaktor muss dem auf Basis von Nullkuponzinsen berechneten Wachstumsfaktor entsprechen. Um diese Bedingung zu erreichen, muss der Nullkuponzins in einen laufzeitgleichen stetigen Zins umgerechnet werden. Bei einem Nullkuponzins von 10 % für ein Jahr ergibt sich ein stetiger Zins von 9,531 % [ln (1 + 0,1)]. Auf Basis dieses stetigen Zinssatzes beträgt der Wachstumsfaktor (a) wieder 1,1:

$$a = e^{(0,0953 \cdot 1 \cdot 1)} = 1,1$$

Bei Kenntniss des Wachstumsfaktors (a) und der Auf- bzw. Abwärtsfaktoren des zugrundeliegenden Binomialbaums kann die Eintrittswahrscheinlichkeit (p) für den Aufwärtsfaktor und die Eintrittswahrscheinlichkeit (1-p) für den Abwärtsfaktor unmittelbar berechnet werden. Dabei ergibt sich (p) wie folgt:

$$p = \frac{a-d}{u-d}$$

Übertragen auf das Beispiel mit einer Optionslaufzeit von einem Jahr, nur zwei Bewertungszeitpunkten und einem laufzeitgleichen Nullkuponzins von 10 % bzw. einem stetigen Zins von 9,531 % ergibt sich eine arbitragefreie Eintrittswahrscheinlichkeit (p) des Aufwärtsfaktors (u) von 0,667 (2/3) und des Abwärtsfaktors (d) von 0,333 (1-0,667) bzw. 1/3:

$$p = \frac{1,1-0,8}{1,25-0,8} = 0,667$$

Diese auf Basis des Wachstumsfaktors (a) berechnete Eintrittswahrscheinlichkeit (p) von 0,667 (2/3) entspricht der auf Basis der Abritrageüberlegungen hergeleiteten Wahrscheinlichkeit zu Beginn des Kapitels. In den folgenden Betrachtungen der Binomialbäume wird die arbitragefreie Eintrittswahrscheinlichkeit des Auf- bzw. Abwärtsfaktors jeweils über den Wachstumsfaktor (a) berechnet.

4.4.2.4 Bewertung von europäischen Calloptionen

4.4.2.4.1 Einperiodenfall

Wenn der Basispreis (X), der aktuelle Preis der Basiswertes (A) und der Aufwärts- und Abwärtsfaktor (u) bzw. (d) bekannt sind, kann der innere Wert einer Calloption für jedes Endszenario bestimmt werden. Die Berechnung der inneren Werte der Callpreise erfolgt gemäß dem bekannten Auszahlungsprofil. Für das Szenario steigender Kurse bedeutet dies:

$$C_u = \max(u \cdot A - X, 0)$$

(C_u) ist der Preis des Calls für den Fall, dass die Kurse steigen, also für das Szenario (S_u). Ist die Differenz aus (u · A) und dem Basispreis (X) negativ, ist der Preis des Calls Null. Ansonsten ergibt sich ein positiver Wert.

Hat eine Aktie in t=0 einen Aktienkurs von 100 EUR, der gleichzeitig dem Basispreis (X) der Option entspricht und liegt der Aufwärtsfaktor (u) bei 1,25, dann ergibt sich folgender Callpreis (C_u) für das Szenario (S_u) bei einmaliger Anwendung des Aufwärtsfaktors (u):

$C_u = 1{,}25 \cdot 100 - 100 = 25$ EUR

Der Preis des Calls für dieses Szenario beträgt somit 25 EUR.

Der Callpreis (C_d) für das zweite Endszenario bei fallenden Kursen wird analog ermittelt, aber unter Berücksichtigung des Abwärtsfaktors (d). Das Auszahlungsprofil lautet:

$$C_d = \max(d \cdot A - X, 0)$$

Hat eine Aktie in t=0 einen Aktienkurs von 100 EUR, der ebenfalls wieder dem Basispreis (X) der Option entspricht und sei der Abwärtsfaktor d = 0,8, dann ergibt sich folgender Callpreis (C_d) für das Szenario (S_d) bei einmaliger Anwendung des Abwärtsfaktors (d):

$$C_d = 0{,}8 \cdot 100 - 100 = 0 \text{ EUR}$$

Der Preis des Calls für dieses Szenario beträgt 0 EUR, da der Preis eines Calls gemäß seinem Auszahlungsprofil nie negativ werden kann (vgl. Abb. 105).

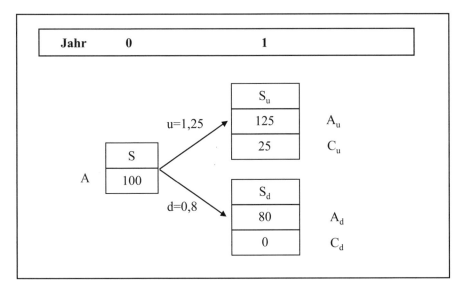

Abb. 105: Bewertung einer Calloption in t=1

4.4.2.4.2 Duplikationsansatz

Zum Zeitpunkt t=1 sind durch die Kursverlaufshypothese (Auf- und Abwärtsfaktoren) sowohl die Aktienkurse als auch die Callpreise in den beiden Endszenarien bekannt. Durch einen Duplikationsansatz kann der Callpreis (C) bestimmt werden. Dabei wird der Cash Flow des Optionsportfolios durch den Cash Flow eines **Arbitrageportfolios** dupliziert. Das Ziel ist eine arbitragefreie Bewertung des Callpreises.

Das **Optionsportfolio** besteht aus Calloptionen. Das Arbitrageportfolio setzt sich aus dem Basiswert und einem Kredit zusammen. Dabei muss es sich bei den beiden Portfolios immer um die Kombination aus einer Long- und einer Shortposition handeln. Besteht das Optionsportfolio aus Shortpositionen, muss das Arbitrageportfolio Longpositionen im Basiswert enthalten.

Der **Cash Flow des Kredits** muss so gestaltet werden, dass für jedes der drei Szenarien in der Summe ein Wert von Null erreicht wird. Die Ein- bzw. Auszahlungen aus Option, Aktie und Kredit müssen sich demnach aufheben. Ist dies für jedes Szenario gewährleistet, heben sich auch beide Portfolios in ihrem Wert genau auf (Duplikation).

Die einzige Unbekannte bei dieser Duplizierung ist der Callpreis in t=0, der auf diese Weise eindeutig bestimmt werden kann. Der Vorgang der Duplizierung sei anhand eines Beispiels erläutert (vgl. Abb. 106).

In t=0 wird eine Aktie zum aktuellen Kurswert von 100,00 EUR gekauft. Durch den Aufwärtsfaktor von 1,25 und den Abwärtsfaktor von 0,8 ist bekannt, dass der Kurs der Aktie im Szenario (S_u) 125,00 EUR und im Szenario (S_d) 80,00 EUR beträgt. Dadurch ergibt sich ein Callpreis (C_u) von 25,00 EUR und ein Callpreis (C_d) von 0,00 EUR.

Um mittels Duplizierung den Callpreis (C) berechnen zu können, muss zuerst ermittelt werden, wie viele Calloptionen pro Aktie gekauft werden müssen, denn der Aktienkurs schwankt zwischen beiden Endszenarien um 45,00 EUR, während der Callpreis nur eine Bandbreite von 25,00 EUR aufweist. Aus diesen Schwankungen kann die benötigte Anzahl von Aktien pro Option zur Duplizierung ermittelt werden. Das Verhältnis wird als die **Hedge-Ratio** bzw. das **Delta (Δ)** einer Option bezeichnet. Das Delta gewährleistet, dass in beiden Endszenarien jeweils die gleiche, sichere Auszahlung erreicht wird.

Daten einer Calloption	
Underlying	Aktie
Typ	europäisch
aktueller Aktienkurs in t=0 (A)	100,00 EUR
Basispreis (X)	100,00 EUR
Laufzeit (t)	1 Jahr
risikoloser Marktzins (z)	10 %
Kurserwartungen der Investoren	Steigen oder Fallen des Aktienkurses
Steigen des Aktienkurses	Aufwärtsfaktor u = 1,25
Fallen des Aktienkurses	Abwärtsfaktor d = 0,8

Abb. 106: Daten der Beispiel-Calloption

Das Delta einer Calloption ist definiert als:

$$\Delta = \frac{C_u - C_d}{A(u - d)}$$

Für das Beispiel ergibt sich ein Delta von 5/9:

$$\Delta = \frac{25 - 0}{100 \cdot (1,25 - 0,8)} = \frac{5}{9}$$

Das Delta von 5/9 bedeutet, dass mit einer Option 5/9 Aktien abgesichert werden können. Anders formuliert, sind zur Absicherung einer Longposition von fünf Aktien neun Optionen resp. für eine Aktie 1,8 Short-Calloptionen notwendig (Hedge-Ratio = 1,8). Die Hedge-Ratio ergibt sich stets als Kehrwert des Optionsdeltas.

Damit besteht das Optionsportfolio zur Absicherung einer Aktie long aus 1,8 Calloptionen short. Den Cash Flow dieses Portfolios zeigt Abb. 107.

Zeitpunkt	t=0	t_u	t_d
1 · Aktie long	− 100,00	+ 125,00	+ 80,00
1,8 · Call short	+ 1,8 · C	− 1,8 · 25,00	− 1,8 · 0,00
Cash Flow	1,8 · C − 100,00	+ 80,00	+ 80,00

Abb. 107: Cash Flow des Optionsportfolios und der Aktie

Durch den Cash Flow der Aktie und der beiden Optionen wird in jedem Endszenario eine **sichere Auszahlung** von 80,00 EUR erreicht. Da diese Auszahlung in beiden Umweltzuständen sicher ist, muss sie sich zum **risikolosen Zinssatz** (z) verzinsen. Durch Abzinsung der sicheren Auszahlung in t=1 kann der notwendige Kreditbetrag (K) in t = 0 berechnet werden:

$$K = K_1 / (1 + z)^t$$

Für das Beispiel errechnet sich ein Kreditbetrag von 72,73 EUR:

$$K = 80 / (1 + 0,1)^1 = 72,73 \text{ EUR}$$

Aus diesen Berechnungen ergibt sich der **Cash Flow des Kredits**. Dieser besteht aus einer Anfangseinzahlung von 72,73 EUR und einer Rückzahlung von − 80,00 EUR nach einem Jahr. Der Cash Flow des Kredits ist in Abb. 108 dargestellt.

Zeitpunkt	t=0	t_u	t_d
Kredit	+ 72,73	− 80,00	− 80,00

Abb. 108: Cash Flow des Kredits zur Duplizierung der Calloption

Durch Addition der Cash Flows der beiden Portfolios ergibt sich der Gesamt-Cash Flow des Duplizierungsansatzes. Diesen Cash Flow zeigt Abb. 109.

Optionspreismodelle

Zeitpunkt		t=0	t_u	t_d
Optionsportfolio		1,8 · C	-1,8 · 25 = -45,00	-1,8·0 = 0
Arbitrage-portfolio	Aktie	-100,00	+ 125,00	+ 80,00
	Kredit	+ 72,73	- 80,00	- 80,00
Gesamt-Cash Flow		1,8 · C - 27,27	0,00	0,00

Abb. 109: Duplizierung der Calloptionen durch Aktienkauf und Kreditaufnahme

Die unbekannte Größe (C) kann abschließend durch folgende Gleichung bestimmt werden:

$$1/\Delta \cdot C + K - A = 0$$

Ist diese Gleichung erfüllt, ist auch der Cash Flow zum Zeitpunkt t=0 dupliziert. Da bis auf (C) alle Größen bekannt sind, errechnet sich der aktuelle Callpreis durch Umformen und Einsetzen:

$$C = (A - K) \cdot \Delta$$

$$C = (100,00 - 72,73) \cdot 5/9 = 15,15 \text{ EUR}$$

Der faire Preis des Calls in t=0 liegt somit bei 15,15 EUR. Zu diesem Preis bestehen keine Arbitragemöglichkeiten. Das heisst, es kann weder durch Kauf noch durch Verkauf von Calls ein risikoloser Gewinn erzielt werden. Würde der Callpreis hingegen von 15,15 EUR abweichen, wären Arbitragemöglichkeiten gegeben. Beträgt der Callpreis in t=0 beispielsweise 16 EUR, ergibt sich der in Abb. 110 gezeigte Duplizierungsansatz.

Zeitpunkt		t=0	t_u	t_d
Arbitrage-portfolio	1 · Aktie long	- 100,00	+ 125,00	+ 80,00
	Kredit	+ 72,73	- 80,00	- 80,00
Options-portfolio	1,8·Call short	+ 1,8 · 16,00 = 28,80	- 1,8 · 25,00 = - 45,00	- 1,8 · 0,00 = 0,00
Gesamt-Cash Flow		1,53	0,00	0,00

Abb. 110: Duplizierung der Calloptionen bei abweichendem Callpreis

Bei diesem Callpreis besteht die Möglichkeit eines risikolosen Arbitragegewinns in Höhe von 1,53 EUR. Der Stillhalter würde solange Calls verkaufen und diese sofort wieder durch Aktienkauf und Kreditaufnahme glattstellen, bis durch Angebot und Nachfrage der Callpreis bei den fairen 15,15 EUR liegt.

Zeitpunkt		t=0	t_u	t_d
Options-portfolio	1,8 · Call long	- 1,8 · C	+ 1,8 · 25,00	+ 1,8 · 0,00
Arbitrage-portfolio	1 · Aktie short	+ 100,00	- 125,00	- 80,00
	Geldanlage	- 72,73	+ 80,00	+ 80,00
Gesamt-Cash Flow		0,00	0,00	0,00

Abb. 111: Duplizierung der Calloptionen durch Aktienverkauf und Geldanlage

Alternativ zur Darstellung des Duplikationsansatzes über ein Optionsportfolio aus Short-Calloptionen kann auch mit Longpositionen im Optionsportfolio argumentiert werden. Dann besteht das Optionsportfolio bei einem Delta von 5/9 aus 1,8 Calloptionen long. Für das Arbitrageportfolio ist eine **Shortposition von einer Aktie** und eine **risikolose Geldanlage** erforderlich. Der faire Callpreis liegt wiederum bei 15,15 EUR. Den vollständigen Duplizierungsansatz zeigt Abb. 111.

In der Praxis ist der zweite Duplizierungsansatz allerdings schwieriger umzusetzen, da der Markt für Leerverkäufe von Aktien eine geringere Liquidität aufweist als der Markt für Verkäufe von Calls an der Terminbörse.

4.4.2.4.3 Analytische Bestimmung des Callpreises

Bei Kenntnis der Zusammenhänge aus dem Duplizierungsansatz kann der Callpreis auch analytisch bestimmt werden. Dabei ist für jedes Szenario eine Gleichung zu lösen. Es existieren drei Bedingungen, damit das Kriterium der Arbitragefreiheit erfüllt ist. Der im Folgenden gezeigte analytische Ansatz bezieht sich auf den Duplizierungsansatz einer Shortposition in Calloptionen durch einen Aktienkauf und eine Kreditaufnahme (vgl. Abb. 109). Der zweite Ansatz der Duplizierung mit einer Geldanlage aus Abb. 111 kann analog gelöst werden.

Die **erste Bedingung** bezieht sich auf das Ausgangsszenario in t=0:

$$-A + \frac{1}{\Delta} \cdot C + K = 0$$

Diese Bedingung stellt den Duplizierungsansatz für dieses Szenario analytisch dar. Die Summe aus der Auszahlung für die Aktie und den Einzahlungen aus dem Verkauf der Calloption und dem Kredit sollen Null ergeben.

Die **zweite Bedingung** gilt für das Endszenario (S_u). Dieses Szenario geht von einer Kurssteigerung mit dem Aufwärtsfaktor (u) aus:

$$A_u - \frac{1}{\Delta} \cdot C_u - K_1 = 0 \quad \text{resp.} \quad A_u - \frac{1}{\Delta} \cdot C_u - K \cdot (1+z)^t = 0$$

Mit dieser Bedingung wird die Summe aus der Einzahlung des Aktienverkaufs in t=1 und der Auszahlung der fälligen Option sowie der Kreditrückzahlung gleich Null gesetzt.

Die **dritte Bedingung** muss für das Endszenario bei fallenden Kursen (S_d) erfüllt werden:

$$A_d - \frac{1}{\Delta} \cdot C_d - K_1 = 0 \quad \text{resp.} \quad A_d - \frac{1}{\Delta} \cdot C_d - K \cdot (1+z)^t = 0$$

Die Interpretation ist analog zur zweiten Bedingung.

Durch einige Umformungen und unter Berücksichtigung der risikolosen Kreditaufnahme ergibt sich aus diesen Bedingungen für den Callpreis in t=0 folgende Gleichung:

$$C = \Delta \cdot \left(A - \frac{A_u - \frac{1}{\Delta} \cdot C_u}{(1+z)^t} \right)$$

$$C = \Delta \cdot \left(A - \frac{A_d - \frac{1}{\Delta} \cdot C_d}{(1+z)^t} \right)$$

Der Callpreis lässt sich aus den Werten **beider Endszenarien** berechnen, wenn das Optionsdelta bekannt ist.

Für das obige Beispiel ergibt sich in Übereinstimmung mit dem Duplizierungsansatz ein **Callpreis (C) von 15,15 EUR**:

$$C = \frac{5}{9} \cdot \left(100 - \frac{125 - \frac{1}{5/9} \cdot 25}{(1+0,1)^1} \right) = 15,15 \text{ EUR}$$

$$C = \frac{5}{9} \cdot \left(100 - \frac{80 - \frac{1}{5/9} \cdot 0}{(1+0,1)^1} \right) = 15,15 \text{ EUR}$$

Die zweite Möglichkeit, den aktuellen Callpreis zu bestimmen, ermittelt zuerst das notwendige **Kreditvolumen pro Option**. Anschließend kann mit dem bereits bekannten Optionsdelta und dem aktuellen Aktienkurs der Callpreis berechnet werden.

Das **Kreditvolumen pro Option** errechnet sich aus bekannten Größen:

$$K = \frac{d \cdot C_u - u \cdot C_d}{(u-d) \cdot (1+z)^t}$$

Für das Beispiel ergibt sich ein **Kreditvolumen** von **40,404 EUR** pro Calloption:

$$K = \frac{0,8 \cdot 25 - 1,25 \cdot 0}{(1,25 - 0,8) \cdot (1+0,1)^1} = 40,404 \text{ EUR}$$

Da das Optionsdelta und der aktuelle Aktienkurs bekannt sind, kann aus diesen Variablen der Preis des Calls in t=0 bestimmt werden:

$$C = \Delta \cdot A - K$$

Werden die bekannten Größen in die Gleichung eingesetzt, ergibt sich wieder der **Callpreis** von **15,15 EUR**.

$$C = 5/9 \cdot 100 - 40{,}404 = 15{,}15 \text{ EUR}$$

Bei Kenntniss der impliziten Eintrittswahrscheinlichkeiten des Aufwärtsfaktors (u) und des Abwärtsfaktors (d), bei der sich das Binomialmodell im Gleichgewicht befindet, kann die analytische Berechnung des Callpreises (C) wesentlich verkürzt werden. In Kapitel 4.4.2.3 wurde für eine Optionslaufzeit von einem Jahr und einem Nullkuponzins von 10 % eine implizite Eintrittswahrscheinlichkeit des Aufwärtsfaktors (u) von zwei Drittel und des Abwärtsfaktors (d) von einem Drittel berechnet. Auf Basis dieser Wahrscheinlichkeiten kann der Callpreis (C) über folgenden Zusammenhang berechnet werden:

$$C = [C_u \cdot p + C_d \cdot (1-p)] \cdot \frac{1}{(1+z)^{LZ}}$$

Durch Einsetzen der aus dem Beispiel bekannten Werte, ergibt sich wieder der bereits bekannte Preis der Calloption von 15,15 EUR:

$$C = \left[25 \cdot \frac{2}{3} + 0 \cdot \left(1 - \frac{2}{3}\right)\right] \cdot \frac{1}{(1+0{,}1)^1} = 15{,}15 \text{ EUR}$$

Bei Anwendung der in der Praxis dominierenden stetigen Zinsen muss die Formel zur Berechnung des Callpreises leicht modifiziert werden. Zunächst muss der Nullkuponzins z in den stetigen Zins (R_f) über die Beziehung $R_f = \ln(1+z)$ umgerechnet werden, um diesen dann zur Berechnung verwenden zu können:

$$C = [C_u \cdot p + C_d \cdot (1-p)] \cdot e^{(-R_f \cdot LZ)}$$

Im Beispiel ergab sich ein stetiger Zins von 9,531 %. Damit muss sich erneut der Callpreis von 15,15 EUR einstellen:

$$C = \left[25 \cdot \frac{2}{3} + 0 \cdot \left(1 - \frac{2}{3}\right)\right] \cdot e^{(-0{,}09531 \cdot 1)} = 15{,}15 \text{ EUR}$$

Der Vorteil einer Verwendung der Gleichgewichtsbedingung für die Berechnung der Callpreise mag zunächst im Einperiodenfall nicht sehr groß erscheinen. Spätestens im Mehrperiodenfall wird der Vorteil jedoch offensichtlich. Die Berechnung vereinfacht sich, da zumindest bei einer flachen Zinsstrukturkurve nur eine Gleichgewichtswahrscheinlichkeit (p), aber für jeden Bewertungszeitpunkt unterschiedliche Hedge-Ratios existieren. Deshalb wird bei der Berechnung von

Callpreisen im Mehrperiodenfall auf die impliziten Eintrittswahrscheinlichkeiten des Aufwärts- und Abwärtsfaktors zurückgegriffen.

4.4.2.5 Bewertung von europäischen Putoptionen

Analog zur Calloption kann eine Putoption mit den gleichen Größen durch das Binomialmodell bewertet werden. Das Vorgehen ist konzeptionell gleich. Darum soll die Bewertung einer Putoption lediglich an einem Beispiel vorgestellt werden. Für den Kursverlauf im Einperiodenfall wird wieder folgende Entwicklung angenommen (vgl. Abb. 112).

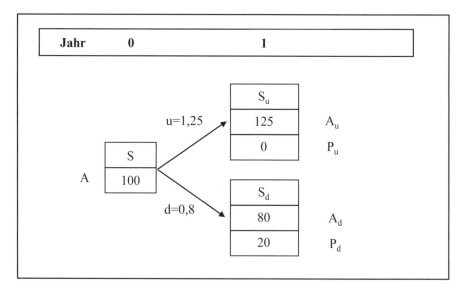

Abb. 112: Kursverlaufshypothese und Bewertung der Putoption in t=1

Die aus dem Kursverlauf resultierenden Werte der Putoption in t=1 sind ebenfalls in Abb. 112 dargestellt. Zugrunde liegt eine Putoption mit einem Basispreis von 100,00 EUR und einer Laufzeit von einem Jahr. Der risikolose Geld- und Kapitalmarktzinssatz beträgt 10 % für ein Jahr (vgl. Abb. 113).

Optionspreismodelle

Daten einer Putoption	
Underlying	Aktie
Typ	europäisch
aktueller Aktienkurs in t=0 (A)	100,00 EUR
Basispreis (X)	100,00 EUR
Laufzeit (t)	1 Jahr
risikoloser Marktzins (z)	10 %
Kurserwartungen der Investoren	Steigen oder Fallen des Aktienkurses
Steigen des Aktienkurses	Aufwärtsfaktor u = 1,25
Fallen des Aktienkurses	Abwärtsfaktor d = 0,8

Abb. 113: Daten der Putoption für die Beispielrechnung

Das **Optionsportfolio** besteht aus einer **Longposition** in **Putoptionen**. Das **Arbitrageportfolio** muss sich dann aus einer **Longposition** in einer **Aktie** und einem **Kredit** zusammensetzen. Um die Duplizierung durchführen zu können, muss auch für die Putoption das Optionsdelta bekannt sein. Das Optionsdelta der Putoption errechnet sich folgendermaßen:

$$\Delta = \frac{P_d - P_u}{A \cdot (u - d)}$$

Für das Beispiel ergibt sich deshalb ein **Delta** von **4/9**:

$$\Delta = \frac{20 - 0}{100 \cdot (1,25 - 0,8)} = \frac{4}{9}$$

Bei diesem Delta von 4/9 könnten mit einer Putoption 4/9 Aktien abgesichert werden. Für eine Longposition von einer Aktie wären 2,25 Long Putoptionen zur

Absicherung notwendig. Das **Optionsportfolio** besteht daher für **eine Aktie long** aus einer **Longposition** von **2,25 Putoptionen**. Mit den Daten aus dem Beispiel ergibt sich der in Abb. 114 gezeigte Duplizierungsansatz für die Putoption.

Zeitpunkt		t=0	t_u	t_d
Options-portfolio	2,25·Put long	- 2,25 · P	+2,25 · 0,00 = 0,00	+ 2,25 · 20,00 = 45,00
Arbitrage-portfolio	1 · Aktie long	- 100,00	+ 125,00	+ 80,00
	Kredit	+ 113,64	- 125,00	- 125,00
Gesamt-Cash Flow		- 2,25 · P + 13,64	0,00	0,00

Abb. 114: Duplizierung der Putoptionen durch Aktienkauf und Kreditaufnahme

Aus dieser Duplizierung errechnet sich ein fairer **Preis** der Putoption von **6,06 EUR**.

$$P = (K - A) \cdot \Delta$$

$$P = (113,64 - 100) \cdot 4/9 = 6,06 \text{ EUR}$$

Bei diesem Preis sind keine risikolosen Arbitragegewinne möglich. Die Kreditaufnahme liegt mit 113,64 EUR über dem für die Duplizierung der Calloption notwendigen Betrag von 72,73 EUR. Die höhere Kreditaufnahme ergibt sich, weil der Put in t=0 zusätzlich finanziert werden muss.

Alternativ könnte der Preis der Putoption auch durch den zweiten Duplizierungsansatz bestimmt werden. Dabei besteht das **Optionsportfolio** aus **2,25 Putoptionen short**. Das **Arbitrageportfolio** setzt sich dann aus einer **Aktie short** und einer **risikolosen Geldanlage** zusammen (vgl. Abb. 115).

Auch dieser Ansatz führt zu einem fairen **Preis** der Putoption von **6,06 EUR**. Dieser Duplizierungsansatz ist in der Praxis ebenfalls schwieriger zu realisieren, weil die Liquidität am Markt für Aktienleerverkäufe (Shortpositionen) geringer ist als für Longpositionen. Das Binomialmodell unterstellt jedoch eine uneingeschränkte Möglichkeit für Leerverkäufe und behandelt beide Ansätze daher gleich.

Optionspreismodelle 175

Zeitpunkt		t=0	t_u	t_d
Options-portfolio	2,25·Put short	+ 2,25 · P	- 2,25 · 0,00 = 0,00	- 2,25 · 20,00 = - 45,00
Arbitrage-portfolio	1 · Aktie short	+ 100,00	- 125,00	- 80,00
	Geldanlage	- 113,64	+ 125,00	+ 125,00
Gesamt-Cash Flow		2,25 · P - 13,64	0,00	0,00

Abb. 115: Duplizierung der Putoptionen durch Aktienverkauf und Geldanlage

Eine Putoption kann wie eine Calloption auch durch einen analytischen Ansatz bewertet werden. Der nachfolgend gezeigte analytische Ansatz bezieht sich wieder auf die Duplizierung einer Putoption mit einer Kreditaufnahme (vgl. Abb. 114). Es ist in Analogie zu den Calloptionen für jedes Szenario eine Gleichung zu lösen. Das Einhalten dieser drei Bedingungen garantiert eine arbitragefreie Bewertung der Putoption.

Die **erste Bedingung** bezieht sich auf das Ausgangsszenario (S) in t=0:

$$-A - \frac{1}{\Delta} \cdot P + K = 0$$

Die Summe aus der Auszahlung für den Kauf einer Aktie und den Kauf der Putoptionen sowie die Einzahlung aus dem Kredit muss auf Grund der ersten Bedingung Null sein.

Die **zweite Bedingung** gilt für das Endszenario (S_u):

$$A_u + \frac{1}{\Delta} \cdot P_u - K_1 = 0 \quad \text{resp.} \quad A_u + \frac{1}{\Delta} \cdot P_u - K(1+z)^t = 0$$

Durch diese Bedingung wird die Summe aus den Einzahlungen für den Verkauf der Aktie und den Verkauf der Putoptionen sowie die Auszahlung für die Kreditrückzahlung bei gestiegenen Kursen gleich Null.

Die **dritte Bedingung** bezieht sich auf das Endszenario (S_d):

$$A_d + \frac{1}{\Delta} \cdot P_d - K_1 = 0 \quad \text{resp.} \quad A_d + \frac{1}{\Delta} \cdot P_d - K \cdot (1+z)^t = 0$$

Die dritte Bedingung garantiert, dass die Einzahlungen aus dem Verkauf der Aktie und dem Verkauf der Putoptionen bei gefallenen Kursen sowie die Rückzahlung des Kredits ebenfalls insgesamt Null betragen.

Durch einige Umformungen und unter Berücksichtigung der risikolosen Kreditaufnahme ergeben sich aus diesen Bedingungen für den Putpreis in t=0 die folgenden Gleichungen:

$$P = \Delta \cdot \left(\frac{A_u + \frac{1}{\Delta} \cdot P_u}{(1+z)^t} - A \right)$$

$$P = \Delta \cdot \left(\frac{A_d + \frac{1}{\Delta} \cdot P_d}{(1+z)^t} - A \right)$$

Der Preis der Putoption lässt sich somit bei bekanntem Optionsdelta sowohl aus dem Szenario (S_u) als auch aus dem Szenario (S_d) berechnen.

Für das Beispiel ergibt sich wiederum der bereits bekannte **Optionspreis** von **6,06 EUR**:

$$P = \frac{4}{9} \cdot \left(\frac{125 + \frac{1}{4/9} \cdot 0}{(1+0,1)^1} - 100 \right) = 6,06 \text{ EUR}$$

$$P = \frac{4}{9} \cdot \left(\frac{80 + \frac{1}{4/9} \cdot 20}{(1+0,1)^1} - 100 \right) = 6,06 \text{ EUR}$$

Wird der Putpreis über das **Kreditvolumen pro Option** bestimmt, ergibt sich folgender Ansatz:

$$K = \frac{u \cdot P_d - d \cdot P_u}{(u-d) \cdot (1+z)^t}$$

Für das Beispiel ergibt sich pro Putoption ein **Kreditvolumen** von **50,505 EUR**:

$$K = \frac{1,25 \cdot 20 - 0,8 \cdot 0}{(1,25 - 0,8) \cdot (1 + 0,1)^1} = 50,505 \text{ EUR}$$

Dieses Kreditvolumen liegt, wie bereits beim Duplizierungsansatz gesehen, über dem Kreditvolumen einer vergleichbaren Calloption, weil die Longposition im Put zusätzlich zu finanzieren ist.

Mit Hilfe des nunmehr bekannten Kreditvolumens pro Option, dem Optionsdelta und dem aktuellen Aktienkurs lässt sich wieder der Preis der Putoption bestimmen:

$$P = K - \Delta \cdot A$$

Für das Beispiel ergibt sich aus dieser Berechnung ein **Putpreis** von **6,06 EUR**.

$$P = 50,505 - 4/9 \cdot 100 = 6,06 \text{ EUR}$$

Wird alternativ wieder die Gleichgewichtsbedingung des Binomialmodells zur Bewertung der Putoption herangezogen, vereinfacht sich die Berechnung wie bei der Calloption. Es gilt der gleiche rechnerische Zusammenhang. Damit kann der Putpreis in t=0 folgendermaßen berechnet werden:

$$P = [P_u \cdot p + P_d \cdot (1-p)] \cdot e^{(-R_f \cdot LZ)}$$

Durch Einsetzen der bekannten Daten aus dem Beispiel muss sich wieder der bekannte Putpreis von 6,06 EUR ergeben:

$$P = \left[0 \cdot \frac{2}{3} + 20 \cdot \left(1 - \frac{2}{3}\right)\right] \cdot e^{(-0,09531 \cdot 1)} = 6,06 \text{ EUR}$$

Zur Begründung für die Berücksichtigung der Gleichgewichtsbedingung des Binomialmodells sei auch hier wieder auf die Vorteilhaftigkeit im Mehrperiodenfall hingewiesen.

4.4.2.6 Put-Call Parität

Wenn sich der Preis einer Call- und einer Putoption auf denselben Basiswert bezieht und diese Optionen die gleichen Ausstattungsmerkmale besitzen, stehen die Preise in einer bestimmten Beziehung zueinander. Diese Preisbeziehung wird **Put-Call Parität** genannt. Sie gilt allerdings nur für europäische Optionen (vgl. STEINER/BRUNS 2002, S. 345). Die Beziehung kann anhand des bereits bekannten Duplikationsansatzes gezeigt werden (vgl. Abb. 116).

Zeitpunkt		t=0	t_u	t_d
Arbitrage-Portfolio	Kredit	+ 90,91	- 100,00	- 100,00
	1 · Aktie long	- 100,00	+ 125,00	+ 80,00
Options-Portfolio	1 · Call short	+ C	- 25,00	0,00
	1 · Put long	- P	0,00	+ 20,00
Gesamt-Cash Flow		C - P - 9,09	0,00	0,00

Abb. 116: Duplizierungsansatz für die Put-Call Parität

Das **Optionsportfolio** besteht aus **einem Short Call** und **einem Long Put**. Das **Arbitrageportfolio** besteht aus einer **Aktie long** und einem **Kredit**. Durch diese Zusammensetzung des Gesamtportfolios wird wieder eine risikolose Einzahlung in den beiden Endszenarien (S_u) und (S_d) erreicht, die durch den Kredit finanziert wird. Damit in t=0 die Summe aus Ein- und Auszahlungen Null ergibt, muss folgende Gleichung erfüllt sein:

$$C + K - P - A = 0$$

Bei bekanntem Put- oder Callpreis kann die jeweils andere Größe aus dieser Gleichung abgeleitet werden. Für das Beispiel ergab sich ein Callpreis von 15,15 EUR. Damit ergibt sich aus der **Put-Call Parität** ein **Putpreis** von **6,06 EUR**.

$$P = C + K - A$$

$$P = 15,15 + 90,91 - 100 = 6,06 \text{ EUR}$$

Der Putpreis ergibt sich aus der Summe von Callpreis, Kreditvolumen und Auszahlung für die Aktie. Die Berechnung des Callpreises kann analog erfolgen, wenn der Putpreis bekannt ist.

4.4.2.7 Mehrperiodenfall bei europäischen Optionen

Die bisherigen Ausführungen für das Binomialmodell bezogen sich stets auf eine Periode. Die Kursverlaufshypothese bestand aus einem Aktienkurs in t=0 und zwei Aktienkursen für die Endszenarien in t=1. Diese vereinfachende Annahme soll nun aufgehoben werden. Die Kursverlaufshypothese wird auf mehrere Perioden erweitert. Das Vorgehen zur Berechnung des Optionspreises in t=0 soll anhand eines **Dreiperiodenmodells** gezeigt werden. Die Daten der Calloption basieren weiterhin auf Abb. 106. Es liegt folgender hypothetischer Kursverlauf zugrunde (vgl. Abb. 117).

Die Restlaufzeit der Option betrage wie im Einperiodenfall insgesamt ein Jahr. Im Dreiperiodenfall hat damit jede Periode eine Dauer von 4 Monaten (t=0,33).

Im Mehrperiodenfall ist ein **retrogrades Vorgehen** zur Berechnung des Optionspreises in t=0 erforderlich. Im Einperiodenfall beträgt der Aufwärtsfaktor (u) 1,25 und der Abwärtsfaktor (d) 0,8. Diese Faktoren sind nun auf die neue Laufzeit von 4 Monaten zwischen zwei Bewertungszeitpunkten zu skalieren. Wie gezeigt, gilt dabei die Beziehung:

$$u = e^{\sigma \cdot \sqrt{t}}$$

Die jährliche Volatilität der Aktienkurse (σ) ist unverändert 22,31 %. Die Laufzeit (t) beträgt 1/3. Damit beträgt (u) in diesem Beispiel 1,1375:

$$u = e^{0,2231 \cdot \sqrt{1:3}} = 1,1375$$

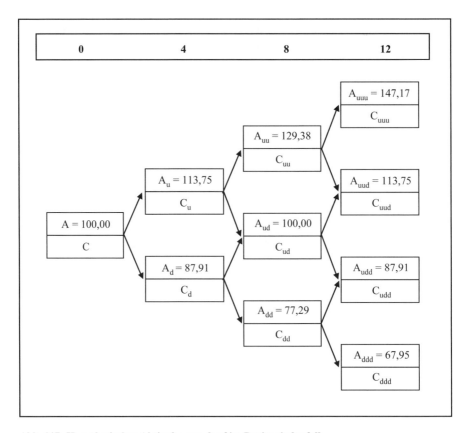

Abb. 117: Hypothetischer Aktienkursverlauf im Dreiperiodenfall

Der Abwärtsfaktor (d) ist der reziproke Wert von (u). Alternativ kann er auch über folgende Beziehung berechnet werden:

$$d = \frac{1}{u} = e^{-\sigma \cdot \sqrt{t}}$$

Im Beispiel ergibt sich ein Wert für (d) von 0,8791:

$$u = \frac{1}{1,1375} = e^{-0,2231 \cdot \sqrt{1:3}} = 0,8791$$

Die Callpreise in t=3 (Fälligkeit der Option) sind für die einzelnen Szenarien eindeutig feststellbar:

Optionspreismodelle 181

$C_{uuu} = 147{,}17 - 100 = 47{,}17$

$C_{uud} = 113{,}75 - 100 = 13{,}75$

$C_{udd} = 0$, da $87{,}91 < 100$

$C_{ddd} = 0$, da $67{,}95 < 100$

Als nächstes werden die Callpreise für die drei möglichen Szenarien in t=2 festgestellt. Die Berechnung der Callpreise erfolgt in Analogie zum Einperiodenfall unter Berücksichtigung der impliziten Eintrittswahrscheinlichkeit (p) des Aufwärtsfaktors (u) und (1-p) des Abwärtsfaktors (d). Da im genannten Beispiel eine flache Zinsstrukturkurve mit einem Nullkuponzins von 10 % für die Optionslaufzeit von einem Jahr existiert, gibt es nur einen einzigen Wert (p) für alle Bewertungszeitpunkte, der die Bedingung der Arbitragefreiheit erfüllt. Unter Kenntniss des sich aus dem Nullkuponzins von 10 % ergebenden stetigen Zinssatzes von 9,531 %, beträgt der Wachstumsfaktor a für eine Laufzeit von 4 Monaten (1/3 Jahr) 1,03228:

$$a = e^{(0{,}0953 \cdot 3)} = 1{,}03228$$

Da der Aufwärtsfaktor (u) 1,1375 und der Abwärtsfaktor (d) 0,8791 beträgt, ergibt sich unter Beachtung des Wachstumsfaktors (a) von 1,03228 eine implizite Eintrittswahrscheinlichkeit (p) des Aufwärtsfaktors von 0,5928:

$$p = \frac{a - d}{u - d} = \frac{1{,}03228 - 0{,}8791}{1{,}1375 - 0{,}8791} = 0{,}5928$$

Im Vergleich zum laufzeitgleichen Einperiodenfall haben sich sowohl der Aufwärtsfaktor (u), der Abwärtsfaktor (d) und der Wachstumsfaktor (a) verändert. Der Betrachtungshorizont des Wachstumsfaktor bezieht sich immer auf den Zeitpunkt bis zum nächsen Bewertungszeitpunkt. Dieser beträgt im Dreiperiodenfall 4 Monate und im Einperiodenfall 1 Jahr. Aus dieser Änderung ergibt sich auch die veränderte implizite Eintrittswahrscheinlickeit (p) von 0,5928 im Dreiperiodenfall, gegenüber 0,667 (2/3) im Einperiodenfall bei einem ansonsten unveränderten Beispiel.

Durch Einsetzen der konkreten Werte aus der Kursverlaufshypothese gemäß Abb. 117 ergeben sich die folgenden **Callpreise** in den unterschiedlichen Szenarien zum Zeitpunkt **t=2** (8 Monate):

$$C_{uu} = [47,17 \cdot 0,5928 + 13,75 \cdot (1-0,5928)] \cdot e^{(-0,0953 1:3)} = 32,51$$

$$C_{ud} = [13,75 \cdot 0,5928 + 0 \cdot (1-0,5928)] \cdot e^{(-0,0953 1:0,33)} = 7,90$$

$$C_{dd} = [0 \cdot 0,5928 + 0 \cdot (1-0,5928)] \cdot e^{(-0,0953 1:3)} = 0$$

Nachdem die Bewertung der Calloption für die drei Szenarien in t=2 durchgeführt wurde, sind als nächstes die beiden **Callpreise** für die zwei Szenarien in **t=1** (4 Monate) zu ermitteln.

$$C_u = [32,51 \cdot 0,5928 + 7,90 \cdot (1-0,5928)] \cdot e^{(-0,0953 1:3)} = 21,79$$

$$C_d = [7,90 \cdot 0,5928 + 0 \cdot (1-0,5928)] \cdot e^{(-0,0953 1:3)} = 4,54$$

Der Callpreis (C_d) beträgt bei Berechnung ohne Rundungsfehler 4,53 (vgl. Abb. 118). Der ungerundete Wert von 4,53 EUR wird auch bei der Berechnung des Callpreises (C) zugrundegelegt.

Nachdem die Preise für die Calloption in t=1 bekannt sind, kann die Bewertung des gesuchten **Callpreises in t=0** durchgeführt werden.

$$C = [21,79 \cdot 0,5928 + (1-0,5928) \cdot 4,53] \cdot e^{(-0,0953 1:3)} = 14,30$$

Der faire **Callpreis** beträgt im Dreiperiodenfall mit einer Restlaufzeit von insgesamt einem Jahr **14,30 EUR**. Der gesamte Dreiperiodenfall lässt sich anhand eines Binomialbaums darstellen (vgl. Abb. 118).

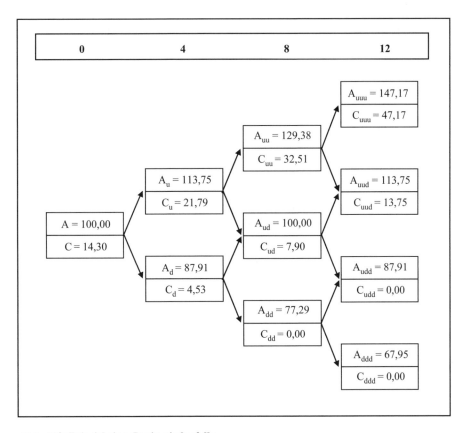

Abb. 118: Beispiel eines Dreiperiodenfalls

Es ist zu beachten, dass die exakte implizite Wahrscheinlichkeit (p) erheblich mehr Nachkommastellen aufweist, hier aber nur der gerundete Wert von 0,5928 dargestellt wird. Die exakte Wahrscheinlichkeit wird bei der Berechnung der Callpreise zugrundegelegt.

Im Einperiodenfall wurde die Calloption mit 15,15 EUR bewertet. Der Unterschied zum Dreiperiodenfall resultiert aus der Tatsache, dass im Mehrperiodenfall innerhalb der Restlaufzeit drei Kurse statt nur ein Kurs im Einperiodenfall gestellt werden. Damit ist die Bewertung im Mehrperiodenfall aufwendiger als im Einperiodenfall. Im Dreiperiodenfall ist die Bewertung jedoch nicht unbedingt exakter als im Einperiodenfall. Dies hängt mit den statistischen Eigenschaften der Binomialverteilung zugrunde. Erst nach Feststellung einer Vielzahl von Kursen konvergiert der Optionspreis gegen seinen wahren Preis.

Das retrograde Vorgehen ermöglicht auch die Ausdehnung auf den n-Perioden Fall. Dabei werden Näherungsformeln, die auf den Eigenschaften der Binomialverteilung beruhen, eingesetzt, um den Rechenaufwand zu minimieren (vgl. STEINER/BRUNS 2002, S. 311 ff.). Die Bewertung von Putoptionen erfolgt für den Mehrperiodenfall analog zu den Calloptionen.

4.4.2.8 Bewertung von amerikanischen Calloptionen

Die bisher betrachteten europäischen Aktienoptionen haben dem Investor eine Ausübung lediglich zum Laufzeitende ermöglicht. Im folgenden werden auch amerikanische Aktienoptionen betrachtet. Deren Ausübung ist zu jedem Zeitpunkt während der Optionslaufzeit möglich (vgl. STEINER/BRUNS 2002, S. 318). Die weiteren Optionsrechte der amerikanischen Aktienoptionen entsprechen denen der europäischen Variante.

Daten einer Calloption	
Underlying	Aktie
Typ	amerikanisch
aktueller Aktienkurs in t=0 (A)	100,00 EUR
Basispreis (X)	100,00 EUR
Laufzeit (t)	6 Monate
risikoloser Marktzins (z)	10 %
Kurserwartung der Investoren	Steigen oder Fallen des Aktienkurses
Steigen des Aktienkurses	Aufwärtsfaktor u = 1,06652257
Fallen des Aktienkurses	Abwärtsfaktor d = 0,93762666
Wachstumsfaktor	a = 1,007974

Abb. 119: Beispiel einer amerikanischen Calloption

Als erste Optionsart seien amerikanische Calloptionen betrachtet. Um die Bewertung dieser Optionen zu erklären, wird das in Abb. 119 dargestellte Beispiel einer amerikanischen Calloption erläutert.

Für die Bewertung dieser Option werden 7 Bewertungszeitpunkte, von t=0 bis t=6 Monate, zugrundegelegt. Zu jedem zukünftigen Zeitpunkt wird geprüft, ob eine frühzeitige Ausübung der Option aus Investorensicht sinnvoll erscheint, oder ob es sinnvoller ist, die Option weiterhin zu halten.

Ein Investor wird die Option immer dann frühzeitig ausüben, wenn durch die Ausübung ein höherer Ertrag erzielt werden kann, als wenn die Option gehalten und zu einem späteren Zeitpunkt ausgeübt wird. Im Beispiel wird diese Prüfung an den sechs zukünftigen Zeitpunkten, in jeweils monatlichem Abstand, durchgeführt. Damit wird im diskreten Binomialmodell implizit unterstellt, dass die Kündigung nur einmal im Monat möglich ist. Tatsächlich kann eine amerikanische Option aber zu jedem Zeitpunkt während der Laufzeit gekündigt werden.

Das im Beispielfall die Überprüfung nur monatlich durchgeführt wird, liegt daran, dass die Darstellung noch einigermaßen übersichtlich bleiben soll. Die Modellierung eines stetigen Kündigungsrechts, wie es amerikanische Optionen beinhalten, erfordert theoretisch Binomialbäume mit unendlich vielen Bewertungsschritten. Die Beispieloption wird daher approximativ nur durch sieben Zeitpunkte bewertet. Damit liegt zwar ein stetiges Kündigungsrecht seitens des Investors vor, das aber lediglich diskret bewertet wird. Die amerikanischen Optionen dürfen aus diesem Grund nicht mit Bermudaoptionen gleichgesetzt werden. Diese erlauben dem Investor tatsächlich nur eine Kündigung zu bestimmten Zeitpunkten.

Würde dem Beispiel eine Bermudaoption mit Kündigungsrecht zu Beginn eines jeden Monats zugrunde liegen, würde diese Option mit dem Binomialmodell analog zur amerikanischen Option mit stetigem Kündigungsrecht bewertet. Der Unterschied liegt im Ergebnis. Während die Bermudaoption exakt bewertet wäre, ergibt sich bei der amerikanischen Option durch die Divergenz zwischen stetigem Kündigungsrecht und diskreten Bewertungszeitpunkten noch ein Approximationsfehler. Dieser Fehler wird aber sehr klein sein, wenn die Optionslaufzeit kurz und der zeitliche Abstand zwischen den Bewertungszeitpunkten im Binomialbaum klein ist.

Die Bewertungstechnik von amerikanischen Optionen gleicht zunächst dem Vorgehen bei den europäischen Optionen. In einem ersten Schritt werden die zukünftigen Kursverläufe im Binomialbaum dargestellt. Im Beispiel beträgt die jährliche

Volatilität der Aktienkurse wieder 22,31 %. Daraus ergibt sich für die Zeitdauer von einem Monat (1/12 Jahr) zwischen zwei Bewertungszeitpunkten ein Aufwärtsfaktor (u) von 1,06652257:

$$u = e^{0,2231 \cdot \sqrt{1:12}} = 1,06652257$$

Der Abwärtsfaktor (d) als reziproker Wert beträgt 0,93762666:

$$d = \frac{1}{u} = \frac{1}{1,06652257} = 0,93762666$$

Der aktuelle Aktienkurs liegt bei 100 EUR. Aus diesem Angaben ergibt sich der Kursverlauf der Calloption für die sechs zukünftigen Zeitpunkte (t=1 bis t=6) (vgl. Abb. 120).

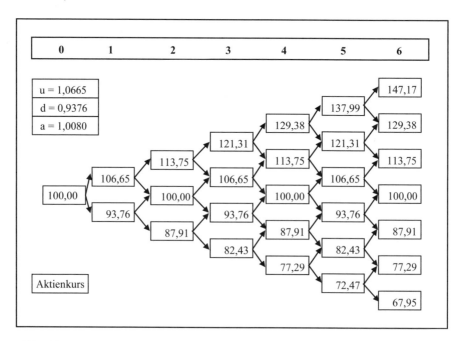

Abb. 120: Aktienkursverlauf der sechsmonatigen Calloption

Ebenfalls analog zu den europäischen Optionen wird die Bewertung von amerikanischen Optionen retrograd durchgeführt. Es wird zunächst der Optionspreis in t=6 bestimmt. Da die Optionslaufzeit zu diesem Zeitpunkt endet, wird an dieser

Stelle der innere Wert der Option festgestellt. Es gilt folgendes Auszahlungsprofil:

$$\max (A - X; 0)$$

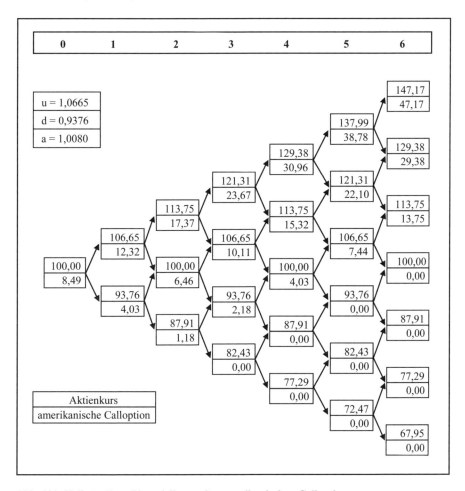

Abb. 121: Vollständiger Binomialbaum der amerikanischen Calloption

(X) ist der Basispreis der Option. Im Beispiel beträgt dieser 100 EUR. (A) ist der in t=6 im jeweiligen Szenario gültige Aktienkurs. Beispielhaft sei für das Szenario (S_{uuuuuu}) die Berechnung durchgeführt. In diesem Szenario ist sechsmal der Aufwärtsfaktor (u) angewendet worden. In t=6 beträgt der Aktienkurs dann 147,17 EUR. Der Wert der Calloption zu diesem Zeitpunkt liegt bei 47,17 EUR (147,17 –

100,00). Die anderen Callpreise per t=6 ergeben sich analog und können dem vollständigen Binomialbaum in Abb. 121 entnommen werden.

Als nächstes sind die Callpreise per t=5 zu ermitteln. Rechnerisch wird zunächst der Wert wie bei den europäischen Optionen ermittelt. Das heisst, es muss zunächst die implizite Eintrittswahrscheinlichkeit (p) des Aufwärtsfaktors (u) berechnet werden. Dazu muss der Wachstumsfaktor (a) bekannt sein. Dieser beträgt im Beispiel 1,007974:

$$a = e^{(0,09531:12)} = 1,007974$$

Der stetige Nullkuponzins von 9,531 % wird dabei durch 12 geteilt und somit auf die Dauer zwischen zwei Bewertungsschritten (einen Monat) skaliert. Mithilfe des Wachstumsfaktors (a) kann die Eintrittswahrscheinlichkeit (p) ermittelt werden. Sie beträgt gerundet 0,54577:

$$p = \frac{a-d}{u-d} = \frac{1,007974 - 0,93762666}{1,06652257 - 0,93762666} = 0,54577$$

Da im Beispiel eine flache Zinsstrukturkurve für die Optionslaufzeit hinterlegt wurde, hat die Eintrittswahrscheinlichkeit (p) für jeden Bewertungszeitpunkt von t=0 bis t=6 Gültigkeit. Über die bereits von den europäischen Calloptionen bekannte Formel können die Callpreise der amerikanischen Option in t=5 ermittelt werden. Die Vorgehensweise sei beispielhaft für das Szenario (S_{uuuuu}), d.h. bei fünffacher Anwendung des Aufwärtsfaktors (u) auf den aktuellen Aktienkurs von 100 EUR, dargestellt:

$$C_{uuuuu} = \left[C_{uuuuuu} \cdot p + C_{uuuuud} \cdot (1-p)\right] \cdot e^{(-R_f \cdot LZ)}$$

(LZ) ist die Laufzeit zwischen zwei Bewertungszeitpunkten, im genannten Beispiel beträgt diese einen Monat (1/12 Jahr). (C_{uuuuuu}) ist der bereits bekannte Callpreis bei sechsfacher Aufwärtsbewegung des Aktienkurses und (C_{uuuuud}) ist der ebenfalls bekannte Callpreis bei fünffacher Aufwärtsbewegung und einmaliger Abwärtsbewegung des Aktienkurses. Für dieses Szenario ergibt sich ein Callpreis von 38,78 EUR:

$$C_{uuuuu} = \left[47,17 \cdot 0,54577 + 29,38 \cdot (1 - 0,54577)\right] \cdot e^{(-0,09531:12)} = 38,78$$

Die Callpreise für die anderen vier Szenarien lassen sich analog ermitteln und können Abb. 121 entnommen werden. Bis zu diesem Bewertungsschritt gibt es noch keinen Unterschied zwischen europäischen und amerikanischen Aktienoptionen. Während bei der Bewertung der europäischen Optionen an dieser Stelle mit der Ermittlung der Callpreise in t=4 fortgefahren werden kann, ist bei den amerikanischen Optionen ein zusätzlicher Schritt in t=5 notwendig.

Für jedes Szenario ist in jedem Bewertungszeitpunkt zu prüfen, ob eine Ausübung der amerikanischen Aktienoption sinnvoll ist. Eine Ausübung ist dann sinnvoll, wenn der bei Ausübung zu erzielende Ertrag aus der Option größer ist als der rechnerische Optionswert. Für jedes Szenario wird somit der zu diesem Zeitpunkt aktuelle innere Wert der Option mit dem rechnerischen Wert aus dem Binomialmodell verglichen. Sollte eine Ausübung sinnvoll sein, wird der innere Wert als Ertrag realisiert. Zur weiteren retrograden Berechnung des Preises einer amerikanischen Option wird der rechnerische Optionswert durch den ausgeübten inneren Wert der Option ersetzt. Das Auszahlungsprofil einer amerikanischen Calloption hat folgendes Aussehen:

$$\max\ [\max\ (A - X;\ DW),\ 0]$$

Dabei ist (DW) der diskontierte Wert der amerikanischen Calloption, der in einem bestimmten Szenario durch die retrograde Berechnung ermittelt wird. Der Investor stellt diesem retrograd ermittelten Wert den inneren Wert des Szenarios gegenüber und wählt aus beiden das Maximum. Abschließend wird geprüft, ob das Maximum positiv ist, da der Preis der Calloption ansonsten Null EUR ist, weil Optionspreise nicht negativ werden können. Bei amerikanischen Calloptionen liegt der retrograd ermittelte Wert stets über dem inneren Wert (vgl. HULL 2003, S. 176).

Die Überprüfung eines Szenarios möge wieder beispielhaft für das Szenario (S_{uuuuu}) gezeigt werden. Der rechnerische Wert der Option zu diesem Zeitpunkt beträgt 38,78 EUR. Zur Prüfung, ob eine Ausübung der Option zu diesem Zeitpunkt sinnvoll ist, muss der innere Wert der Option beim Szenario (S_{uuuuu}) festgestellt werden. Der innere Wert errechnet sich folgendermaßen:

$$\max\ [A_{uuuuu} - X;\ 0]$$

Der Basispreis der Option beträgt 100 EUR. Der Aktienkurs (A_{uuuuu}) beträgt 137,99 EUR. Daher ergibt sich ein innerer Wert von 37,99 EUR (137,99 – 100,00). Bei einer vorzeitigen Ausübung der amerikanischen Option würde der

Investor einen Ertrag von 37,99 EUR erhalten. Hält er die Option dagegen weiterhin, hat diese einen Wert von 38,78 EUR. Eine vorzeitige Ausübung wäre im Szenario (S_{uuuuu}) nicht sinnvoll. Da eine vorzeitige Ausübung nicht rational ist, erfolgt keine Korrektur des Callpreises im Szenario (S_{uuuuu}). Damit wird zur Berechnung der Callpreise in t=4 weiterhin auf den rechnerischen Optionswert von 38,78 EUR zurückgegriffen. Eine Korrektur käme nur in Frage, wenn eine vorzeitige Ausübung sinnvoll ist. Dann würde zur Berechnung der Callpreise in t=4 mit den inneren Werten weitergerechnet.

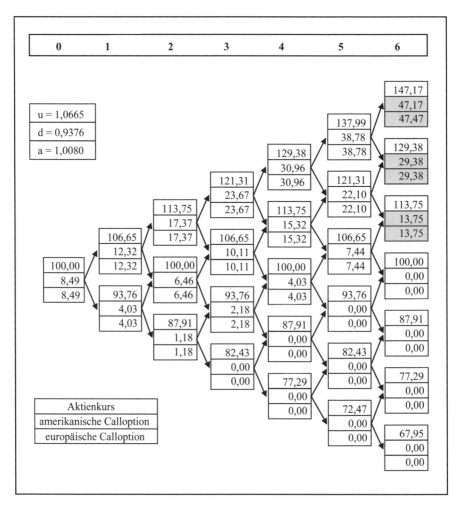

Abb. 122: Amerikanische und europäische Calloption im Vergleich

Zur vollständigen Bewertung einer amerikanischen Option muss die Überprüfung auf vorzeitige Ausübung für jedes Szenario zu jedem Zeitpunkt durchgeführt werden.

Bei einer Betrachtung der Werte in Abb. 122 ist festzustellen, dass der Optionspreis bei frühzeitiger Ausübung stets kleiner ist als der Preis bei Halten der Option. Dies bedeutet, dass in keinem Szenario eine frühzeitige Ausübung der Calloption rational sinnvoll ist. Da es zu keiner vorzeitigen Ausübungsmöglichkeit seitens des Investors kommt, hat die amerikanische Option im Beispiel auch keinen Mehrwert gegenüber einer europäischen Option mit gleicher Ausstattung. Da dem Investor keine zusätzlichen Rechte eingeräumt werden, für die er einen Preis zahlen müsste, hat die amerikanische Option den gleichen Preis, wie die ausstattungsgleiche europäische Variante. Beide Optionsvarianten werden lediglich in den Szenarien (S_{uuuuuu}), (S_{uuuuud}) und (S_{uuuudd}) ausgeübt.

Für beide Varianten ergibt sich in t=0 ein Preis von 8,49 EUR. Der Preis der europäischen Calloption kann als Wertuntergrenze der amerikanischen Calloption gesehen werden. Ist eine frühzeitige Ausübung der Option zu keinem Zeitpunkt sinnvoll, führen ausstattungsgleiche europäische und amerikanische Optionen zum gleichen Preis. Entsteht nur für ein einziges Szenario eine sinnvolle Möglichkeit zur frühzeitigen Ausübung, wird die amerikanische Option stets teurer sein als die europäische Option. Allgemein kann allerdings festgehalten werden, dass es bei amerikanischen Calloptionen auf Aktien ohne Dividendenzahlungen niemals sinnvoll ist, diese vorzeitig auszuüben (vgl. HULL 2003, S. 176).

4.4.2.9 Bewertung von amerikanischen Putoptionen

Alternativ zur amerikanischen Calloption möge nun eine amerikanische Putoption betrachtet werden. Der Optionsinhaber hat zusätzlich zur europäischen Putoption das Recht, zu jedem beliebigen zukünftigen Zeitpunkt die Option auszuüben und den Basiswert zum angegebenen Basispreis an den Stillhalter zu verkaufen. Zur Bewertung amerikanischer Putoptionen sei auf das Beispiel in Abb. 123 zurückgegriffen.

Daten einer Putoption	
Underlying	Aktie
Typ	amerikanisch
aktueller Aktienkurs in t=0 (A)	100,00 EUR
Basispreis (X)	100,00 EUR
Laufzeit (t)	6 Monate
risikoloser Marktzins (z)	10 %
Kurserwartung der Investoren	Steigen oder Fallen des Aktienkurses
Steigen des Aktienkurses	Aufwärtsfaktor u = 1,06652257
Fallen des Aktienkurses	Abwärtsfaktor d = 0,93762666
Wachstumsfaktor	a = 1,007974

Abb. 123: Beispiel einer amerikanischen Putoption

Für die Putoption werden, wie bei der Calloption, 7 Bewertungszeitpunkte (t=0 bis t=6) zugrundegelegt. Analog zum Vorgehen bei der amerikanischen Calloption werden zunächst die Putpreise in t=6 berechnet. Für jedes Szenario in t=6 gilt folgendes Auszahlungsprofil:

$$\max [A - X; 0]$$

(A) ist der sich aus dem Binomialbaum für jedes Szenario von t=6 ergebende Aktienkurs und (X) ist der Basispreis der Option. Im Beispiel beträgt der Basispreis 100 EUR. Daraus ergibt sich ein Aktienkurs im Szenario (S_{dddddd}), d.h. bei sechsfacher Anwendung des Abwärtsfaktors (d) auf den aktuellen Aktienkurs, von 67,95 EUR. Der Putpreis in diesem Szenario ist 32,05 EUR (100,00 – 67,95).

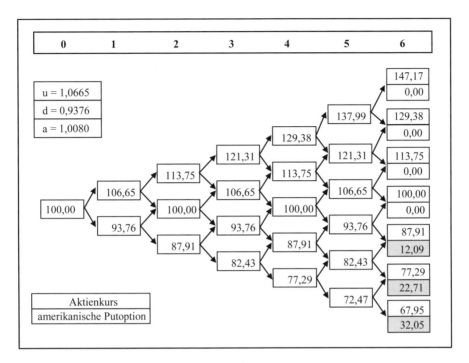

Abb. 124: Aktienkursverlauf und Putpreise in t=6

Ausgehend von den Putpreisen in t=6 werden die Preise in den Szenarien des Zeitpunkts t=5 dargestellt. Zur Berechnung des rechnerischen Optionswertes muss wieder der Wachstumsfaktor (a) bekannt sein. Der Wachstumsfaktor (a) wird lediglich durch die zugrundeliegende Zinsstruktur determiniert. Da diese gegenüber derjenigen bei der Bewertung der amerikanischen Calloption unverändert ist, beträgt der Wachstumsfaktor (a) wieder 1,007974. Der Aufwärtsfaktor (u) und der Abwärtsfaktor (d) sind mit 1,06652257 bzw. 0,93762666 ebenfalls identisch mit den Werten der Calloption. Damit bleibt auch die implizite Eintrittswahrscheinlichkeit (p) des Aufwärtsfaktors u bei 0,54577.

Unter Kenntniss von (p) sei beispielhaft der rechnerische Optionswert zum Zeitpunkt t=5 im Szenario (S_{uuddd}), d.h. bei zweifacher Anwendung des Aufwärts- und dreifache Anwendung des Abwärtsfaktors, festgestellt. Dieser beträgt 5,45 EUR:

$$P_{uuddd} = [0 \cdot 0,54577 + 12,09 \cdot (1 - 0,54577)] \cdot e^{(-0,09531:12)} = 5,45$$

Bei einer amerikanischen Putoption ist an dieser Stelle wieder zu prüfen, ob eine frühzeitige Ausübung im jeweiligen Szenario sinnvoll ist, da folgendes Auszahlungsprofil gilt:

$$\max\left[\max\left(X - A; DW\right); 0\right]$$

Dazu wird der innere Wert der amerikanischen Putoption im Szenario (S_{uuddd}) festgestellt. Der Aktienkurs liegt in diesem Szenario bei 93,76 EUR und der innere Wert damit bei 6,24 EUR (100,00 – 93,76).

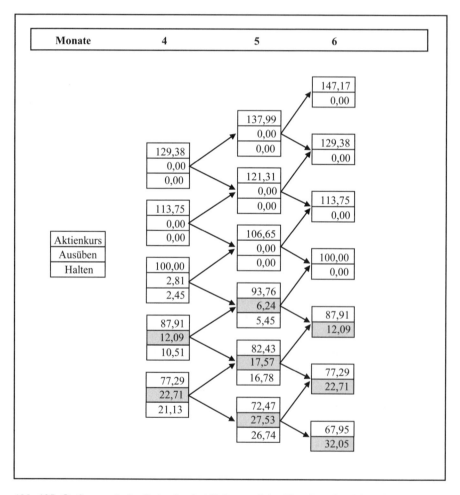

Abb. 125: Optionswerte der Putoption bei Halten und Ausüben in t=4 und in t=5

Für den Investor ist es sinnvoll, die Option zu diesem Zeitpunkt auszuüben. Der Wert der Option bei vorzeitiger Ausübung beträgt 6,24 EUR im Vergleich zu 5,45 EUR, wenn der Investor die Putoption weiter hält. Durch Ausnutzung seines vorzeitigen Ausübungsrechts aus der amerikanischen Option erzielt der Investor in diesem Szenario einen Mehrwert von 0,79 EUR (6,24 − 5,45) gegenüber einer ausstattungsgleichen europäischen Option, die nicht vorzeitig ausgeübet werden kann. Abb. 125 zeigt für alle Szenarien von t=4 und t=5 die Werte, die sich aus einer vorzeitigen Ausübung und bei Halten der Option ergeben. Die Szenarien, in der eine frühzeitige Ausübung sinnvoll sind, sind grau unterlegt.

Eine vorzeitige Ausübung zum Zeitpunkt t=5 ist in den Szenarien (S_{uuddd}), (S_{udddd}) und (S_{ddddd}) sinnvoll. In den anderen Szenarien liefert die vorzeitige Ausübung keinen Wertzuwachs. Die Ausübung der Option in den drei Szenarien des Zeitpunkts t=5 hat Auswirkungen auf die Bewertung der näher am aktuellen Bewertungszeitpunkt t=0 liegenden Szenarien. Dies sei beispielhaft am Szenario (S_{ddddd}) erläutert. Abb. 125 zeigt die Optionswerte aller Szenarien in t=4 in Abhängigkeit davon, ob zum Zeitpunkt t=5 eine Optionsausübung sinnvoll erschien oder nicht.

Würde der Investor die amerikanische Putoption in den Szenarien (S_{ddddu}) und (S_{ddddd}) zum Zeitpunkt t=5 nicht ausüben, obwohl dies für ihn ökonomisch sinnvoll wäre, beträgt der Optionswert im Szenario (S_{dddd}) 21,14 EUR:

$$P_{dddd} = [16,78 \cdot 0,54577 + 26,74 \cdot (1 - 0,54577)] \cdot e^{(-0,09531 \cdot 1:12)} = 21,14$$

Auf Basis ungerundeter Werte ergibt sich eine leichte Rundungsdifferenz. Der exakte Preis wäre in diesem Fall 21,13 EUR. Dieser Wert wird auch für die folgenden Berechnungen herangezogen. Die 21,13 EUR entsprechen dem Wert einer ausstattungsgleichen europäischen Putoption in diesem Szenario. Der rechnerische Wert der amerikanischen Putoption beträgt demgegenüber 21,92 EUR:

$$P_{dddd} = [17,57 \cdot 0,54577 + 27,53 \cdot (1 - 0,54577)] \cdot e^{(-0,09531 \cdot 1:12)} = 21,92$$

Somit ergibt sich ein Preisunterschied im Szenario (S_{dddd}) von 0,78 EUR (21,92 − 21,14) in Abhängigkeit davon, ob in den Szenarien (S_{udddd}) und (S_{ddddd}) eine vorzeitige Ausübung stattfindet oder nicht. Dem diskontierten Wert der amerikanischen Putoption von 21,92 EUR muss wieder der innere Wert der Option im Szenario (S_{dddd}) gegenübergestellt werden, um zu prüfen, ob eine vorzeitige Ausübung in diesem Szenario sinnvoll ist. Der innere Wert im Szenario (S_{dddd}) beträgt 22,71 EUR (100,00 − 77,29). Damit wird der Investor die amerikanische Putoption zu diesem Zeitpunkt ebenfalls ausüben, da er dadurch einen höheren Ertrag von 0,79 EUR (22,71 – 21,92) gegenüber dem Halten der Option erzielt.

Die Ausübung der Option im Szenario (S_{dddd}) hat auch unmittelbaren Einfluss auf den Preis der Option im Szenario (S_{ddd}). Für jedes Szenario muss der rechnerische Optionswert retrograd ermittelt werden. Anschließend muss jeweils die ökonomische Vorteilhaftigkeit einer vorzeitigen Ausübung der Option geprüft werden. Wenn eine Ausübung stattfindet, ist der Wert des Szenarios zu korrigieren. Die Anwendung dieses Prinzips führt zu den in Abb. 126 berechneten Optionswerten.

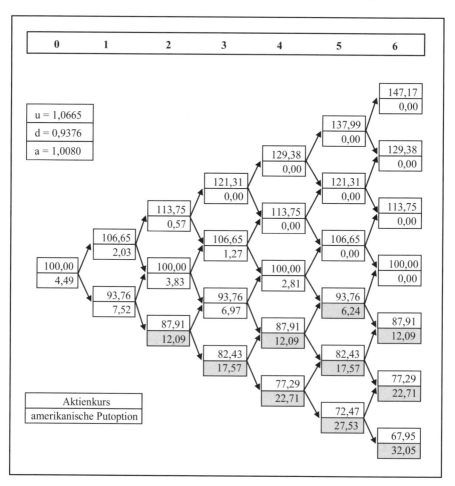

Abb. 126: Preis der amerikanischen Putoption

Der Preis der amerikanischen Putoption beträgt 4,49 EUR. Eine Ausübung der Putoption ist in den Szenarien (S_{dd}), (S_{ddd}), (S_{uddd}), (S_{dddd}), (S_{uuddd}), (S_{udddd}), (S_{ddddd}), (S_{uudddd}), (S_{uddddd}) und (S_{dddddd}) vorteilhaft (graue Unterlegung). In allen anderen Szenarien wird die Option gehalten bzw. bei einem Wert von Null am Ende der Optionslaufzeit in t=6 wertlos verfallen. Die ausstattungsgleiche europäische Putoption kann ohnehin nur in t=6 ausgeübt werden. In drei Szenarien weist sie, wie die amerikanische Putoption, einen Wert von Null auf und verfällt ebenfalls wertlos. Lediglich in den Szenarien (S_{uudddd}), ($S_{udddddd}$) und (S_{dddddd}) wird die europäische Option ausgeübt. Die amerikanische Putoption hat demnach zehn vorteilhafte Ausübungsszenarien gegenüber nur drei der europäischen Variante. Für die sieben Ausübungstermine, die der Investor der amerikanischen Putoption mehr ausüben kann, muss er als Gegenwert eine höhere Optionsprämie zahlen. Abb. 127 zeigt die Wertentwicklung der beiden Optionsvarianten.

Die europäische Putoption hat in t=0 einen Preis von 3,83 EUR. Sie kostet 0,66 EUR (4,49 – 3,83) weniger als die amerikanische Putoption. Für diese 0,66 EUR Differenz erkauft der Investor mit der amerikanischen Putoption bei dem unterstellten Aktienkursverlauf sieben zusätzliche Kündigungsmöglichkeiten.

Im Gegensatz zu amerikanischen Calloptionen auf eine Aktie gibt es bei amerikanischen Putoptionen ohne Dividendenzahlungen bei Aktien sinnvolle frühzeitige Ausübungsmöglichkeiten. Für amerikanische Putoptionen gilt allgemein, dass sie frühzeitig ausgeübt werden sollten, wenn sie tief im Geld sind (vgl. HULL 2003, S. 177).

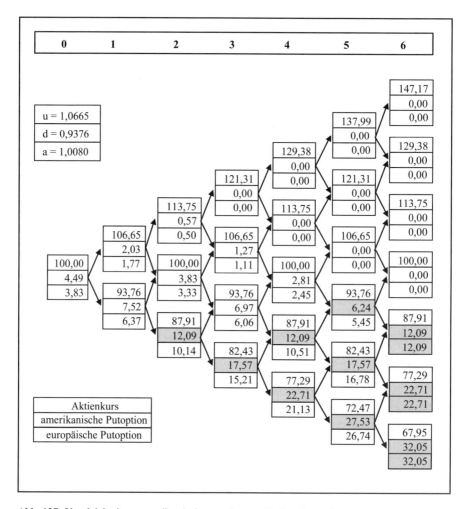

Abb. 127: **Vergleich einer amerikanischen und europäischen Putoption**

4.4.2.10 Dividendenzahlungen

Bisher wurden europäische und amerikanische Optionen bewertet, ohne dass eventuell ausstehende Dividendenzahlungen während der Optionslaufzeit berücksichtigt wurden. Damit wurde implizit unterstellt, dass auf den entsprechenden Basispreis der Aktienoption keine Dividende gezahlt wird.

Diese Annahme ist bei Optionen mit kurzer Restlaufzeit durchaus plausibel und realistisch. Mit zunehmender Optionslaufzeit wird jedoch die Wahrscheinlichkeit größer, dass Dividendenzahlungen auf den Basiswert anfallen, die im Optionspreis berücksichtigt werden müssen. Das Vorzeichen der Auswirkungen ist dabei insbesondere vom Typ der Option (Call- oder Putoption) abhängig.

Dividendenzahlungen, die zusätzlich zu einer erwarteten Aktienkursentwicklung gezahlt werden, verringern den Aktienkurs an den zukünftigen Bewertungszeitpunkten, da ein Teil der Substanz des Unternehmens an die Aktionäre ausgezahlt wird. Niedrigere Aktienkurse haben auf Calloptionen einen wertmindernden und auf Putoptionen einen werterhöhenden Effekt. Die Auswirkungen von Dividendenzahlungen sollen im folgenden wieder anhand der Bewertung einer Aktienoption mithilfe des Binomialmodells dargestellt werden. Als Beispiel sei die bereits bekannte amerikanische Putoption betrachtet (vgl. Abb. 123).

Der Preis der amerikanischen Putoption in t=0 beträgt ohne Dividendenzahlung 4,49 EUR (vgl. Abb. 126). Im folgenden wird unterstellt, dass auf den Basiswert der Option eine Dividende in Höhe von 2,00 EUR in t=5 gezahlt wird. Durch die Zahlung der Dividende in t=5 wird sich der Preis der amerikanischen Option in t=0 ändern. Die Dividendenzahlung mindert den Aktienkurs des Basiswerts. Dadurch werden steigende Putpreise erwartet, da die Differenz zwischen dem Basispreis (X) der Putoption und dem Aktienkurs (A) größer wird.

Im Rahmen des Binomialmodells lässt sich die Bewertung der Dividende von der Bewertung der dividendenlosen Aktie separieren. Es gilt zum einen eine sichere Größe, die bekannte Dividendenzahlung, und zum anderen die mit Unsicherheit behaftete Kursentwicklung der Aktie zu bewerten. Zur Bewertung des zukünftigen Kursverlaufs kommt wieder der Binomialbaum zum Einsatz. Dieser entspricht dem Baum der amerikanischen Putoption ohne Dividendenzahlung.

Im nächsten Schritt sind die Auswirkungen der in t=5 anfallenden Dividendenzahlung auf jedes Szenario im Binomialbaum zu berücksichtigen. Als Ergebnis ergibt sich ein neuer, um die Dividendenzahlung bereinigter, Binomialbaum. Die Auswirkung der Dividende auf die einzelnen Szenarien wird festgestellt, in dem der Barwert der Dividende zu allen Bewertungszeitpunkten errechnet wird. Das Vorgehen sei anhand des vorliegenden Beispiels verdeutlicht.

Die Dividendenzahlung in t=5 entspricht zu diesem Zeitpunkt auch ihrem Barwert von 2,00 EUR. Die Zahlung muss nicht diskontiert werden. Als nächstes muss berechnet werden, wie hoch der Barwert der Dividendenzahlung zum nächst früheren Bewertungszeitpunkt (t=4) ist (BW$_{t=4}$). Dazu wird die Zahlung in Höhe von 2,00 EUR um einen Monat auf t=4 diskontiert. Es ergibt sich für die Dividendenzahlung ein Barwert in t=4 von 1,98 EUR:

$$BW_{t=4} = 2,00 \cdot e^{(-0,0953:12)} = 1,98$$

Analog wird verfahren, um die Barwerte der Dividende in t=3, t=2, t=1 und t=0 festzustellen. Für den Zeitpunkt t=3 wird um zwei, für t=2 um drei, für t=1 um vier und für t=5 um fünf Monaten diskontiert. Es ergeben sich folgende Barwerte:

$$BW_{t=3} = 2,00 \cdot e^{(-0,0953:12 \cdot 2)} = 1,97$$

$$BW_{t=2} = 2,00 \cdot e^{(-0,0953:12 \cdot 3)} = 1,95$$

$$BW_{t=1} = 2,00 \cdot e^{(-0,0953:12 \cdot 4)} = 1,94$$

$$BW_{t=0} = 2,00 \cdot e^{(-0,0953:12 \cdot 5)} = 1,92$$

Der durch die Auf- und Abwärtsfaktoren determinierte Binomialbaum der amerikanischen Putoption ohne Dividendenzahlung ist anschließend um die Einflüsse der Dividende zu modifizieren. Zunächst ist der Barwert der Dividende in t=0 (1,92 EUR) vom aktuellen Aktienkurs von 100,00 EUR zu subtrahieren. Es ergibt sich ein um den Barwert der Dividende bereinigter Aktienkurs von 98,08 EUR.

Dieser Aktienkurs von 98,08 EUR bildet die Basis des modifizierten Binomialbaums. Der neue Aktienkurs wird anschließend mit dem unveränderten Aufwärtsfaktor (u) von 1,06652257 und dem ebenfalls unveränderten Abwärtsfaktor (d) von 0,93762666 multipliziert. Dadurch ergibt sich ein im Vergleich zum Aktienkursverlauf ohne Dividendenzahlung neuer Binomialbaum.

Nachdem der neue Aktienkursverlauf festgestellt worden ist, muss in jedem Bewertungszeitpunkt der cum Dividende bewertet wird, noch der jeweilige Barwert der Dividende addiert werden. Für den Zeitpunkt t=0 ergibt sich daher ein bewertungsrelevanter Aktienkurs von 100,00 EUR (98,08 + 1,92).

Für das Szenario (S$_{uu}$) errechnet sich ein relevanter Aktienkurs von 106,54 EUR (104,60 + 1,94). Analog ist für alle anderen Szenarien vorzugehen. Da alle Szenarien in t=6 ex Dividende sind, wird zu diesem Zeitpunkt keine Wertberichtigung des Aktienkurses um den Barwert der Dividendenzahlung von t=5 mehr benötigt. Abb. 128 zeigt für alle Szenarien den Aktienkurs des modifizierten Binomialbaums und den um die Dividende erhöhten bewertungsrelevanten Aktienkurs.

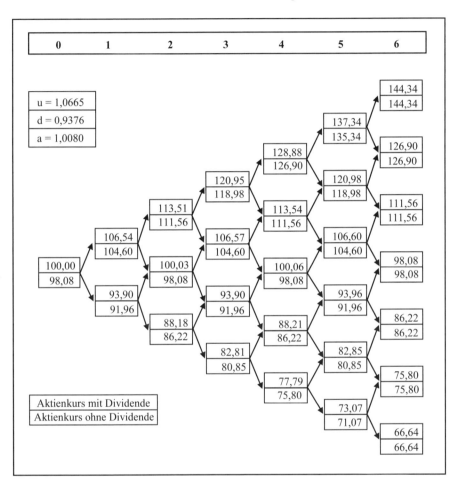

Abb. 128: Aktienkursverlauf mit und ohne Barwert der Dividendenzahlung

Die amerikanische Putoption muss abschließend durch den neuen Binomialbaum bewertet werden. Intuitiv war im Vergleich zur Option ohne Dividendenzahlung ein höherer Preis in t=0 erwartet worden. Die Bewertung mit dem Binomialmodell ergibt einen Preis für die Putoption von 4,83 EUR (vgl. Abb. 129) gegenüber 4,49 EUR ohne Dividendenzahlung. Die frühzeitigen Ausübungsmöglichkeiten sind wieder grau unterlegt.

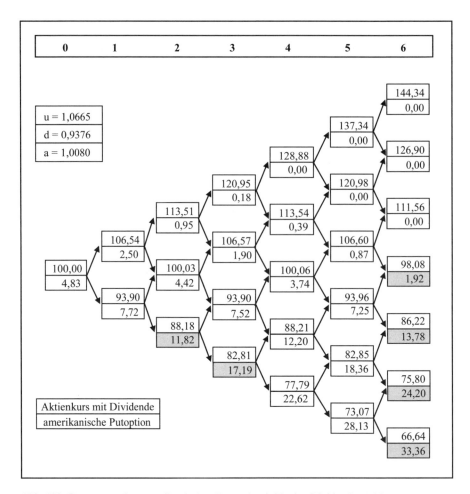

Abb. 129: Bewertung der amerikanischen Putoption inklusive Dividendenzahlung

Während im betrachteten Beispiel die Dividendenzahlung bei einer amerikanischen Putoption wie erwartet zu einer Verringerung des Optionspreises führt, sei im folgenden noch untersucht, wie der gleiche Sachverhalt auf den Preis einer ausstattungsgleichen europäischen Putoption wirkt. Der zugrundeliegende Aktienkursverlauf inklusive der Berücksichtigung der Barwerte der Dividendenzahlung entspricht Abb. 128.

Optionspreismodelle 203

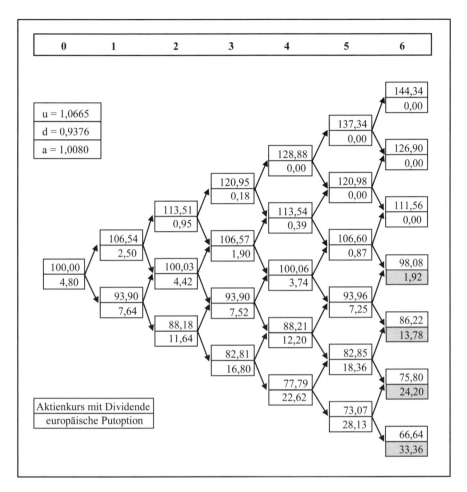

Abb. 130: Bewertung einer europäischen Putoption inklusive Dividendenzahlung

Für die europäische Putoption ergibt sich bei einer Dividendenzahlung von 2,00 EUR in t=5 in aktueller Preis von 4,80 EUR (vgl. Abb. 130). Eine ausstattungsgleiche europäische Putoption, bei deren Basiswert keine Dividendenzahlungen anfallen, hat einen aktuellen Preis von 3,83 EUR (vgl. Abb. 127). Damit wirkt die Dividendenzahlung auf den europäischen Put ebenfalls werterhöhend (4,80 – 3,83 = 0,97 EUR).

Für die an der dieser Stelle nicht weiter betrachteten amerikanischen Calloptionen gilt folgendes: Wie bereits festgestellt wurde, ist es nie rational einen amerikanischen Call frühzeitig auszuüben, wenn keine Dividende auf den Basiswert gezahlt wird. In diesem Fall liegt der retrograd ermittelte Wert zu jedem Zeitpunkt und in jedem Szenario über dem inneren Wert im gleichen Szenario. Fallen zwischenzeitlich Dividendenzahlungen an, kann auch eine frühzeitige Ausübung von amerikanischen Calloptionen sinnvoll sein. Eine frühzeitige Ausübung kommt aber nur zu den Zeitpunkten unmittelbar vor bzw. zu einer Dividendenzahlung in Frage, denn in dem Moment, wo die Aktie ex Dividende gehandelt wird, sinkt der Aktienkurs und damit auch der Preis der amerikanischen Calloption. Eine frühzeitige Ausübung zu anderen Zeitpunkten ist daher niemals optimal (vgl. HULL 2003, S. 179).

4.4.3 Black/Scholes-Modell

4.4.3.1 Modellstruktur

Das Binomialmodell ist sehr flexibel für die Bewertung von Optionen einsetzbar. Sein Nachteil besteht darin, dass, besonders im Mehrperiodenfall, der Binomialbaum stets vollständig berechnet werden muss. Einfacher wäre es, wenn Optionen analytisch mit Hilfe einer Optionspreisformel bewertet werden könnten. Diese Möglichkeit besteht, wenn eine zusätzliche Annahme getroffen werden kann (vgl. HULL 2003, S. 345): Während der Laufzeit der Option bleibt die Volatilität konstant.

Im Binomialmodell werden die Kurse diskret festgestellt, im Einperiodenfall nur zu Beginn und zum Ende der Optionslaufzeit. Im Modell von Black/Scholes werden die Kurse hingegen stetig festgestellt. Das bedeutet, alle in Betracht kommenden Kurszustände werden in das Modell eingebracht. Dies geschieht über eine Verteilungsannahme der Kurse. Aus den zusätzlichen Annahmen und der stetigen Verteilung der Kurse entwickelten Black/Scholes ihre Optionpreisformel (vgl. BLACK/SCHOLES 1973).

4.4.3.2 Bewertungsformel für Calloptionen

Das Black/Scholes-Modell gehört, wie das Binomialmodell, zu den vollständigen Gleichgewichtsmodellen. Mit der Black/Scholes-Formel können allerdings nur europäische Calloptionen bewertet werden. Sofern Dividendenzahlungen während der Laufzeit der Option anfallen, werden sie nicht berücksichtigt.

Die **Black/Scholes-Formel für Aktien-Calloptionen** hat folgendes Aussehen:

$$C = A \cdot N(d_1) - X \cdot e^{-rt} \cdot N(d_2)$$

Dabei sind (d_1) und (d_2) wie folgt definiert:

$$d_1 = \frac{\ln(A/X) + (r + \sigma^2/2) \cdot t}{\sigma\sqrt{t}}$$

$$d_2 = d_1 - \sigma\sqrt{t}$$

(A) ist der aktuelle Aktienkurs, (X) der Basispreis der Option und (r) der stetige Zinssatz für die Restlaufzeit (t) der Option. Diese Parameter sind einfach zu bestimmen. Genauer betrachtet werden müssen hingegen N(d) und die Volatilität (σ).

Begonnen sei mit einem Beispiel für die Callbewertung mittels des Black/Scholes-Modells (vgl. Abb. 131). Es soll die gleiche Calloption wie beim Binomialmodell bewertet werden (vgl. Abb. 106). Die Volatilität betrage wieder 22,31 % p.a.

Basiswert	Aktie	**Typ**	europäisch
Position	Call	**Laufzeit (t)**	1 Jahr
Aktienkurs (A)	100	**stetiger Zins (r)**	10 % p.a.
Basispreis (X)	100	**Volatilität (σ)**	22,31 %
Bezugsverhältnis	1 : 1		
d_1	0,5598	**N(d_1)**	0,7123
d_2	0,3367	**N(d_2)**	0,6331
Optionspreis nach Black / Scholes		16,59 EUR	

Abb. 131: Beispielberechnung einer Calloption nach Black/Scholes

Durch Einsetzen ergeben sich für (d_1) und (d_2) folgende Werte:

$$d_1 = \frac{\ln(100/100) + (0{,}1 + 0{,}2231^2/2) \cdot 1}{0{,}2231\sqrt{1}} = 0{,}5598$$

$$d_2 = 0{,}5598 - 0{,}2231\sqrt{1} = 0{,}3367$$

Daraus ergeben sich die Quantile der Standardnormalverteilung von $N(d_1) = 0{,}7123$ und $N(d_2) = 0{,}6331$.

Durch Einsetzen der Wahrscheinlichkeiten in die Black/Scholes-Formel für Aktienoptionen ergibt sich ein **Preis** der Calloption von **16,59 EUR**.

$$C_0 = 100 \cdot 0{,}7123 - 100 \cdot e^{-0{,}1 \cdot 1} \cdot 0{,}6331 = 16{,}59 \text{ EUR}$$

Dieser Preis gilt für ein Bezugsverhältnis von eins zu eins, d.h. mit einer Calloption kann eine Aktie gekauft werden. Ein Tool zur Bewertung von Aktienoptionen mit dem Black/Scholes-Modell befindet sich im Downloadbereich von www.zinsrisiko.de.

4.4.3.3 Verteilungsannahme der Kurse

N(d) ist die Wahrscheinlichkeit, dass eine Zufallszahl, die normalverteilt ist, kleiner ist als (d). In Abb. 132 ist eine Standardnormalverteilung abgebildet. Die schraffierte Fläche kennzeichnet die Wahrscheinlichkeit, bei der die normalverteilte Zufallsvariable kleiner als (d) ist.

Wenn eine Normalverteilung einen Erwartungswert von Null und eine Standardabweichung von 1 hat, spricht man von einer **Standardnormalverteilung**. Diese Verteilung hat den Vorteil, dass für sie ein umfangreiches Tabellenwerk zum Ablesen der Wahrscheinlichkeiten existiert. Ist z.B. $d = 0{,}56$, dann ist gemäß Tabelle $N(d) = 0{,}7123$ (vgl. Anhang). Alternativ können die Wahrscheinlichkeiten auch mittels der EXCEL-Funktion „STANDNORMVERT" berechnet werden (der Name der Funktion bezieht sich auf die deutsche Version von EXCEL).

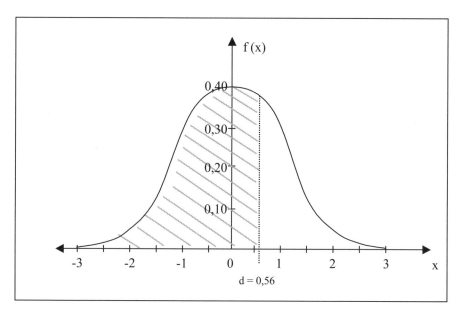

Abb. 132: Standardnormalverteilung

In die Black/Scholes-Formel gehen zwei Wahrscheinlichkeiten aus der Standardnormalverteilung ein, **N(d$_1$)** und **N(d$_2$)**. Diese Werte können als risikoadjustierte Wahrscheinlichkeiten dafür interpretiert werden, dass die Calloption bei Verfall im Geld steht und ausgeübt wird (vgl. BODIE/KANE/MARCUS 2002, S. 710).

Wenn sowohl N(d$_1$) als auch N(d$_2$) sehr nahe bei eins liegen, ist die Wahrscheinlichkeit der Optionsausübung sehr hoch, denn für N(d$_1$) = 1 und für N(d$_2$) = 1 gilt:

$$C = A \cdot 1 - X \cdot e^{-rt} \cdot 1$$

Diese Gleichung entspricht der Definition des inneren Wertes. Beim Binomialmodell wurde bereits gezeigt, dass bei einem positiven inneren Wert eine Option ausgeübt wird.
Sind N(d$_1$) und N(d$_2$) sehr nahe bei Null, wird die Calloption sehr wahrscheinlich am Ende der Laufzeit nicht im Geld enden. Der Preis der Calloption ist dann Null. Für N(d$_1$) = 0 und für N(d$_2$) = 0 gilt:

$$C = A \cdot 0 - X \cdot e^{-rt} \cdot 0 = 0 \text{ EUR}$$

Für alle Werte zwischen Null und Eins kann der Callpreis als die mögliche Auszahlung bei Verfall relativiert um die Wahrscheinlichkeit, dass die Option tatsächlich im Geld endet, interpretiert werden.

Im Folgenden sei noch erläutert, warum $N(d_1)$ und $N(d_2)$ **risikoadjustierte Wahrscheinlichkeiten** sind. Eine genaue Analyse würde zu komplexen statistischen Zusammenhängen führen (vgl. BODIE/KANE/MARCUS 2002, S. 711).

Bei der Berechnung von (d_1) steht im Zähler der Ausdruck $\ln(A/X)$. Dieser gibt näherungsweise die Wahrscheinlichkeit an, mit der eine Option zur Zeit im oder aus dem Geld liegt.

Liegt der aktuelle Aktienkurs (A) bei 100 EUR und der Basispreis (X) bei 80 EUR, dann liegt die Wahrscheinlichkeit, dass die Option **im Geld** endet zur Zeit bei 22,31 %:

$$\ln(A/X) = \ln A - \ln X = \ln 100 - \ln 80 = 0,2231 = 22,31\%$$

Bei einem aktuellen Aktienkurs von wiederum 100 EUR, aber einem neuen Basispreis von 120 EUR, liegt die Wahrscheinlichkeit, dass die Option **aus dem Geld** endet, bei 18,23 %:

$$\ln(A/X) = \ln A - \ln X = \ln 100 - \ln 120 = -0,1823 = -18,23\%$$

Der Nenner der Gleichung für (d_1) bzw. (d_2) relativiert den Einfluss der Größe $\ln(A/X)$. Dieser besteht aus dem Term ($\sigma \cdot \sqrt{t}$). Eine Calloption liegt mit einer bestimmten Wahrscheinlichkeit im Geld. Bei einer hohen Volatilität und zugleich einer hohen Restlaufzeit ist die Wahrscheinlichkeit kleiner, dass die Option am Verfalltag auch tatsächlich im Geld endet, als bei kleiner Volatilität und kurzer Restlaufzeit.

Die Option liegt auf Basis der bisherigen Überlegungen mit 22,31 % im Geld. Im ersten Fall möge die Volatilität 40 % und die Restlaufzeit 4 Jahre betragen. Daraus ergibt sich eine risikoadjustierte Wahrscheinlichkeit für einen positiven Wert des Calls bei Ausübung von **27,89 %**:

$$\frac{\ln(A/X)}{\sigma \cdot \sqrt{t}} = \frac{\ln(100/80)}{0,4 \cdot \sqrt{4}} = 0,2789 = 27,89\%$$

Liegt die Volatilität nur bei 20 % und die Restlaufzeit bei zwei Jahren, ergibt sich eine risikoadjustierte Wahrscheinlichkeit von **78,88 %**:

$$\frac{\ln(A/X)}{\sigma \cdot \sqrt{t}} = \frac{\ln(100/80)}{0,2 \cdot \sqrt{2}} = 0,7888 = 78,88\%$$

Während für die bisherigen Überlegungen einfach ein Wert für die Volatilität (σ) angenommen wurde, ist es für den praktischen Einsatz des Black/Scholes-Modells erforderlich, diesen zu bestimmen.

4.4.3.4 Wurzelgesetz

Wird die Volatilität aus historischen Daten ermittelt, spricht man von der **historischen Volatilität**. Für ihre Berechnung werden eine ausreichende Anzahl von Daten benötigt, um aus einem statistischen Schätzer die Volatilität für das Modell zu gewinnen. Auf Grund der Verteilungsannahme wird im Black/Scholes-Modell die Volatilität nicht aus den absoluten Kursänderungen, sondern aus den **relativen Kursänderungen (k_i)** geschätzt:

$$k_i = \frac{A_i}{A_{i-1}} - 1$$

Für i=1 ergibt sich beispielsweise die relative Kursänderung (k_1) aus dem aktuellen Aktienkurs (A_0) und dem auf (A_0) folgenden Aktienkurs (A_1). Bei einer ausreichend großen Anzahl von relativen Kursänderungen berechnet sich die historische Volatilität wie folgt:

$$\sigma = \sqrt{\frac{1}{n-1} \cdot \sum_{i=1}^{n} \left(k_i - \overline{k}\right)^2}$$

Dabei ist (n) die Anzahl der in die Berechnung eingehenden relativen Kursänderungen und ($\overline{k}$) das arithmetische Mittel der relativen Kursänderungen.
Beide Ansätze ergeben die **Volatilität auf Jahresbasis**. Im Black/Scholes-Modell ist es gegebenenfalls nötig, die Volatilität an eine andere Restlaufzeit anzupassen. Dies geschieht über das **Wurzelgesetz**. Es sorgt dafür, dass bei Abnahme der Restlaufzeit die Volatilität sinkt.

$$\sigma_{t-\text{Jahre}} = \sqrt{t} \cdot \sigma_{1-\text{Jahr}}$$

Der Parameter (t) gibt die Restlaufzeit der Option in Jahren an. Für eine Restlaufzeit von einem Jahr und drei Monaten ist t=1,25. Für Optionen mit sehr kurzer Restlaufzeit bietet sich eine Betrachtung in Tagen an:

$$\sigma_{t-Tage} = \sqrt{\frac{t_{in\,Tagen}}{365}} \cdot \sigma_{365-Tage}$$

Wird das Jahr mit 360 Tagen gezählt (Konvention act/360), ist 365 durch 360 zu ersetzen.

4.4.3.5 Einfluss der Volatilität und der Restlaufzeit auf den Optionspreis

In Kapitel 4.3.4 wurden bereits wichtige Preisbestimmungsfaktoren für Optionen erläutert. Gleichzeitig wurde darauf hingewiesen, dass der Einfluss der Volatilität und der Restlaufzeit nur anhand eines geeigneten Optionspreismodells erfolgen kann. Ihr Einfluss auf den Optionspreis sei nun anhand des Black/Scholes-Modells dargestellt.

Für den **Einfluss der Volatilität** muss nach Optionen im, am und aus dem Geld unterschieden werden (vgl. STEINBRENNER 1996, S. 222 ff.). Für **im Geld** stehende Optionen wächst die Wahrscheinlichkeit eines Totalausfalls mit steigender Volatilität. Ein Totalausfall bedeutet, dass die Option bei Verfall keinen inneren Wert besitzt und aus dem Geld liegt. Dies ist plausibel, da bei einer hohen Schwankungsbreite die Wahrscheinlichkeit höher ist, dass die Option letztlich doch nicht im Geld endet.

Für Optionen, die **aus dem Geld** liegen, gilt genau das Gegenteil. Eine höhere Volatilität erhöht die Wahrscheinlichkeit, dass diese Option noch ins Geld kommt und somit einen positiven Wert bei Verfall besitzt.

Steht die Option exakt **am Geld,** steigt ebenfalls die Wahrscheinlichkeit eines Totalausfalls bei steigender Volatilität. Dies hängt mit den statistischen Annahmen der Kursverläufe im Black/Scholes-Modell zusammen.

Das aktuelle Verhältnis zwischen dem Kurs des Basiswertes und dem Basispreis wird als **Moneyness** bezeichnet. Die Moneyness ist demnach ein Ausdruck für die Werthaltigkeit von Basisinstrumenten.

Einen Überblick über den Zusammenhang von Volatilität und Ausfallwahrscheinlichkeit gibt Abb. 133.

Moneyness \ Volatilität	niedrig	hoch
Im Geld	Ausfallwahrscheinlichkeit ↓	Ausfallwahrscheinlichkeit ↑
Am Geld	Ausfallwahrscheinlichkeit ↓	Ausfallwahrscheinlichkeit ↑
Aus dem Geld	Ausfallwahrscheinlichkeit ↑	Ausfallwahrscheinlichkeit ↓

Abb. 133: Zusammenhang von Volatilität und Ausfallwahrscheinlichkeit

Im Gegensatz zur Volatilität ist der **Einfluss der Restlaufzeit** für Call- und Putoptionen eindeutig. Für beide Optionstypen nimmt der Wert bei abnehmender Restlaufzeit ab. Diese Aussage ist zumindest dann eindeutig, wenn im Rahmen der Betrachtung des Black/Scholes-Modells für europäische Optionen keine Dividendenzahlungen berücksichtigt werden. Liegt eine Option weit **im Geld** und ist die Restlaufzeit sehr kurz, wird sie zusätzlich zum inneren Wert nur einen sehr niedrigen Zeitwert haben, da ihre Ausübung fast sicher ist.

Bei Optionen, die weit **aus dem Geld** liegen, ist der Zeitwert bei kurzer Restlaufzeit ebenfalls sehr niedrig, da sie mit großer Wahrscheinlichkeit auch am Verfalltag aus dem Geld liegen werden. Eine derartige Option hat nur eine sehr geringe Chance, dass sich im Rahmen der verbleibenden Restlaufzeit ihr Kurs noch wesentlich verändert.

Eine hohe Restlaufzeit wirkt sich sowohl für Call- als auch für Putoptionen wertsteigernd aus. Je länger die Restlaufzeit, umso positiver ist ihr Einfluss auf den Optionspreis.

4.4.3.6 Bewertungsformel für Putoptionen

Bisher wurde für die Darstellung des Black/Scholes-Modell immer von Calloptionen ausgegangen. Die Bewertung eines Puts kann mit Hilfe der Put-Call Parität aus der Callbewertung abgeleitet werden. Die Formel für einen Put lautet:

$$P = X \cdot e^{-rt} \cdot N(-d_2) - A \cdot N(-d_1)$$

Bei einer Putoption sind (d_1) und (d_2) analog zum Call definiert:

$$d_1 = \frac{\ln(A/X) + (r + \sigma^2/2) \cdot t}{\sigma\sqrt{t}}$$

$$d_2 = d_1 - \sigma\sqrt{t}$$

Für das Ablesen der Wahrscheinlichkeiten aus der Tabelle der Standardnormalverteilung gilt:

$N(-d_1) = 1 - N(d_1)$

$N(-d_2) = 1 - N(d_2)$

Die Quantile der Standardnormalverteilung können wieder der Tabelle im Anhang entnommen werden. Alternativ kann die Berechnung der Quantile auch mit der Funktion „STANDNORMVERT" in EXCEL erfolgen.

Durch Einsetzen in die Black/Scholes-Formel ergibt sich für den Put mit den Daten aus Abb. 134 ein fairer **Putpreis** von **4,43 EUR**. Durch Einsetzen ergeben sich für (d_1) und (d_2) folgende Werte:

$$d_1 = \frac{\ln(100/100) + (0,1 + 0,2231^2/2) \cdot 1}{0,2231\sqrt{1}} = 0,5598$$

$$d_2 = 0,5598 - 0,2231\sqrt{1} = 0,3367$$

Daraus ergeben sich die Quantile der Standardnormalverteilung von $N(-d_1) = 0,2877$ und $N(-d_2) = 0,3669$.

Optionspreismodelle

Durch Einsetzen der Wahrscheinlichkeiten in die Black/Scholes-Formel ergibt sich ein fairer **Preis** der Putoption von **4,43 EUR**.

$$P = 100 \cdot e^{-0,1 \cdot 1} \cdot 0{,}3669 - 100 \cdot 0{,}2877 = 4{,}43 \text{ EUR}$$

Basiswert	Aktie	**Typ**	europäisch
Position	Put	**Laufzeit (t)**	1 Jahr
Aktienkurs (A)	100	**stetiger Zins (r)**	10 % p.a.
Basispreis (X)	100	**Volatilität (σ)**	22,31 %
Bezugsverhältnis	1 : 1		
d_1	0,5598	$N(-d_1)$	0,2877
d_2	0,3367	$N(-d_2)$	0,3669
Optionspreis nach Black / Scholes		**4,43 EUR**	

Abb. 134: Beispielberechnung einer Putoption nach Black/Scholes

4.4.4 Vergleich der Modelle

Die Bewertungen für die Call- und Putoptionen führen in den behandelten Beispielen für das Binomialmodell und das Black/Scholes-Modell zu unterschiedlichen Ergebnissen (vgl. Abb. 135). Dabei sind die verwendeten Daten der Optionen und die Volatilitäten identisch.

Analysiert man die Ursachen, ergibt sich der Hauptunterschied aus den unterschiedlichen Annahmen über die **Kursverlaufshypothese**. Während beim Black/Scholes-Modell eine stetige Kursfeststellung erfolgt, werden im Einperiodenfall des Binomialmodells nur zwei Kurse festgestellt.

	Putpreis	**Callpreis**
Binomialmodell (Einperiodenfall)	6,06 EUR	15,15 EUR
Black/Scholes-Modell	4,43 EUR	16,59 EUR

Abb. 135: Vergleich der Optionsbewertungen

Werden statt nur zwei Kursen im Binomialmodell unendlich viele Kurse festgestellt, gleichen sich die Bewertungen beider Modelle an. Aus der ursprünglichen diskreten Funktion im Binomialmodell entsteht eine stetige Funktion. Damit konvergiert die Verteilung der Aktienkurse gegen die Normalverteilung, die im Black/Scholes-Modell verwendet wird. Dies entspricht der Anwendung des **zentralen Grenzwertsatzes** (vgl. Abb. 136, zum zentralen Grenzwertsatz vgl. BOSCH 1993, S. 332 ff.).

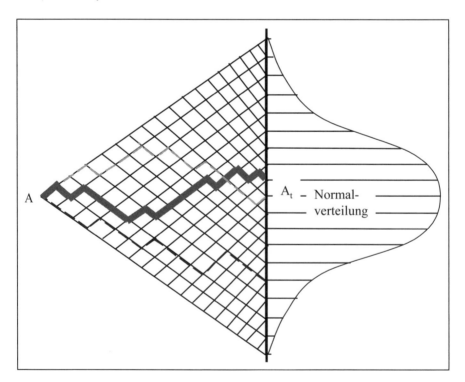

Abb. 136: Von der einfachen zur kontinuierlichen Kursentwicklungshypothese

Da bei einer sehr großen Anzahl von Kursen sich das Binomialmodell und das Black/Scholes-Modell entsprechen, kann das Black/Scholes-Modell als kontinuierlicher Grenzfall des Binomialmodells interpretiert werden.

4.5 Fallstudien zu Optionspreismodellen

4.5.1 Fallstudie 12: Bewertung mit dem Binomialmodell

Der aktuelle Kurs der X-Aktie beträgt 95 EUR. Die Volatilität liegt bei 20 %. Der risikolose Zins ist 8,0 % für ein Jahr. Folgende Informationen liegen zur Bewertung einer europäischen Aktienoption auf die X-Aktie vor:

Basispreis: 100 EUR
Laufzeit: 1 Jahr
Schritte im Binomialbaum: 3

a) Berechnen Sie den **Wachstumsfaktor (a)**, den **Aufwärtsfaktor (u)** und den **Abwärtsfaktor (d)** der Option.

b) Berechnen Sie den **Kursverlauf** für den Binomialbaum.

c) Wie hoch sind die **inneren Werte** der Putoption in den Szenarien in t=3?

d) Wie hoch ist der **Wert der europäischen Putoption** in t=0?

Alternativ möchte ein Investor wissen, welchen Preis eine ausstattungsgleiche amerikanische Putoption auf die X-Aktie hat.

e) Berechnen Sie den **Wert der amerikanischen Putoption** in t=0!

4.5.2 Fallstudie 13: Bewertung mit dem Black/Scholes-Modell

Ein Unternehmen möchte eine Calloption auf die X-Bank erwerben. Der aktuelle Stand der X-Aktie beträgt 82 EUR. Die Laufzeit der Option soll drei Jahre betragen. Die Volatilität liegt zur Zeit bei 55 %. Der aktuelle Nullkuponzins beträgt für 3 Jahre 4,2 %. Der Basispreis der Option liegt bei 110 EUR.

a) Berechnen Sie den **Preis** der Option per t=0 mit Hilfe der Black/Scholes-Formel.

b) Wie ändert sich der Wert, wenn die Volatilität auf 15 % sinkt?

c) Wie hoch ist der **Wert** der Option ein Jahr später, wenn alle Parameter die gleichen Werte wie in der Ausgangssituation annehmen, der Aktienkurs jetzt aber bei 84 EUR liegt?

5 Strukturierte Finanzprodukte mit Aktienoptionen

5.1 Aktienanleihen

5.1.1 Produktdesign

Die bisher vorgestellten Basisbausteine können auch miteinander kombiniert werden, um ein den Investorenwünschen entsprechendes Auszahlungsprofil zu generieren. Man spricht dann von strukturierten Finanzprodukten. Zu diesen zusammengesetzten Finanzprodukten gehören auch die im Folgenden untersuchten **Aktienanleihen, Discount-Zertifikate** und **index-basierten Anleihen.**

Aus dem Namen Aktienanleihe ist bereits zu erkennen, dass dieses Produkt sowohl Anleihe- als auch Aktienbestandteile enthält. Die Einzelbestandteile wurden in den Kapiteln 3.1 und 4 ausführlich behandelt. Nun sollen sie zum strukturierten Produkt der Aktienanleihe zusammengeführt werden.

Die Aktienanleihe ist eine **Inhaberschuldverschreibung** mit einer festen Laufzeit von meist einem Jahr. Gegenüber einer herkömmlichen festverzinslichen Anleihe grenzt sie sich durch zwei Merkmale ab:

- Ihr Kupon liegt deutlich über dem Marktniveau.

- Der Emittent hat ein Wahlrecht bezüglich der Rückzahlung.

Der Kaufanreiz soll dadurch erzielt werden, dass der **Kupon** der Aktienanleihe deutlich über dem Kupon einer normalen, laufzeitgleichen Anleihe liegt. Das **Wahlrecht des Emittenten** bei der Rückzahlung ermöglicht es diesem, entweder den Nominalbetrag oder eine vertraglich vereinbarte Anzahl von Aktien einer ebenfalls im Voraus festgelegten Aktiengesellschaft zu liefern.

Das Zahlungsprofil soll beispielhaft anhand einer Aktienanleihe der X-Bank erläutert werden (vgl. Abb. 137).

Emittentin	X-Bank
Laufzeit	1 Jahr
Stückelung	3.000 EUR oder ein vielfaches Volumen
Verzinsung	10 % p.a.
Basiswert	Aktien der Siemens AG
aktueller Börsenkurs der Aktie	75 EUR
Basispreis der Option	60 EUR
Rückzahlung	endfällig zu 100 % oder Lieferung von 50 Aktien der Siemens AG pro Nennwert von 3.000 EUR
Emissionskurs	100,00

Abb. 137: Beispiel einer Aktienanleihe

Garantiert wird bei dieser Aktienanleihe ein Kupon von 10 % auf das eingesetzte Nominalkapital gezahlt. Der Mindestanlagebetrag beträgt 3.000 EUR oder ein Vielfaches davon. Bei der Rückzahlung des Nominalkapitals hat die Emittentin **zwei Alternativen**. Dabei sei im Folgenden angenommen, dass ein Investor die Mindestsumme von 3.000 EUR investiert.

Im Beispiel hat die X-Bank das Recht, entweder 3.000 EUR oder alternativ 50 Aktien der Siemens AG zur endfälligen Tilgung der Aktienanleihe pro Nominalvolumen von 3.000 EUR zu zahlen. Der Basispreis für die Option liegt bei 60 EUR.

Fall 1: Aktienkurs < Basispreis

Sollte bei Fälligkeit der Kurs der Siemens Aktie unter dem Basispreis liegen, wird die Emittentin eine **Rückzahlung in Aktien** vornehmen. Liegt der Aktienkurs am Verfalltag beispielsweise bei 50 EUR, dann liefert die X-Bank 50 Siemens Aktien im Wert von 2.500 EUR.

Tilgung$_{Aktien}$ = 50 · 50 = 2.500 EUR

Der Gegenwert dieser Tilgungsvariante ist für die Emittentin günstiger als eine Rückzahlung des Nominalvolumens von 3.000 EUR in Geld.

Fall 2: Aktienkurs ≥ Basispreis

Wenn die Aktie der Siemens AG am Verfalltag über dem Basispreis notiert, wird die Emittentin eine **Rückzahlung in Geld** vornehmen. Liegt der Kurs der Siemens AG am Verfalltag beispielsweise bei 80 EUR, würde eine Tilgung in Aktien einem Gegenwert von 4.000 EUR entsprechen.

Tilgung$_{Aktien}$ = 50 · 80 = 4.000 EUR

Der Gegenwert dieser Tilgung in Aktien ist für die X-Bank teurer als die Rückzahlung des Nominalvolumens in Geld von 3.000 EUR.

5.1.2 Vergleich zwischen Aktienanleihe und Direktinvestion

Weil für die Emittentin ein Rückzahlungswahlrecht besteht, bietet sich aus Sicht eines potenziellen Investors ein Vergleich der Aktienanleihe mit einer Direktinvestition in die Siemens Aktie an.

Entweder werden 3.000 EUR in die Aktienanleihe oder direkt in die Siemens Aktie investiert. Bei einem aktuellen Börsenkurs der Siemens AG von 75 EUR könnten 40 Aktien erworben werden.

$$\text{Aktienanzahl} = \frac{\text{Investitionsvolumen 3.000 EUR}}{\text{Aktienkurs 75 EUR}} = 40 \text{ Stück}$$

Die 40 Siemens Aktien stellen die **Opportunität** zum Erwerb der Aktienanleihe dar. Das Gewinn- und Verlustprofil der beiden Alternativen kann miteinander verglichen werden.

Als erstes sei die Siemens Aktie betrachtet. Da der Investor die Aktie kaufen würde, ergibt sich eine Longposition in der Aktie (vgl. Abb. 138).

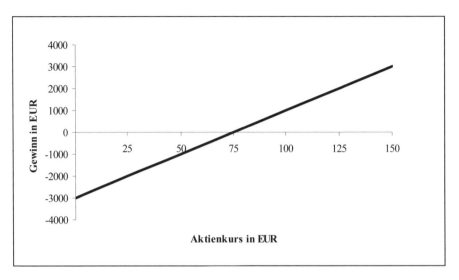

Abb. 138: Gewinn- und Verlustprofil der Siemens Aktie (Basis 40 Aktien)

Das **Gewinn- und Verlustprofil für eine Aktie long** ist eine monoton steigende Gerade mit der Steigung von eins. Damit ist auch das Delta einer Longposition in Aktien eins. Das Gewinn- und Verlustprofil ist für fallende und steigende Kurse absolut symmetrisch. Bei einem Kursanstieg von 75 EUR auf 100 EUR gewinnt der Investor bei 40 Aktien long 1.000 EUR und bei einem Kursrückgang von 75 EUR auf 50 EUR verliert er 1.000 EUR.

Kursgewinn = (100 −75) · 40 = + 1.000 EUR

Kursrückgang = (50 - 75) · 40 = - 1.000 EUR

Fällt der Wert der Aktie unter den aktuellen Kurs von 75 EUR, entsteht sofort eine Verlustposition. Steigt die Aktie, hat der Investor zumindest theoretisch unbeschränkte Gewinnmöglichkeiten.

Als zweites sei die Aktienanleihe betrachtet. Sie ist eine Kombination aus einer Longposition in Aktien mit einer Kursobergrenze und einer festverzinslichen Anleihe. Das **Gewinn- und Verlustprofil einer Aktienanleihe** wird in Abb. 139 gezeigt. Zum Vergleich ist auch das Gewinn- und Verlustprofil der Aktie mit abgetragen.

Aktienanleihen

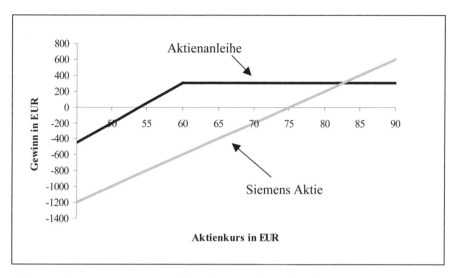

Abb. 139: Gewinn- und Verlustprofil der Aktienanleihe und der Siemens Aktie

Das Wahlrecht der Emittentin sorgt dafür, dass ein Investor mit der Aktienanleihe maximal einen Ertrag in Höhe des Kupons von 10 % erreichen kann. Die Rendite von 10 % wird dann erreicht, wenn die Siemens Aktie am Verfalltag mindestens einen Kurs in Höhe des Basispreises besitzt. Im Beispiel wird die Maximalrendite ab einem Aktienkurs von 60 EUR erzielt. Steigt die Siemens Aktie über 60 EUR, entsteht für den Inhaber der Aktienanleihe kein zusätzlicher Gewinn.

Fällt jedoch der Aktienkurs unter den Basispreis, wird der Inhaber der Aktienanleihe durch das Rückzahlungswahlrecht der Emittentin an den Verlusten beteiligt. Bei einem Aktienkurs von 50 EUR am Verfalltag würde er einen **Verlust** in Höhe von 200 EUR realisieren, bei einem Aktienkurs von 40 EUR sogar von 700 EUR. Eine Übersicht über die **Renditeanalyse** bei alternativen Aktienkursen gibt Abb. 140.

Das Gewinn- und Verlustprofil der Aktie macht deutlich, dass sofort ein Verlust entsteht, wenn die Aktie unter den aktuellen Kurs von 75 EUR fällt. Offen ist noch, bei welchem Aktienkurs die Aktienanleihe in die Verlustzone gerät. Dies kann über eine **Break-Even Rechnung** ermittelt werden:

$$\text{Break} - \text{Even} = \frac{\text{Investitionsvolumen Aktienanleihe} - \text{Kuponzahlung}}{\text{Aktienanzahl bei Tilgung in Aktien}}$$

Aktienkurs in EUR	Tilgungsart	Rückzahlungsbetrag Aktien/Kapital+Zinsen in EUR	Ertrag in EUR	Rendite in %
45	Aktien	2.250 + 300 = 2.550	- 450	- 15,00
50	Aktien	2.500 + 300 = 2.800	- 200	- 6,67
55	Aktien	2.750 + 300 = 3.050	+ 50	+ 0,02
60	Kapital	3.000 + 300 = 3.300	+ 300	+ 10,00
65	Kapital	3.000 + 300 = 3.300	+ 300	+ 10,00
70	Kapital	3.000 + 300 = 3.300	+ 300	+ 10,00
75	Kapital	3.000 + 300 = 3.300	+ 300	+ 10,00
80	Kapital	3.000 + 300 = 3.300	+ 300	+ 10,00
85	Kapital	3.000 + 300 = 3.300	+ 300	+ 10,00

Abb. 140: Renditeanalyse der Aktienanleihe bei alternativen Aktienkursen

Das Investitionsvolumen beträgt im Beispiel 3.000 EUR. Der Kupon in Höhe von 10 % garantiert eine Kuponzahlung von 300 EUR. In den Emissionsbedingungen wurde festgelegt, dass bei einer Tilgung in Aktien 50 Siemens Aktien geliefert werden. Für die Aktienanleihe der X-Bank ergibt sich damit ein **Break-Even Kurs** von **54 EUR** (vgl. auch Abb. 139).

$$\text{Break} - \text{Even} = \frac{3.000 \text{ EUR} - 300 \text{ EUR}}{50} = 54 \text{ EUR}$$

Während die Direktinvestition bereits bei jedem Aktienkurs unter 75 EUR in die Verlustzone gerät, ist dies bei der Aktienanleihe erst ab 54 EUR der Fall. Für diesen niedrigeren Break-Even Kurs der Aktie bei der Aktienanleihe sorgt zum einen der Kupon von 10 % und zum anderen die Differenz zwischen dem aktuellen Aktienkurs von 75 EUR und dem Basispreis von 60 EUR. Die Siemens Aktie kann vom aktuellen Kurs noch einen Kursabschlag von 15 EUR bzw. 20 % hinnehmen, ohne dass die Maximalrendite der Aktienanleihe unterschritten wird. Diese 20 % sind der **Risikopuffer** der Aktienanleihe.

Ferner kann noch untersucht werden, ab wann die Aktie eine höhere Rendite liefert als die Aktienanleihe. Die maximale Rückzahlung, die durch die Aktienanleihe erreicht werden kann, sind 3.300 EUR. Die Opportunität besteht im Kauf von 40 Aktien der Siemens AG. Damit ergibt sich ab einem Kurs von 82,50 EUR eine bessere Rendite für die Direktinvestition (vgl. Abb. 139).

$$\text{Renditevorteil Aktie ab: } \frac{3.300 \text{ EUR}}{40} = 82{,}50 \text{ EUR}$$

Wenn die Aktie, ausgehend vom heutigen Kursniveau von 75 EUR, noch um mehr als 7,50 EUR bzw. 10 % steigt, wäre eine Direktinvestition vorteilhafter. Durch den Risikopuffer von 20 % bei fallenden Kursen und den Renditevorteil bei steigenden Kursen von 10 % ist die Aktienanleihe insbesondere dann eine interessante Anlageform für Investoren, wenn diese eine **Seitwärtsbewegung** der Kurse erwarten.

5.1.3 Risiken und Auswahlkriterien

Der potenzielle Investor einer Aktienanleihe sollte vor dem Kauf analysieren, ob die mit dem Erwerb verbundenen Risiken von den Chancen aufgewogen werden.

Das Hauptrisiko des Anlegers besteht in einem **Kursverfall** der zugrundeliegenden Aktie. Im Beispiel kann die Aktie von 75 EUR auf 60 EUR fallen, ohne dass die Maximalrendite verfehlt wird. Der Aktienkurs kann sogar auf 54 EUR fallen, ohne dass ein Kapitalverlust realisiert wird. Sollte der Aktienkurs jedoch die Grenze von 54 EUR unterschreiten, entsteht ein Verlust auf das eingesetzte Kapital. Dies würde zu einer negativen Rendite der Aktienanleihe führen. Der Kurs der Aktieanleihe der X-Bank ist somit stark abhängig vom Kurs der Siemens Aktie.

Der hohe Kupon einer Aktienanleihe senkt den Break-Even Punkt, von dem an die Anlage in den Verlust gerät. Die Aktienanleihe der X-Bank hat einen Risikopuffer von 20 %. Die Direktinvestition in die Siemens Aktie hat dagegen keinen Risikopuffer und gerät bei einem Kursrückgang direkt in die Verlustzone.

Die **Maximalrendite** entsteht ab einem Kurs der Siemens AG von 60 EUR. Steigt der Kurs über diesen Basispreis partizipiert der Anleger nicht länger von steigenden Aktienkursen. Eine Direktinvestition in Aktien erreicht aber erst ab einem Kurs von 82,50 EUR eine bessere Rendite, da der Aktienanleihe mehr Aktien zugrundeliegen als der Direktinvestition. Der Mindestanlagebetrag der Aktienanleihe von 3.000 EUR basiert auf 50 Siemens Aktien.

$$\text{Stückzahl} = \frac{\text{Nominalvolumen}}{\text{Basispreis}} = \frac{3.000 \text{ EUR}}{60 \text{ EUR}} = 50$$

Bei einer Direktinvestition können nur 40 Aktien gekauft werden, da der aktuelle Kurs mit 75 EUR über dem Basispreis von 60 EUR liegt.

$$\text{Stückzahl} = \frac{\text{Nominalvolumen}}{\text{aktueller Kurs}} = \frac{3.000 \text{ EUR}}{75 \text{ EUR}} = 40$$

Damit muss der Kurs der Siemens Anleihe bei einer Direktinvestition stärker steigen. Es muss ein höherer Kursgewinn pro Aktie entstehen, damit die Aktie einen Renditevorteil gegenüber der Aktienanleihe erzielt.

Damit eine Aktienanleihe für einen Investor zu einer vorteilhaften Anlage wird, sollten die folgenden **Auswahlkriterien** beachtet werden.

Optimal für eine Investition wäre eine **Seitwärtsbewegung** des Aktienkurses. Bleibt die Siemens Aktie auf ihrem derzeitigen Niveau oder fällt sie maximal um 20 % auf 60 EUR, erhält der Inhaber der Aktienanleihe die Maximalrendite von 10 %. Bei stark steigenden Kursen, im Beispiel bei Kursen über 82,50 EUR, wäre eine Direktinvestition in die Siemens Aktie sinnvoller. Bei stärker fallenden Kursen gerät die Aktienanleihe zwar auch ab 54 EUR in die Verlustzone, der Verlust bei einer Direktinvestition wäre jedoch höher. Ein besonders geeigneter Basiswert für eine Aktienanleihe ist demnach eine Aktie, die nur eine eingeschränkte Schwankungsintensität hat. Die Schwankungsintensität einer Aktie wird durch deren Volatilität ausgedrückt.

Der aktuelle **Aktienkurs** und der **Basispreis** der Anleihe entscheiden darüber, wie groß die Sicherheit der Aktienanleihe ist. Die Sicherheit wird dabei durch den Risikopuffer ausgedrückt. Wenn der Basiswert aktuell über dem Basispreis notiert, wird die Wahrscheinlichkeit geringer, dass die Rückzahlung des eingesetzten Kapitals in Aktien erfolgt. Je größer der Abstand zwischen dem aktuellen Aktienkurs und dem Basispreis ist, desto größer ist der Risikopuffer bis zur Verlustzone. Im Beispiel beträgt der aktuelle Kurs der Siemens AG 75 EUR, der Basispreis liegt bei 60 EUR. Die Aktienanleihe hat auf Grund des Verhältnisses von Aktienkurs und Basispreis einen Risikopuffer von 15 EUR bzw. 20 %. Bei einem stärkeren Rückgang des Aktienkurses wird die Maximalrendite unterschritten.

Der gesamte Risikopuffer einer Aktienanleihe wird aber nicht nur durch den Basispreis und den Aktienkurs bestimmt. Eine weitere Einflussgröße auf den Risikopuffer ist die Höhe des **Kupons**. Ein hoher Kupon kann Verluste des eingesetzten Kapitals bei Rückzahlung in Aktien zumindest teilweise kompensieren. Der Kupon beträgt im Beispiel 10 %. Diese Kuponzahlung ist garantiert und unabhängig vom Kursverlauf der Aktie. Durch die Kuponzahlung wird die Verlustzone bei der Aktienanleihe der X-Bank erst ab einem Kurs der Siemens Aktie unter 54 EUR erreicht. Damit beträgt der Risikopuffer bis zur Verlustzone 21 EUR oder 28 %. Der gesamte Risikopuffer wird sowohl durch das Verhältnis von Aktienkurs zu Basispreis als auch durch die Höhe des Kupons einer Aktienanleihe bestimmt.

5.1.4 Bewertung einer Aktienanleihe

Die Aktienanleihe gehört zu den strukturierten Finanzprodukten. Sie wird aus verschiedenen Basisinstrumenten konstruiert. Für die Bewertung muss das Auszahlungsprofil einer Aktienanleihe durch die passenden Basisinstrumente **synthetisch** nachgebildet werden. Sind die Teilkomponenten bekannt, werden diese einzeln bewertet. Aus der Summe der Preise der Einzelbausteine wird anschliessend ein synthetischer Gesamtpreis hergeleitet. Dieser wird mit dem Preis der Aktienanleihe verglichen.

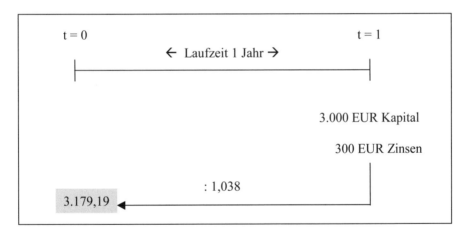

Abb. 141: Bewertung der Anleihe als erste synthetische Komponente der Aktienanleihe

Eine Aktienanleihe besteht aus zwei Basisinstumenten. Der erste Bestandteil ist eine **Anleihe**. Diese Anleihe hat die gleiche Laufzeit wie die zugrundeliegende Aktienanleihe. Sie wird endfällig getilgt. Ihr Kupon hat die gleiche Verzinsung wie der Kupon der Aktienanleihe. Die Aktienanleihe der X-Bank hat eine Laufzeit von einem Jahr. Die zu bewertende Anleihe muss die gleiche Laufzeit haben. Der Kupon beträgt 10 %. Kennt man den Cash Flow der Anleihe, kann deren aktueller Barwert durch einen Vergleich mit dem laufzeitspezifischen risikolosen Geld- und Kapitalmarktzins bestimmt werden (vgl. Abb. 141). Der risikolose Zinssatz beträgt für ein Jahr 3,80 %. Damit errechnet sich für die Anleihe ein **Barwert** von **3.179,19 EUR**.

Der Barwert der Anleihe ist abhängig vom Marktzins. Steigende Zinsen bedeuten fallende Kurse und fallende Zinsen steigende Kurse. Die Entwicklung des Barwerts der Anleihe ist in Abb. 142 wiedergegeben.

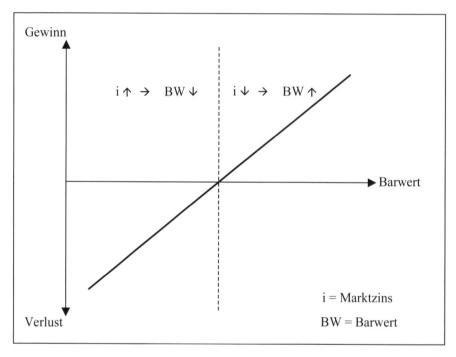

Abb. 142: Barwertentwicklung der Anleihe bei Marktzinsänderungen

Der zweite Bestandteil der Aktienanleihe ist eine **Putoption**. Eine Putoption ist notwendig, da die Emittentin ihr Wahlrecht dann ausüben wird, wenn der Aktienkurs im Fälligkeitszeitpunkt unter dem Basispreis liegt und sie daher weniger als den Nominalbetrag zurückzahlen muss. Die Putoption muss die gleiche Laufzeit haben wie die Aktienanleihe. Basiswert und Basispreis müssen ebenfalls übereinstimmen. Wenn ein Investor eine Aktienanleihe erwirbt, ergibt sich für ihn eine **Shortposition** in Putoptionen, da die Emittentin das Wahlrecht bezüglich der Art der Rückzahlung hat. Der Investor hat damit die Stillhalterposition inne.

Die Aktienanleihe der X-Bank hat einen Basispreis von 60 EUR. Deshalb muss die Putoption auch einen Basispreis von 60 EUR aufweisen. Das Auszahlungsprofil einer Short Putoption mit diesem Basispreis ist in Abb. 143 zu sehen.

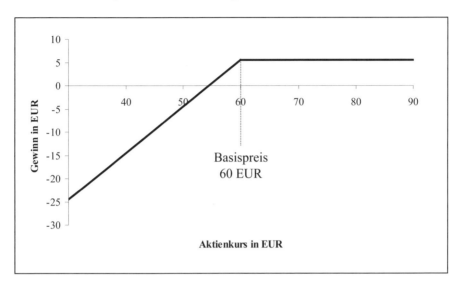

Abb. 143: Short Putoption als zweiter Bestandteil der Aktienanleihe

Die Putoption mit den notwendigen Parametern muss durch ein Optionspreismodell bewertet werden. Es sei eine jährliche Volatilität von 47 % angenommen. Für die Aktienanleihe im Beispiel wird die Bewertung durch das Black/Scholes-Modell vorgenommen. Es ergibt sich ein **Putpreis** von **5,52 EUR**.

Die Werte für (d_1) und (d_2) ergeben sich aus den nachfolgenden Berechnungen:

$$d_1 = \frac{\ln(75/60) + (0{,}038 + 0{,}47^2/2) \cdot 1}{0{,}47\sqrt{1}} = 0{,}79$$

$$d_2 = 0{,}79 - 0{,}47\sqrt{1} = 0{,}32$$

Aus der Tabelle der Standardnormalverteilung (vgl. Anhang) ergeben sich folgende Quantilswerte N(-d_1) und N(-d_2):

$$N(d_1) = N(0{,}79) = 0{,}7852 \Rightarrow N(-d_1) = 1 - N(d_1) = 0{,}2148$$

$$N(d_2) = N(0{,}32) = 0{,}6255 \Rightarrow N(-d_2) = 1 - N(d_2) = 0{,}3745$$

Setzt man die Werte in die Putpreisformel ein, ergibt sich:

$$P = X \cdot e^{-rT} \cdot N(-d_2) - A \cdot N(-d_1)$$
$$P = 60 \cdot e^{-0,038 \cdot 1} \cdot 0,3745 - 75 \cdot 0,2148 = 5,52 \text{ EUR}$$

Bei einer Rückzahlung der Aktienanleihe in Aktien werden aber nicht nur eine, sondern 50 Aktien der Siemens AG geliefert. Die Putoption möge ein Bezugsverhältnis von eins zu eins haben. Dann sind 50 Putoptionen notwendig. Der **Gesamtwert der Putoptionen** beläuft sich auf **276 EUR**.

$$\text{Gesamtwert Putoptionen} = 5,52 \text{ EUR} \cdot 50 = 276 \text{ EUR}$$

Aus dem Barwert der Anleihe und dem Gesamtwert der Putoptionen (Prämie) kann ein synthetischer Wert für die Aktienanleihe berechnet werden. Der Investor geht eine Longposition in der Anleihe ein. Durch den Kauf der Anleihe hat er einen Mittelabfluss von 3.179,19 EUR. Gleichzeitig geht er eine Shortposition in den Putoptionen ein. Durch den Verkauf der 50 Putoptionen erhält er einen Mittelzufluss in Höhe von 276 EUR. Insgesamt ergibt sich ein Mittelabfluss bzw. ein rechnerischer Kaufpreis der Aktienanleihe von 2.903,19 EUR.

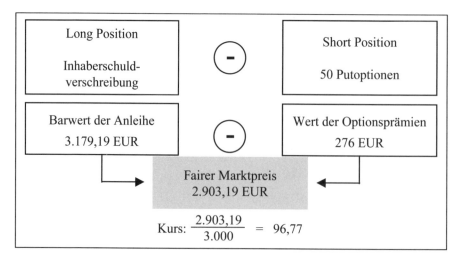

Abb. 144: Bewertung der Aktienanleihe

Der Kurs der Aktienanleihe ist eine relative Größe, die aus dem Betrag des Kaufpreises und dem Nominalvolumen berechnet wird. Das Nominalvolumen beträgt im Beispiel 3.000 EUR. Es ergibt sich ein **fairer Kurs** der Aktienanleihe von **96,77** (vgl. Aktienanleihe von 2.903,19 EUR. Abb. 144).

Der von der X-Bank angebotene Emissionskurs beträgt 100,00. Der faire Marktpreis der Aktienanleihe liegt damit um 323 Basispunkte zu hoch. Diese 323 Basispunkte sind die **Marge** der X-Bank. Als Barwert ausgedrückt beträgt die Marge 96,81 EUR.

$$\text{Marge} = 3.000 - 2.903{,}19 = 96{,}81 \text{ EUR}$$

Das Gewinn- und Verlustprofil einer Aktienanleihe (vgl. Abb. 139) kann auch aus den Profilen von Anleihe und Putoption zusammengesetzt werden. Die Kombination der Einzelprofile ist grafisch in Abb. 145 dargestellt.

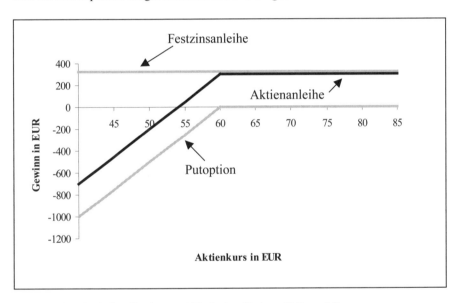

Abb. 145: Synthetisches Gewinn- und Verlustprofil einer Aktienanleihe

5.1.5 Berechnung der Kuponhöhe

Eine Aktienanleihe zeichnet sich durch einen Kupon aus, der deutlich über dem laufzeitspezifischen Marktniveau liegt. Im Beispiel liegt der risikolose Geldmarktzins bei 3,8 % für die Laufzeit von einem Jahr. Der Zins der einjährigen Aktienanleihe liegt hingegen bei 10 %.

Der Investor bekommt den höheren Kupon, weil er bereit ist, zusätzliche Risiken einzugehen. Das Risiko einer Aktienanleihe ist höher als das Risiko eines Straight-Bonds, da der Investor auch mit einer Rückzahlung in Aktien rechnen muss, deren Wert im Ausübungsfall unter dem ursprünglich investierten Nominalbetrag liegt. Der Kupon wird durch die Übernahme zusätzlicher Risiken erhöht.

Der Kupon eines erstklassigen, **risikolosen Straight-Bonds** liegt bei 3,80 % für die Laufzeit von einem Jahr. Diese Grundverzinsung garantiert dem Investor der Aktienanleihe eine Zinszahlung von 114 EUR.

$$\text{Grundverzinsung} = 3.000 \text{ EUR} \cdot 0{,}038 = 114 \text{ EUR}$$

Eigentlich müsste auf diesen risikolosen Zins zur exakten Bewertung noch ein Spread entsprechend der Bonität der Siemens AG aufgeschlagen werden. Diese wurde für das Jahr 2000 bei Standard & Poor's mit AA geratet. Da Siemens eine erstklassige Bonität mit einem entsprechend geringen Spread aufweist, wird dieser bei der Kalkulation der Kuponhöhe der Aktienanleihe im Folgenden vernachlässigt.

Der zweite Bestandteil, der die Kuponhöhe determiniert, ist die **Optionskomponente**. Für die Beispielanleihe der X-Bank ergab sich ein Wert von 276 EUR für die 50 Putoptionen. Der Investor geht wie gezeigt eine Shortposition in Putoptionen ein. Die Optionsprämie von 276 EUR wird ihm als Bestandteil des Kupons ausgezahlt.

Für eine korrekte Gesamtbewertung ist zu beachten, dass die jeweiligen Zahlungen zu identischen Zeitpunkten anfallen. Die Optionsprämie wird in t=0, d.h. zu Beginn gezahlt, die Zinsen dagegen erst in t=1, d.h. zum Ende der Laufzeit. Um die Additionsfähigkeit herzustellen, ist die Optionsprämie mit dem 1-Jahreszins auf t=1 aufzuzinsen.

$$\text{Optionsprämie in t=1: } 276 \cdot 1{,}038 = 286{,}49 \text{ EUR}$$

Aus der Verzinsung des Straight Bonds und der Putoptionen ergibt sich eine **theoretische Kuponzahlung** von 400,49 EUR.

$$\text{Theoretische Kuponzahlung} = 114 \text{ EUR} + 286{,}49 \text{ EUR} = 400{,}49 \text{ EUR}$$

Aktienanleihen

Diese 400,49 EUR Kuponzahlung entsprechen, bezogen auf ein Nominalvolumen von 3.000 EUR, einer **theoretischen Verzinsung** von 13,35 %.

$$\text{Theoretische Verzinsung} = \frac{400{,}49 \text{ EUR}}{3.000 \text{ EUR}} = 13{,}35\,\%$$

Die **tatsächliche Verzinsung** der Aktienanleihe im Beispiel liegt bei 10 %. Aus der tatsächlichen Verzinsung ergibt sich die **tatsächliche Kuponzahlung** von 300 EUR. Um eine faire Bewertung der Aktienanleihe zu erhalten, wird jede Senkung des Kuponzinses über den Kurs der Aktienanleihe korrigiert. Bei einem Kupon von 10 % ergibt sich ein fairer Kurs von 96,77 (vgl. Abb. 144). Ein Kupon von 13,35 % würde zu einem neuen Barwert von 3.276,00 EUR führen (vgl. Abb. 146).

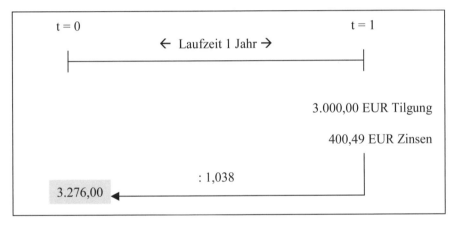

Abb. 146: Bewertung der Anleihe bei korrigiertem Kupon

Dem Investor entsteht ein Mittelabfluss in Höhe von 3.276,00 EUR für die Longposition in der Anleihe. Korrigiert man diesen um den Mittelzufluss in Höhe von 276 EUR für die Shortposition in den Putoptionen, verbleibt ein Netto-Mittelabfluss von exakt 3.000,00 EUR. Der **faire Kurs** bei einem Kupon von 13,35 % beträgt daher **100,00**.

$$\text{Fairer Kurs} = \frac{3.000{,}00}{3.000{,}00} = 100{,}00$$

Die Differenz zwischen dem Verkaufskurs und dem fairen Kurs ist die Marge der Bank. Für die Beispielanleihe ergab sich bei einem Kupon von 10 % ein fairer

Kurs von 96,77. Die X-Bank verkauft die Anleihe aber zu 100,00. Daraus ergibt sich eine Marge von 323 Basispunkten. Aus optischen Gründen (Marketing) wird die X-Bank stets bemüht sein, ihren **Emissionskurs unter pari**, d.h. unter einem Kurs von 100, zu belassen.

Würde die X-Bank einen Kupon von 13 % zahlen, wäre der faire Kurs mit 99,66 sehr nahe an 100. Eine größere Marge, die den Kurs unter 100 belässt, ist nicht möglich. Bei einem Kupon von 13,35 % notiert die Aktienanleihe zu pari. Daher hat sich die X-Bank daher für einen Kupon von 10 % auf die Aktienanleihe entschieden.

5.2 Discount-Zertifikate

5.2.1 Produktdesign

Die bisher beschriebenen Aktienanleihen können synthetisch aus einem Straight-Bond und Putoptionen konstruiert werden. In diesem Abschnitt werden **Discount-Zertifikate** beschrieben. Diese entsprechen in ihrer Konstruktion weitgehend den Aktienanleihen, unterscheiden sich jedoch in einem Punkt.

Die X-Bank begibt ein Discount-Zertifikat. Die Emissionsdaten sind in Abb. 147 zu sehen.

Emittentin	X-Bank
Laufzeit	1 Jahr
Stückelung	3.000 EUR oder ein vielfaches Volumen
Verzinsung	10 %
Basiswert	Aktien der Siemens AG
aktueller Börsenkurs der Aktie	75 EUR
Basispreis der Option	60 EUR
Rückzahlung	endfällig zu 100 % oder Lieferung von 50 Aktien der Siemens AG je Anleihewert von 3.000 EUR
Emissionspreis	2.750 EUR je 3.000 EUR Nennwert

Abb. 147: Discount-Zertifikat der X-Bank

Der Unterschied zwischen Aktienanleihen und Discount-Zertifikaten ist die zugrundeliegende Anleihe. Während Aktienanleihen auf festverzinslichen Kupon-Anleihen basieren, liegen bei Discount-Zertifikaten **Nullkuponanleihen** zugrunde.

Bei einem Discount-Zertifikat wird während und am Ende der Laufzeit kein Kupon gezahlt. Wie im Kapitel 1 „Finanzmathematische Grundlagen" dargestellt, kann jeder Kuponzins in einen Nullkuponzins umgerechnet werden. Im Beispiel der X-Bank sind beide Zinssätze mit 10 % identisch, da die Laufzeit nur ein Jahr beträgt.

Das Discount-Zertifikat erhält seinen Namen durch den **Abschlag (Discount)**, der bei der Emission auf den Nominalbetrag erfolgt. Beim angegebenen Verkaufspreis von 2.750 EUR pro 3.000 EUR Nominalvolumen ergibt sich ein Abschlag (Discount) von 250 EUR.

5.2.2 Bewertung eines Discount-Zertifikats

Das Discount-Zertifikat besteht wie die Aktienanleihe ebenfalls aus zwei Basisbausteinen, einer Nullkuponanleihe und 50 Putoptionen. Der Investor möchte wieder einen **Nominalbetrag** von 3.000 EUR erwerben. Der Kupon des Discount-Zertifikats der X-Bank beträgt 10 %. Damit müsste der Investor heute 2.727,27 EUR investieren, um den gewünschten Nominalbetrag der zugrundeliegenden Anleihe zu erwerben.

$$\text{Investitionsbetrag (Nullkuponanleihe)} = \frac{3.000 \text{ EUR}}{(1+0,1)^1} = 2.727,27 \text{ EUR}$$

Im Beispiel der Aktienanleihe erhält der Investor bei einer Laufzeit von einem Jahr und einem Kupon von 10 % einen Zinsertrag von 300 EUR. Der Zinsertrag beim Discount-Zertifikat beträgt nur 272,73 EUR (3.000,00 – 2.727,27). Dafür wird der Zins sofort gezahlt. Der Unterschied von 27,27 EUR entsteht durch den **Zeitwert des Geldes**. 300 EUR in einem Jahr sind bei einem Zins von 10 % heute 272,73 EUR wert.

$$\text{Zeitwert} = \frac{300 \text{ EUR}}{(1+0,1)^1} = 272,73 \text{ EUR}$$

Für die Bewertung ist jedoch nicht mit dem Kupon des Discount-Zertifikats von 10 % zu diskontieren, sondern mit dem aktuellen laufzeitgleichen Marktzins von 3,8 %. Damit ergibt sich bei einem Rückzahlungsbetrag von 3.000 EUR für die Anleihekomponente ein aktueller Wert von 2.890,17 EUR:

$$\text{Barwert} = \frac{3.000}{(1+0,038)^1} = 2.890,17 \text{ EUR}$$

Zur Berechnung des fairen Preises des vorliegenden Discount-Zertifikats kann bezüglich der Optionskomponente auf die Überlegungen bei der Aktienanleihe zurückgegriffen werden. Eine Putoption hat bei der vorliegenden Ausstattung einen Preis von 5,52 EUR. Da im Falle einer Rückzahlung in Aktien pro 3.000 EUR Anleihevolumen 50 Siemens Aktien geliefert werden, ergibt sich wieder eine Gesamtprämie von 276 EUR für die Putoptionen.

Fügt man beide Basisinstrumente zum Discount-Zertifikat zusammen, ergibt sich bei einem risikolosen Marktzins von 3,8 % ein fairer Marktpreis von 2.614,17 EUR (vgl. Abb. 148).

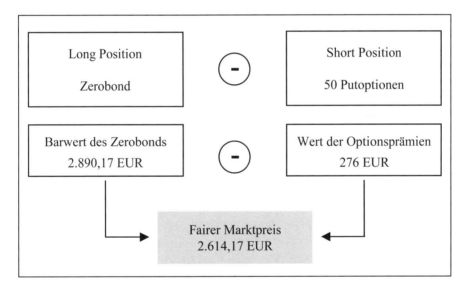

Abb. 148: Bewertung eines Discount-Zertifikats

Für ein Discount-Zertifikat wird kein Kurs angegeben. Stattdessen wird der absolute Betrag genannt, zu dem der Investor ein bestimmtes Nominalvolumen kaufen kann. Der für das Beispiel berechnete Preis von 2.614,17 EUR entspricht einer fairen Bewertung.

Bei der vergleichbaren Aktienanleihe wird bei einer Bewertung zu pari ein Kupon von 13,35 % gezahlt. Dies entspricht bei einem Nominalvolumen von 3.000 EUR einem Zinsertrag von 400,49 EUR in t=1. Der faire Abschlag des Discount-Zertifikats entspricht daher 385,83 EUR in t=0.

$$\text{Abschlag (fair)} = 3.000 - 2.614,17 = 385,83 \text{ EUR}$$

Bei einem Marktzins von 3,8 % für ein Jahr entsprechen sich die Erträge beider Anlageformen unter Berücksichtigung des Zeitwertes des Geldes.

$$\text{Zeitwert} = \frac{400,49}{(1+0,038)^1} = 385,83 \text{ EUR}$$

Beim Discount-Zertifikat erzielt die Bank ihre Marge dadurch, dass sie einen Abschlag oberhalb des fairen Marktpreises festlegt. Das Discount-Zertifikat müsste ohne Marge für 2.614,17 EUR zu erwerben sein.

Da die Bank das Zertifikat zu 2.750 EUR pro 3.000 EUR Nominalvolumen verkauft, ergibt sich eine barwertige Marge von 135,83 EUR.

$$\text{Marge} = 2.750 - 2.614,17 = 135,83 \text{ EUR}$$

5.2.3 Vergleich zwischen Aktienanleihe und Discount-Zertifikat

Bis auf die verwendete Anleihe sind beide strukturierten Produkte gleich. Dies gilt insbesondere für das Wahlrecht des Emittenten zur Tilgung. Dieser darf auch beim Discount-Zertifikat zwischen einer Tilgung in Aktien und einer Rückzahlung in Geld wählen. Die Kriterien, wann der Emittent welche Tilgung vorzieht, gelten analog zur Aktienanleihe.

Die Opportunität zum Discount-Zertifikat der X-Bank sind wie bei der Aktienanleihe 40 Aktien der Siemens AG. Damit gelten die selben Überlegungen wie bei der Aktienanleihe bezüglich der Vorteilhaftigkeit des Discount-Zertifikats gegenüber einer Direktinvestition in Aktien.

Die Risiken und Auswahlkriterien entsprechen ebenfalls denen der Aktienanleihe. Beim Discount-Zertifikat besteht das Hauptrisiko des Investors wiederum in einem Kursverfall der zugrundeliegenden Aktie. Dem Discount-Zertifikat liegen damit die gleichen Kurserwartungen für die Aktie zugrunde. Ein geeigneter Basiswert aus Sicht des Investors ist eine Aktie, von der er sich eine Seitwärtsbewegung erwartet. Der Risikopuffer basiert auf den gleichen Determinanten wie derjenige der Aktienanleihe. Das Discount-Zertifikat der X-Bank hat einen Risikopuffer von 15 EUR (aktueller Kurs der Siemens Aktie von 75 EUR abzüglich Basispreis von 60 EUR).

5.3 Index-basierte Anleihen

5.3.1 Produktdesign

Index-basierte Anleihen sind ebenfalls strukturierte Finanzprodukte. Sie sind eine Kombination aus einer **niedrig verzinsten Kuponanleihe** und einer **Optionsstrategie**.

Bei einer index-basierten Anleihe erhält der Investor eine gesicherte, aber unter den laufzeitspezifischen Konditionen liegende Grundverzinsung. Dafür erhält der Investor aber die Möglichkeit, an der positiven Entwicklung eines Index zu partizipieren. Damit lässt sich eine index-basierte Anleihe durch **zwei Eigenschaften** charakterisieren:

- Grundverzinsung
- Partizipation an einem Index

Die erste Komponente stellt sicher, dass der Investor am Laufzeitende in jedem Fall das anfänglich investierte Kapital sowie die während der Laufzeit sichere Grundverzinsung erhält. Hinzu kann eine zusätzliche Zinsleistung kommen, deren Höhe allerdings an die Indexentwicklung gekoppelt ist.

Durch diese Konstruktion der index-basierten Anleihe gibt es im Vergleich zur Aktienanleihe oder zum Discount-Zertifikat erheblich mehr **Parameter zur Konditionsgestaltung**:

- Laufzeit der index-basierten Anleihe
- Laufzeitspezifischer risikoloser Zins
- Partizipationsrate
- Partizipationsbereich
- Optionsvolatilitäten
- Index-Stand zum Emissionszeitpunkt

Die **Partizipationsrate** gibt an, in welchem Verhältnis der Investor am Anstieg des Index partizipiert. Für ein Beispiel möge die Partizipationsrate 60 % betragen. Dies hätte zur Folge, dass der Investor bei einem Anstieg des Index um 100 Punkte mit 60 Punkten an diesem Anstieg teilnimmt.

Der **Partizipationsbereich** gibt an, in welchem Bereich eines Index der Investor an einem Anstieg partizipiert. Der Partizipationsbereich möge bei einem beliebigen Index 1.000 bis 2.000 Indexpunkte betragen. Der Investor partizipiert nur innerhalb dieses Bereiches an Indexveränderungen. Unterhalb von 1.000 Punkten ist er durch die Grundverzinsung vor weiteren Verlusten gesichert. Oberhalb von 2.000 Punkten erhöht sich seine Rendite nicht mehr.

Der **Index-Stand zum Emissionszeitpunkt** hat wesentlichen Einfluss auf den Preis der index-basierten Anleihe. Je näher der Index-Stand bei der Emission am Partizipationsbereich liegt, desto teurer wird die index-basierte Anleihe. Ist der Index nahe am Partizipationsbereich, ist die Wahrscheinlichkeit, dass der Investor an einem steigenden Index partizipiert höher, als wenn der aktuelle Index-Stand weit weg vom Partizipationsbereich liegt.

Als Beispiel für eine index-basierte Anleihe möge wieder eine Emission der X-Bank betrachtet werden (vgl. Abb. 149).

Emittentin	X-Bank
Laufzeit	4 Jahre
Stückelung	3.000 EUR oder ein vielfaches Volumen
Grundverzinsung	1 %
Basiswert	DAX 30-Performance Index
aktueller Indexstand	4.950
Partizipationsbereich	5.000 - 7.000
Partizipationsrate	80 %
Emissionskurs	100,00

Abb. 149: Index-basierte Anleihe der X-Bank

Für einen Renditevergleich mit einer index-basierten Anleihe gibt es **zwei mögliche Opportunitäten**. Die eine Opportunität ist eine Festzinsanlage mit gleicher Laufzeit wie die index-basierte Anleihe. Die zweite Opportunität stellt eine Direktinvestition in den Index dar. Für das Beispiel der X-Bank wäre dies eine Direktinvestition in den DAX durch ein Indexzertifikat.

5.3.2 Vergleich der index-basierten Anleihe mit einer Festzinsanlage

Der Investor möge ein Nominalvolumen von 3.000 EUR investieren. Für eine **Festzinsanlage** mit einer Laufzeit von 4 Jahren erhält er einen Kuponzinssatz von 5,93 %. Abb. 150 zeigt die bewertungsrelevanten Zinsen.

Laufzeit	Kuponzins	Nullkuponzins	Zerobond-Abzinsfaktoren	Zerobond-Aufzinsfaktoren
1 Jahr	4,50 %	4,50 %	0,9569	1,0450
2 Jahre	4,99 %	5,00 %	0,9070	1,1025
3 Jahre	5,46 %	5,50 %	0,8516	1,1743
4 Jahre	5,93 %	6,00 %	0,7921	1,2625

Abb. 150: Bewertungsrelevante Marktzinsen

Bei einem Nominalvolumen von 3.000 EUR erhält ein Investor bei einem Kupon von 5,93 % jährlich Zinszahlungen in Höhe von 177,90 EUR. Unter Beachtung der aktuellen Zinsstrukturkurve errechnet sich ein Zinsertrag der Festzinsanlage von 787,80 EUR.

t=1	177,90 · 0,9569 · 1,2625	= 214,92 EUR
t=2	177,90 · 0,9070 · 1,2625	= 203,71 EUR
t=3	177,90 · 0,8516 · 1,2625	= 191,27 EUR
t=4	177,90 · 0,7921 · 1,2625	= 177,90 EUR
	Zinsertrag	= 787,80 EUR

Abb. 151: Kumulierter Zinsertrag der Festzinsanleihe am Laufzeitende

Index-basierte Anleihen

Die Rendite der **index-basierten Anleihe** hängt zum einen von der Grundverzinsung ab. Die Grundverzinsung der Beispielanleihe beträgt 1 %. Dies bedeutet für einen Investor bei einem Nominalvolumen von 3.000 EUR 30 EUR Zinsen pro Jahr. Unter Berücksichtigung der aktuellen Zinsstrukturkurve ergibt sich am Laufzeitende ein kumulierter Zinsertrag aus der Grundverzinsung von 132,84 EUR.

t=1	30 · 0,9569 · 1,2625	= 36,24 EUR
t=2	30 · 0,9070 · 1,2625	= 34,35 EUR
t=3	30 · 0,8516 · 1,2625	= 32,25 EUR
t=4	30 · 0,7921 · 1,2625	= 30,00 EUR
	Zinsertrag	**= 132,84 EUR**

Abb. 152: Kumulierter Zinsertrag der Grundverzinsung am Laufzeitende

Zum zweiten hängt die Rendite auch von der **zusätzlichen Zinsleistung** durch die Partizipation am Index ab. Um diese zu bestimmen, kann die Kennzahl „Ertrag pro zusätzlichem DAX-Punkt" genutzt werden. Als Beispiel dient wieder die index-basierte Anleihe der X-Bank. Zuerst ist die zusätzliche Zinsleistung pro Index-Punkt zu bestimmen:

Zusätzliche Zinsleistung =

$$\left(\frac{\text{angenommener Indexstand}}{\text{untere Partizipationsschwelle}} - 1 \right) \cdot \text{Partizipationsrate} \cdot \text{Nominalvolumen}$$

Für die Berechnung der DAX-abhängigen Zinsleistung wird ein Stand von 6.000 Punkten angenommen:

$$\left(\frac{6.000}{5.000} - 1 \right) \cdot 0,8 \cdot 3.000 \text{ EUR} = 480 \text{ EUR}$$

Anschließend ist die absolute zusätzliche Zinsleistung auf die **zusätzliche Zinsleistung pro Index-Punkt (ZpI)** zu normieren:

$$ZpI = \frac{\text{zusätzliche Zinsleistung}}{\text{angenommener Indexstand} - \text{untere Partizipationsschwelle}}$$

$$ZpI = \frac{480 \text{ EUR}}{6.000 - 5.000} = \frac{480 \text{ EUR}}{1.000 \text{ DAX} - \text{Punkte}} = 0{,}48 \text{ EUR pro DAX} - \text{Punkt}$$

Für das Beispiel ergeben sich 0,48 EUR Zinsleistung pro DAX-Punkt im Partizipationsbereich.

Die zusätzliche Zinsleistung pro Index-Punkt kann genutzt werden, um die absolute zusätzliche Zinsleistung für beliebige Index-Stände zu ermitteln. Bei einem DAX-Stand am Laufzeitende von 6.300 Punkten ergäbe sich beispielsweise eine zusätzliche Zinsleistung von 624 EUR:

$$\text{Zusätzliche Zinsleistung} = (6.300 - 5.000) \cdot 0{,}48 = 624 \text{ EUR}$$

Insgesamt ergäbe sich bei einem DAX-Stand von 6.300 Punkten am Laufzeitende eine Gesamtverzinsung der index-basierten Anleihe von 756,84 EUR.

$$\text{Gesamtverzinsung} = 624 + 132{,}84 = 756{,}84 \text{ EUR}$$

Um den Ertrag der index-basierten Anleihe zu berechnen, lassen sich **verschiedene Szenarien** betrachten. Dabei werden jeweils unterschiedliche DAX-Stände am Laufzeitende angenommen.

Das **erste Szenario** sieht den DAX am Laufzeitende bei **5.000 Punkten**. Dies ist zugleich die untere Schwelle des Partizipationsbereiches. Da der Investor bei einem Indexstand von unter 5.000 Punkten nicht an der Entwicklung partizipiert, erhält er in diesem Szenario nur die **Grundverzinsung** von 1 %. Damit ergibt sich für die Beispielanleihe ein Ertrag von 132,84 EUR am Laufzeitende. Die Rendite der Beispielanleihe beträgt **1,09 %**.

$$\text{Grundverzinsung}_{5.000 \text{ Punkte}} = 132{,}84 \text{ EUR}$$

$$\text{Rendite}_{\text{allgemein}} = \sqrt[n]{\frac{\text{Kapitaleinsatz} + \text{Grundverzinsung} + \text{Zusatzzins}}{\text{Kapitaleinsatz}}} - 1$$

$$\text{Rendite}_{5000 \text{ Punkte}} = \sqrt[4]{\frac{3.000 + 132{,}84}{3.000}} - 1 = 0{,}0109 = 1{,}09\%$$

Die Rendite beträgt bei einer Grundverzinsung von 1 % nicht exakt 1 %, da die index-basierte Anleihe mit der aktuellen Zinsstrukturkurve bewertet wird.

Das **zweite Szenario** nimmt einen DAX-Stand von **6.000 Punkten** am Laufzeitende an. Dies ist der mittlere Punkt des Partizipationsbereichs. Der Investor partizipiert bei diesem Szenario neben der Grundverzinsung mit 1.000 Punkten am DAX-Anstieg. Im Beispiel der X-Bank würde er einen Zinsertrag von 612,84 EUR am Laufzeitende erhalten. Die Rendite der index-basierten Anleihe liegt bei **4,76 %**.

$$\text{Grundverzinsung}_{6.000\text{Punkte}} = 132,84 \text{ EUR}$$

$$\text{Zusatzzins}_{6.000\text{Punkte}} = (6.000 - 5.000) \cdot 0,48 = 480 \text{ EUR}$$

$$\text{Rendite}_{6.000\text{Punkte}} = \sqrt[4]{\frac{3.000 + 132,84 + 480}{3.000}} = 4,76\%$$

Im **dritten Szenario** sei der DAX am Laufzeitende bei **7.000 Punkten**. Dies ist zugleich die obere Partizipationsschwelle. Dies ist der Indexstand bei dem der Investor zugleich die **Maximalrendite** der index-basierten Anleihe erhält. Steigt der Index weiter an, partizipiert der Investor nicht mehr an dieser Steigerung. In diesem Szenario erhält der Investor am Laufzeitende neben der Grundverzinsung einen zusätzlichen Zinsertrag für die Partizipation an 2.000 DAX-Punkten. Für die Beispielanleihe erhält er insgesamt einen Zinsertrag von 1.092,84 EUR. Die Rendite der Anleihe liegt bei **8,08 %**. Dies ist zugleich die Maximalrendite der Beispielanleihe.

$$\text{Grundverzinsung}_{7.000\text{Punkte}} = 132,84 \text{ EUR}$$

$$\text{Zusatzzins}_{7.000\text{Punkte}} = (7.000 - 5.000) \cdot 0,48 = 960 \text{ EUR}$$

$$\text{Rendite}_{7.000\text{Punkte}} = \sqrt[4]{\frac{3.000 + 132,84 + 960}{3.000}} - 1 = 0,0808 = 8,08\%$$

Die alternative Festzinsanlage hat eine sichere Rendite für 4 Jahre von 6,00 % bzw. von 787,80 EUR. Die Rendite der index-basierten Anleihe schwankt je nach DAX-Stand am Laufzeitende zwischen minimal 1,09 % und maximal 8,08 % bzw. zwischen 132,84 EUR und 1.092,84 EUR. Bei einem Ertragsvergleich hat die index-basierte Anleihe einen **maximalen Ertragsnachteil** von 4,91 % oder

654,96 EUR. Der **maximale Ertragsvorteil** der index-basierten Anleihe liegt bei 2,08 % oder 305,04 EUR.

Der Vergleich zwischen einer index-basierten Anleihe und einer Festzinsanlage kann auch **grafisch** dargestellt werden. Abb. 153 stellt den Ertrag der jeweiligen Anlageform in Abhängigkeit vom Stand des DAX am Laufzeitende dar. Die Festzinsanlage verläuft parallel zur X-Achse. Ihre Wertentwicklung ist unabhängig vom DAX. Die index-basierte Anleihe ist außerhalb des Partizipationsbereichs zwischen 5.000 und 7.000 Punkten ebenfalls eine Parallele zur X-Achse, da auch ihre Wertentwicklung sich in diesem Bereich unabhängig vom DAX entwickelt. Innerhalb des Partizipationsbereichs ist die index-basierte Anleihe eine monoton steigende Gerade. Mit zunehmenden DAX-Stand nimmt der Ertrag zu.

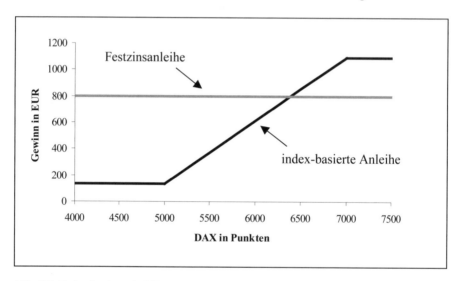

Abb. 153: Index-basierte Anleihe und Festzinsanlage im Vergleich

Aus der grafischen Darstellung lassen sich für bestimmte DAX-Stände Renditen der index-basierte Anleihe ermitteln (vgl. Abb. 154).

DAX-Stand	Grundverzinsung in EUR	Zusatzzins in EUR	Gesamtertrag in EUR	Rückzahlung in EUR	Rendite in %
4.500	132,84	0,00	132,84	3.132,84	1,09
5.000	132,84	0,00	132,84	3.132,84	1,09
5.500	132,84	240,00	372,84	3.372,84	2,97
6.000	132,84	480,00	612,84	3.612,84	4,76
6.384	132,84	664,27	797,11	3.797,11	6,07
6.500	132,84	720,00	852,84	3.852,84	6,45
7.000	132,84	960,00	1.092,84	4.092,84	8,08
7.500	132,84	960,00	1.092,84	4.092,84	8,08
8.000	132,84	960,00	1.092,84	4.092,84	8,08

Abb. 154: Rendite in Abhängigkeit vom Indexstand

In der grafischen Darstellung des Vergleichs ist zu erkennen, dass die Ertragsgeraden beider Anlageformen einen Schnittpunkt haben. Dies ist der **Break-Even Punkt,** an dem die Festzinsanlage und die index-basierte Anleihe den gleichen Ertrag erzielen. Der Break-Even Punkt kann auch rechnerisch ermittelt werden. Für das Beispiel liegt er bei 6.364,50 Punkten.

$$\text{Break} - \text{Even Punkt} = \left(\frac{1,0600^4 - 1,0109^4}{0,8} + 1 \right) \cdot 5.000 = 6.364,50 \text{ Punkte}$$

1,0600 steht für Kapital und Verzinsung der 4-jährigen Festzinsanleihe und 1,0109 für Kapital und Garantieverzinsung der index-basierten Anleihe. Der Exponent 4 gibt die Laufzeit an. Der Nenner von 0,8 ist die Partizipationsrate. Die 5.000 Punkte stellen die untere Schwelle des Partizipationsbereichs dar.

Bei einem DAX-Stand von 6.364,50 Punkten erzielen beide Anlagen den selben Ertrag. Die Zinserträge bei der Festzinsanlage stehen mit 787,80 EUR bereits fest. Der Ertrag der index-basierten Anleihe ergibt sich aus der Grundverzinsung und dem Zusatzzins und muss zum gleichen Betrag führen.

$$\text{Grundverzinsung}_{6.364,50\text{Punkte}} = 132,84 \text{ EUR}$$

$$\text{Zusatzzins}_{6.364,50\text{Punkte}} = (6.364,50 - 5.000) \cdot 0,48 = 654,96 \text{ EUR}$$

$$\text{Gesamtertrag}_{6.364,50\text{Punkte}} = 132,84 + 654,96 = 787,80 \text{ EUR}$$

Links von diesem Break-Even Punkt bringt die Festzinsanlage eine höhere Rendite und rechts vom Break-Even Punkt ist die index-basierte Anleihe die bessere Anlageform (vgl. Abb. 153).

Aus den durchgeführten Renditebetrachtungen beider Anlageformen kann ein **Risiko- und Chancenprofil** abgeleitet werden. Ein **Verlust des eingesetzten Kapitals** ist sowohl bei der index-basierten Anleihe als auch bei der Festzinsanlage **nicht möglich**.

Bei der index-basierten Anleihe erhält der Investor zunächst eine vergleichsweise geringe Grundverzinsung von 1 %. Durch die Kopplung an den DAX hat der Investor jedoch die Möglichkeit, eine über dem Marktniveau liegende Verzinsung (im besten Fall 8,08 %) zu erzielen. Der laufzeitspezifische Marktzins für 4 Jahre liegt nur bei 5,93 %.

Gegenüber einer laufzeitkongruenten Festzinsanlage weist die index-basierte Anleihe der X-Bank eine höhere Verzinsung auf, sofern der DAX am Laufzeitende über 6.364,50 Punkte steht.

5.3.3 Vergleich einer index-basierten Anleihe mit einer Direktinvestition

Die **Direktinvestition** in einen Index ist die zweite Möglichkeit eines Opportunitätsgeschäfts zur index-basierten Anleihe. Es soll wieder die index-basierte Anleihe der X-Bank betrachtet werden (vgl. Abb. 149). Die Direktinvestition bedeutet für das Beispiel eine Investition in den DAX.

Die Direktinvestition in den DAX kann durch **Indexzertifikate** erfolgen. Indexzertifikate verbriefen das Recht auf Erhalt eines Geldbetrages, dessen Höhe vom Stand des zu Grunde liegenden Index abhängt. Dabei entwickelt sich der Preis eines Indexzertifikates im Allgemeinen parallel zu den Bewegungen des Index. Das Indexzertifikat hat bei einer exakten Parallelbewegung ein Delta von eins.

Für das Beispiel möge ein Indexzertifikat den DAX exakt nachbilden. Der DAX-Stand beträgt wie bei der index-basierten Anleihe 4.950 Punkte. Das Bezugsverhältnis des Indexzertifikats möge eins zu hundert (1/100) betragen. Somit ergibt sich für das Indexzertifikat ein Preis von 49,50 EUR.

$$\text{Preis} = 4.950 \cdot (1/100) = 49{,}50 \text{ EUR}$$

Steigt der DAX auf 5.200 Punkte ergibt sich ein neuer Preis für das Indexzertifikat bei einem Delta von eins von 52 EUR.

$$\text{Preis}_{neu} = 5.200 \cdot (1/100) = 52 \text{ EUR}$$

Das Indexzertifikat lässt sich grafisch durch eine streng monoton steigende Gerade mit einer Steigung von eins darstellen. Vergleicht man diese Ertragsgerade mit der der index-basierten Anleihe, ergibt sich der in Abb. 155 gezeigte Verlauf.

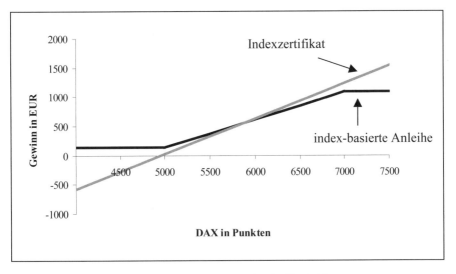

Abb. 155: Index-basierte Anleihe und Direktinvestition im Vergleich

Die Ertragsgeraden weisen wieder einen Schnittpunkt auf, der für diese beiden Anlageformen den **Break-Even Punkt** darstellt. Links vom Break-Even Punkt erzielt die index-basierte Anleihe einen höheren Ertrag. Rechts vom Break-Even Punkt ist der Ertrag der Direktinvestition größer. Die Direktinvestition hat im Gegensatz zur index-basierten Anleihe keine Maximalrendite. Die Rendite ist zumindest theoretisch unbegrenzt. Der Break-Even Punkt von index-basierter Anleihe und Direktinvestition in den DAX ergibt für das Beispiel der X-Bank einen Indexstand von 5.813,39 Punkte.

$$\text{Break} - \text{Even Punkt} = \frac{5.000 \cdot 0{,}48 - 3.132{,}84}{\left(0{,}48 - \dfrac{3.000}{4.950}\right)} = 5.813{,}39$$

Die 5.000 Punkte stellen die untere Schwelle des Partizipationsbereichs dar. 0,48 ist der zusätzliche Ertrag pro DAX-Punkt im Partizipationsbereich der index-basierten Anleihe. Die 3.000 sind der im Beispiel investierte Nominalbetrag in EUR. 3.132,84 ist die Summe aus Grundverzinsung am Laufzeitende und Tilgungsbetrag. Die 4.950 im Nenner ergeben sich aus dem aktuellen DAX-Stand.

Liegt der DAX am Laufzeitende über 5.813,39 Punkte ist die Direktinvestition die bessere Anlageform. Liegt hingegen der DAX am Laufzeitende unter dem Break-Even Punkt ist die index-basierte Anleihe günstiger.

5.3.4 Bewertung index-basierter Anleihen

5.3.4.1 Synthetische Konstruktion

Eine index-basierte Anleihe ist ebenfalls ein strukturiertes Finanzprodukt. In Analogie zur Bewertung der Aktienanleihen und Discount-Zertifikate gilt es auch hier, zuerst die Einzelkomponenten zu ermitteln, aus denen die index-basierte Anleihe **synthetisch** nachgebildet werden kann.

Die synthetische Konstruktion einer index-basierten Anleihe erfolgt durch zwei Komponenten:

- Niedrigkupon-Anleihe (Zinskomponente)
- Aktienindex-Calloptionen (Optionskomponente)

Übertragen auf das Beispiel ergeben sich für die X-Bank als **Emittentin** folgende Positionen durch den Verkauf der index-basierten Anleihe:

- Short Position in der Niedrig-Kuponanleihe
- Short Position in einer DAX-Calloption mit Basis 5.000
- Long Position in einer DAX-Calloption mit Basis 7.000

Der **Investor** nimmt die gegensätzlichen Positionen in der Zins- und in der Optionskomponente ein. Er hat die folgenden Positionen inne:

- Long Position in der Niedrig-Kuponanleihe
- Long Position in einer DAX-Calloption mit Basis 5.000
- Short Position in einer DAX-Calloption mit Basis 7.000

Im Folgenden sei das **Gewinn- und Verlustprofil** der index-basierten Anleihe aus **Sicht des Investors** konstruiert.

Die **Zinskomponente** besteht im Beispiel aus einer festverzinslichen Anleihe mit einer jährlichen Kuponzahlung von 1 % auf das Nominalvolumen. Dieser Ertrag ist unabhängig vom DAX-Stand am Laufzeitende. Das Gewinn- und Verlustprofil ist eine Gerade, die parallel zur X-Achse verläuft. Der Abstand von der Nulllinie wird durch den Kupon bestimmt. Er beträgt im Beispiel 3.000 · 1 % = 30 EUR (vgl. Abb. 156).

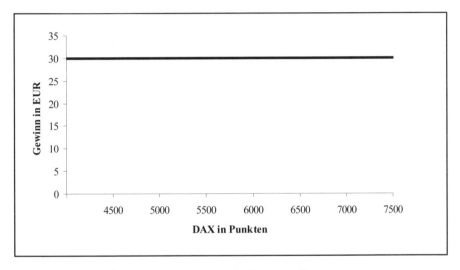

Abb. 156: Gewinn- und Verlustprofil der Niedrig-Kuponanleihe

Die **Optionskomponente** besteht aus zwei Calloptionen. Der Investor kauft eine DAX-Calloption mit Basis 5.000 und verkauft eine DAX-Calloption mit Basis 7.000. Die Kombination aus diesen beiden Optionen ergibt eine Longposition in einem **Bull-Spread**.

Dieser Bull-Spread ist eine **Optionsstrategie** (vgl. HULL 2003, S. 187). Allgemein ist das Ziel von Optionsstrategien, bestimmte Optionstypen (Call oder Put) mit unterschiedlichen Basispreisen zu kombinieren, um gewünschte Gewinn- und Verlustprofile aus den Optionen zu generieren.

Der Bull-Spread wird im Beispiel durch den **Kauf** einer Index-Calloption mit einem bestimmten Basispreis und den **Verkauf** einer Index-Calloption auf denselben Index mit einem höheren Basispreis konstruiert. Beide Optionen müssen den gleichen Verfalltag aufweisen. Das Gewinn- und Verlustprofil mit den Basispreisen aus dem Beispiel ist in Abb. 157 zu sehen.

Die Profile der einzelnen Optionen sind dabei grau dargestellt. Das Profil des gesamten Bull-Spreads ist als Summe der beiden Optionen durch die schwarze Linie gekennzeichnet. Da eine Calloption stets billiger wird, wenn der Basispreis steigt, muss die gekaufte Option mit Basis 5.000 den Investor mehr kosten als die verkaufte Option mit Basis 7.000 an Prämie einbringt. Für einen Bull-Spread muss ein Investor daher immer eine Anfangsauszahlung leisten.

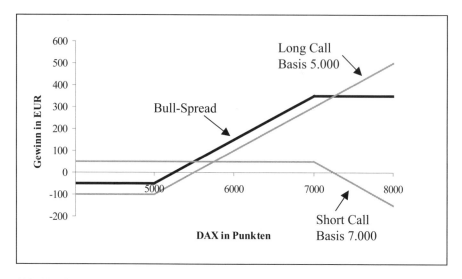

Abb. 157: Bull-Spread Konstruktion mit Calloptionen

Das Gewinn- und Verlustprofil der index-basierten Anleihe kann nun durch Aggregation von Zins- und Optionskomponente ermittelt werden (vgl. Abb. 158). Das Profil der index-basierten Anleihe wird sehr stark durch die Form des Bull-Spreads geprägt. Die zusätzlich integrierte Garantieverzinsung durch die Niedrig-Kuponanleihe verhindert, dass etwaige Auszahlungen für die Optionen die index-basierte Anleihe im Gegensatz zu einem reinen Bull-Spread in die Verlustzone bringen.

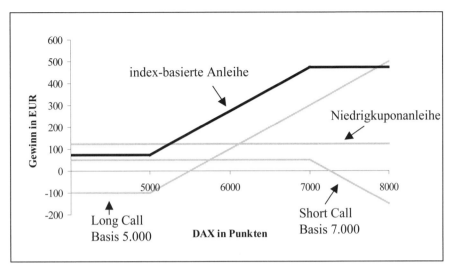

Abb. 158: Gewinn- und Verlustprofil der index-basierten Anleihe

5.3.4.2 Index-Optionen

Zur Bewertung der Optionskomponente ist der Preis für die beiden **Index-Optionen** zu ermitteln. Der Preis für diese Optionsart lässt sich durch eine Abwandlung des Black/Scholes-Modells finden (vgl. HULL 2003, S. 275).

Der Bewertung liegen grundsätzlich die gleichen Annahmen zugrunde wie beim Black/Scholes-Modell für Aktienoptionen (vgl. Kap. 4.4.3). Lediglich die Annahme, dass keine Dividendenzahlungen stattfinden, wird aufgehoben. Dies ermöglicht die Ausweitung des Modells von Kurs- auf Performanceindizes.

Kursindizes messen die reine Kursentwicklung und werden lediglich um die Erträge aus Bezugsrechten und Sonderzahlungen bereinigt. Bei **Performanceindizes** werden darüber hinaus sämtliche Erträge aus Dividenden- und Bonuszahlungen in das Indexportfolio reinvestiert (vgl. DEUTSCHE BÖRSE 2002, S. 5). Der Unterschied zwischen einem Kurs- und Performanceindex, der auf den gleichen Aktien basiert, ist grafisch in Abb. 159 gezeigt.

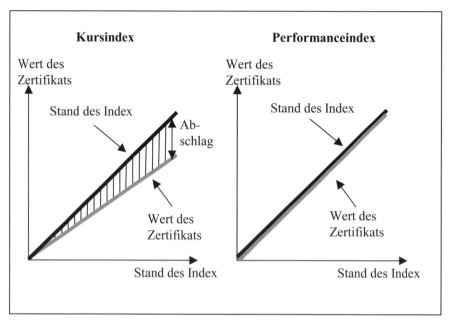

Abb. 159: Vergleich von Kurs- und Performanceindex

Die Bewertungsformel für eine **Calloption auf einen Index** hat folgende Form (vgl. HULL 2003, S. 275):

$$C = I \cdot N(d_1) \cdot e^{-\delta \cdot t} - X \cdot e^{-r \cdot t} \cdot N(d_2)$$

Dabei sind (d_1) und (d_2) wie folgt definiert:

$$d_1 = \frac{\ln(I/X) + (r - \delta + \sigma^2/2) \cdot t}{\sigma \sqrt{t}}$$

$$d_2 = d_1 - \sigma \sqrt{t}$$

(I) ist der aktuelle Indexstand, (X) der Basispreis der Option und (r) der stetige Zinssatz für die Restlaufzeit (t) der Option. Die Volatilität des Index wird durch (σ) angegeben. Die neue Variable gegenüber dem bisherigen Black/Scholes-Modell ist (δ). Sie gibt die **durchschnittliche Dividendenrendite** der Aktien des Index auf Jahresbasis an. Die Dividendenrendite (δ) wird als stetiger Zins in die Preisformel eingefügt.

Index-basierte Anleihen 255

Für das Beispiel der X-Bank ergibt sich für die Calloption mit Basis 5.000 Punkte ein **Preis** von **12,14 EUR** bei einem Bezugsverhältnis von 1 zu 100 (vgl. Abb. 160). Jede einzelne Option hat einen Basispreis von 50. Werden insgesamt bei einem Bezugsverhältnis von 1 : 100 hundert Indexoptionen gekauft, wird ein Basispreis von 5.000 erreicht. Dabei liegt eine jährliche Volatilität des DAX von 30 % zugrunde. Die **stetige Dividendenrendite** liegt bei **3 %**.

Basiswert	Aktienindex	**Typ**	europäisch
Position	Call	**Laufzeit (t)**	4 Jahre
Indexstand (I)	4.950	**stetiger Zins (r)**	5,83 % p.a.
Basispreis (X)	50	**Volatilität (σ)**	30 % p.a.
Bezugsverhältnis	1 : 100	**Dividendenrendite**	3 % p.a.
d_1	0,4719	$N(d_1)$	0,6815
d_2	-0,1281	$N(d_2)$	0,4490
Optionspreis nach Black/Scholes		12,14 EUR	

Abb. 160: Index-Calloption mit Basispreis 5.000

Die Calloption mit Basis 7.000 Punkte hat einen **Preis** von **6,79 EUR** bei einem Bezugsverhältnis von ebenfalls 1 zu 100 (vgl. Abb. 161).

Basiswert	Aktienindex	Typ	europäisch
Position	Call	Laufzeit (t)	4 Jahre
Indexstand (I)	4.950	stetiger Zins (r)	5,83 % p.a.
Basispreis (X)	70	Volatilität (σ)	30 % p.a.
Bezugsverhältnis	1 : 100	Dividendenrendite	3 % p.a.
d_1	-0,0889	$N(d_1)$	0,4646
d_2	-0,6889	$N(d_2)$	0,2455
Optionspreis nach Black/Scholes		6,79 EUR	

Abb. 161: Index-Calloption mit Basispreis 7.000

Zur Bewertung von index-basierten Anleihen ist die Bewertung von **Index-Put-optionen** nicht notwendig. Damit die Darstellung der Index-Optionen vollständig ist, sei die Bewertungsformel für Puts ebenfalls noch angegeben.

Die Formel für einen Index-Put lautet:

$$P = X \cdot e^{-r \cdot t} \cdot N(-d_2) - I \cdot e^{-\delta \cdot t} \cdot N(-d_1)$$

Bei der Putoption sind (d_1) und (d_2) analog zum Call definiert:

$$d_1 = \frac{\ln(I/X) + (r - \delta + \sigma^2/2) \cdot t}{\sigma\sqrt{t}}$$

$$d_2 = d_1 - \sigma\sqrt{t}$$

Die Variablen sind wie bei der Index-Calloption definiert. Überträgt man alle Daten aus dem Beispiel der X-Bank auf den Put, ergibt sich für die Putoption mit Basis 5.000 Punkten bei einem Bezugsverhältnis von eins zu hundert ein **Preis von 7,84 EUR** (vgl. Abb. 162).

Basiswert	Aktienindex	Typ	europäisch
Position	Put	Laufzeit (t)	4 Jahre
Indexstand (I)	4.950	stetiger Zins (r)	5,83 % p.a.
Basispreis (X)	50	Volatilität (σ)	30 % p.a.
Bezugsverhältnis	1 : 100	Dividendenrendite	3 % p.a.
d_1	0,4719	N($-d_1$)	0,3185
d_2	-0,1281	N($-d_2$)	0,5510
Optionspreis nach Black/Scholes		7,84 EUR	

Abb. 162: Index-Putoption mit Basispreis 5.000

Für die Index-Putoption mit Basis 7.000 Punkten ergibt sich bei einem Bezugsverhältnis von eins zu hundert ein **Preis** von **18,33 EUR** (vgl. Abb. 163).

Basiswert	Aktienindex	Typ	europäisch
Position	Put	Laufzeit (t)	4 Jahre
Indexstand (I)	4.950	stetiger Zins (r)	5,83 % p.a.
Basispreis (X)	70	Volatilität (σ)	30 % p.a.
Bezugsverhätnis	1 : 100	Dividendenrendite	3 % p.a.
d_1	-0,0889	N($-d_1$)	0,5354
d_2	-0,6889	N($-d_2$)	0,7545
Optionspreis nach Black/Scholes		18,33 EUR	

Abb. 163: Index-Putoption mit Basispreis 7.000

Bei den Putoptionen ist der Preis der Option mit niedrigerem Basispreis geringer. Sie liegt bei einem DAX-Stand von 4.950 Punkten knapp im Geld. Die Index-Putoption mit Basis 7.000 Punkten ist bis auf den Basispreis identisch. Sie muss einen höheren Preis haben, da sie deutlicher im Geld liegt.

5.3.4.3 Preiskomponenten der index-basierten Anleihe

Der Preis einer index-basierten Anleihe ergibt sich als Summe der Preise der Zins- und Optionskomponenten. Die Einzelkomponenten lassen sich zunächst isoliert bewerten und anschließend zum Gesamtpreis aggregieren.

Die **Zinskomponente** besteht aus einer festverzinslichen Anleihe mit einem Kupon unter Marktniveau. Im Beispiel der X-Bank hat die Anleihe eine Laufzeit von 4 Jahren und einen Kupon von 1 %. Zur Bestimmung des Barwertes ist die aktuelle Zinsstrukturkurve erforderlich. Die Zinsstrukturkurve der Nullkuponzinsen für das Beispiel möge folgende Form haben (vgl. Abb. 150 und Abb. 164).

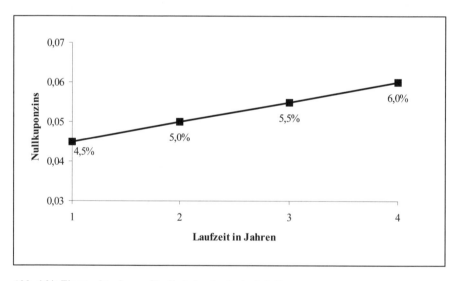

Abb. 164: Zinsstrukturkurve für die index-basierte Anleihe

Die Zinskomponente der index-basierten Anleihe garantiert bei einem Nominalvolumen von 3.000 EUR einen jährlichen Zinsertrag von 30 EUR. Die Bewertung dieser Anleihe ergibt einen **Barwert** von **2.481,51 EUR** (vgl. Abb. 165). Dieser

Index-basierte Anleihen   259

Barwert entspricht dem Wert der Niedrig-Kuponanleihe als Teil der index-basierten Anleihe der X-Bank.

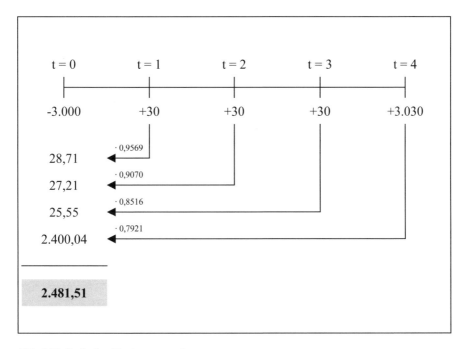

Abb. 165: Preis der Zinskomponente

Der Preis der **Optionskomponente** wird durch zwei Faktoren bestimmt. Zum einen durch die Preise der zugrundeliegenden Optionen. Die Einflussfaktoren auf diese Preise entsprechen denen im Black/Scholes-Modell. Zum anderen durch die festgelegte Partizipationsrate der index-basierten Anleihe.

Liegt einer Option ein Bezugsverhältnis von eins zu eins zu Grunde, reagiert der Optionspreis auf Veränderungen des Basiskurses entsprechend dem Delta der Option. Bei einem Bezugsverhältnis von eins zu hundert reagiert der Optionspreis auf Veränderungen der Basiskurse mit einem hunderstel des Delta. Inwieweit die Veränderungen auf den Preis der index-basierten Anleihe durchschlagen, hängt von der Partizipationsrate ab. Bei einer Partizipationsrate von 100 % ergäbe sich eine vollständige Berücksichtigung der Veränderungen des Index. Bei einem Bezugsverhältnis von 1:1 liegt der Veränderung eine Option und bei einem Bezugsverhältnis von 1:100 liegen hundert Optionen zugrunde.

Die index-basierte Anleihe der X-Bank hat nur eine Partizipationsrate von 80 %. Diese kann erreicht werden, indem nur 80 Optionen bei einem Bezugsverhältnis von eins zu hundert gekauft werden. Für das Beispiel müssen somit 80 DAX-Calloptionen mit Basispreis 5.000 Punkte gekauft und 80 Optionen mit Basispreis 7.000 Punkte verkauft werden, da beide Optionen ein Bezugsverhältnis von eins zu hundert haben.

Die Optionskomponente setzt sich aus den zwei Einzelpreisen der Optionen zusammen. Die DAX-Calloption mit Basis 5.000 Punkten hat einen Preis von 12,14 EUR (vgl. Abb. 160). Die Option mit Basis 7.000 Punkten kostet 6,79 EUR (vgl. Abb. 161). Für die Optionskomponente ergibt sich insgesamt ein Preis von 428,00 EUR. Wie bereits bei der Vorstellung der Bull-Spread Strategie gezeigt, muss ein Investor für die Optionskomponente netto eine Prämie zahlen (vgl. Abb. 166).

Optionskomponente bei einer Partizipationsrate von 80 %		
Long Call (Basis 5.000)	- 80 · 12,14	= - 971,20 EUR
Short Call (Basis 7.000)	80 · 6,79	= 543,20 EUR
Optionskomponente		= - 428,00 EUR

Abb. 166: Preis der Optionskomponente

Als fairer **Gesamtpreis** für die index-basierte Anleihe ergibt sich ein Barwert von **2.909,51 EUR**. Dies entspricht einem **fairen Kurs** von **96,98**.

Gesamtpreis = Zinskomponente + Optionskomponente

$= -2.481{,}51 - 428{,}00 = -2.909{,}51$ EUR

Emittiert wurde die index-basierte Anleihe seitens der X-Bank zu pari, d.h. zu einem Kurs von 100. Die relative Marge der X-Bank beträgt damit 302 Basispunkte. Bei einem Nominalvolumen von 3.000 EUR ergibt sich eine absolute Marge von 90,49 EUR.

$\text{Marge}_{X-Bank} = 3.000 - 2.909{,}51 = 90{,}49$ EUR

5.4 Fallstudien zu strukturierten Finanzprodukten mit Aktienoptionen

5.4.1 Fallstudie 14: Bewertung einer Aktienanleihe

Eine Bank emittiert zum Zeitpunkt t=0 folgende Aktienanleihe:

Laufzeit:	1 Jahr
Stückelung:	10.000 EUR
Kupon:	12,00 %

Die Tilgung erfolgt zum Nominalbetrag oder wahlweise durch Lieferung von 40 Stammaktien der Performance AG je 10.000 EUR Nominalvolumen der Aktienanleihe, wenn am Verfalltag (in einem Jahr) der Kurs der Performance AG Aktie unter 250 EUR liegt.

Basispreis (X):	250 EUR
Verkaufskurs:	100 %

Zum Zeitpunkt t=0 beträgt der Zinssatz für die Laufzeit von einem Jahr am Geld- und Kapitalmarkt 4,0 %.

Während der Laufzeit der Aktienanleihe zahlt die Performance AG keine Dividende.

a) Ein Kapitalanleger möchte im Zeitpunkt t=0 für ein Jahr 10.000 EUR investieren. Er steht vor der Wahl, für die 10.000 EUR eine festverzinsliche Anleihe oder die obige Aktienanleihe zu kaufen. Berechnen Sie denjenigen **Aktienkurs** (Break-Even-Kurs) der Performance AG zum Zeitpunkt t=1, bei dem die Rendite für diesen Anleger bei beiden Alternativen identisch ist.

b) Berechnen Sie die **Rendite** der Aktienanleihe in Abhängigkeit von folgenden Kursen der Aktien der Performance AG am Verfalltag (in einem Jahr): 200 EUR, 225 EUR, 250 EUR, 275 EUR, 300 EUR

c) Zum Zeitpunkt t=0 beträgt der Aktienkurs (A) der Performance AG 260 EUR. Die Volatilität der Aktie der Performance AG (σ) beträgt 30 %. Berechnen Sie den **fairen Marktpreis** der Aktienanleihe (= Kurs) zum Zeitpunkt t=0!

5.4.2 Fallstudie 15: Bewertung eines Discount-Zertifikats

Ein vermögender Privatanleger möchte ein Discount-Zertifikat erwerben. Das Discount-Zertifikat hat folgende Ausstattungsmerkmale:

Laufzeit:	1 Jahr
Stückelung:	8.000 EUR oder ein Vielfaches
Tilgung:	nominal endfällig oder 40 Aktien der X-Bank AG
Kupon:	12,00 %
Marktzins 1 Jahr:	4,10 %
Volatilität Aktie:	28 %
Aktueller Aktienkurs:	186 EUR
Kaufpreis:	7.200 EUR pro 8.000 EUR Nominalvolumen

a) Wie hoch ist der **Basispreis** der zugrundeliegenden Aktie?

b) Wie hoch ist der **Barwert** der Anleihe in t=0?

c) Welchen **Preis** hat eine Putoption auf die X-Bank mit Laufzeit von einem Jahr in t=0?

d) Wie hoch ist der **Wert der Optionskomponente** in t=0 insgesamt?

e) Wie hoch ist der **faire Preis** des Discount-Zertifikats in t=0?

f) Wie hoch ist der **Barwert** der Marge in t=0?

g) Wie hoch ist die **theoretische Verzinsung** des Discount-Zertifikats?

h) Wie hoch ist die **tatsächliche Verzinsung** des Discount-Zertifikats?

5.4.3 Fallstudie 16: Bewertung einer index-basierten Anleihe

Ein Privatanleger möchte 8.000 EUR in eine index-basierte Anleihe investieren. Als Emittentin wählt er die X-Bank. Die index-basierte Anleihe (aktueller Indexstand 2.900 Punkte) der X-Bank hat folgende Ausstattungsmerkmale:

Emittentin:	X-Bank
Laufzeit:	3 Jahre
Stückelung:	8.000 EUR oder ein Vielfaches
Grundverzinsung:	2 %
Basis:	DAX Performanceindex
Partizipationsbereich:	3.000 – 4.000 Punkte
Partizipationsrate:	60 %
Verkaufskurs:	100,00

Am Markt existieren folgende Nullkuponzinsen:

Jahre	1	2	3	4
Nullkuponzins	4,00 %	4,25 %	4,50 %	5,00 %

Die Volatilität des Index beträgt 35 %. Die stetige Dividendenrendite liegt bei 4 %. Das Bezugsverhältnis der zugrundeliegenden Indexoption ist 1 : 10.

a) Berechnen Sie den **kumulierten Zinsertrag** einer Opportunitäts-Festzinsanleihe am Laufzeitende.

b) Berechnen Sie den **kumulierten Zinsertrag** der Grundverzinsung am Laufzeitende.

c) Berechnen Sie den **zusätzlichen Zinsertrag** pro Indexpunkt im Partizipationsbereich.

d) Wie hoch ist die **Maximalrendite** der index-basierten Anleihe?

e) Wo liegt der **Break-Even Punkt** zwischen index-basierter Anleihe und Festzinsanleihe?

f) Wo liegt der **Break-Even Punkt** zwischen index-basierter Anleihe und einer Direktinvestition in den DAX?

g) Welchen **Wert** hat die **Zinskomponente** der index-basierten Anleihe in t=0?

h) Welchen **Wert** hat die **Optionskomponente** der index-basierten Anleihe in t=0?

i) Wie hoch ist der **faire Barwert** und der **Kurs** der index-basierten Anleihe?

6 Zinsoptionen

6.1 Anleiheoptionen

6.1.1 Vergleich von Anleihe- und Aktienoptionen

Zinsoptionen sind in ihrer Wertentwicklung abhängig von der Zinsentwicklung. Der **Basiswert** einer Zinsoption ist die **aktuelle Zinsstrukturkurve**. Durch diesen Basiswert sind Zinsoptionen schwieriger zu bewerten als die bisher betrachteten Aktienoptionen.

Das zukünftige Verhalten eines Zinssatzes ist komplexer zu beschreiben als das zukünftige Verhalten eines Aktienkurses. Beim Black/Scholes-Modell für Aktienoptionen wurde nur eine Volatilität für den Basiswert benötigt. Diese Volatilität wurde zudem als konstant vorausgesetzt. Die Volatilitäten der einzelnen Zinssätze, die eine Zinsstrukturkurve beschreiben, sind in der Regel unterschiedlich.

Ein weiteres Problem ergibt sich dadurch, dass die Zinssätze aus der Zinsstrukturkurve als **Basiswert** fungieren und **gleichzeitig** auch als **Diskontierungsfaktor** die Auszahlung der Option beeinflussen. Die Zinsstrukturkurve selber ist eine Funktion mit mehreren Variablen. Im Vergleich zur eindimensionalen Funktion des Basiswertes bei Aktienoptionen handelt es sich bei den Zinsoptionen um **eine multidimensionale Funktion**.

Begonnen sei mit der Analyse von **Anleiheoptionen**. Eine **europäische Anleihe-Calloption** gibt dem Käufer der Option das Recht, zu einem **bestimmten Zeitpunkt** zu einem **festgelegten Basispreis** eine Anleihe zu erwerben. Der Käufer hat die Longposition inne. Die Laufzeit einer Anleiheoption ist kürzer als die Laufzeit der zugrundeliegenden Anleihe.

Es möge folgendes Beispiel betrachtet werden. Der **Basispreis** der Anleihe-Calloption sei **100,00**. Als **Optionsprämie** sind **1 %** des Kontraktvolumens zu zahlen.

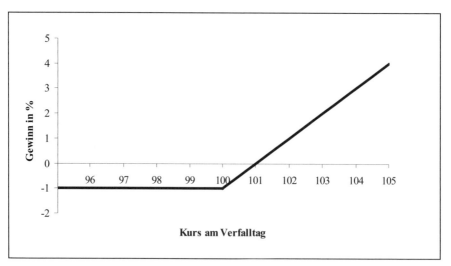

Abb. 167: Auszahlungsprofil einer Anleihe-Calloption long

Der Ertrag einer Longposition in einer Anleihe-Calloption ist abhängig vom Kurs am Verfalltag der Option. Liegt dieser unter dem Basispreis, erreicht die Longposition in der Calloption ihren **maximalen Verlust**. Dieser Verlust entspricht der gezahlten Optionsprämie (vgl. Abb. 167). Liegt der Kurs am Verfalltag beispielsweise bei 98,50, ist der Verlust 1 % des Kontraktvolumens. Dieser Verlust entspricht der gezahlten Optionsprämie.

Liegt der Kurs bei Verfall oberhalb des Basispreises wird die Anleihe-Calloption ausgeübt. Solange die Differenz zwischen Kurs bei Verfall und Basispreis kleiner ist als die gezahlte Optionsprämie, befindet sich die Long Calloption in der **Teilverlustzone**. Bei einem Kurs bei Verfall von 100,50 beträgt der Verlust der Anleiheoption 0,5 % (100,50 – 100,00) des Kontraktvolumens. Durch die Ausübung wird ein Teilverlust realisiert, da die Ausgleichszahlung von 0,5 % für die Anleiheoption nur einen Teil der Optionsprämie von 1 % deckt.

Liegt der Kurs bei Verfall höher als der Basispreis zuzüglich der gezahlten Optionsprämie, befindet sich die Anleihe-Calloption long in der **Gewinnzone**. Der Gewinn ist theoretisch unbegrenzt. Bei einem Kurs am Verfalltag von 102,00 beträgt der Ertrag der Anleiheoption insgesamt 1 %. Dieser ergibt sich aus der Ausgleichszahlung der Option von 2 % (102,00 – 100,00) abzüglich der gezahlten Optionsprämie von 1 %.

Der **Verkäufer** einer europäischen Anleihe-Calloption hat die **Shortposition** inne. Er hat die **passive Verpflichtung,** zu einem festgelegten Zeitpunkt zu einem bestimmten Basispreis die Anleihe an den Käufer der Option zu verkaufen. Als Ausgleich erhält er die **Optionsprämie**.

Das Beispiel der Anleihe-Calloption long soll für die Shortposition übernommen werden. Damit beträgt der **Basispreis** weiterhin **100,00** und die **Optionsprämie 1 %** des Kontraktvolumens.

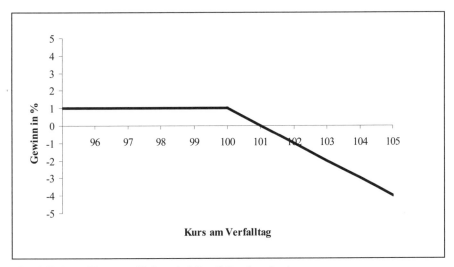

Abb. 168: Auszahlungsprofil einer Anleihe-Calloption short

Die Anleihe-Calloption short erzielt ihren **maximalen Gewinn,** wenn der Kurs bei Verfall unterhalb des Basispreises liegt (vgl. Abb. 168). Bei einem Kurs am Verfalltag von 99,00 ergibt sich ein Ertrag der Short Position von 1 %. Dieser ergibt sich vollständig aus der eingenommenen Optionsprämie.

Liegt der Kurs bei Verfall oberhalb des Basispreises und ist die Differenz zwischen Kurs und Basispreis kleiner als die erhaltene Optionsprämie, befindet sich die Anleihe-Calloption short in der **Teilgewinnzone**. Bei einem Kurs am Verfalltag von 100,50 ergibt sich insgesamt ein Zinsertrag der Shortposition von 0,5 %. Dieser setzt sich zusammen aus der zu leistenden Ausgleichszahlung in Höhe von - 0,5 % (100,00 – 100,50) und der Einnahme aus der Optionsprämie von 1 %.

Liegt der Kurs bei Verfall oberhalb des Basispreises und ist die Differenz aus Kurs und Basispreis größer als die Optionsprämie, ist die Anleihe-Calloption short in der **Verlustzone**. Der eintretende Verlust kann theoretisch unbegrenzt sein. Bei einem Kurs von 102,00 ergibt sich für die Shortposition ein Gesamtverlust von 1 %. Die 1 % ergeben sich aus der zu leistenden Ausgleichszahlung von - 2 % (100,00 – 102,00) und der Einnahme aus der Optionsprämie von 1 %.

Eine **europäische Anleihe-Putoption** gibt dem Käufer (Longposition) der Option das Recht, zu einem **bestimmten Zeitpunkt** zu einem **festgelegten Basispreis** eine Anleihe zu verkaufen. Das Beispiel der Calloption sei auf die Putoption übertragen. Der **Basispreis** ist **100,00** und die **Optionsprämie 1 %** des Kontraktvolumens.

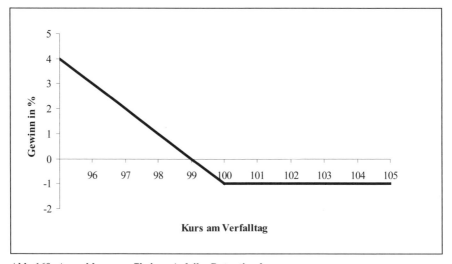

Abb. 169: Auszahlungsprofil einer Anleihe-Putoption long

Liegt der Kurs bei Verfall oberhalb des Basispreises, erreicht die Anleihe-Putoption long ihren **maximalen Verlust**. Der Verlust entspricht der gezahlten Optionsprämie (vgl. Abb. 169). Liegt der Kurs am Verfalltag zum Beispiel bei 101,00 ist der Verlust - 1 % des Kontraktvolumens. Dieser Verlust entspricht der gezahlten Optionsprämie.

Liegt der Kurs bei Verfall unterhalb des Basispreises wird die Option ausgeübt. Solange die Differenz zwischen Kurs und Basispreis kleiner ist als die gezahlte Optionsprämie, befindet sich die Anleihe-Putoption long in der **Teilverlustzone**. Bei einem Kurs am Verfalltag von 99,50 beträgt der Verlust der Longposition - 0,5 % des Kontraktvolumens. Durch die Ausübung wird ein Teilverlust realisiert, da die Ausgleichszahlung von 0,5 % (100,50 – 100,00) für die Option nur einen Teil der Optionsprämie von - 1 % deckt.

Ist der Kurs am Verfalltag niedriger als der Basispreis zuzüglich der gezahlten Optionsprämie befindet sich die Anleihe-Putoption long in der **Gewinnzone**. Bei einem Kurs bei Verfall von 98,00 beträgt der Ertrag der Option insgesamt 1 %. Dieser ergibt sich aus der Ausgleichszahlung der Putoption von 2 % (100,00 – 98,00) abzüglich der gezahlten Optionsprämie von - 1 %.

Der **Verkäufer** einer europäischen Anleihe-Putoption hat die **Shortposition** inne. Er hat die **passive Verpflichtung** zu einem festgelegten Zeitpunkt zu einem bestimmten Basispreis eine Anleihe vom Käufer der Option zu kaufen. Als Ausgleich erhält er die **Optionsprämie**. Das Beispiel der Longposition sei auch für die Shortposition übernommen. Der **Basispreis** beträgt weiterhin **100,00** und die **Optionsprämie 1 %** des Kontraktvolumens.

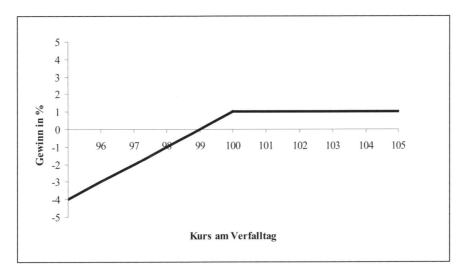

Abb. 170: Auszahlungsprofil einer Anleihe-Putoption short

Die Anleihe-Putoption short erzielt ihren **maximalen Gewinn**, wenn der Kurs bei Verfall oberhalb des Basispreises liegt (vgl. Abb. 170). Bei einem Kurs am Verfalltag von 101,00 ergibt sich ein Ertrag der Shortposition von 1 %. Die 1 % resultieren aus der eingenommenen Optionsprämie.

Liegt der Kurs bei Verfall unterhalb des Basispreises und ist die Differenz zwischen Kurs und Basispreis kleiner als die erhaltene Optionsprämie befindet sich die Anleihe-Putoption short in der **Teilgewinnzone**. Bei einem Kurs am Verfalltag von 99,50 ergibt sich ein Ertrag der Shortposition von 0,5 %. Die 0,5 % errechnen sich aus der zu leistenden Ausgleichszahlung in Höhe von - 0,5 % (99,50 - 100,00) und der Einnahme aus der Optionsprämie von 1 %.

Ist der Kurs bei Verfall kleiner als der Basispreis und ist die Differenz aus Kurs und Basispreis größer als die Optionsprämie, ist die Anleihe-Putoption short in der **Verlustzone**. Bei einem Kurs bei Verfall von 98,00 ergibt sich für die Shortposition ein Gesamtverlust von - 1 %. Die - 1 % errechnen sich aus der zu leistenden Ausgleichszahlung von - 2 % (98,00 – 100,00) und der Einnahme aus der Optionsprämie von 1 %.

6.1.2 Modellierung des Anleihekursverlaufs

Der **Anleihekursverlauf** ist für die Umsetzung in ein Optionspreismodell für Zinsoptionen schwieriger zu beschreiben als ein Aktienkursverlauf, denn er ist wesentlich mehr determiniert als der Kurs einer Aktie. Zwei Merkmale sind für seinen Verlauf charakteristisch:

- Bekannte Restlaufzeit der Anleihe
- Fester Rückzahlungskurs der Anleihe

Die stärkere Determinierung macht die Modellierung des Anleihekurses aber nicht einfacher. Es sind vielmehr zusätzliche mathematische Zwänge vorhanden, die bei der Preisfindung berücksichtigt werden müssen. Die Modellierung von Aktienkursen hat im Vergleich wesentlich mehr Freiheitsgrade.

Bei der Betrachtung eines Anleihekursverlaufs gibt es im Gegensatz zum Aktienkurs eine theoretische Obergrenze (vgl. STEINER/BRUNS 2002, S. 383). Die Obergrenze wird erreicht, wenn alle Zinssätze der Zinsstrukturkurve einen Wert von Null annehmen. Dann sind die zukünftigen Zahlungen der Anleihe zur Barwertermittlung lediglich zu addieren. Dies entspricht der Betrachtung des **Nominal-Cash Flows** einer Anleihe. Die theoretische Obergrenze ist eine fallende Gerade, die bei Fälligkeit der Anleihe dem Rückzahlungskurs entspricht (vgl. Abb. 171).

Bei **fallenden Zinsen** wird der Anleihekurs zu Beginn der Laufzeit zunächst oberhalb des Rückzahlungskurses notieren. Mit abnehmender Restlaufzeit wird sich dieser jedoch dem Rückzahlungskurs annähern und schließlich diesem entsprechen.

Bei **steigenden Zinsen** wird der Anleihekurs zu Beginn der Laufzeit zunächst unterhalb des Rückzahlungskurses notieren. Mit abnehmender Restlaufzeit wird sich auch dieser dem Rückzahlungskurs annähern und diesem letztlich entsprechen.

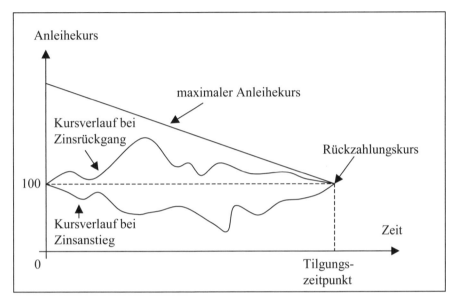

Abb. 171: Kursverläufe einer Anleihe

Unterschiede ergeben sich auch beim **Verlauf der Volatilität** der Basiswerte von Aktien- und Zinsoptionen. Während die Volatilität von Aktienkursen mit zunehmender Verkürzung der Restlaufzeit mit der Option sinkt (Wurzelgesetz), ist ein solch kontinuierlicher Verlauf bei Anleihekursen nicht zu beobachten.

Zu Beginn der Laufzeit einer Option steigt die Volatilität der Anleihekurse, um dann bis zum Ende der Optionslaufzeit ebenfalls zu sinken. Analog zu den Aktienkursen sinkt auch die Volatilität von Anleihen wegen des feststehenden Rückzahlungskurses am Ende auf Null. Dieser Volatilitätsverlauf lässt sich durch die in Abb. 172 (vgl. STEINER/BRUNS 2002, S. 384) grafisch abgebildeten Konfidenzintervalle ausdrücken. Am Ende der Laufzeit schließt sich das Konfidenzintervall für fallende und steigende Zinsen.

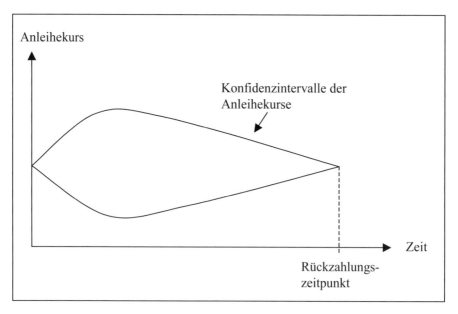

Abb. 172: Volatilität einer Anleihe im Zeitablauf

Beide Effekte sind in einem Optionspreismodell für Anleiheoptionen zu berücksichtigen. Darüber hinaus gibt es weitere Probleme bei der Umsetzung des Anleihekursverlaufs. Bei Aktienoptionen kann die Entwicklung des kurzfristigen Zinssatzes als unabhängig vom Basiswert, der Aktie, gesehen werden. Bei Anleiheoptionen besteht das Problem, dass der kurzfristige Zins auch Bestandteil der zugrundeliegenden Zinsstrukturkurve und somit des Basiswertes selber ist.

Bei Aktienoptionen wird ein im Zeitablauf konstanter risikoloser Zins angenommen. Diese Annahme könnte bei Anleiheoptionen zu negativen impliziten Terminzinssätzen führen, wenn der Zinssatz konstant gehalten wird und gleichzeitig die Anleihekurse schwanken.

Bei der Berechnung des Anleihekurses müssen Stückzinsen berücksichtigt werden. Bei Aktienoptionen werden zumindest im ursprünglichen Black/Scholes–Modell keine Dividendenzahlungen bei den Aktien berücksichtigt.

Damit die genannten Besonderheiten bei der Preisfindung berücksichtigt werden können, ist es erforderlich, das Optionspreismodell für Aktien von Black/Scholes für die Bewertung von Anleiheoptionen zu modifizieren.

6.1.3 Bewertung von Anleihe-Calloptionen

Europäische Anleiheoptionen können mit dem Black-Modell bewertet werden (vgl. BLACK 1976). Dieses Modell ist eine Abwandlung des Black/Scholes-Modells, das eine Bewertung von Zinsoptionen ermöglicht.

Der Basiswert ist der **Forward Kurs**. Dies ist der Kurs, zu dem die Anleihe auf Basis der aktuellen Marktzinsen zum Ausübungszeitpunkt gekauft werden kann. Er wird durch die zugrundeliegende Zinsstrukturkurve determiniert. Der Forward Kurs wie auch der aktuelle Anleihekurs werden benötigt, um mit Hilfe eines Optionspreismodells den Wert einer Anleiheoption bestimmen zu können. Dem Black-Modell liegen **zwei wichtige Annahmen** für die erwartete Auszahlung einer Anleiheoption zugrunde.

Die erste Annahme betrifft die **Verteilung der Anleihekurse** (K_t) am Verfalltag der Option. Es wird angenommen, dass diese Kurse lognormalverteilt sind. Die Volatilität der Anleihekurse für den Zeitraum von heute bis zum Verfalltag beträgt:

$$\text{Volatilität ln } K_t = \sigma\sqrt{t}$$

Da die Volatilität auf Grund des feststehenden Rücknahmepreises im Zeitablauf nicht konstant ist, gilt diese Berechnung der Volatilität stets nur für den Zeitraum vom aktuellen Bewertungszeitpunkt bis zum Verfalltag. Aussagen über die Volatilität der Lognormalverteilung der Anleihekurse zu anderen Zeitpunkten als heute können aus dieser Angabe nicht zwingend gemacht werden.

Die zweite Annahme betrifft die **Preisfindung für die Anleiheoption am Verfalltag**. Das Black-Modell geht davon aus, dass der Erwartungswert des Preises der Anleiheoption dem Forward Kurs entspricht. Dies korrespondiert mit der Annahme einer risikoneutralen Bewertung. Damit ist die Volatilität von (ln K_t) auch gleich der Volatilität der Forward Kurse.

Das Black-Modell für **Calloptionen** hat folgende Form:

$$C = ZB - AF(0,t) \cdot [F \cdot N(d_1) - X \cdot N(d_2)]$$

Dabei sind (d_1) und (d_2) definiert als:

$$d_1 = \frac{\ln\left(\frac{F}{X}\right) + \sigma^2 \cdot \frac{t}{2}}{\sigma \cdot \sqrt{t}}$$

$$d_2 = \frac{\ln\left(\frac{F}{X}\right) - \sigma^2 \cdot \frac{t}{2}}{\sigma \cdot \sqrt{t}} = d_1 - \sigma\sqrt{t}$$

ZB-AF (0,t) ist der Zerobond-Abzinsfaktor per t=0 für die Laufzeit der Option (t). (F) ist der Forward Kurs der Anleihe zum Zeitpunkt (t). Die Volatilität der Forward Kurse wird durch (σ) angegeben.

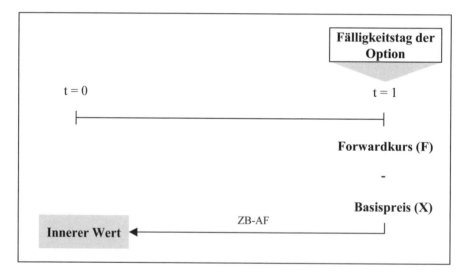

Abb. 173: Innerer Wert einer Anleiheoption

Analog zu den Aktienoptionen kann der **innere Wert** einer Anleihe-Calloption deterministisch aus dem Forward Kurs, dem Basispreis und dem der Laufzeit entsprechenden Zerobond-Abzinsfakor der aktuellen Zinsstrukturkurve ermittelt werden. Die Differenz aus Forward Kurs und Basispreis wird auf t=0 diskontiert (vgl. Abb. 173). Damit lautet das Auszahlungsprofil einer Anleihe-Calloption:

max (F - X, 0)

Anleiheoptionen

Der **Zeitwert** einer Anleiheoption ergibt sich wie immer aus der Differenz von Gesamtwert und innerem Wert.

Der Forward Kurs einer Anleihe zum Zeitpunkt (t) lässt sich am einfachsten in zwei Stufen berechnen. Zuerst werden alle zukünftigen Zahlungen der Anleihe auf t=0 abgezinst und aufsummiert. Anschließend wird das Ergebnis auf den gewünschten Zeitpunkt t aufgezinst.

Das Vorgehen sei an einem Beispiel erläutert. Die Anleihe hat eine Laufzeit von drei Jahren, wird endfällig getilgt und hat einen jährlichen Zins von 5,5 %. Der Investor möge ein Volumen von 100 EUR kaufen. Den Cash Flow der Anleihe, deren Barwert und die aktuelle Zinsstrukturkurve zeigt Abb. 174.

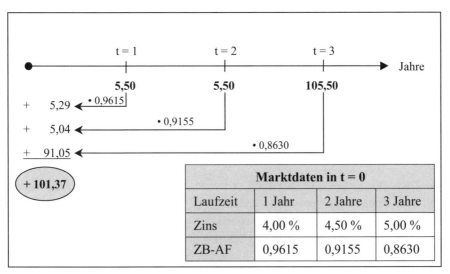

Abb. 174: Barwert der Anleihe

Zur Berechnung des **Forward Kurses** dieser Anleihe per t=1 werden im ersten Schritt die Cash Flows aus t=2 und t=3 auf t=0 diskontiert. Anschließend wird die Summe aus beiden Werten mit dem entsprechenden Zerobond-Aufzinsfaktor für ein Jahr auf den Zeitpunkt t=1 aufgezinst. Dies entspricht einem **Forward Kurs** in t=1 von **99,92** (vgl. Abb. 175).

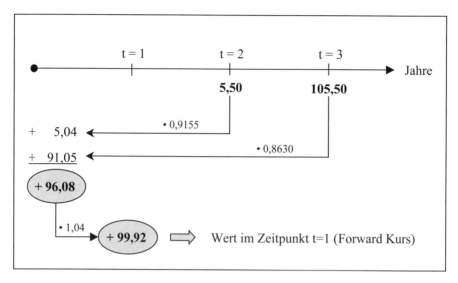

Abb. 175: Forward Kurs der Anleihe in t=1

Bei einem Basispreis von 100, einem Forward Kurs von 99,92 und einem laufzeitspezifischen Zerobond-Abzinsfaktor bei einem Zins von 4 % von 0,9615 ergibt sich für die Anleihe-Calloption ein innerer Wert von Null. Der Basispreis der Anleihe-Calloption ist größer als deren aktueller Forward Kurs.

Nachdem der Forward Kurs berechnet wurde, kann der Preis der Anleiheoption mit dem Black-Modell ermittelt werden. Die Volatilität der Forward Kurse möge 2 % betragen. Der Basispreis der Option sei 100, d.h. ein möglicher Erwerb bzw. Verkauf der Anleihe ist zu pari möglich. Da die Laufzeit der Option ein Jahr beträgt, ist der zugehörige Zerobond-Abzinsfaktor 0,9615. Durch Einsetzen in das Black-Modell ergibt sich für die **Anleihe-Calloption** ein Wert von **0,73 EUR**.

$$C = 0,9615 \cdot (99,92 \cdot 0,4890 - 100 \cdot 0,4810) = 0,73 \text{ EUR}$$

Die Werte für (d_1) und (d_2) ergeben sich durch einsetzen:

$$d_1 = \frac{\ln\left(\frac{99,92}{100}\right) + 0,02^2 \cdot \frac{1}{2}}{0,02 \cdot \sqrt{1}} = -0,0276$$

$$d_2 = d_1 - \sigma\sqrt{t} = -0,0276 - 0,002 \cdot \sqrt{1} = -0,0476$$

Die zugehörigen Quantile der Standardnormalverteilung ergeben für N(d$_1$) einen Wert von 0,4890 und für N(d$_2$) einen Wert von 0,4810 (vgl. Anhang).

$$N(d_1) = N(-0,0276) = 0,4890$$

$$N(d_2) = N(-0,0476) = 0,4810$$

Der **Zeitwert** der Anleihe-Calloption beträgt bei einem Gesamtwert von 0,73 EUR und einem inneren Wert von 0 EUR ebenfalls **0,73 EUR**.

$$\text{Zeitwert} = \text{Gesamtwert} - \text{innerer Wert} = 0,73 - 0,00 = 0,73 \text{ EUR}$$

6.1.4 Bewertung von Anleihe-Putoptionen

Die Bewertung von **Anleihe-Putoptionen** ergibt sich durch eine entsprechende Umwandlung des Black-Modells. Das Black-Modell für Putoptionen hat folgende Form:

$$P = ZB - AF(0,t) \cdot [X \cdot N(-d_2) - F \cdot N(-d_1)]$$

Dabei sind (d$_1$) und (d$_2$) wieder definiert als:

$$d_1 = \frac{\ln\left(\frac{F}{X}\right) + \sigma^2 \cdot \frac{t}{2}}{\sigma \cdot \sqrt{t}}$$

$$d_2 = \frac{\ln\left(\frac{F}{X}\right) - \sigma^2 \cdot \frac{t}{2}}{\sigma \cdot \sqrt{t}} = d_1 - \sigma\sqrt{t}$$

Die Daten sind analog der Anleihe-Calloption in die Bewertungsformel einzusetzen. Für ein Beispiel gelten die Daten der Anleihe-Calloption. Die Werte für N(d$_1$) und N(d$_2$) sind somit unverändert.

$$N(d_1) = 0,4890 \Rightarrow N(-d_1) = 1 - N(d_1) = 0,5110$$

$$N(d_2) = 0,4810 \Rightarrow N(-d_2) = 1 - N(d_2) = 0,5190$$

Durch einsetzen in die Black-Formel ergibt sich für die **Anleihe-Putoption** ein Wert von **0,81 EUR**.

$$P = 0{,}9615 \cdot [100 \cdot 0{,}5190 - 99{,}92 \cdot 0{,}5110] = 0{,}81 \text{ EUR}$$

Der innere Wert einer Anleihe-Putoption ergibt aus der Differenz von Basispreis und Forward Kurs der Anleihe am Verfalltag multipliziert mit dem laufzeitspezifischen Zerobond-Abszinsfaktor. Es gilt folgendes Auszahlungsprofil:

$$\max (X - F, 0)$$

Für die Anleihe-Putoption im Beispiel beträgt der **innere Wert 0,08 EUR**:

$$\text{Innerer Wert} = (100{,}00 - 99{,}92) \cdot 0{,}9615 = 0{,}08 \text{ EUR}$$

Der **Zeitwert** ergibt sich wieder aus der Differenz von Gesamtwert und innerem Wert. Für das Beispiel beträgt der Zeitwert **0,73 EUR**. Dieser entspricht dem Zeitwert der Anleihe-Calloption mit den gleichen Daten.

Der Preis der Anleihe-Putoption kann bei bekanntem Preis der Anleihe-Calloption alternativ auch über die **Put-Call Parität** berechnet werden. Der Preis einer Anleihe-Putoption wird mittels Put-Call Parität über folgenden Zusammenhang berechnet:

$$P = C + (X - F) \cdot ZB - AF(0, t)$$

C ist der Preis der Anleihe-Calloption und der zweite Teil der Summe entspricht dem inneren Wert der Anleihe-Putoption. Im Beispielfall ergibt sich wieder ein Preis der Option von 0,81 EUR.

$$P = 0{,}73 + (100{,}00 - 99{,}92) \cdot 0{,}9615 = 0{,}81 \text{ EUR}$$

6.1.5 Zins- und Kursvolatilitäten

In den bisherigen Berechnungen wurde stets die Volatilität der Forward Kurse verwendet. Es kann aber auch vorkommen, dass für bestimmte Optionen bzw. Laufzeiten keine Kursvolatilitäten vorliegen. Falls die Kursvolatilitäten nicht verfügbar sind, dafür aber Zinsvolatilitäten vorliegen, müssen die Zinsvolatilitäten in laufzeitgleiche Kursvolatilitäten umgerechnet werden.

Die Kursvolatilitäten werden stets Cash Flow-spezifisch berechnet. Sie sind also abhängig von der zugrundeliegenden Anleihe. Daher können Anleihen, die bei gleicher Laufzeit auf den gleichen Zinsvolatilitäten basieren, verschiedene Kursvolatilitäten besitzen. Die unterschiedlichen Cash Flows von Anleihen werden über die **Modified Duration** (vgl. Kap. 3.1.3.2) in die Umrechnung einbezogen.

Die Eigenschaften der Modified Duration (MD) sorgen dafür, dass der typische Verlauf der Kursvolatilität von Anleihen im Zeitablauf (vgl. Abb. 172) erreicht wird, denn analog zur Volatilität von Anleihen fällt die Modified Duration zum Ende der Laufzeit einer Anleihe auf Null. Die Werte der Modified Duration einer Anleihe sind im Zeitablauf stetig fallend, d.h. durch die Verkürzung der Restlaufzeit wird die Kennziffer stets kleiner. Der zeitliche Verlauf der Kursvolatilität von Anleihen ist zusätzlich abhängig von den Zinsvolatilitäten. Nehmen diese für längere Zeithorizonte zu, entsteht eine zunächst ansteigende und dann aufgrund des bekannten Rückzahlungskurses auf Null fallende Kursvolatilität. Sind die Zinsvolatilitäten hingegen konstant oder im Zeitablauf fallend, nehmen auch die Kursvolatilitäten ohne anfänglichen Anstieg stetig bis zum Laufzeitende der Anleihe ab, um am Ende ebenfalls wieder Null zu sein.

Zur Bewertung von europäischen Anleiheoptionen, die mit dem Black-Modell bewertet werden, ist lediglich die Kursvolatilität für den Zeitraum vom aktuellen Bewertungszeitpunkt bis zum Verfalltag der Option relevant. Als Beispiel möge eine dreijährige Anleihe dienen, die der Investor nach einem Jahr durch eine integrierte Anleiheoption zu einem festen Preis verkaufen kann. Da die Anleiheoption in einem Jahr ausläuft, ist die einjährige Kursvolatilität der Anleihe zu berechnen.

Als weiterer Parameter der Umrechnung dient die **Yield to Maturity** der Anleihe (R) vom Verfalltag der Option bis zum Laufzeitende der Anleihe. Für das Beispiel der einjährigen Option auf eine dreijährige Anleihe ist die Yield to Maturity der Anleihe in einem Jahr für zwei Jahre zu verwenden. Als letzter Parameter fließt die **Volatilität der Forwardzinssätze** (σ_z) in die Umrechnung mit ein. Im folgenden wird vereinfacht angenommen, dass die Volatilität der Forwardzinssätze denen der laufzeitgleichen Kassazinssätze entspricht. Für das Beispiel der einjährigen Option auf die dreijährige Anleihe wird die 1-jährige Kassazinsvolatilität als 1-jährige Forwardzinsvolatilität verwendet.

Die Umrechnung der Zinsvolatilitäten in laufzeitgleiche Kursvolatilitäten (σ_K) einer bestimmten Anleihe erfolgt analytisch durch folgende Berechnung (vgl. HULL 2003, S. 536):

$$\sigma_K = -MD \cdot R \cdot \sigma_z$$

Das Vorgehen möge im folgenden konkret am Beispiel zweier Anleihen gezeigt werden. Begonnen sei mit einer dreijährigen Anleihe mit halbjährlicher Zinszahlung (vgl. Abb. 176). Auf diese Anleihe hat der Investor eine einjährige Putoption erworben. Damit muss die einjährige Kursvolatilität berechnet werden. Die jährliche Volatilität der 1-Jahreszinsen sei 10 %, der 2-Jahreszinsen ebenfalls 10 % und der 3-Jahreszinsen 12 %. Die aktuellen Marktzinsen liegen bei 4 % für ein Jahr, 4,5 % für 2 Jahre und 5 % für drei Jahre.

Laufzeit	3 Jahre
Volumen	100 EUR
Auszahlung	100 %
Zinssatz	5,50 % p.a., fest für drei Jahre
Zinszahlung	jährlich, nachträglich
Tilgung	endfällig

Abb. 176: Beispiel einer dreijährigen Kuponanleihe

Zur Bestimmung der relevanten Kursvolatilität einer einjährigen Anleiheoption auf eine dreijährige Anleihe ist die Modified Duration der Anleihe in t=1 mit einer Restlaufzeit von 2 Jahren zu berechnen. Diese beträgt für die Beispielanleihe - 1,85:

$$MD = -\frac{1}{99{,}92} \cdot \frac{1 \cdot 5{,}50 \cdot (1+0{,}0554)^{-1} + 2 \cdot 105{,}50 \cdot (1+0{,}0554)^{-2}}{(1+0{,}0554)} = -1{,}85$$

Dabei ist der in die Modified Duration-Formel eingesetzte Barwert von 99,92 der Forward Kurs der Anleihe zum Kündigungszeitpunkt t=1 (vgl. Abb. 177).

Anleiheoptionen

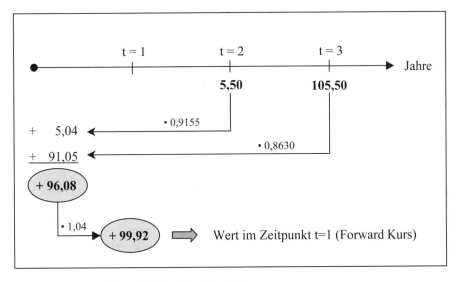

Abb. 177: Forward Kurs der Beispielanleihe in t=1

Die Yield to Maturity (R) im Zeitpunkt t=1 für eine Laufzeit von zwei Jahren entspricht der deterministischen Forward Rate FR (1,2) von 5,54 %. Diese kann auf Basis der aktuellen Kassazinsstrukturkurve ermittelt werden. Die jährliche Volatilität der einjährigen Forwardzinsen möge der jährlichen Volatilität der einjährigen Kassazinsen von 10 % entsprechen. Daher ergibt sich eine einjährige jährliche Kursvolatilität dieser Anleihe von 1,0227 %:

$$\sigma_K = 1,85 \cdot 0,0554 \cdot 0,1 = 0,010227 = 1,0227 \%$$

Der Effekt von fallenden Kursvolatilitäten der Anleihe bei Annäherung der Optionslaufzeit an das Laufzeitende der Anleihe möge durch zusätzliche Berechnung der Kursvolatilitäten für die Zeitpunkte t=2 und t=3 verdeutlicht werden. In t=2 beträgt der Forward Kurs 99,45 (vgl. Abb. 178).

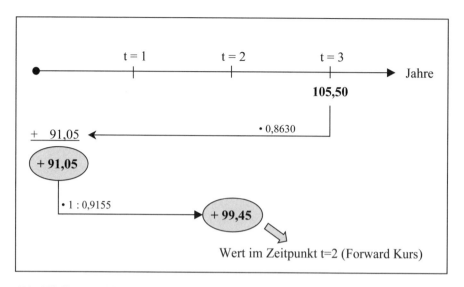

Abb. 178: Forward Kurs der Beispielanleihe in t=2

Die Yield to Maturity (R) in zwei Jahren für ein Jahr entspricht mit 6,09 % der Forward Rate FR (2,1). Daher ergibt sich eine Modified Duration der Anleihe in t=2 von -0,94:

$$MD = -\frac{1}{99,44} \cdot \frac{1 \cdot 105,50 \cdot (1 + 0,0609)^{-1}}{(1 + 0,0609)} = -0,94$$

Die sich daraus ergebende zweijährige jährliche Kursvolatilität der Anleihe beträgt 0,5725 %:

$$\sigma_K = 0,94 \cdot 0,0609 \cdot 0,1 = 0,005725 = 0,5725 \%$$

Die zweijährige jährliche Kursvolatilität ist kleiner als die einjährige jährliche Kursvolatilität (0,5725 % < 1,0227 %). Die abnehmende Kursvolatilität ist durch den festen Rückzahlungskurs zu begründen. Bei der einjährigen Kursvolatilität hat die Anleihe noch eine Restlaufzeit von zwei Jahren, in der sich die Kursabweichungen zum Rückzahlungskurs auf Null reduzieren können. Bei der zweijährigen Kursvolatilität beträgt die Restlaufzeit der Anleihe nur noch ein Jahr. Der Kurs in t=2 hat daher einen kleineren Schwankungsspielraum, da er bereits ein Jahr später (in t=3) sicher bei 100,00 liegen wird.

Die dreijährige jährliche Kursvolatilität der Anleihe beträgt Null. Da in diesem Fall Optionslaufzeit und Anleihelaufzeit gleich lang sind, ist in t=3 die Modified Duration gleich Null. Für den Rückzahlungskurs in t=3 besteht keine Unsicherheit. Er beträgt in jedem Fall 100,00. Eine dreijährige Option auf eine dreijährige Anleihe hat daher stets einen Zeitwert von Null.

Alternativ zur Anleihe aus Abb. 176 möge eine zweite Anleihe zur Verdeutlichung der Cash Flow-Abhängigkeit von Kursvolatilitäten betrachtet werden. Dazu sei im folgenden eine Stufenzinsanleihe betrachtet (vgl. Abb. 179). Die Marktzinssätze und die laufzeitspezifischen Zinsvolatilitäten seien unverändert. Die Laufzeiten und die Nominalvolumina beider Anleihen sind ebenfalls identisch. Die Anleihen haben allerdings verschiedene Cash Flows.

Laufzeit	3 Jahre
Volumen	100 EUR
Zinssatz 1. Jahr	3,00 % p.a.
Zinssatz 2. Jahr	4,50 % p.a.
Zinssatz 3. Jahr	4,50 % p.a.
Rückzahlung	100 %

Abb. 179: Beispiel einer dreijährigen Stufenzinsanleihe

Zunächst sei wieder die einjährige jährliche Kursvolatilität betrachtet. Zur Bestimmung ist die Modified Duration der Anleihe in t=1 zu berechnen. Sie beträgt für die Stufenzinsanleihe -1,87:

$$MD = -\frac{1}{98,07} \cdot \frac{1 \cdot 4,50 \cdot (1+0,0554)^{-1} + 2 \cdot 104,50 \cdot (1+0,0554)^{-2}}{(1+0,0554)} = -1,87$$

Da die Yield to Maturity in t=1 der Forward Rate FR (2,1) entspricht, ist diese unabhängig von der zugrundegelegten Anleihe und beträgt unverändert 5,54 %.

Der eingesetzte Barwert von 98,07 EUR entspricht dem Forward Kurs der Stufenzinsanleihe in t=1 (vgl. Abb. 180).

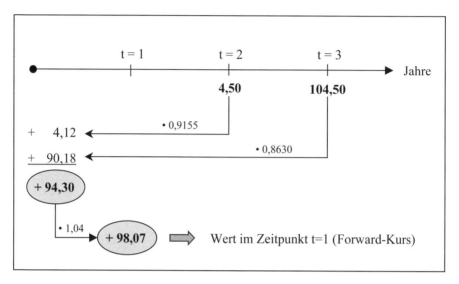

Abb. 180: Forward Kurs der Stufenzinsanleihe in t=1

Da die jährliche Volatilität der einjährigen Forwardzinsen wieder 10 % beträgt, ergibt sich eine einjährige jährliche Kursvolatilität der Stufenzinsanleihe von 1,0370 %:

$$\sigma_K = 1{,}87 \cdot 0{,}0554 \cdot 0{,}1 = 0{,}010370 = 1{,}0370\,\%$$

Damit ist die einjährige jährliche Kursvolatilität der Stufenzinsanleihe höher als die Volatilität der Anleihe aus Abb. 176 (1,0370 % > 1,0227 %). Da sowohl die Yield to Maturity mit 5,54 % als auch die jährliche Volatilität der einjährigen Forwardzinsen mit 10 % gleich ist, ist der Unterschied in der Kursvolatilität auf die größere absolute Modified Duration der Stufenzinsanleihe zurückzuführen (1,87 > 1,85). Die größere Modified Duration repräsentiert die höheren Freiheitsgrade des Kurses der Stufenzinsanleihe gegenüber der Anleihe mit jährlich konstantem Kupon. Der Kurs der Stufenzinsanleihe ist in t=1 nicht so stark determiniert.

Im Zeitpunkt t=2 hat die Stufenzinsanleihe einen Forward Kurs von 98,50 (vgl. Abb. 181). Die Yield to Maturity liegt unverändert bei 6,09 % und die jährliche Volatilität der zweijährigen Forwardzinssätze bei 10 %.

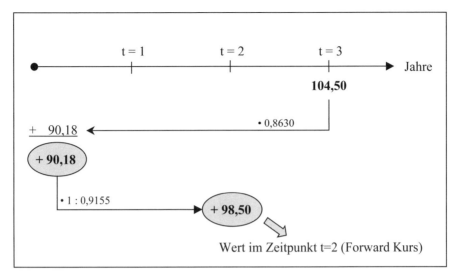

Abb. 181: Forward Kurs der Stufenzinsanleihe in t=2

Damit ergibt sich zum Zeitpunkt t=2 eine Modified Duration von -0,94:

$$MD = -\frac{1}{98,50} \cdot \frac{1 \cdot 104,50 \cdot (1+0,0609)^{-1}}{(1+0,0609)} = -0,94$$

Auf Basis dieser Modified Duration ergibt sich eine zweijährige Kursvolatilität der Stufenzinsanleihe von 0,5725 %:

$$\sigma_K = 0,94 \cdot 0,0609 \cdot 0,1 = 0,005725 = 0,5725\ \%$$

Damit sind bei einer Berechnung auf zwei Nachkommastellen die zweijährigen jährlichen Kursvolatilitäten beider Anleihen identisch. Werden aber mehr Nachkommastellen einbezogen, ist die Kursvolatilität der Stufenzinsanleihe marginal größer (0,574048 % > 0,574038 %). Der Unterschied in den Freiheitsgraden der Anleihekursmodellierung zwischen beiden Anleihen ist in t=2 nahezu Null.

Die dreijährige Kursvolatilität der Stufenzinsanleihe ist wie bei der Anleihe mit konstantem Kupon Null. Die Modified Duration in t=3 beträgt Null. Für den Rückzahlungskurs der Stufenzinsanleihe in t=3 besteht keine Unsicherheit. Diese wird in jedem Fall zu 100,00 zurückgezahlt.

Analog zu Bewertung von Anleihen bei sich ändernden Zinssätzen kann die Genauigkeit der Umrechnung von Zins- und Kursvolatilitäten durch die Einbeziehung von Termen höherer Ordnung, z.B. der Convexity für die Terme der zweiten Ordnung, erhöht werden.

6.2 Caps

6.2.1 Auszahlungsprofile von Caps

Caps gehören zu den **Zinsderivaten**. Sie sind bedingte Termingeschäfte. Entsprechend lassen sich wieder Long- und Shortpositionen unterscheiden.

Der **Käufer** eines Caps hat die **Longposition** inne (**Long Cap**). Er erwirbt gegen die Zahlung einer **Optionsprämie** das Recht, vom Verkäufer eine Ausgleichszahlung zu erhalten, wenn zu den festgelegten zukünftigen Zeitpunkten der vereinbarte **Referenzzins** über der ebenfalls festgelegten **Zinsobergrenze (Basiszins)** liegt. Durch den Cap wird dem Käufer eine Zinsobergrenze garantiert. Caps eignen sich somit zur Absicherung von Zinsverpflichtungen durch Finanzinstrumente auf der **Passivseite**.

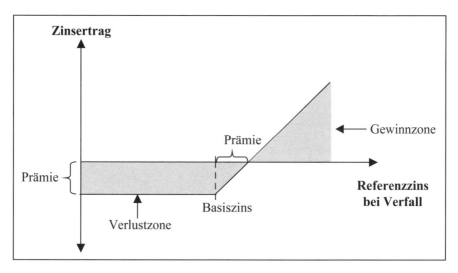

Abb. 182: Auszahlungsprofil eines Long Cap

Es möge folgendes Beispiel betrachtet werden. Der **Basiszins** eines Caps betrage **8 %**. Als **Optionsprämie** sind **1 %** zu zahlen. Der Zinsertrag eines Long Cap ist abhängig von der Höhe des Referenzzinses zu den jeweiligen Verfallzeitpunkten. Liegt der Referenzzins unterhalb des Basiszinses erreicht der Long Cap seinen **maximalen Verlust**. Der Verlust entspricht der gezahlten Optionsprämie (vgl. Abb. 182). Liegt der Referenzzins bei Verfall zum Beispiel bei 6 %, ergibt sich ein Verlust von 1 % des Kontraktvolumens. Dieser Verlust entspricht der gezahlten Optionsprämie.

Liegt der Referenzzins bei Verfall oberhalb des Basispreises, wird der Cap ausgeübt. Solange die Differenz zwischen Referenzzins bei Verfall und Basiszins kleiner ist als die gezahlte Optionsprämie, befindet sich der Long Cap in der **Teilverlustzone**. Bei einem Referenzzins bei Verfall von 8,5 % beträgt der Verlust des Caps - 0,5 % des Kontraktvolumens. Durch die Ausübung des Caps wird ein Teilverlust realisiert, da die Ausgleichszahlung von 0,5 % für den Cap nur einen Teil der gezahlten Optionsprämie von - 1,0 % deckt.

Liegt der Referenzzins bei Verfall höher als der Basiszins und der gezahlten Optionsprämie befindet sich der Long Cap in der **Gewinnzone**. Der mögliche Gewinn ist theoretisch unbegrenzt. Bei einem Referenzzins am Verfalltag von 10 % beträgt der Zinsertrag des Caps insgesamt 1 %. Dieser ergibt sich aus der Ausgleichszahlung des Caps von 2 % abzüglich der gezahlten Optionsprämie von - 1 %.

Der **Verkäufer** eines Caps hat die **Shortposition** inne (**Short Cap**). Dieser erhält für das eingegangene Zinsänderungsrisiko die **Optionsprämie** und geht dafür die **Verpflichtung** ein, **Ausgleichszahlungen** zu zahlen, wenn zu den festgelegten zukünftigen Zeitpunkten der vereinbarte **Referenzzins** über der festgelegten **Zinsobergrenze** liegt.

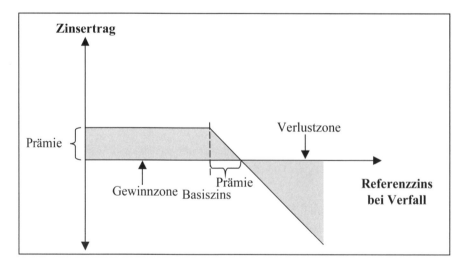

Abb. 183: Auszahlungsprofil eines Short Cap

Das Beispiel des Long Cap soll für den Short Cap übernommen werden. Damit beträgt der **Basiszins** weiterhin **8 %** und die **Optionsprämie 1 %**.

Der Short Cap erzielt seinen **maximalen Gewinn**, wenn der Referenzzins bei Verfall unterhalb des Basiszinses liegt (vgl. Abb. 183). Bei einem Referenzzins am Verfalltag von 6 % ergibt sich ein Zinsertrag des Short Cap von 1 %. Die 1 % entsprechen der eingenommenen Optionsprämie.

Liegt der Referenzzins bei Verfall oberhalb des Basiszinses und ist die Differenz zwischen Referenzzins und Basiszins kleiner als die erhaltene Optionsprämie, befindet sich der Short Cap in der **Teilgewinnzone**. Bei einem Referenzzins am Verfalltag von 8,5 % ergibt sich ein gesamter Zinsertrag des Short Cap von 0,5 %. Die 0,5 % ergeben sich aus der zu leistenden Ausgleichszahlung in Höhe von - 0,5 % und der Einnahme aus der Optionsprämie von 1 %.

Liegt der Referenzzins bei Verfall oberhalb des Basiszinses und ist die Differenz aus Referenzzins und Basiszins größer als die Optionsprämie, ist der Short Cap in der **Verlustzone**. Der eintretende Verlust kann theoretisch unbegrenzt sein. Bei einem Referenzzins bei Verfall von 10 % ergibt sich für den Short Cap ein Gesamtverlust von - 1 %. Die - 1 % resultieren aus der zu leistenden Ausgleichszahlung von - 2 % und der Einnahme aus der Optionsprämie von 1 %.

6.2.2 Caplets

Im Gegensatz zur Anleiheoption, die nur ein Optionsrecht verbrieft, besteht ein Cap aus mehreren Optionen. An jedem der festgelegten Zeitpunkte wird geprüft, ob der Referenzzins über dem Basiszins liegt. So ist es durchaus denkbar und realistisch, dass an einigen Zeitpunkten eine Ausübung stattfindet (Referenzzins größer als Basiszins), an anderen wiederum die Option nicht ausgeübt wird (Referenzzins kleiner oder gleich dem Basiszins). Ein Cap besteht daher aus mehreren Zinsoptionen.

Zur Bewertung wird wieder wie bei allen strukturierten Finanzprodukten vorgegangen. Zuerst wird der Cap in seine Basisinstrumente zerlegt, die einzeln bewertet werden. Aus der Summe der Preise der Einzelbausteine wird anschliessend der Gesamtpreis ermittelt.

Eine einzelne Zinsoption beim Cap wird **Caplet** genannt. Zur exakten Beschreibung eines Caplets ist die Vorlaufzeit und die Absicherungszeit zu definieren. Die Absicherungszeit ist für jedes Caplet eines Caps identisch. Sie entspricht der Laufzeit einer Zinsperiode. Findet beispielsweise alle 6 Monate eine Ausgleichszahlung statt, hat jedes Caplet eine Laufzeit von 6 Monaten. Unterschiede können sich bei den einzelnen Caplets daher nur in der Vorlaufzeit ergeben.

Die Zerlegung eines Caps in Caplets sei anhand eines Beispiels verdeutlicht (vgl. Abb. 184).

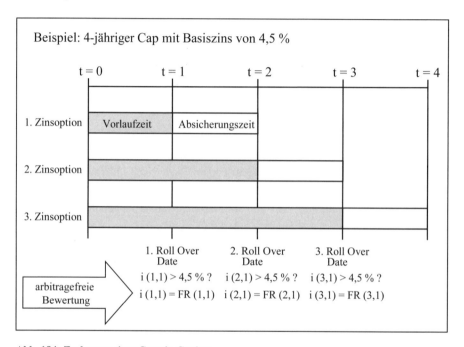

Abb. 184: Zerlegung eines Caps in Caplets

Der Cap soll eine Laufzeit von 4 Jahren haben. Der Referenzzinssatz sei der 12-monatige Euribor. Die Absicherungszeit von einem Jahr ist aus Vereinfachungsgründen gewählt. In der Praxis sind Absicherungszeiten von 3 oder 6 Monaten üblich. Der Basiszins beträgt 4,5 %. Bei einer Laufzeit von 4 Jahren und einer Laufzeit jeder Zinsperiode von einem Jahr ergeben sich vier Teilperioden. Die erste kann wegfallen, da der Referenzzins (aktueller Marktzins) bekannt ist und bezüglich des Wertes dieser Option keine Unsicherheit besteht. Damit verbleiben im Beispiel **drei Optionen**.

Jedes Caplet hat eine Absicherungszeit von einem Jahr. Die Vorlaufzeit nimmt vom ersten Caplet (1 Jahr) bis zum dritten Caplet (3 Jahre) zu. Es existieren damit drei Termine für potenzielle Ausgleichszahlungen. Diese Termine heißen **Roll-**

Over Termine. Der Basiszins für jedes Caplet beträgt 4,5 %. Die einzige Unbekannte an den Roll-Over Terminen ist somit der 12-Monats Euribor.

An jedem Roll-Over Termin ist festzustellen, ob der Referenzzins größer ist als der Basiszins von 4,5 %. Ist dies der Fall, findet eine Ausgleichszahlung statt (die Option wird ausgeübt). Ist der Referenzzins dagegen kleiner, findet keine Ausgleichszahlung statt (die Option verfällt).

Für die Bewertung eines Caplets ist es wichtig, genau zu beachten, was zu welchem Zeitpunkt geschieht (vgl. Abb. 185). Die **Gesamtlaufzeit** ergibt sich aus der Vorlaufzeit und der Absicherungszeit. Am Ende der **Vorlaufzeit** wird die Höhe des Referenzzinses, der die Ausgleichszahlung determiniert, bestimmt. Die Höhe der Ausgleichszahlung in Gestalt des zu zahlenden Zinses für die Absicherungszeit wird auf das Ende der **Absicherungszeit** berechnet.

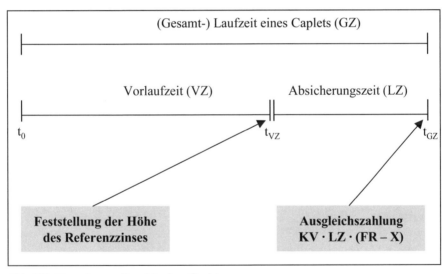

Abb. 185: Bewertungszeitpunkte eines Caplets

6.2.3 Ausgleichszahlungen von Caps

Die Bestimmung der Ausgleichszahlungen für einen Cap möge anhand eines Beispiels verdeutlicht werden. Die X-Bank **kauft** folgenden Cap (vgl. Abb. 186). Sie hat somit die Position eines **Long Cap**.

Kontraktdaten eines Cap	
Laufzeit	4. April 03 bis 4. Oktober 07
Referenzzinssatz	6-monatiger Euribor
Basiszins	4,5 % p.a.
Zinsperiode	jeweils vom 04.04. bis 04.10. und vom 04.10. bis 04.04.; zwischen dem 04.04.03 und 04.04.07
Zinsfeststellungstag	zweiter Bankarbeitstag vor Beginn der jeweiligen Zinsperiode; Zinszahlung am Ende der Periode
Kontraktvolumen (KV)	50 Mio. EUR
Fälligkeit der Ausgleichszahlung	jeweils am 04.10. und 04.04.; zwischen dem 04.10.03 und dem 04.10.07
Zinstagekonvention	act / 360

Abb. 186: Beispiel für einen Cap-Kontrakt

Die ersten 18 Monate der Laufzeit des Caps seien im Folgenden näher betrachtet. Der Referenzzins ist der 6-monatige Euribor. Im Gegensatz zur Anleiheoption, die nur aus einem Optionsrecht besteht, hat der Käufer eines Caps je nach Laufzeit und Länge der Absicherungsperiode mehrere Optionsrechte. Da alle sechs Monate eine Zinsanpassung stattfindet, hat der Cap in den ersten 18 Monaten der Laufzeit **drei Zeitpunkte** für mögliche Ausgleichszahlungen. Der Referenzzins als Vergleichszins für die Ausgleichszahlung wird jeweils zu Beginn einer Periode, bei diesem Cap alle sechs Monate festgelegt.

Zinsfest- stellungs- tag	Beginn der Zins- periode	Ende der Zins- periode	Anzahl Tage	Basis- zins	Referenz- zins	Differenz der Zins- sätze	Ausgleichs- zahlung in EUR
02.04.03	04.04.03	04.10.03	183	4,5 %	4,3 %	0,0 %	0
01.10.03	04.10.03	04.04.04	182	4,5 %	4,9 %	0,4 %	101.111
02.04.04	04.04.04	04.10.04	183	4,5 %	5,3 %	0,8 %	203.333

Abb. 187: Bestimmung der Ausgleichszahlungen für einen Cap

Die Ausgleichszahlung für die 6-monatige Zinsperiode entspricht der **Differenz zwischen dem Referenzzins am Tag des Fixing (zu Beginn der Zinsperiode) und dem Basiszins**, bezogen auf das Kontraktvolumen und die Länge der Zinsperiode. Die Ausgleichszahlung wird stets am Ende der Zinsperiode fällig.

Für die erste Periode, die am 04.04.03 beginnt, wird keine Ausgleichszahlung gezahlt. Da die Laufzeit des Caps ebenfalls am 04.04.03 beginnt, ist die Ausgleichszahlung per 04.10.03 **deterministisch**. Der auf den 04.04.03 diskontierte Wert würde dem Preis des Caps zugeschlagen und am 04.10.03 wieder zurückgezahlt. Daher werden für die erste Periode keine Ausgleichszahlungen gerechnet. Unter den Bedingungen der arbitragefreien Bewertung haben beide Zahlungen einen **Barwert von Null** und werden nicht getätigt.

Für die beiden folgenden Perioden ergeben sich Ausgleichszahlungen von **101.111 EUR** per 04.04.04 und **203.333 EUR** per 04.10.04 (vgl. Abb. 187).

Die Differenz der Zinssätze ergibt sich aus der Differenz des jeweiligen Referenzzinses und des Basiszinses. Die Ausgleichszahlung von 101.111 EUR ergibt sich aus folgender Rechnung:

$$\text{Ausgleichszahlung} = 50 \text{ Mio.} \cdot 0{,}004 \cdot \frac{182}{360} = 101.111 \text{ EUR}$$

Die zweite Ausgleichszahlung in Höhe von 203.333 EUR wird wie folgt berechnet:

$$\text{Ausgleichszahlung} = 50 \text{ Mio.} \cdot 0{,}008 \cdot \frac{183}{360} = 203.333 \text{ EUR}$$

6.2.4 Innerer Wert von Caps

Der innere Wert eines Caps kann wie bei allen anderen Optionen auch ohne ein Optionspreismodell bestimmt werden. Für die arbitragefreie Bewertung werden die aus heutiger Sicht noch unbekannten Referenzzinssätze duch die heute aus der aktuellen Zinsstrukturkurve ermittelten Forward Rates substituiert.

Die Forward Rates im Vergleich zum Basiszins zeigt Abb. 188. Bei einer positiven Differenz wird das jeweilige Caplet ausgeübt und es ergibt sich eine positive Ausgleichszahlung. Bei einer negativen Differenz verfällt das Caplet wertlos. Die Summe der Ausgleichszahlungen der Caplets ergeben diskontiert auf t=0 den aktuellen **inneren Wert des Caps**.

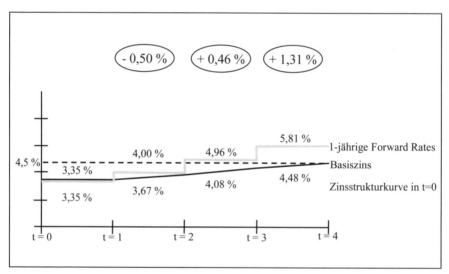

Abb. 188: Differenz zwischen Basiszins und Forward Rates

Sind die Forward Rates bekannt, kann der innere Wert jedes Caplets kalkuliert werden. Die Ausgleichszahlungen am Ende der Absicherungszeit berechnen sich wie folgt:

$$\text{Ausgleichszahlung eines Caplets} = KV \cdot LZ \cdot (FR - X)$$

Dabei ist (KV) das Kontraktvolumen des Caplets und (LZ) der Absicherungszeitraum. (FR) ist die faire Forward Rate und (X) der Basiszins.

Um den Wert der Ausgleichszahlungen per t=0 zu ermitteln, sind diese noch zu diskontieren:

$$\text{Ausgleichszahlung in } t_0 = KV \cdot LZ \cdot (FR - X) \cdot e^{-r \cdot t_{GZ}}$$

Zur Diskontierung wird der stetige Nullkuponzinssatz (r) bezogen auf die Gesamtlaufzeit (t_{GZ}) eines Caplets verwendet. Alternativ könnte auch mit Hilfe der Zerobond-Abzinsfaktoren diskontiert werden. Der stetige Nullkuponzinssatz wird hier mit Blick auf die spätere Überführung in das Optionspreismodell verwandt.

Am Beispiel des Caps mit einer Laufzeit von 4 Jahren mögen die inneren Werte der Caplets berechnet werden. Das Kontraktvolumen betrage 1.000.000 EUR und der Basiszins sei 4,5 %. Die allgemeine Struktur der Kalkulation der inneren Werte von Caplets zeigt Abb. 189.

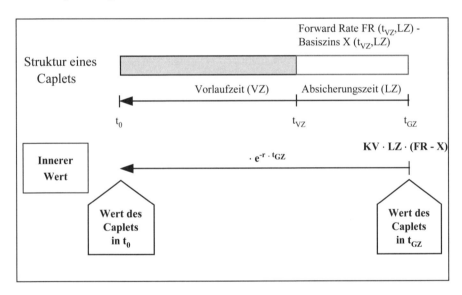

Abb. 189: Kalkulation des inneren Wertes einzelner Caplets

Das erste Caplet (1,1) hat keinen inneren Wert, da die Forward Rate FR(1,1) des 12-Monats Euribor kleiner ist als der Basiszins. Das zweite Caplet (2,1) hat am Ende der Gesamtlaufzeit in t=3 einen inneren Wert von 4.600 EUR. Diskontiert auf t=0 beträgt der Barwert 4.077,39 EUR. Der innere Wert des Caplets (3,1) beträgt per t=4 13.100 EUR, diskontiert auf t=0 ergibt sich ein Barwert dieser Zahlung von 10.972,72 EUR. Der Cap hat somit insgesamt einen inneren Wert von 15.050,11 EUR (vgl. Abb. 190).

Caplet	Forward Rate FR (t,1)	Basiszins (X)	Zinsdifferenz max (FR-X,0)	Innerer Wert der Caplets in t_{GZ} in EUR	Innerer Wert der Caplets in t_0 in EUR
(0)	(1)	(2)	(3) = (1) - (2)	(4) = (3) · 1 Mio.	(5) = (4) · $e^{-r \cdot t_{GZ}}$
(1,1)	4,00 %	4,50 %	0,00 %	0,00	0,00
(2,1)	4,96 %	4,50 %	0,46 %	4.600,00	4.077,39
(3,1)	5,81 %	4,50 %	1,31 %	13.100,00	10.972,72
Innerer Wert					15.050,11

Abb. 190: Innerer Wert des Beispiel-Caps

Analog zu den übrigen Optionen ergibt sich der Wert eines Caplets aus der Summe von innerem Wert und Zeitwert. Der innere Wert stellt den **Minimalwert** eines Caps dar. Der **Maximalwert** stellt sich bei einem Basiszins von Null ein. Die Differenz zwischen Minimal- und Maximalwert zeigt den **Preiskanal** eines Caps (vgl. Abb. 191).

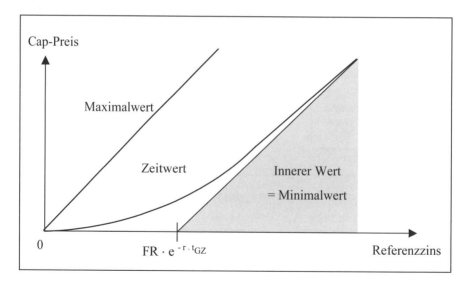

Abb. 191: Wertgrenzen und Zeitwert beim Cap

6.2.5 Black-Modell für Caps

Die Bewertung eines Caps erfolgt mit Hilfe des Black-Modells für Caps (vgl. HULL 2003, S. 517). Zur Verwendung des Black-Modells muss der Cap zunächst in seine Caplets zerlegt werden. Der Wert eines Caplets kann anschließend **analytisch** durch das Black-Modell ermittelt werden. Der Gesamtwert des Caps ergibt sich durch **Summenbildung** der Werte der einzelnen Caplets.

Die theoretische Fundierung erlangt das Black-Modell durch zwei wesentliche Annahmen. Als erstes wird angenommen, dass der gegenwärtige Wert eines Caplets dessen Wert am Laufzeitende multipliziert mit dem laufzeitspezifischen Zerobond-Abzinsfaktor entspricht. Zusätzlich wird angenommen, dass der Erwartungswert eines Zinssatzes für eine Laufzeit von (t) bis (T) die Forward Rate FR (t,T) ist. Mit diesen Annahmen wird eine risikoneutrale Bewertung der Caplets und somit des Caps möglich. Das **Auszahlungsprofil** eines Caplets lautet:

$$KV \cdot LZ \cdot \max(FR - X)$$

Analog zu den Anleiheoptionen (vgl. Kap. 6.1) soll der Referenzzinssatz am Ende der Laufzeit lognormalverteilt mit einer Standardabweichung (σ) sein. Damit kann ein Caplet durch das Black-Modell wie folgt bewertet werden:

$$\text{Caplet} = KV \cdot LZ \cdot e^{-r \cdot t_{GZ}} \left[FR \cdot N(d_1) - X \cdot N(d_2) \right]$$

Dabei sind (d_1) und (d_2) definiert als:

$$d_1 = \frac{\ln\left(\frac{FR}{X}\right) + \sigma^2 \cdot \frac{t_{VZ}}{2}}{\sigma \cdot \sqrt{t_{VZ}}},$$

$$d_2 = \frac{\ln\left(\frac{FR}{X}\right) - \sigma^2 \cdot \frac{t_{VZ}}{2}}{\sigma \cdot \sqrt{t_{VZ}}} = d_1 - \sigma\sqrt{t_{VZ}}$$

Es ist bei dieser Form des Black-Modells besonders auf die zwei verschiedenen Zeitangaben zu achten. Zum einen wird (t_{GZ}) als Gesamtlaufzeit und zum anderen (t_{VZ}) als Vorlaufzeit des Caplets verwendet. Die Berechnung der Werte (d_1) und (d_2) bezieht sich auf die Vorlaufzeit (t_{VZ}), da sich zu diesem Zeitpunkt entscheidet, ob die Option ausgeübt wird oder nicht. Da eine Ausgleichszahlung aber erst am Ende der Gesamtlaufzeit (t_{GZ}) zu leisten ist, muss diese über die Gesamtlaufzeit (t_{GZ}) auf t=0 diskontiert werden.

Die Bewertung eines Caps mit dem Black-Modell soll wieder anhand eines Beispiels gezeigt werden. Es wird der bereits bekannte 4-jährige Cap verwendet (vgl. Abb. 184). Das Kontraktvolumen sei 1.000.000 EUR. Es wird eine konstante Volatilität von 20 % unterstellt. Damit ergeben sich aus dem Black-Modell für die einzelnen Caplets folgende Werte (vgl. Abb. 192).

Caplet	FR	d_1	$N(d_1)$	d_2	$N(d_2)$
(0)	(1)	(2)	(3)	(4)	(5)
(1,1)	4,00 %	-0,49	0,31	-0,69	0,25
(2,1)	4,96 %	0,48	0,69	0,20	0,58
(3,1)	5,81 %	0,91	0,82	0,56	0,71

Basiszins (X)	KV · LZ in EUR	r	t_{GZ}	$e^{-r \cdot t_{GZ}}$	Caplet-Preis in EUR
(6)	(7)	(8)	(9)	(10)	(11)
4,50 %	1.000.000	3,61 %	2	0,9303	1.360,27
4,50 %	1.000.000	4,02 %	3	0,8863	7.015,36
4,50 %	1.000.000	4,43 %	4	0,8376	12.944,99
					Σ 21.320,62 EUR

Abb. 192: Kalkulation eines Cap-Preises

Insgesamt hat der Cap einen **Preis** von **21.320,62 EUR**. Um den Zeitwert des Caps zu berechnen, müssen von den jeweiligen Gesamtpreisen der Caplets deren innere Werte (vgl. Abb. 190) abgezogen werden. Durch die individuelle Betrachtung von innerem Wert und Zeitwert ergibt sich für das Beispiel die in Abb. 193 gezeigte Preisstruktur.

Caplet	Innerer Wert in EUR	Zeitwert in EUR	Gesamtwert in EUR
(0)	(1)	(2) = (3) – (1)	(3)
(1,1)	0,00	1.360,27	1.360,27
(2,1)	4.077,39	2.937,97	7.015,36
(3,1)	10.972,72	1.972,27	12.944,99
Summe	**15.050,11**	**6.270,51**	**21.320,62**

Abb. 193: Preisstruktur des Caps

Die Preisstrukur gibt an, welche Aufteilung dem Gesamtwert eines Caps zugrunde liegt. Die Aufteilung bezieht sich dabei auf die Unterteilung in inneren Wert und Zeitwert.

6.3 Floors

6.3.1 Auszahlungsprofile von Floors

Floors sind das Gegenstück zu den Caps. Es sind ebenfalls **bedingte Termingeschäfte**. Wie bei allen Optionen werden auch bei den Floors Long- und Shortpositionen unterschieden.

Der **Käufer** eines Floors hat die **Longposition (Long Floor)** inne. Dieser erwirbt gegen die Zahlung einer Optionsprämie das Recht, vom Verkäufer eine Ausgleichszahlung zu erhalten, wenn zu den festgelegten zukünftigen Zeitpunkten der vereinbarte Referenzzins unter der festgelegten Zinsuntergrenze (Basiszins) liegt. Durch den Floor wird dem Käufer eine **Zinsuntergrenze** garantiert. Floors eignen sich somit zur Absicherung von Zinserträgen durch Finanzinstrumente auf der **Aktivseite**.

Der **Basiszins** für den Floor sei im Beispiel **4 %**. Die **Optionsprämie** betrage analog zum Cap **1 %**. Der Zinsertrag eines Long Floor ist abhängig vom Referenzzins am jeweiligen Verfalltag. Liegt der Referenzzins bei Verfall oberhalb des Basiszinses erreicht der Long Floor seinen **maximalen Verlust**. Der Verlust entspricht der gezahlten Optionsprämie (vgl. Abb. 194). Bei einem Referenzzins bei Verfall von beispielsweise 6 % ergibt sich ein Zinsverlust des Long Floor, der der gezahlten Optionsprämie entspricht.

Liegt der Referenzzins bei Verfall unterhalb des Basiszinses wird der Verlust verringert. Solange die Differenz zwischen Referenzzins und Basiszins kleiner ist als die gezahlte Optionsprämie, befindet sich der Long Floor in der **Teilverlustzone**. Bei einem Referenzzins am Verfalltag von 3,5 % beträgt der Verlust des Long Floors - 0,5 %. Diese - 0,5 % ergeben sich aus der erhaltenen Ausgleichszahlung von 0,5 % und der gezahlten Optionsprämie von - 1 %.

Liegt der Referenzzins bei Verfall unter dem Basiszins und ist die Differenz aus Referenzzins und Basiszins größer als die gezahlte Optionsprämie, befindet sich der Long Floor in der **Gewinnzone** (vgl. Abb. 194). Bei einem Referenzzins von beispielsweise 2 % beträgt der Gewinn des Long Floor 1 %. Diese 1 % entstehen aus der erhaltenen Ausgleichszahlung von 2 % abzüglich der gezahlten Optionsprämie von - 1 %.

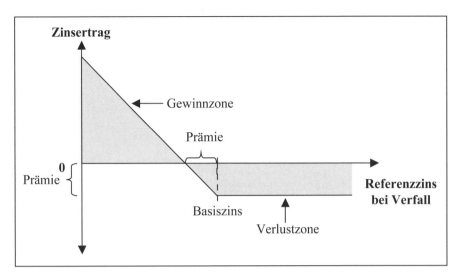

Abb. 194: Auszahlungsprofil eines Long Floor

Der **Verkäufer** eines Floors hat die **Shortposition (Short Floor)** inne. Dieser erhält für das eingegangene Zinsänderungsrisiko die Optionsprämie und geht dafür die Verpflichtung ein, Ausgleichszahlungen zu leisten, wenn an den festgelegten zukünftigen Zeitpunkten der Referenzzins unter der vereinbarten Zinsuntergrenze liegt.

In Fortführung des Beispiels erzielt die Gegenposition, der Short Floor, seinen **maximalen Gewinn**, wenn der Referenzzins über dem Basiszins zuzüglich der gezahlten Optionsprämie liegt (vgl. Abb. 195). Bei einem Referenzzins von 6 %, beträgt der Gewinn des Short Floors 1 %, der der eingenommenen Optionsprämie entspricht.

Liegt der Referenzzins unterhalb des Basiszinses und ist die Differenz aus Referenzzins und Basiszins kleiner als die erhaltene Optionsprämie, befindet sich der Short Floor in der **Teilgewinnzone**. Bei einem Referenzzins von beispielsweise 3,5 % beträgt der Gewinn des Short Floors 0,5 %. Dieser setzt sich zusammen aus der zu leistenden Ausgleichszahlung von - 0,5 % und dem Ertrag aus der erhaltenen Optionsprämie von 1 %.

Wenn der Referenzzins unterhalb des Basiszins liegt und die Differenz aus Referenzzins und Basiszins größer ist als die Optionsprämie, befindet sich der Short Floor in der **Verlustzone**. Bei einem Referenzzins von 2 % ergibt sich für den Short Floor insgesamt ein Verlust von - 1 %. Dieser Verlust setzt sich zusammen aus der zu leistenden Zinszahlung von - 2 % und der erhaltenen Optionsprämie von 1 %.

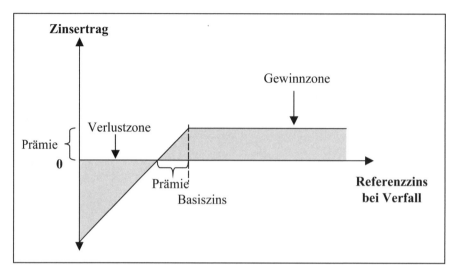

Abb. 195: Auszahlungsprofil eines Short Floor

6.3.2 Floorlets

Analog zum Cap besteht ein Floor aus mehreren Zinsoptionen. Bewertungstechnisch wird wie bei den Caps vorgegangen. Zuerst wird der Floor in seine Basisinstrumente zerlegt, diese werden einzeln bewertet und aus der Summe der Preise der Einzelbausteine wird der Floor-Preis ermittelt. Eine einzelne Zinsoption beim Floor wird **Floorlet** genannt.

Für die Bewertung ist ein Floor zuerst in seine Floorlets zu zerlegen. Die für alle Floorlets gleiche Absicherungszeit hat die Laufzeit einer Zinsperiode. Findet alle 12 Monate eine Ausgleichszahlung statt, hat jedes Floorlet eine Laufzeit von 12 Monaten. Unterschiede ergeben sich bei den einzelnen Floorlets nur in der Vorlaufzeit.

Die Zerlegung eines Floors in Floorlets sei anhand eines Beispiels verdeutlicht. Der Referenzzinssatz sei der 12-monatige Euribor. Der Floor soll eine Laufzeit von 4 Jahren haben. Der Basiszins beträgt 4,0 %. Bei einer Laufzeit von 4 Jahren und einer Laufzeit jeder Zinsperiode von einem Jahr ergeben sich vier Perioden.

Da die erste wegfällt, sind **drei mögliche Ausgleichszahlungen** zu berechnen. Abb. 196 zeigt die Zerlegung des Floors in seine Floorlets. Aus Vereinfachungsgründen wird eine Zinsperiode von einem Jahr zugrundegelegt.

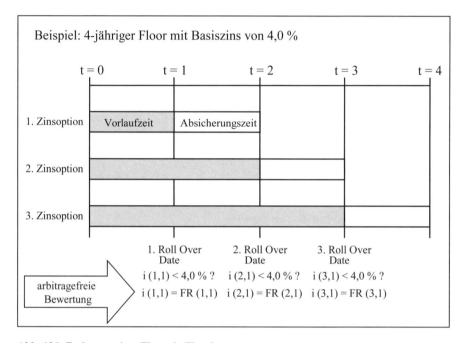

Abb. 196: Zerlegung eines Floors in Floorlets

Jedes Floorlet hat eine Absicherungszeit von einem Jahr. Die Vorlaufzeit nimmt wie beim Cap vom ersten Floorlet (1 Jahr) bis zum dritten Floorlet (3 Jahre) zu. Da der Basiszins für jedes Floorlet mit 4,0 % bekannt ist, bleibt als einzige Unbekannte der 12-monatige Euribor an den Roll-Over Terminen.

An jedem Roll-Over Termin ist festzustellen, ob der Referenzzins kleiner ist als der Basiszins von 4,0 %. Ist dies der Fall, findet eine Ausgleichszahlung statt (die Option wird ausgeübt). Ist der Referenzzins dagegen größer, findet keine Ausgleichszahlung statt (die Option verfällt).

Um ein Floorlet bewerten zu können, ist wiederum eine Trennung des **Zahlungszeitpunktes** vom **Zeitpunkt der Festlegung** des Referenzzinses notwendig (vgl. Abb. 197).

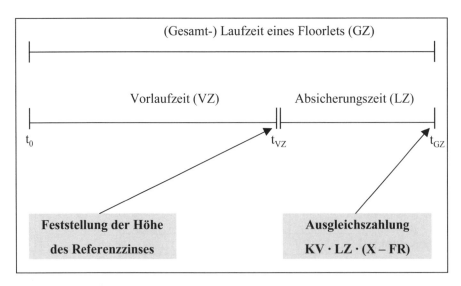

Abb. 197: Bewertungszeitpunkte eines Floorlets

Die **Gesamtlaufzeit** eines Floorlets ist die Summe aus Vorlaufzeit und Absicherungszeit. Am Ende der **Vorlaufzeit** wird der Referenzzins, der die Ausgleichszahlung determiniert, festgelegt. Die Ausgleichszahlung selber erfolgt erst zum Ende der **Absicherungszeit**.

6.3.3 Ausgleichszahlungen von Floors

Die Bestimmung der Ausgleichszahlungen für einen Floor möge anhand des nachfolgenden Beispiels verdeutlicht werden. Die X-Bank **kauft** den in Abb. 198 näher beschriebenen Floor. Sie hat somit die Position eines **Long Floor**.

Die ersten 18 Monate der Laufzeit des Floors seien im Folgenden näher betrachtet. Der Referenzzins sei der 6-monatige Euribor. Im Gegensatz zur Anleiheoption, die nur aus einem Optionsrecht besteht, hat der Käufer eines Floors wie bei einem Cap je nach Laufzeit und Länge der Absicherungsperiode mehrere Optionsrechte.

Kontraktdaten eines Floor	
Laufzeit	4. April 03 bis 4. Oktober 07
Referenzzinssatz	6-monatiger Euribor
Basiszins	4,0 % p.a.
Zinsperiode	jeweils vom 04.04. bis 04.10. und vom 04.10. bis 04.04.; zwischen dem 04.04.03 und 04.04.07
Zinsfeststellungstag	zweiter Bankarbeitstag vor Beginn der jeweiligen Zinsperiode; Zinszahlung am Ende der Periode
Kontraktvolumen (KV)	50 Mio. EUR
Fälligkeit der Ausgleichszahlung	jeweils am 04.10. und 04.04.; zwischen dem 04.10.03 und dem 04.10.07
Zinstagekonvention	act / 360

Abb. 198: Beispiel für einen Floor-Kontrakt

Da alle sechs Monate eine Zinsanpassung stattfindet, hat der Floor in den ersten 18 Monaten der Laufzeit **drei Zeitpunkte** für mögliche Ausgleichszahlungen. Über die gesamte Laufzeit ergeben sich 8 Roll-Over Termine. Der Referenzzins als Vergleichszins für die Ausgleichszahlung wird jeweils zu Beginn einer neuen Absicherungsperiode, die bei diesem Floor sechs Monate beträgt, festgelegt.

Zinsfest-stellungs-tag	Beginn der Zins-periode	Ende der Zins-periode	Anzahl Tage	Basis-zins	Referenz-zins	Differenz der Zins-sätze	Ausgleichs-zahlung in EUR
02.04.03	04.04.03	04.10.03	183	4,0 %	3,8 %	0,2 %	50.833
01.10.03	04.10.03	04.04.04	182	4,0 %	4,4 %	0,0 %	0
02.04.04	04.04.04	04.10.04	183	4,0 %	4,8 %	0,0 %	0

Abb. 199: Bestimmung der Ausgleichszahlung für einen Floor

Die Ausgleichszahlung für die 6-monatigen Zinsperioden errechnet sich aus der **Differenz zwischen dem Basiszins und dem Referenzzins am Tag des Fixing (zu Beginn der Zinsperiode)**, multipliziert mit dem Kontraktvolumen und der Länge der Zinsperiode. Die Ausgleichszahlung wird stets am Ende der Zinsperiode fällig.

Für die erste Periode, die am 04.04.03 beginnt, wird wie beim Cap keine Ausgleichszahlung gezahlt, denn sie ist ebenfalls **deterministisch**. Der auf den 04.04.03 diskontierte Wert würde dem Preis des Floor zugeschlagen und am 04.10.03 wieder zurückgezahlt.

Für das Beispiel möge der Referenzzins am 02.04.03 bei 3,8 %, am 01.10.03 bei 4,4 % und am 02.04.04 bei 4,8 % liegen. Da an den beiden letztgenannten Roll-Over Terminen der Referenzzins über dem Basiszins von 4,0 % liegt, verfallen beide Optionen wertlos. Lediglich für die erste Zinsoption ergibt sich eine Ausgleichszahlung. Sie beträgt 50.833 EUR.

$$\text{Ausgleichszahlung} = 50 \text{ Mio.} \cdot 0{,}002 \cdot \frac{183}{360} = 50.833 \text{ EUR}$$

6.3.4 Innerer Wert von Floors

Der innere Wert eines Floors lässt sich in Analogie zu den Caps berechnen. Zuerst sind wieder die inneren Werte der einzelnen Floorlets zu ermitteln.

Die Forward Rates im Vergleich mit dem Basiszins zeigt Abb. 200. Liegt die Forward Rate unter dem Basiszins, hat das jeweilige Floorlet einen inneren Wert. Im umgekehrten Fall ist der innere Wert Null, da Optionen nicht negativ werden können. Die Summe der auf Basis der aktuellen Forward Rates ermittelten Ausgleichszahlungen der Floorlets ergeben diskontiert auf t=0 den **inneren Wert des Floors**.

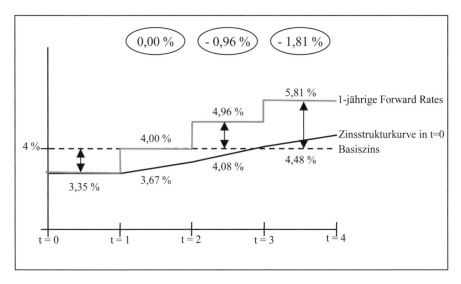

Abb. 200: Differenz zwischen Basiszins und Forward Rates

Sind die Forward Rates bekannt, kann der innere Wert jedes Floorlets kalkuliert werden. Die Ausgleichszahlung wird auf das Ende der jeweiligen Absicherungszeit berechnet. Sie errechnet sich wie folgt:

$$\text{Ausgleichszahlung eines Floorlets} = KV \cdot LZ \cdot (X - FR)$$

Dabei ist (KV) das Kontraktvolumen des Floorlets und (LZ) der Absicherungszeitraum des Floorlets. (FR) ist die faire Forward Rate und (X) der Basiszins.

Um den Wert der jeweiligen Ausgleichszahlung per t=0 zu ermitteln, sind diese noch zu diskontieren:

$$\text{Ausgleichszahlung eines Floorlets in } t_0 = KV \cdot LZ \cdot (X - FR) \cdot e^{-r \cdot t_{GZ}}$$

Zur Diskontierung wird wiederum der stetige Nullkuponzinssatz (r) bezogen auf die Gesamtlaufzeit (t_{GZ}) eines Floorlets verwendet. Alternativ könnte auch hier mit Hilfe der Zerobond-Abzinsfaktoren diskontiert werden. Am Beispiel des Floors mit einer Laufzeit von 4 Jahren mögen die inneren Werte der Floorlets berechnet werden. Das Kontraktvolumen betrage 1.000.000 EUR und der Basiszins sei 4,0 %. Die Struktur der Kalkulation der inneren Werte von Floorlets wird in Abb. 201 gezeigt.

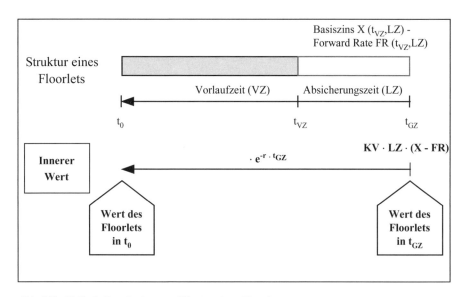

Abb. 201: Kalkulation des inneren Wertes eines Floorlets

Alle drei Floorlets im Beispiel haben keinen inneren Wert, da an keinem Roll-Over Termin die faire Forward Rate unter dem Basiszins von 4 % liegt. Damit hat auch der gesamte Floor keinen inneren Wert (vgl. Abb. 202). Das erste Jahr im Beispiel resp. allgemein die vom Startzeitpunkt ausgehende erste Absicherungsperiode bleibt wie bei den Caps auf Grund ihrer deterministischen Struktur bei der Bewertung unberücksichtigt.

Floorlet	Basiszins (X)	Forward Rate FR (t,1)	Zinsdifferenz max (X-FR,0)	Innerer Wert der Floorlets in t_{GZ} in EUR	Innerer Wert der Floorlets in t_0 in EUR
(0)	(1)	(2)	(3) = (1) - (2)	(4) = (3) · 1 Mio.	(5) = (4) · $e^{-r \cdot t_{GZ}}$
(1,1)	4,00 %	4,00 %	0,00 %	0,00	0,00
(2,1)	4,00 %	4,96 %	0,00 %	0,00	0,00
(3,1)	4,00 %	5,81 %	0,00 %	0,00	0,00
Innerer Wert					**0,00**

Abb. 202: Innerer Wert des Beispiel-Floors

Analog zu den Caps ergibt sich der Gesamtwert eines Floorlets aus der Summe von innerem Wert und Zeitwert. Der innere Wert stellt den **Minimalwert** eines Floor dar. Der **Maximalwert** stellt sich bei einem Referenzzins von Null ein. Die Differenz zwischen Minimal- und Maximalwert ist der **Preiskanal** eines Floorlets (vgl. Abb. 203). Zwischen diesen beiden Extremwerten liegt der Gesamtwert des Floor und als Differenz aus Gesamtwert und innerem Wert ergibt sich der Zeitwert.

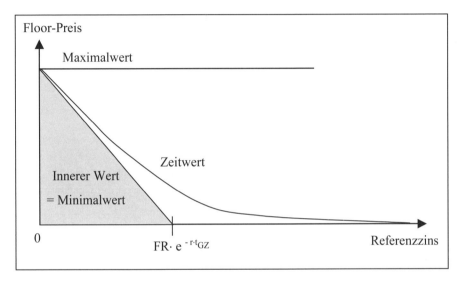

Abb. 203: Wertgrenzen und Zeitwert beim Floor

6.3.5 Black-Modell für Floors

In Analogie zur Bewertung von Caps können auch Floors mit dem Black-Modell bewertet werden. Für die Anwendung des Black-Modells muss der Floor in seine Floorlets zerlegt werden. Der Gesamtwert des Floors ergibt sich als Summe der Gesamtwerte der einzelnen Floorlets.

Die theoretische Fundierung des Black-Modells für Floors entspricht derjenigen für Caps (vgl. Kap. 6.2.5). Das Auszahlungsprofil eines Floorlets an dessen Laufzeitende lautet:

$$KV \cdot LZ \cdot \max(X - FR, 0)$$

Analog zu den Caps soll der Referenzzinssatz am Ende der Laufzeit per heute lognormalverteilt mit einer Standardabweichung (σ) sein. Damit lautet die Bewertungsformel nach dem Black-Modell:

$$\text{Floorlet} = KV \cdot LZ \cdot e^{-r \cdot t_{GZ}} \left[X \cdot N(-d_2) - FR \cdot N(-d_1) \right]$$

mit:

$$d_1 = \frac{\ln\left(\frac{FR}{X}\right) + \sigma^2 \cdot \frac{t_{VZ}}{2}}{\sigma \cdot \sqrt{t_{VZ}}},$$

$$d_2 = \frac{\ln\left(\frac{FR}{X}\right) - \sigma^2 \cdot \frac{t_{VZ}}{2}}{\sigma \cdot \sqrt{t_{VZ}}} = d_1 - \sigma\sqrt{t_{VZ}}$$

$N(-d_1)$ und $N(-d_2)$ sind Quantile der Standardnormalverteilung (vgl. Anhang). Zu unterscheiden sind wieder die zwei Zeitangaben. Das eine ist die Gesamtlaufzeit (t_{GZ}) und das andere die Vorlaufzeit (t_{VZ}) der einzelnen Floorlets.

Floorlet	FR	d_1	$N(-d_1)$	d_2	$N(-d_2)$
(0)	(1)	(2)	(3)	(4)	(5)
(1,1)	4,00 %	-0,49	0,46	-0,69	0,54
(2,1)	4,96 %	0,48	0,18	0,20	0,27
(3,1)	5,81 %	0,91	0,11	0,56	0,18

Basiszins (X)	KV · LZ in EUR	R	t_{GZ}	$e^{-r \cdot t_{GZ}}$	Floorlet Preis in EUR
(6)	(7)	(8)	(9)	(10)	(11)
4,00 %	1.000.000	3,61 %	2	0,9303	2.952,29
4,00 %	1.000.000	4,02 %	3	0,8863	1.433,43
4,00 %	1.000.000	4,43 %	4	0,8376	994,03
				Σ	5.379,75 EUR

Abb. 204: Kalkulation des Floor-Preises

Die Bewertung eines Floors mit dem Black-Modell soll abschliessend anhand des bereits bekannten Beispiels verdeutlicht werden. Es wird wieder der 4-jährige Floor verwendet. Die Floorlets haben eine Absicherungszeit von jeweils einem Jahr. Das Kontraktvolumen betrage 1.000.000 EUR. Es wird eine konstante Volatilität von 20 % unterstellt. Insgesamt sind drei Floorlets mit dem Black-Modell zu bewerten. Für diese Floorlets ergeben sich die in Abb. 204 gezeigten Werte.

Insgesamt hat der Floor einen Wert von **5.379,75 EUR**. Um den Zeitwert des Floors zu berechnen, müssen von den jeweiligen Gesamtpreisen der Floorlets deren innere Werte (vgl. Abb. 202) abgezogen werden. Die Zerlegung der einzelnen Floorlets in inneren Wert und Zeitwert ergibt für das Beispiel die in Abb. 205 gezeigte Preisstruktur.

Floorlet	Innerer Wert in EUR	Zeitwert in EUR	Gesamtwert in EUR
(0)	(1)	(2) = (3) − (1)	(3)
(1,1)	0,00	2.952,29	2.952,29
(2,1)	0,00	1.433,43	1.433,43
(3,1)	0,00	994,03	994,03
Summe	**0,00**	**5.379,75**	**5.379,75**

Abb. 205: Preisstruktur eines Floors

6.4 Collars

6.4.1 Produktdesign

Ein Collar ist eine **Kombination** aus einem Cap und einem Floor. Ein **Long Collar** wird aus einem **Long Cap** und einem **Short Floor** gebildet. Durch den Long Collar wird garantiert, dass die Zinsbelastung einen bestimmten Zinssatz nicht überschreitet, aber auch einen bestimmten Zinssatz nicht unterschreitet.

Ein Long Collar lässt sich **synthetisch** konstruieren, indem der Basiszins des Long Cap höher als der Basiszins des Short Floor gewählt wird. Das Auszahlungsprofil eines Long Collar ist in Abb. 206 dargestellt. Dabei sind die beiden Einzelkomponenten durch die dünnen Linien eingezeichnet.

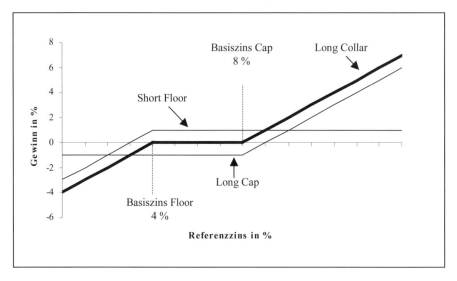

Abb. 206: Auszahlungsprofil eines Long Collar

Für das Beispiel möge der Basiszins des Cap bei 8 % und der Basiszins des Floor bei 4 % liegen. Die Optionsprämie betrage für beide jeweils 1 %.

Der Zinsertrag eines **Long Collar** ist abhängig vom Referenzzins an den jeweiligen Verfallterminen. Liegt der Referenzzins zwischen dem Basiszins des Floor und dem Basiszins des Cap hat der Long Collar einen **Wert von Null**, da im Beispiel beide Optionsprämien gleich hoch sind (vgl. Abb. 206). Die erhaltene Optionsprämie von 1 % für den Short Floor und der Aufwand für die Optionsprämie von - 1 % des Long Cap gleichen sich aus. Man spricht auch von einem **Zero**

Cost Collar. Denkbar sind aber auch andere Konstruktionen. Ob der Käufer eines Collar netto eine Optionsprämie erhält oder zahlen muss, hängt von den gewählten Basispreisen ab.

Liegt der Referenzzins höher als der Basiszins des Cap befindet sich der Long Collar in der **Gewinnzone**. Der Gewinn wird in diesem Bereich auch stets höher sein, als der eines Long Cap alleine, da zusätzlich zu der erhaltenen Ausgleichszahlung aus dem Long Cap die Prämie des Short Floor als Ertrag vereinnahmt werden kann (vgl. Abb. 206). Bei einem Referenzzins von 10 % beträgt der Gesamtertrag des Long Collar 2 %. Diese 2 % setzen sich aus 2 % Ausgleichszahlung des Long Cap, 1 % Ertrag aus der Optionsprämie für den Short Floor und - 1 % Aufwand aus der Optionsprämie für den Long Cap zusammen (10 % - 8 % + 1 % - 1 %).

Liegt der Referenzzins unter dem Basiszins des Floor gerät der Long Collar in die **Verlustzone**. Dieser Verlust ist stets größer als der Verlust des Short Floor alleine, da zusätzlich noch die Prämie für den Long Cap zu zahlen ist (vgl. Abb. 206). Bei einem Referenzzins von 2 % beträgt der Verlust des Long Collar 2 %. Dieser setzt sich zusammen aus der zu zahlenden Ausgleichszahlung von - 2 % für den Short Floor, der gezahlten Optionsprämie von - 1 % für den Long Cap und der erhaltenen Optionsprämie von 1 % für den Short Floor (2 % - 4 % - 1 % + 1 %).

Der **Short Collar** stellt die Gegenposition zum Long Collar dar. Er kann synthetisch aus einem Long Floor und einem Short Cap konstruiert werden. Der Basiszins des Cap ist wieder höher als der Basiszins des Floor. Damit der Short Collar die Gegenposition zum gezeigten Long Collar einnimmt, werden die Basiszinssätze übernommen. Das Auszahlungsprofil des Short Collar ist in Abb. 207 dargestellt. Die beiden Einzelkomponenten sind dünn eingezeichnet.

Als Gegenposition zum Long Collar möge der Basiszins des Long Floor im Short Collar 4 % und der Basiszins des Short Cap 8 % betragen. Die Optionsprämie sei wieder für beide Positionen jeweils 1 %.

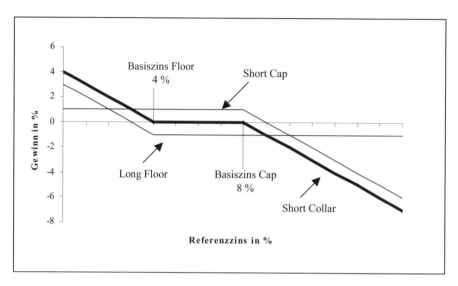

Abb. 207: Auszahlungsprofil eines Short Collar

Das Ergebnis eines Short Collar ist wieder abhängig vom Referenzzins zu den einzelnen Verfallzeitpunkten. Liegt der Referenzzins unter dem Basiszins des Floor befindet sich der Short Collar in der **Gewinnzone**. In diesem Bereich hat der Short Collar stets einen höheren Ertrag als der Long Floor alleine, da zusätzlich die erhaltene Prämie aus dem Short Cap als Ertrag anfällt. Bei einem Referenzzins von 2 % erzielt der Short Collar insgesamt einen Gewinn von 2 %. Diese ergeben sich aus der erhaltenen Ausgleichszahlung von 2 % für den Long Floor, dem Ertrag der Optionsprämie von 1 % für den Short Cap und dem Aufwand von - 1 % für den Long Floor (4 % - 2 % + 1 % - 1 %).

Im Bereich zwischen dem Basispreis des Floor und dem Basispreis des Caps hat der Short Collar einen **Wert von Null**, da im Beispiel beide Optionsprämien gleich hoch sind. Bei einem Referenzzins von 6 % heben sich die erhaltene Optionsprämie von 1 % für den Short Cap und die zu zahlende Optionsprämie von - 1 % für den Long Floor auf. Ausgleichszahlungen fallen keine an.

Liegt der Referenzzins höher als der Basispreis des Cap gerät der Short Collar in die **Verlustzone**. Der Verlust des Short Collar ist stets höher als der Verlust des Short Cap alleine, da zusätzlich zur zu zahlenden Ausgleichszahlung noch der Aufwand für die Optionsprämie des Long Floor zu zahlen ist. Bei einem Referenzzins von 10 % ergibt sich für den Short Collar insgesamt ein Verlust von - 2 %. Dieser Verlust setzt sich zusammen aus der zu zahlenden Ausgleichszahlung von - 2 % für den Short Cap, dem Aufwand von - 1 % für die Optionsprämie

Collars 315

des Long Floor und dem Ertrag von 1 % aus der Optionsprämie des Short Cap (8 % - 10 % -1 % + 1 %).

Die Ausgleichszahlungen für den Long und den Short Collar ergeben sich daher aus den Ausgleichszahlungen für die Einzelkomponenten. Zu deren Berechnung sei auf die Ausführungen bei den Caps (vgl. Kap. 6.2.3) und den Floors (vgl. Kap. 6.3.3) verwiesen.

6.4.2   Innerer Wert von Collars

Der innere Wert eines Collar wird als Summe der inneren Werte der Einzelbausteine berechnet. Die Vorgehensweise zur Berechnung des inneren Wertes von Caps (vgl. Kap. 6.2.4) und Floors (vgl. Kap. 6.3.4) wurde bereits erläutert.

Zur Feststellung des inneren Wertes eines Collar ist die Kenntnis der aktuellen Zinsstrukturkurve und der zugehörigen Forward Rates nötig. Abb. 208 gibt eine Übersicht über die Marktdaten für das Beispiel.

Daten der aktuellen Zinsstrukturkurve (t=0)				
Laufzeit	Kuponzinsen	Nullkupon-zinsen	Stetige Zinsen	Forward-Rates
1 Jahr	3,35 %	3,35 %	3,30 %	3,35 %
2 Jahre	3,67 %	3,68 %	3,61 %	4,00 %
3 Jahre	4,08 %	4,10 %	4,02 %	4,96 %

Abb. 208: Marktdaten und Forward Rates

Die Berechnung des inneren Wertes eines Collar möge anhand eines Beispiels verdeutlicht werden. Abb. 209 zeigt die beiden Komponenten des Collar.

Kontraktdaten eines Collar		
Zinsoption	Cap	Floor
Basiszins (X)	5 %	3 %
Volatilität (σ)	30 % p.a.	30 % p.a.
Kontraktvolumen (KV)	1.000.000 EUR	1.000.000 EUR
Laufzeit (t)	3 Jahre	3 Jahre
Referenzzins	1-Jahres Euribor	1-Jahres Euribor

Abb. 209: Kontraktdaten eines Collar

Der innere Wert des Collar erfordert die Berechnung der inneren Werte des zugrundeliegenden Caps und des Floors. Für den Cap ergibt sich ein innerer Wert von Null EUR (vgl. Abb. 210), da für beide Caplets die Differenz aus der laufzeitspezifischen Forward Rate und dem Basiszins negativ ist. Die negative Differenz führt zur Nichtausübung der jeweiligen Caplets und damit einer Ausgleichszahlung von Null EUR.

Caplet	Forward Rate FR (t,1)	Basiszins (X)	Zinsdifferenz max (FR-X,0)	Innerer Wert der Caplets in t_{GZ} in EUR	Innerer Wert der Caplets in t_0 in EUR
(0)	(1)	(2)	(3) = (1) - (2)	(4) = (3) · 1 Mio.	(5) = (4)· $e^{-r \cdot t_{GZ}}$
(1,1)	4,00 %	5,00 %	0,00 %	0,00	0,00
(2,1)	4,96 %	5,00 %	0,00 %	0,00	0,00
Innerer Wert					0,00

Abb. 210: Innerer Wert des Cap als Bestandteil eines Collar

Der Floor als zweiter Bestandteil des Collars wird mit den gleichen Marktdaten bewertet. Es ergibt sich ebenfalls ein innerer Wert von Null EUR, da für beide

Floorlets die Differenz aus Basiszins und laufzeitspezifischer Forward Rate ebenfalls negativ ist. Beide Floorlets werden daher nicht ausgeübt.

Floorlet	Basiszins (X)	Forward Rate FR (t,1)	Zinsdifferenz max (X - FR, 0)	Innerer Wert der Floorlets in t_{GZ} in EUR	Innerer Wert der Floorlets in t_0 in EUR
(0)	(1)	(2)	(3) = (1) - (2)	(4)=(3) · 1 Mio.	(5) = (4)· $e^{-r \cdot t_{GZ}}$
(1,1)	3,00 %	4,00 %	0,00 %	0,00	0,00
(2,1)	3,00 %	4,96 %	0,00 %	0,00	0,00
Innerer Wert					**0,00**

Abb. 211: Innerer Wert des Floor als Bestandteil eines Collar

Die Summe der inneren Werte von Cap und Floor ergibt den inneren Wert des Collar. Im Beispielfall beträgt der **innere Wert** des Collar **0 EUR** (vgl. Abb. 212).

Zinsoption	Innerer Wert der Zinsoption in t_{GZ} in EUR	Innerer Wert der Zinsoption in t_0 in EUR
Caplet (1,1)	0,00	0,00
Caplet (2,1)	0,00	0,00
Floorlet (1,1)	0,00	0,00
Floorlet (2,1)	0,00	0,00
Innerer Wert des Collar		**0,00**

Abb. 212: Innerer Wert eines Collar

6.4.3 Black-Modell für Collars

Die Bewertung eines Collar erfolgt ebenfalls durch das Black-Modell. Der Collar ist in seine beiden **Einzelkomponenten** zu zerlegen und zu bewerten. Beide Einzelbewertungen ergeben als Summe den Wert des Collar.

Der Preis des **Long Collar** ergibt sich aus der Einnahme für die erhaltene Optionsprämie des Short Floor abzüglich der Auszahlung für die Optionsprämie aus dem Kauf des Long Cap. Der Preis für den **Short Collar** ergibt sich aus der Einnahme der Optionsprämie aus dem Verkauf des Short Cap und der Auszahlung für die Optionsprämie aus dem Kauf des Long Floor.

Damit ist der Preis eines Collar von den selben Einflussgrößen wie Caps und Floors abhängig. Der **Gesamtwert** des Collar kann somit ebenfalls in den **Zeitwert** und den **inneren Wert** zerlegt werden.

Für die Bewertung eines Collar möge das bereits bekannte Beispiel zur Berechnung des inneren Wertes fortgesetzt werden (vgl. Abb. 209). Beide Komponenten haben die gleiche Volatilität, das gleiche Kontraktvolumen und die gleiche Laufzeit. Lediglich der Basiszins differiert zwischen Cap und Floor. Da die Laufzeit des Collar 3 Jahre beträgt, sind für beide Komponenten jeweils zwei Zinsoptionen (2 Caplets und 2 Floorlets) zu berechnen. In Abb. 208 sind die zugrundeliegenden Marktdaten zu Bewertung des Collars aufgeführt.

Preise eines Long und eines Short Collar			
Caplet (1,1)	1.638,56 EUR	**Floorlet (1,1)**	10.962,06 EUR
Caplet (2,1)	7.234,83 EUR	**Floorlet (2,1)**	7.597,89 EUR
Long Collar (Mittelzufluss)			
Longposition Caplets (Cap)			- 8.873,39 EUR
Shortposition Floorlets (Floor)			18.559,95 EUR
			9.686,56 EUR
Short Collar (Mittelabfluss)			
Shortposition Caplets (Cap)			8.873,39 EUR
Longposition Floorlets (Floor)			- 18.559,95 EUR
			- 9.686,56 EUR

Abb. 213: Preise des Long und Short Collar

Auf Basis der fairen Forward Rates werden wieder die Preise für die einzelnen Caplets bzw. Floorlets durch die Black-Formel berechnet. Für das Beispiel ergeben sich die in Abb. 213 gezeigten Preise für die vier Zinsoptionen.

Sind die Preise der einzelnen Zinsoptionen bekannt, kann der Preis des Collar, analog zum Cap und Floor, durch Summenbildung berechnet werden. Für den **Long Collar** ergibt sich ein Preis von 9.686,56 EUR. Der Mittelzufluss für den Investor ergibt sich aus der Auszahlung für die Longposition in den beiden Caplets von -8.873,39 EUR und der Einnahme für die Shortposition in beiden Floorlets von 18.559,95 EUR. Bedingt durch die aktuelle Zinsstrukturkurve erhält der Investor für den Long Collar einen Nettozufluss.

Der Emittent des **Short Collar** hat einen Mittelabfluss in Höhe von - 9.686,56 EUR. Da er das Gegengeschäft zum Long Collar eingegangen ist, haben seine Zahlungsströme jeweils das umgekehrte Vorzeichen.

6.5 Swaptions

6.5.1 Auszahlungsprofile von Swaptions

Swaptions oder Swap Options sind ebenfalls **Zinsderivate**. Swaptions gehören zu den **bedingten Termingeschäften**. Ihr Gegenstück bei den unbedingten Termingeschäften sind die Forward-Swaps (vgl. Kap. 3.4.2). Während beim Forward-Swap ein symmetrisches Gewinn- und Verlustprofil existiert, weisen Swaptions das für Optionsgeschäfte typische asymmetrische Profil auf. Der **Käufer einer Swaption** hat das **Recht**, aber nicht die Pflicht zu einem **bestimmten Zeitpunkt** in einen **Swapvertrag** einzusteigen.

Swaptions zeichnen sich durch folgende Eigenschaften aus:

- asymmetrisches Risikoprofil
- zeitlich begrenztes Wahlrecht des Käufers
- Verkäufer erhält eine Prämie zum Ausgleich des asymmetrischen Risikos

Die Funktionsweise einer Swaption möge an einem Beispiel gezeigt werden. Die Swaption hat eine **Gesamtlaufzeit** von **3 Jahren** (vgl. Abb. 214).

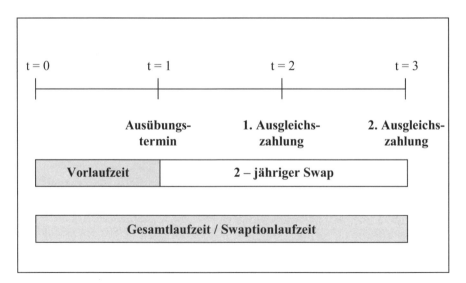

Abb. 214: Zeitliche Aufteilung einer Swaption

Die Gesamtlaufzeit enthält eine **Vorlaufzeit** von **einem Jahr**. Am Ende dieser Vorlaufzeit, am Ausübungstermin, kann der Käufer der Swaption entscheiden, ob er in den Swapvertrag eintreten möchte oder nicht. Damit handelt es sich um eine europäische Option, da sie nur zum Ende der Optionsfrist ausgeübt werden kann. Die restlichen Jahre der Gesamtlaufzeit bilden die **Laufzeit des zugrundeliegenden Swaps**, in diesem Fall **zwei Jahre**. Auf Grund der Swaplaufzeit von 2 Jahren und Referenzperioden von einem Jahr gibt es in diesem Beispiel zwei Termine für mögliche Ausgleichszahlungen.

Bei den Swaptions kann in Analogie zu den Swaps zwischen einer Payer- und einer Receiver-Swaption unterschieden werden. Bei einer **Payer-Swaption** hat der Käufer das Recht, am Ende der Vorlaufzeit in einen Payer-Swap (Festzinszahlerswap) einzutreten. Er wird die Swaption ausüben, wenn der Referenzzins über dem Basiszins liegt, da ein zu Marktpreisen verzinster Payer-Swap einen höheren Zinsaufwand für ihn bedeuten würde.

Das Auszahlungsprofil einer **Long Payer Swaption** (vgl. Abb. 215) ähnelt dem eines Long Call (vgl. Abb. 96). Die Swaption hat ebenfalls einen Basiszins. Dies ist die **Swap Rate**. In der dargestellten Long Payer Swaption liegt diese bei 5 %.

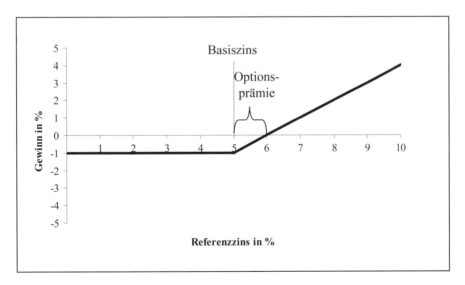

Abb. 215: Auszahlungsprofil einer Long Payer Swaption

Analog zu den Caps und Floors (vgl. Kap. 6.2 und Kap. 6.3) kann das Auszahlungsprofil in eine **Verlust-**, eine **Teilverlust-** und eine **Gewinnzone** unterteilt werden. Der Verlust ist, analog zu den Longpositionen bei anderen Optionsformen, auf die gezahlte Optionsprämie beschränkt. Der Gewinn ist zumindest theoretisch unbegrenzt. Gewinn und Verlust einer Swaption sind abhängig von der Differenz zwischen dem Referenzzins am jeweiligen Roll-Over Termin und der Swap Rate.

Die Gegenposition zur Long Payer Swaption ist die **Short Payer Swaption**. Ihr Auszahlungsprofil (vgl. Abb. 216) ähnelt dem eines Short Call (vgl. Abb. 96). Der **Basiszins** entspricht bei einer exakten Gegenposition dem Basiszins der Long Payer Swaption. Er liegt also ebenfalls bei 5 %. Das Profil einer Short Payer Swaption kann ebenfalls in eine **Gewinn-, Teilgewinn-** und eine **Verlustzone** unterteilt werden. Der Gewinn bei einer Short Payer Swaption ist auf die Optionspämie beschränkt. Der Verlust ist zumindest theoretisch unbegrenzt.

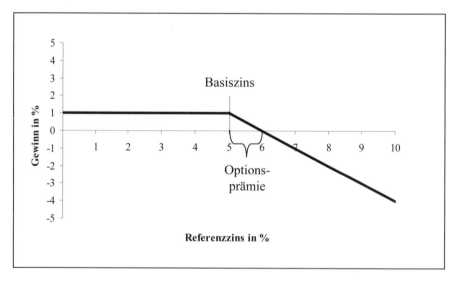

Abb. 216: Auszahlungsprofil einer Short Payer Swaption

Bei einer **Receiver-Swaption** hat der Käufer das Recht, am Ende der Vorlaufzeit in einen Receiver Swap (Festzinsempfängerswap) einzutreten. Die Swaption wird ausgeübt, wenn der Referenzzins unter dem Basiszins liegt, da ein zu Marktpreisen verzinster Receiver Swap einen niedrigeren Zinsertrag bedeuten würde.

Das Auszahlungsprofil einer **Long Receiver Swaption** (vgl. Abb. 217) ähnelt dem eines Long Put (vgl. Abb. 97). Die Swap Rate liegt in der dargestellten Long Receiver Swaption bei 5 %.

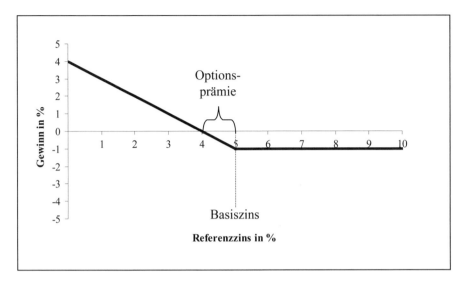

Abb. 217: Auszahlungsprofil einer Long Receiver Swaption

Analog zu den Caps und Floors kann das Auszahlungsprofil auch hier in eine **Gewinn-, Teilverlust-** und eine **Verlustzone** unterteilt werden. Der Verlust ist, wie bei allen Longpositionen, auf die gezahlte Optionsprämie beschränkt. Gewinn und Verlust einer Swaption sind abhängig von der Differenz zwischen der Swap Rate und dem Referenzzins am jeweiligen Roll-Over Termin.

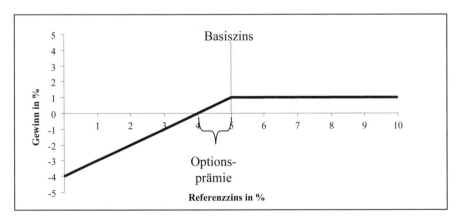

Abb. 218: Auszahlungsprofil einer Short Receiver Swaption

Die Gegenposition zur Long Receiver Swaption ist die **Short Receiver Swaption**. Ihr Auszahlungsprofil (vgl. Abb. 218) ähnelt dem eines Short Put (vgl. Abb. 97). Der Basiszins entspricht bei einer exakten Gegenposition dem Basiszins der Long

Receiver Swaption. Er liegt also ebenfalls bei 5 %. Das Profil einer Short Receiver Swaption kann ebenfalls in eine **Gewinn-**, **Teilgewinn-** und **Verlustzone** unterteilt werden. Der Gewinn bei einer Short Receiver Swaption ist auf die Optionsprämie beschränkt.

6.5.2 Ausgleichszahlungen von Swaptions

Eine Swaption kann von der zeitlichen Struktur in eine **Vorlaufzeit** und eine **Absicherungszeit** aufgeteilt werden. Der Käufer einer Swaption kann am Ende der Vorlaufzeit entscheiden, ob er sein Optionsrecht wahrnehmen möchte oder nicht.

Als Beispiel möge die bereits gezeigte 3-jährige **Payer-Swaption** weiter analysiert werden. Die Vorlaufzeit beträgt ein Jahr und die Laufzeit des Swaps zwei Jahre. Die Swap Rate sei 5 %. Der Kuponzins zum Ende der Optionslaufzeit für die Dauer der Swaplaufzeit determiniert die Höhe der Ausgleichszahlung. Der Käufer der Payer-Swaption kann am Ende der Vorlaufzeit entscheiden, ob er in einen 2-jährigen Swap eintritt, der für ihn feste Zinszahlungen in Höhe der Swap Rate von 5 % bedeutet und für die er im Gegenzug variable Zinserträge erhält. Er wird von diesem Recht nur Gebrauch machen, wenn der aktuelle 2-Jahreszins über der Swap Rate liegt, denn ansonsten kann er sich billiger über den Direktkauf eines Swaps eindecken. Im Beispiel möge der Zins in t=1 für 2 Jahre 5,20 % betragen.

Über die Ausgleichszahlung wird der Zinsnachteil, der beim Kauf eines Payer Swaps zu Marktkonditionen entsteht, ausgeglichen. Die Ausgleichszahlung ergibt sich aus der Differenz zwischen dem Zins für die Laufzeit von zwei Jahren in t=1 und der Swap Rate (vgl. Abb. 219). Das Kontraktvolumen betrage in diesem Beispiel 1.000.000 EUR.

Zeitpunkt	Kuponzins in t=1 für zwei Jahre	Swap Rate	Ausgleichszahlung in EUR
t=2	5,20 %	5,00 %	**2.000**
t=3	5,20 %	5,00 %	**2.000**

Abb. 219: **Ausgleichszahlungen einer Long Payer Swaption**

Für die Zeitpunkte t=2 und t=3 ergeben sich für den Käufer einer Payer Swaption jeweils Ausgleichszahlungen in Höhe von 2.000 EUR. Diese Ausgleichszahlungen sind vom Verkäufer der Payer Swaption zu leisten.

Für eine **Long Receiver-Swaption** ergibt sich die Höhe der Ausgleichszahlung ebenfalls aus der Differenz zwischen Swap Rate und Referenzzins. Beträgt der Referenzzins für zwei Jahre in t=1 weiterhin 5,2 % und ist die Swap Rate immer noch bei 5 %, fallen keine Ausgleichszahlungen in t=2 und t=3 an. Statt der festen Zinserträge in Höhe von 5 % aus dem Receiver-Swap der Swaption kann sich der Inhaber der Swaption über den Direktkauf eines Receiver-Swaps einen festen Zinsertrag von 5,2 % sichern.

6.5.3 Innerer Wert von Swaptions

Der innere Wert einer Swaption wird nach dem bekannten Prinzip berechnet. Aus der aktuellen Zinsstrukturkurve wird die passende Forward Rate ermittelt, die dann als Substitut für den heute noch nicht bekannten Referenzzins dient.

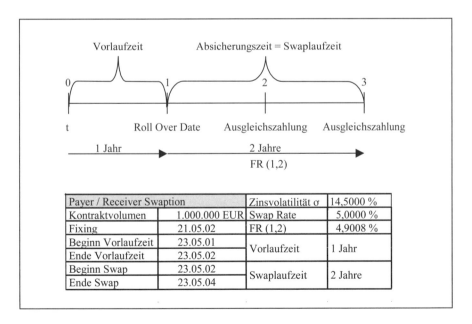

Abb. 220: Zeitablauf und Daten von Payer und Receiver Swaption

Gezeigt werden soll die Berechnung innerer Werte sowohl für die Payer als auch für die Receiver Swaption. Die Ausgestaltung der Swaptions zeigt Abb. 220. Im Folgenden sei zuerst die **Payer-Swaption** betrachtet. Das Auszahlungsprofil lautet:

$$\max(FR - SwR, 0)$$

Der Käufer einer **Payer Swaption** wird sein Optionsrecht wahrnehmen, wenn die laufzeitspezifische Forward Rate größer ist als die Swap Rate. In diesem Fall tritt er in den **Payer Swap** ein, anderen falls wird er die Option verfallen lassen. Dabei ist (SwR) die Swap Rate und (FR) die laufzeitspezifische Forward Rate.

Bewertungstechnisch soll der innere Wert einer Swaption aber nicht nur am Ende der Vorlaufzeit ermittelt werden, sondern zu jedem beliebigen Zeitpunkt während der Vorlaufzeit. Durch die Substitution des im Bewertungszeitpunkt noch nicht bekannten 2-Jahreszins in t=1 durch die zugehörige Forward Rate wird überprüft, ob ein vorzeitiges Fixieren des 2-Jahreszinses die Swaption im Geld enden lassen würde.

Auf Grund der Zinskonstellation im Beispiel dauert die Vorlaufzeit ein Jahr. Am Ende des ersten Jahres der Swaplaufzeit (in t=2) erhält der Käufer der Swaption aus heutiger Sicht (Bewertungszeitpunkt t=0) keine Ausgleichszahlung, da die relevante Forward Rate von 4,9008 % kleiner ist als die Swap Rate von 5,0 %. Gleiches gilt für die zweite Ausgleichszahlung in t=3. Der Verkäufer der Payer Swaption bräuchte daher keine Ausgleichszahlungen zu leisten. Da beide Ausgleichszahlungen eine Höhe von 0 EUR haben, ist der **innere Wert** der Payer-Swaption in t=0 ebenfalls **0 EUR**.

Als nächstes sei die **Receiver-Swaption** betrachtet. Der Käufer einer Receiver-Swaption wird sein Optionsrecht wahrnehmen, wenn die laufzeitspezifische Forward Rate kleiner als die Swap Rate ist. In diesem Fall tritt er in den Receiver Swap ein. Das Auszahlungsprofil einer Receiver-Swaption lautet:

$$\max(SwR - FR, 0)$$

Dabei ist (SwR) wieder die Swap Rate und (FR) die laufzeitspezifische Forward Rate. Um den inneren Wert zu berechnen, ist als erstes die aus heutiger Sicht mögliche Ausgleichszahlung zu ermitteln.

Wie gezeigt (vgl. Abb. 220) beträgt die Swap Rate für beide Swaptypen 5 %. Da die für die Bewertung relevante Forward Rate in einem Jahr für zwei Jahre FR(1,2) auf Basis der aktuellen Zinsstrukturkurve bei 4,9008 % und damit unter der Swap Rate liegt, existiert ein positiver innerer Wert.

Auf Grund der Zinskonstellation im Beispiel dauert die Vorlaufzeit ein Jahr. Am Ende des ersten Jahres der Swaplaufzeit (**t=2**) würde der Käufer der Swaption eine **Ausgleichszahlung** von **992 EUR** bei einem Nominalvolumen der Swaption von 1.000.000 EUR erhalten.

$$\text{Ausgleichszahlung in } t_2 = (5{,}0000\% - 4{,}9008\%) \cdot 1.000.000 = 992 \text{ EUR}$$

Die zweite **Ausgleichszahlung** von ebenfalls **992 EUR** würde nach zwei Jahren Swaplaufzeit (in **t=3**) fällig. Die Höhe ist identisch mit der ersten Ausgleichszahlung, da sowohl die gleiche Forward Rate FR(1,2) als auch die gleiche Swap Rate verwendet werden.

Bei Kenntnis der fälligen Ausgleichszahlungen aus dem Swapvertrag kann der **innere Wert** einer Swaption berechnet werden. Die hierzu benötigten Marktdaten zeigt Abb. 221. Der innere Wert ist, analog zu den anderen Optionen, deterministisch. Er lässt sich aus der relevanten fairen Forward Rate, der Swap Rate und den laufzeitspezifischen Zerobond-Abzinsfaktoren bestimmen.

Laufzeit	Kuponzinsen	Nullkuponzinsen	Stetige Zinsen	Stetige ZB-AF
(0)	(1)	(2)	(3) = ln [(1)+(2)]	$e^{-(3)\cdot(0)}$
1 Jahr	4,5550 %	4,5550 %	4,4543 %	0,956434
2 Jahre	4,6550 %	4,6573 %	4,5521 %	0,912979
3 Jahre	4,7800 %	4,7877 %	4,6766 %	0,869099

Abb. 221: Marktdaten und Abzinsfaktoren zur Bewertung der Swaption

Der innere Wert einer Swaption wird durch Diskontierung der Ausgleichszahlungen auf den Zeitpunkt t=0 berechnet. Als Diskontierungsfaktor wird anstelle der diskreten Zerobond-Abzinsfaktoren wieder der stetige Zins verwendet. Dies hat den Vorteil, dass die Berechnungen im späteren Verlauf in das Black-Modell für Swaptions übernommen werden können.

Für die Receiver-Swaption errechnet sich ein innerer Wert von 1.768,83 EUR (vgl. Abb. 222).

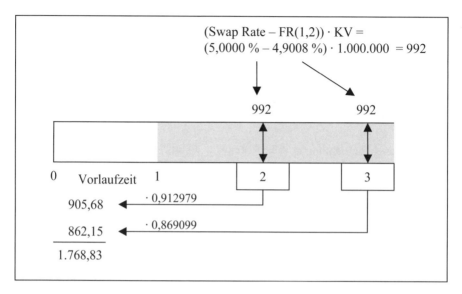

Abb. 222: Innerer Wert der Receiver-Swaption

Bedingt durch die Konstruktion einer Swaption ist die fällige **Ausgleichszahlung zu allen Zeitpunkten** der Swaplaufzeit **gleich** hoch. Damit kann zur schnelleren Ermittlung des inneren Wertes auch der **Summendiskontierungsfaktor** eingesetzt werden. Dieser entspricht dem aus der Investitionsrechnung bekannten Rentenbarwertfaktor. Im Summendiskontierungsfaktor werden sämtliche relevanten Abzinsfaktoren in einer Summe zusammengefasst. Für das Beispiel ergibt sich für die Diskontierung der Zahlungen aus t=2 und t=3 ein Summendiskontierungsfaktor von **1,782078**.

$$\text{Summendiskontierungsfaktor} = \sum_{t=2}^{3} e^{-r_t \cdot t} = 0{,}912979 + 0{,}869099 = 1{,}782078$$

Damit ergibt sich wieder ein **innerer Wert** der Receiver-Swaption von **1.768,83 EUR**.

$$992 \cdot 1{,}782078 = 1.768{,}83 \text{ EUR}$$

6.5.4 Black-Modell für Swaptions

Der innere Wert einer Swaption konnte, wie bei den anderen Optionen auch, deterministisch ermittelt werden. Zur Ermittlung des Gesamtwerts einer Swaption bedarf es wieder eines Optionspreismodells. Im Folgenden sei als Bewertungsmodell das **Black-Modell für Swaptions** eingesetzt (vgl. HULL 2003, S. 521).

Zur Bewertung mit dem Black-Modell bedarf es der Kenntnis der relevanten, laufzeitspezifischen Volatilität. Im Gegensatz zur Volatilität der bisher vorgestellten Finanzprodukte ist die Volatilität einer Swaption von **zwei Faktoren** abhängig. Zum einen wird sie von der Vorlaufzeit beeinflusst. Diese entspricht der **Laufzeit der Option**. Zum anderen hängt die Volatilität einer Swaption von der **Laufzeit des Swaps** ab.

Die **Swaption-Volatilität** wird als implizite Volatilität in einer zweidimensionalen Tabelle angegeben. Für das Beispiel der Swaptions aus Abb. 220 ergibt sich eine Volatilität von 14,50 % (vgl. Abb. 223). Diese findet man, indem zunächst in der Zeile die entsprechende Optionslaufzeit (Opt.) und dann in der Spalte die entsprechende Laufzeit des Swaps abgelesen wird. Die Option hat eine Laufzeit von einem Jahr und der Swap von zwei Jahren.

	1 J.	2 J.	3 J.	4 J.	5 J.	6 J.	7 J.	8 J.	9 J.
1M Opt.	17,1	15,4	14,6	13,8	13,0	12,3	11,7	11,1	10,6
3M Opt.	17,0	15,5	14,5	13,7	12,9	12,2	11,6	11,1	10,6
6M Opt.	16,7	15,1	14,2	13,4	12,6	12,0	11,4	10,9	10,6
1J Opt.	15,8	14,5	13,7	12,9	12,1	11,6	11,2	10,8	10,5
2J Opt.	14,2	13,2	12,5	11,9	11,4	11,0	10,7	10,4	10,1
3J Opt.	13,2	12,4	11,7	11,2	10,8	10,4	10,2	10,0	9,7
4J Opt.	12,4	11,6	11,1	10,6	10,3	10,0	9,8	9,6	9,4
5J Opt.	11,7	10,9	10,5	10,1	9,9	9,6	9,4	9,2	9,0
7J Opt.	10,5	10,2	9,8	9,4	9,1	8,9	8,7	8,6	8,4

Abb. 223: Beispiel für Volatilitäten von Swaptions (in %)

Das Black-Modell unterscheidet nach Payer-Swaptions und nach Receiver-Swaptions. Die theoretische Begründung gilt analog zu den Caps (vgl. Kap. 6.2.5). Für die Bewertung einer Swaption werden die Abwandlungen entsprechend dem Black-Modell für Caps und Floors vorgenommen. Die Black-Formel für **Payer-Swaptions** lautet:

$$\text{Payer} - \text{Swaption} = KV \cdot \sum_{t=i+1}^{n} e^{-r_t \cdot t} \left[FR \cdot N(d_1) - \text{Swap Rate} \cdot N(d_2) \right]$$

Dabei ist t=i+1 der Roll-Over Termin. Im Beispiel gemäß Abb. 220 ist i=1, so dass der Summendiskontierungsfaktor die Zeitpunkte t=2 und t=3 berücksichtigt.

Im Black-Modell für Swaptions sind (d_1) und (d_2) definiert als:

$$d_1 = \frac{\ln\left(\frac{FR}{\text{Swap Rate}}\right) + \sigma^2 \cdot \frac{t_{VZ}}{2}}{\sigma \cdot \sqrt{t_{VZ}}},$$

$$d_2 = d_1 - \sigma\sqrt{t_{VZ}}$$

Dabei ist (σ) die relevante Volatilität der Swaption und (t_{VZ}) die Vorlaufzeit der Option. Für das Beispiel aus Abb. 220 ergibt sich für (d_1) ein Wert von **- 0,065703** und für (d_2) von **- 0,210703**.

$$d_1 = \frac{\ln\left(\frac{4,9008}{5,0000}\right) + 0,145^2 \cdot \frac{1}{2}}{0,145 \cdot \sqrt{1}} = -0,065703,$$

$$d_2 = -0,065703 - 0,145\sqrt{1} = -0,210703$$

Die entsprechenden Quantile der Standardnormalverteilung ergeben für **N(d_1)** einen Wert von **0,47380707** und für **N(d_2)** von **0,41655955**. Der **Gesamtwert** der Payer-Swaption beträgt daher **4.263,37 EUR**.

Gesamtwert = $1.000.000 \cdot 1,782078 \cdot 0,002392358 = 4.263,37$ EUR.

Der **Zeitwert** der Payer-Swaption beträgt ebenfalls **4.263,37 EUR**, da der **innere Wert** in diesem Beispiel **Null EUR** beträgt.

Für **Receiver-Swaptions** hat das Modell folgendes Aussehen:

$$\text{Receiver} - \text{Swaption} = KV \cdot \sum_{t=i+1}^{n} e^{-r_t \cdot t} \left[\text{Swap Rate} \cdot N(-d_2) - FR \cdot N(-d_1) \right]$$

Dabei sind (d_1) und (d_2) identisch zur Payer-Swaption. Werden die Daten aus Abb. 220 zur Bewertung der Receiver-Swaption herangezogen, ergibt sich für diese ein **Gesamtwert** von **6.032,20 EUR**. Die entsprechenden Quantile der Standardnormalverteilung ergeben für **N(-d_1)** einen Wert von **0,52619293** und für **N(-d_2)** von **0,58344045**.

$$\text{Gesamtwert} = 1.000.000 \cdot 1,782078 \cdot 0,003384924 = 6.032,20 \text{ EUR}$$

Bei Kenntnis des Gesamtwertes und des inneren Wertes kann analog zu den anderen Optionen der **Zeitwert** der Receiver-Swaption berechnet werden. Für das Beispiel ergibt sich ein Zeitwert von **4.263,37 EUR**.

$$\text{Zeitwert} = \text{Gesamtwert} - \text{innerer Wert} = 6.032,20 - 1.768,83 = 4.263,37 \text{ EUR}$$

Der **Zeitwert** der **Payer-Swaption** und der zugehörigen **Receiver-Swaption** sind **identisch**. Dies ist zwingend der Fall, da hier die Optionskomponenten völlig gleich aufgebaut sind. Der innere Wert resultiert aus dem zugehörigen Swap und hat auf den Zeitwert keine Auswirkung.

6.6 Fallstudien zu Zinsoptionen

6.6.1 Fallstudie 17: Bewertung von Anleiheoptionen

Die X-Bank möchte eine Option mit zweijähriger Laufzeit auf eine Anleihe mit einer Laufzeit von 4 Jahren erwerben.

Ausstattungsmerkmale der **Anleihe**:
Laufzeit: 4 Jahre
Nominalvolumen: 1.000.000 EUR
Tilgung: endfällig
Kupon: 4,5 %

Ausstattungsmerkmale der **Option**:
Basispreis: 100,00
Volatilität: 2,5 %

Am Markt existieren folgende Kuponzinsen:

Jahre	1	2	3	4
Kuponzinsen	3,65 %	3,75 %	3,80 %	3,90 %

Die zugehörigen Nullkuponzinsen lauten:

Jahre	1	2	3	4
Nullkuponzinsen	3,650 %	3,752 %	3,803 %	3,908 %

a) Wie hoch ist der **Kurs** der Anleihe zum aktuellen Bewertungszeitpunkt?

b) Wie hoch ist der **Forward Kurs** der Anleihe in t=2?

c) Wie hoch ist der **innere Wert** der Anleiheoption?

d) Berechnen Sie den **Gesamtwert** der Anleiheoption.

e) Wie hoch ist der **Zeitwert** der Anleiheoption?

Fallstudien zu Zinsoptionen 333

6.6.2 Fallstudie 18: Bewertung von Caps

Ein Unternehmen schließt bei seiner Hausbank einen Kredit zu folgenden Konditionen ab:

Nominalvolumen: 1 Mio. EUR
Zinssatz: Euribor + 1%
Zinsanpassung: halbjährlich
Laufzeit: 2 Jahre

Zum Zeitpunkt t=0 liegen folgende Marktdaten vor:

Laufzeit (Monate)	6	12	18	24
Nullkuponzins (linear)	5,10 %	4,80 %	5,20 %	5,50 %
Forward Rates		4,3881 %	5,9171 %	6,3057 %

Hinweis: Alle Zinssätze werden auf 1-Jahres Basis angegeben

In Erwartung steigender Zinssätze kauft das Unternehmen bei der Bank zusätzlich einen Cap mit folgenden Ausstattungsmerkmalen:

Zinsobergrenze: 5,40 %
Laufzeit eines Caplets: 6 Monate
Optionsprämie: 0,1 % pro Jahr
Referenzzins: 6-Monats-Euribor

Es wird eine konstante Volatilität der Forward Rates von 20 % unterstellt.

a) Zeichnen Sie das **Auszahlungsprofil** des Cap aus der Sicht des Käufers.

b) An den Zinsfestlegungsterminen in t=1, t=2 und t=3 liegt der Referenzzins jeweils bei 5,15 %, 5,30 % und 5,60 %. Zu welchen **Zahlungsströmen** zwischen den Vertragspartnern werden diese Zinssätze führen? Unterstellen Sie, dass jeder Monat 30 Tage hat.

c) Berechnen Sie den **inneren Wert** des Cap.

d) Berechnen Sie den **Gesamtwert** des Cap.

e) Berechnen Sie den **Zeitwert** des Cap und zeigen sie dessen Preisstruktur auf.

6.6.3 Fallstudie 19: Bewertung von Floors

Ein Unternehmen kauft einen Floor mit einer Laufzeit von 18 Monaten. Die Zinsanpassung erfolgt alle drei Monate.

Am Markt existieren folgende Kuponzinsen:

Jahre	1	2	3	4
Kuponzinsen	3,00 %	4,00 %	5,00 %	6,00 %

Die zugehörigen Nullkuponzinsen lauten:

Jahre	1	2	3	4
Nullkuponzinsen	3,000 %	4,020 %	5,069 %	6,160 %

Die unterjährigen Zinsen sollen im Rahmen einer Interpolation gefunden werden. Der 1-Monats Zins beträgt 2,0 %.

Der Floor hat folgende Ausstattungsmerkmale:

Basiszins:	4,5 %
Kontraktvolumen:	10 Mio. EUR
Zinstagekonvention:	act / 360
Volatilität:	20 %

a) Wieviele **Floorlets** sind zur Bewertung des Floors notwendig?

b) Berechnen Sie auf Basis der aktuellen Zinsstrukturkurve die möglichen **Ausgleichszahlungen** zu den Roll-over Terminen!

c) Wie hoch ist der **innere Wert** des Floors?

d) Berechnen Sie den **Gesamtwert** des Floors!

e) Stellen Sie die **Preisstruktur** des Floors auf!

6.6.4 Fallstudie 20: Bewertung von Collars

Die X-Bank emittiert einen Collar. Er soll ein Kontraktvolumen von 500.000 EUR haben. Die Laufzeit beträgt 4 Jahre. Die Zinsoptionen haben folgende Ausstattungsmerkmale:

Zinsoption:	Cap	Floor
Basiszins:	5 %	3 %
Volatilität:	25 %	25 %
Referenzzins:	1-Jahres Euribor	1-Jahres Euribor

Am Markt existieren folgende Kuponzinsen:

Jahre	1	2	3	4
Kuponzinsen	3,70 %	3,90 %	4,60 %	4,90 %

Die zugehörigen Nullkuponzinsen lauten:

Jahre	1	2	3	4
Nullkuponzinsen	3,70 %	3,904 %	4,636 %	4,952 %

a) Berechnen Sie alle notwendigen **Forward Rates** um den inneren Wert des Collar zu bestimmen.

b) Welchen **inneren Wert** hat der Cap und welchen der Floor?

c) Wie hoch ist der **Gesamtwert des Cap**?

d) Wie hoch ist der **Gesamtwert des Floor**?

e) Welche **Preisstrukturen** weisen beide Zinsoptionen auf?

f) Wie hoch ist der **Gesamtwert des Collar**?

6.6.5 Fallstudie 21: Bewertung von Swaptions

Der Vorstand der X-Bank möchte eine Option erwerben, um in zwei Jahren in einen **3-Jahres Receiver-Swap** einzutreten. Der Swap soll ein Nominalvolumen von 2.000.000 EUR und eine Swap Rate von 4,5 % haben.

Am Markt existieren folgende Kuponzinsen:

Laufzeit Beginn	1	2	3	4	5
0	2,80 %	3,20 %	3,40 %	3,80 %	4,00 %
1	3,61 %	3,72 %	4,16 %	4,33 %	
2	3,82 %	4,45 %	4,59 %		
3	5,11 %	5,01 %			
4	4,90 %				

Die Nullkuponzinsstrukturkurve in t=0 hat folgendes Aussehen:

Jahre	1	2	3	4	5
Nullkuponzinsen	2,800 %	3,206 %	3,411 %	3,833 %	4,045 %

Folgende Volatilitäten in % existieren am Markt:

	1 J.	2 J.	3 J.	4 J.	5 J.	6 J.	7 J.	8 J.	9 J.
1M Opt.	17,1	15,4	14,6	13,8	13,0	12,3	11,7	11,1	10,6
3M Opt.	17,0	15,5	14,5	13,7	12,9	12,2	11,6	11,1	10,6
6M Opt.	16,7	15,1	14,2	13,4	12,6	12,0	11,4	10,9	10,6
1J Opt.	15,8	14,5	13,7	12,9	12,1	11,6	11,2	10,8	10,5
2J Opt.	14,2	13,2	12,5	11,9	11,4	11,0	10,7	10,4	10.1
3J Opt.	13,2	12,4	11,7	11,2	10,8	10,4	10,2	10,0	9,7
4J Opt.	12,4	11,6	11,1	10,6	10,3	10,0	9,8	9,6	9,4
5J Opt.	11,7	10,9	10,5	10,1	9,9	9,6	9,4	9,2	9,0
7J Opt.	10,5	10,2	9,8	9,4	9,1	8,9	8,7	8,6	8,4

Fallstudien zu Zinsoptionen 337

a) Berechnen Sie den **inneren Wert** der notwendigen Swaption in t=0.

b) Bewerten Sie die Swaption mit einem Optionspreismodell.

c) Wie hoch ist der **Zeitwert** der betrachteten Swaption.

Noch am gleichen Tag ändert der Vorstand seine Meinung zur Zinsentwicklung. Er möchte nun in zwei Jahren in einen **3-Jahres Payer Swap** mit gleichem Nominalvolumen eintreten.

d) Wie hoch ist die zu erwartende **Ausgleichszahlung** der neuen Swaption zum aktuellen Bewertungszeitpunkt?

e) Wie hoch ist der **innere Wert** der neuen Swaption?

f) Wie hoch wäre der **Barwert** eines laufzeitgleichen Forward-Swaps mit gleichem Nominalvolumen?

g) Wie hoch ist der **Gesamtwert** der neuen Swaption?

h) Wie hoch ist der **innere Wert** der neuen Swaption?

i) Wie hoch ist der **Zeitwert** der neuen Swaption im Vergleich zu der Swaption, die den Eintritt in den laufzeitgleichen Receiver-Swap ermöglicht hätte?

7 Strukturierte Finanzprodukte mit Zinsoptionen

7.1 Anleihen mit einfachem Kündigungsrecht

7.1.1 Produktdesign

In diesem Kapitel werden strukturierte Finanzprodukte vorgestellt, die auf **Zinsoptionen** basieren. Dies können sowohl Optionen sein, die auf den **Kurs** einer Anleihe fokussieren (Anleiheoptionen) als auch Optionen, die auf **Zinssätzen** basieren (Caps, Floors und Collars).

Begonnen sei mit den Anleiheoptionen. Unterscheiden lassen sich Putable und Callable Bonds. Ein **Putable Bond** ist eine Anleihe, die es dem Investor erlaubt, zu einem bestimmten Zeitpunkt die Anleihe wieder zu verkaufen. Ein **Callable Bond** dagegen ist eine Anleihe, die es dem Emittenten erlaubt, zu einem bestimmten Zeitpunkt die Anleihe zurückzukaufen. Bei einer **Anleihe mit einfachem Kündigungsrecht** gibt es nur einen Zeitpunkt, an dem der Rückkauf bzw. der Verkauf möglich ist. Der entsprechende Rückkaufspreis wird bereits bei Emission der Anleihe festgelegt.

Eine Anleihe mit einfachem Kündigungsrecht ist ein strukturiertes Finanzprodukt. Als Basis dient eine **Kuponanleihe** mit jährlicher Zinszahlung und endfälliger Tilgung. Das einmalige Kündigungsrecht wird durch eine **Anleiheoption** (vgl. Kap. 6.1) in das Auszahlungsprofil aufgenommen.

Damit zeichnet sich eine Anleihe mit einfachem Kündigungsrecht durch folgende Merkmale aus:

- Anleihe, bei denen je nach Ausstattungsmerkmalen entweder der Investor oder der Emittent das Recht besitzen, zu einem zukünftigen Zeitpunkt die Anleihe zu kündigen.

- Das Kündigungsrecht des Emittenten entspricht einem **Rückkaufsrecht** der Anleihe.

- Das Kündigungsrecht des Investors entspricht einem **Veräußerungsrecht** der Anleihe.

- In beiden Fällen steht der Rückkaufs- bzw. Verkaufskurs bereits bei der Emission der Anleihe fest.

7.1.2 Single-Putable Bonds

7.1.2.1 Auszahlungsprofile

Bei einem **Single-Putable Bond** hat der Investor das Recht, die gekaufte Anleihe an einem bei Emission der Anleihe festgelegten Zeitpunkt und zu einem festgelegten Kurs wieder an den Emittenten zu veräußern.

Zunächst seien die Positionen des **Investors** betrachtet. Betrachtet wird aus Investorensicht eine **Longposition** in einer **Anleihe** (vgl. Abb. 224).

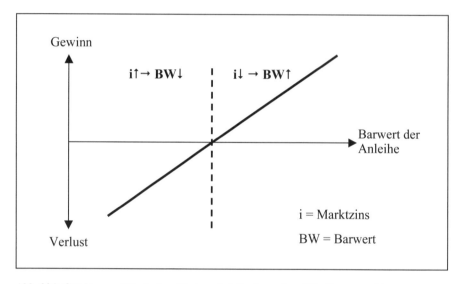

Abb. 224: Gewinn- und Verlustprofil einer Anleihe long ohne Kündigungsrecht

Es wird eine **barwertige Betrachtung** durchgeführt. Dies hat gleichzeitig den Vorteil, dass die Argumentation über die Kurse erfolgt, die explizit auch in der Anleiheoption enthalten sind. Steigen bei einer Anleihe long ohne Kündigungsrecht die Marktzinsen, bedeutet das für den Investor einen **Verlust**. Dies spiegelt die Entwicklung des Barwerts der Kuponanleihe wider. Bei **steigenden Zinsen** sinkt der Barwert der Anleihe long. Für den Investor haben fallende Barwerte einen negativen Einfluss auf sein Vermögen. Bei **fallenden Zinsen** dreht sich die obige Argumentation spiegelbildlich um. Ein steigender Barwert bedeutet für den Investor einen Gewinn.

Betrachtet man die Anleihe aus Emittentensicht, nimmt dieser die Shortposition ein (vgl. Abb. 225).

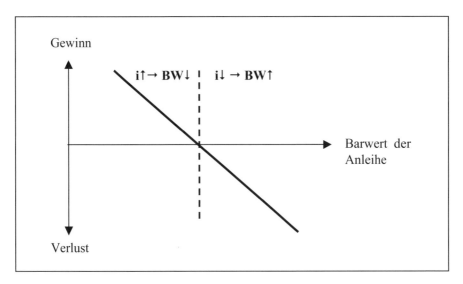

Abb. 225: Gewinn- und Verlustprofil einer Anleihe short ohne Kündigungsrecht

Es wird wieder eine barwertige Betrachtung durchgeführt. **Steigen** bei einer Anleihe short die **Marktzinsen**, bedeutet dies für den **Emittenten** einen **Gewinn**. Dies ergibt sich aus der Argumentation über den Barwert. Bei steigenden Zinsen sinkt der Barwert der Anleihe short. Für den Emittenten ist die Anleihe eine Passivposition. Damit haben fallende Barwerte einen positiven (d.h. sinkenden) Einfluss auf die Schulden, es entsteht ein Gewinn. Bei **fallenden Zinsen** dreht sich die obige Argumentation wieder um. Ein steigender Barwert bedeutet für den **Emittenten** einen **Verlust**.

Wird dem **Investor** ein **Kündigungsrecht** der Anleihe für einen bestimmten Zeitpunkt eingeräumt, ändert sich das Auszahlungsprofil (vgl. Abb. 226). Der Bereich steigender Zinsen, in dem der Investor barwertig einen Verlust erleiden würde, entfällt. Wenn die Zinsen steigen, wird der Investor sein Kündigungsrecht wahrnehmen und somit dem ansonsten fälligen Verlust entgehen.

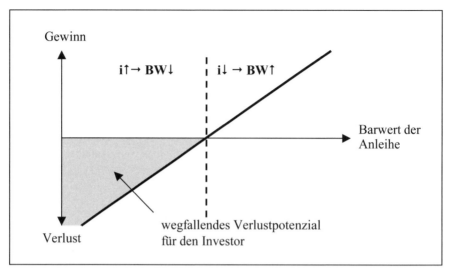

Abb. 226: Profil eines Single-Putable Bonds long

Abb. 227 zeigt das Gewinn- und Verlustpotenzial eines Single-Putable Bonds aus Emittentensicht. Das Gewinnpotenzial für den Emittenten entfällt.

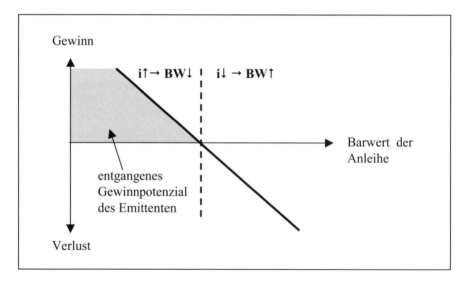

Abb. 227: Profil eines Single-Putable Bonds short

Das Auszahlungsprofil eines Single-Putable Bonds kann synthetisch durch eine Kuponanleihe long und eine Anleiheoption erzeugt werden. Der Investor hat das Recht, zu einem bestimmten Zeitpunkt die Anleihe wieder an den Emittenten zu

Anleihen mit einfachem Kündigungsrecht 343

verkaufen. Um dieses Recht wahrzunehmen, benötigt der Investor eine Long Position in einer Anleihe-Putoption (vgl. Abb. 228). Die beiden Einzelkomponenten sind gestrichelt zu sehen, während die synthetische Konstruktion des Single-Callable Bonds als durchgezogene Linie dargestellt ist.

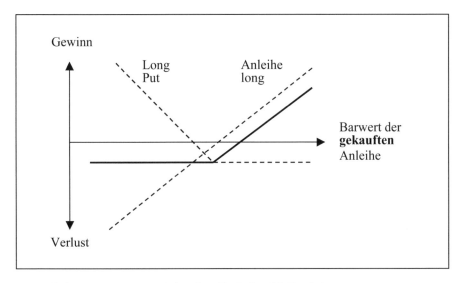

Abb. 228: Synthetische Konstruktion eines Single-Putable Bonds long

Für den Investor bedeutet dies, dass seine potenziellen **Verluste** im Barwert der **Anleihe** bei steigenden Zinsen durch eine **Wertsteigerung** der **Anleihe-Putoption** ausgeglichen werden. Lediglich der Preis für die zu zahlende Optionsprämie schmälert den Gewinn des Investors.

Der **Emittent** geht die **Gegenposition** zum **Investor** ein. Er begibt die Anleihe-Putoption, die der Investor kauft und geht daher die Short Position ein. Hinzu kommt die Shortposition in der Anleihe. Dies erzeugt das in Abb. 229 gezeigte Auszahlungsprofil der Anleihe mit Kündigungsrecht.

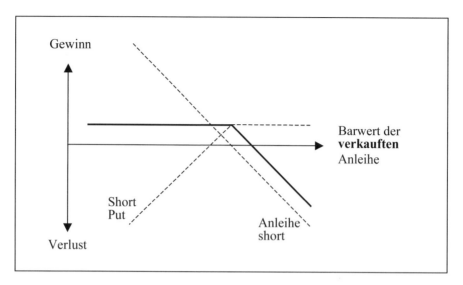

Abb. 229: **Synthetische Konstruktion eines Single-Putable Bonds short**

Für eventuell **entgangene Gewinne** bei steigenden Zinsen bzw. fallendem Barwert bekommt der Emittent als **Ausgleich** die **Optionsprämie**. Dies entspricht dem optionstypischen **asymmetrischem Risikoprofil**.

Damit lassen sich sowohl für den Investor als auch für den Emittenten (nur mit umgekehrtem Vorzeichen) **Single-Putable Bonds** durch folgende Gleichung bewerten:

$$BW_{mit} = BW_{ohne} + P$$

Dabei ist (BW_{mit}) der Barwert der Anleihe mit Kündigungsrecht und (BW_{ohne}) der Barwert der Anleihe ohne Kündigungsrecht. (P) ist der Preis der Anleihe-Putoption. Auf Grund der arbitragefreien Bewertung gilt diese Formel für den Emittenten und Investor gleichermaßen. Für den Investor bedeutet das Kündigungsrecht einen Vorteil, der mit einem Zuschlag auf den Barwert bezahlt wird. Dafür bekommt der Investor den zukünftigen Cash Flow aus der Anleihe und zusätzlich das Kündigungsrecht. Während der Barwert der Anleihe und die Putprämie für den Investor einen Mittelabfluss darstellen, bedeuten sie für den Emittenten einen Mittelzufluss. Dafür geht er zukünftige Zahlungsverpflichtungen ein und übernimmt zusätzlich die Stillhalterposition in der Putoption.

7.1.2.2 Bewertung von Single-Putable Bonds

Für die Bewertung eines Single-Putable Bonds wird eine 3-jährige Stufenzinsanleihe (Step-up Bond) betrachtet. Das Volumen betrage 100 EUR. Der Zinssatz ist gestaffelt nach Jahren. Für das erste Jahr wird ein Zinssatz von 3,00 %, für das zweite und dritte Jahr jeweils ein Zinssatz von 4,50 % gezahlt (vgl. Abb. 230). Der Investor hat ein Kündigungsrecht zum Ende des ersten Jahres. Der Verkauf der Stufenzinsanleihe würde zu diesem Zeitpunkt zu 100 (pari) an den Emittenten erfolgen.

Laufzeit	3 Jahre
Volumen	100 EUR
Zinssatz 1. Jahr	3,00 % p.a.
Zinssatz 2. Jahr	4,50 % p.a.
Zinssatz 3. Jahr	4,50 % p.a.
Rückzahlung	endfällig

Abb. 230: Beispiel für einen Single-Putable Bond

Zuerst gilt es, die Stufenzinsanleihe ohne Kündigungsrecht zu bewerten. Es sei eine Zinsstrukturkurve am Markt gemäß Abb. 231 gegeben. Wird die Stufenzinsanleihe mit den fairen Zerobond-Abzinsfaktoren bewertet, ergibt sich ein aktueller **Barwert** von **97,18 EUR**.

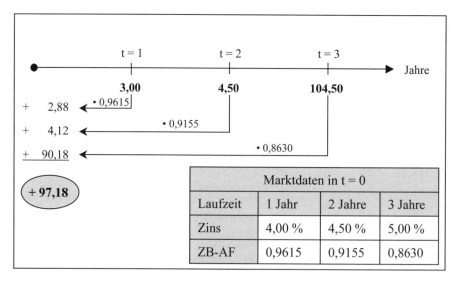

Abb. 231: Barwert der Stufenzinsanleihe ohne Kündigungsrecht

Zusätzlich wird dem Investor ein einmaliges Kündigungsrecht zum Ende des ersten Jahres eingeräumt. Der Verkauf der Anleihe würde zu diesem Zeitpunkt zu 100 (pari) an den Emittenten erfolgen. Das Kündigungsrecht kann durch eine Putoption auf die gleiche Anleihe erfolgen. Die Laufzeit der Option muss genau bis zum Kündigungstermin reichen. In diesem Fall hätte die Putoption eine Laufzeit von einem Jahr.

Das Kündigungsrecht seitens des Investors lässt sich durch die beiden möglichen Zahlungsströme, bei Kündigung bzw. bei Nichtkündigung, verdeutlichen (vgl. Abb. Abb. 232).

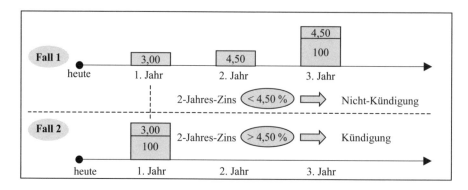

Abb. 232: Cash-Flow Profile für Single-Putable Bonds

Ausschlaggebend für die Kündigung oder Nicht-Kündigung ist der 2-Jahres-Zins zum Zeitpunkt der möglichen Kündigung, also in einem Jahr. Liegt der 2-Jahres-Zins in einem Jahr über 4,50 %, wird der Investor die Anleihe verkaufen. Ist der Zinssatz hingegen kleiner als 4,50 %, wird der Investor die Anleihe bis zur Endfälligkeit behalten.

Die Bewertung eines Single-Putable Bond folgt dem Duplikationsansatz. Die Einzahlungen aus der Anleihe ohne Kündigungsrecht müssen durch die Auszahlungen aus der Option dupliziert werden (vgl. Abb. 233). Es dürfen als unbekannte Größen am Ende nur noch der Barwert der Anleihe ohne Kündigungsrecht und der Optionspreis übrigbleiben. Da der Barwert der Anleihe ohne Kündigungsrecht durch Diskontierung festgestellt werden kann, bleibt letztendlich der Optionspreis als einzige Unbekannte übrig. Dieser ist durch ein Optionspreismodell zu ermitteln.

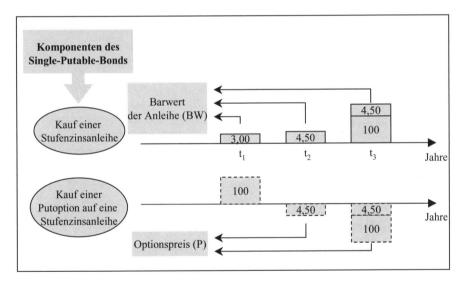

Abb. 233: Bewertung eines Single-Putable Bonds aus Sicht des Investors

Die zweite Komponente, neben der Anleihe ohne Kündigungsrecht, ist auf Grund des Kündigungsrechts des Investors eine **Anleihe-Putoption** auf die Stufenzinsanleihe. Die Laufzeit der Option entspricht der Dauer bis zum möglichen Kündigungszeitpunkt. Im Beispiel hätte die Putoption eine Laufzeit von einem Jahr.

Die Optionskomponente wird durch das **Black-Modell für Anleiheoptionen** bewertet (vgl. Kap. 6.1). Bei der Stufenzinsanleihe mit Kündigungsrecht für den

Investor muss eine **Anleihe-Putoption** bewertet werden. Damit erfolgt die Bewertung des Single-Putable Bonds durch die bereits bekannte Gleichung:

$$BW_{mit} = BW_{ohne} + P$$

Die **Volatilität** der **Forward Kurse** per heute für ein Jahr möge **1,0370 %** betragen (zur Berechnung der Kursvolatilität vgl. Kap. 6.1.5). Die Berechnung des **Forward Kurses** ergibt einen Wert von **98,07** (vgl. Abb. 234).

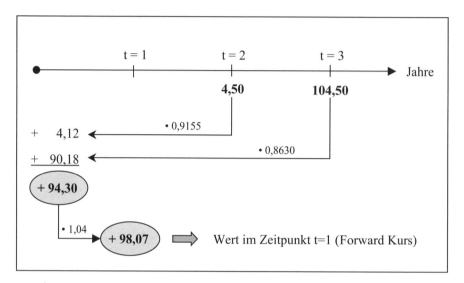

Abb. 234: Forward Kurs der Stufenzinsanleihe in t=1

Damit hat die Putoption einen Preis von **1,93 EUR**:

$$P = 0,9615 \cdot (100 \cdot 0,9699 - 98,07 \cdot 0,9693) = 1,93 \text{ EUR}$$

Die Werte für (d_1) und (d_2) ergeben sich durch nachfolgende Rechnung:

$$d_1 = \frac{\ln\left(\frac{98,07}{100}\right) + 0,01037^2 \cdot \frac{1}{2}}{0,01037 \cdot \sqrt{1}} = -1,8741$$

$$d_2 = -1,8741 - 0,01037\sqrt{1} = -1,8845$$

Die Quantile der Standardnormalverteilung sind $N(-d_1) = 0{,}9693$ und $N(-d_2) = 0{,}9699$.

Der Preis der Stufenzinsanleihe mit Kündigungsrecht des Investor ergibt sich als Summe des Barwerts der Stufenzinsanleihe ohne Kündigungsrecht und dem Preis der Putoption. Für das Beispiel ergibt sich ein **Gesamtwert** der kündbaren Stufenzinsanleihe von **99,11 EUR** (vgl. Abb. 235).

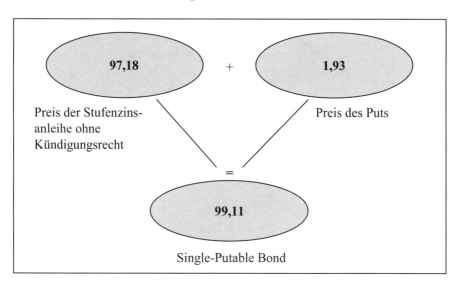

Abb. 235: Bewertung eines Single-Putable Bonds

7.1.3 Single-Callable Bonds

7.1.3.1 Auszahlungsprofile

Wenn bei einer **Anleihe long** das **Kündigungsrecht** auf Seiten des **Emittenten** liegt (**Single-Callable Bond**), sind die Risikoprofile entsprechend zu modifizieren. Der Investor hält weiterhin eine Long Position in der Anleihe. Der Emittent hat jetzt jedoch das Recht, zu einem festen Zeitpunkt in der Zukunft die Anleihe vom Investor wieder zurückzukaufen. Der Investor verkauft dem Emittenten dazu eine Anleihe-Calloption. Er hat somit die Shortposition in der Option inne. Das neue Gewinn- und Verlustprofil für den Investor zeigt Abb. 236.

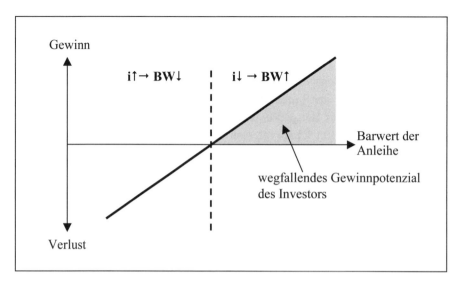

Abb. 236: Profil eines Single-Callable Bonds long

Die Gegenposition zeigt Abb. 237. Der Emittent hält die Shortposition in der Anleihe und hat zusätzlich das Kündigungsrecht. Wenn das Kündigungsrecht beim Emittenten liegt, entfällt für ihn das Verlustpotenzial.

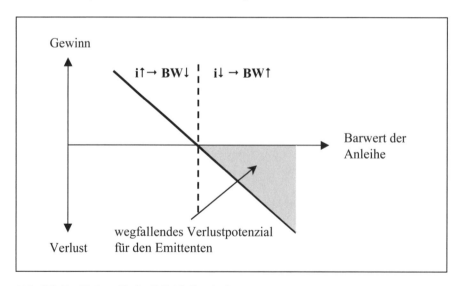

Abb. 237: Profil eines Single-Callable Bonds short

Das Auszahlungsprofil, welches diesem Gewinn- und Verlustprofil entspricht, kann wieder synthetisch erzeugt werden. Es besteht aus einer Kuponanleihe long und einer Anleiheoption. Der Investor muss damit rechnen, dass der Emittent zum festgelegten Zeitpunkt die Anleihe wieder zurückkauft. Deshalb benötigt der Investor eine Shortposition in einer Anleihe-Calloption (vgl. Abb. 238). Die beiden Einzelkomponenten sind erneut gestrichelt zu sehen, während die synthetische Konstruktion als durchgezogene Linie dargestellt ist.

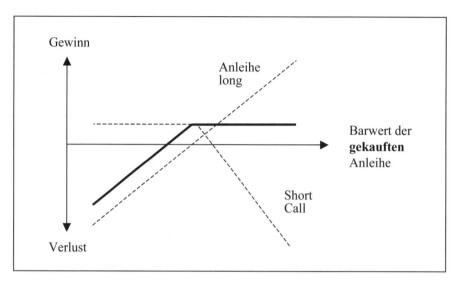

Abb. 238: Synthetische Konstruktion eines Single-Callable Bonds long

Für den Investor bedeutet dies, dass seine potenziellen **Gewinne** im Barwert der **Anleihe** bei fallenden Zinsen durch das Kündigungsrecht des Emittenten **entfallen**. Als **Ausgleich** für die entgangenen potenziellen Gewinne erhält er die **Optionsprämie**.

Der Emittent geht die Gegenposition zum Investor ein. Er kauft die Anleihe-Calloption des Investors und geht daher die Long Position ein. Dies erzeugt das in Abb. 239 gezeigte Gewinn- und Verlustprofil für den Single-Callable Bond.

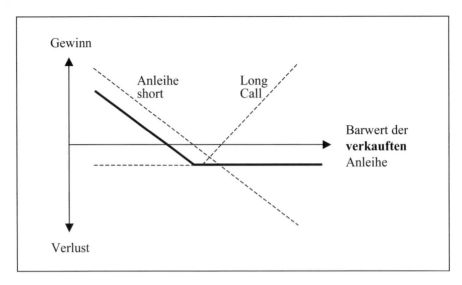

Abb. 239: Synthetische Konstruktion eines Single-Callable Bonds short

Für den Emittenten bedeutet dies, dass seine potenziellen Verluste im Barwert der Anleihe bei fallenden Zinsen durch eine korrespondierende Wertsteigerung der Anleihe-Calloption ausgeglichen werden. Lediglich der Preis für die Optionsprämie schmälert den Gewinn des Emittenten.

Damit lassen sich sowohl für den Investor als auch für den Emittenten Single-Callable Bonds folgendermaßen bewerten:

$$BW_{mit} = BW_{ohne} - C$$

Dabei ist (BW_{mit}) der Barwert der Anleihe mit Kündigungsrecht und (BW_{ohne}) der Barwert der Anleihe ohne Kündigungsrecht. (C) ist der Preis der Anleihe-Calloption. Diese Bewertung gilt ebenfalls für den Emittenten und Investor gleichermaßen. Für den Investor bedeutet das Kündigungsrecht des Emittenten einen Nachteil, der mit einem Abschlag auf den Verkaufspreis einhergeht. Der Investor zahlt somit weniger als für die gleiche Anleihe ohne Kündigungsrecht des Emittenten. Für den Emittenten bedeutet das eigene Kündigungsrecht einen Vorteil, der dazu führt, dass bei der Emission der Anleihe ein geringerer Preis als bei der gleichen Konstruktion ohne Kündigungsrecht erzielt wird.

Anleihen mit einfachem Kündigungsrecht 353

7.1.3.2 Bewertung von Single-Callable Bonds

Unabhängig von der eingegangenen Position sind bei einer Anleihe mit Emittentenkündigungsrecht die beiden Bausteine, die Anleihe ohne Kündigungsrecht und die Calloption, zuerst separat zu bewerten und anschliessend zum Gesamtpreis zusammenzufügen.

Es wird diesmal eine 3-jährige festverzinsliche Anleihe mit einem Kupon von 5,50 % betrachtet. Die Zinszahlungen erfolgen jährlich und die Tilgung endfällig zum Ende der Laufzeit. Das Nominalvolumen der Anleihe betrage 100 EUR (vgl. Abb. 240). Der Emittent hat ein einmaliges Kündigungsrecht am Ende des ersten Jahres. Der Rückkauf der Anleihe würde zu 100 (pari) vom Investor erfolgen.

Laufzeit	3 Jahre
Volumen	100 EUR
Auszahlung	100 %
Zinssatz	5,50 % p.a., fest für drei Jahre
Zinszahlung	jährlich, nachträglich
Tilgung	endfällig

Abb. 240: Beispiel für einen Single-Callable Bond

Zuerst ist die Anleihe ohne Kündigungsrecht zu bewerten. Es möge die in Abb. 241 dargestellte Zinsstrukturkurve am Markt bestehen. Wird die Anleihe mit den fairen Zerobond-Abzinsfaktoren bewertet, ergibt sich ein Barwert von **101,37 EUR**.

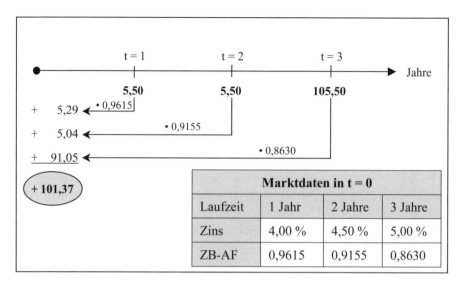

Abb. 241: Barwert der Anleihe ohne Kündigungsrecht

Zusätzlich wird dem Emittenten ein **einmaliges Kündigungsrecht** zum **Ende des ersten Jahres** eingeräumt. Der Rückkauf der Anleihe würde zu diesem Zeitpunkt zu 100 (pari) vom Investor erfolgen. Das Kündigungsrecht kann durch eine Calloption auf die gleiche Anleihe abgebildet werden. Die Laufzeit der Option muss genau bis zum Kündigungstermin reichen. In diesem Fall hätte die Calloption daher eine Laufzeit von einem Jahr.

Das Kündigungsrecht seitens des Emittenten lässt sich anhand der Cash Flow-Profile bei Kündigung bzw. bei Nichtkündigung verdeutlichen (vgl. Abb. 242).

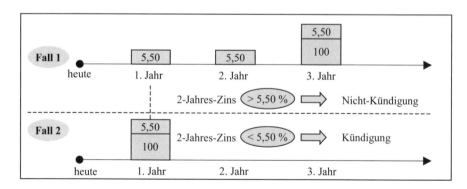

Abb. 242: Cash-Flow Profile für Single-Callable Bonds

Ausschlaggebend für die Kündigung oder Nicht-Kündigung ist der **2-Jahres-Zins zum Zeitpunkt der möglichen Kündigung**, also in einem Jahr. Liegt der 2-Jahres-Zins in einem Jahr unter 5,50 %, wird der Emittent die Anleihe zurückkaufen. Ist der Zinssatz hingegen höher als 5,50 %, wird der Emittent die Anleihe endfällig tilgen.

Die Bewertung eines Single-Callable Bonds folgt wieder dem **Duplikationsansatz**. Die Zahlungen aus der Anleihe ohne Kündigungsrecht müssen durch die Auszahlungen aus der Option dupliziert werden. Es dürfen als unbekannte Größen am Ende nur noch der Barwert der Anleihe ohne Kündigungsrecht und der Optionspreis übrigbleiben (vgl. Abb. 243). Da der Barwert der Anleihe ohne Kündigungsrecht durch Diskontierung festgestellt werden kann, bleibt letztendlich der Optionspreis als einzige Unbekannte übrig. Dieser ist erneut durch ein Optionspreismodell zu ermitteln.

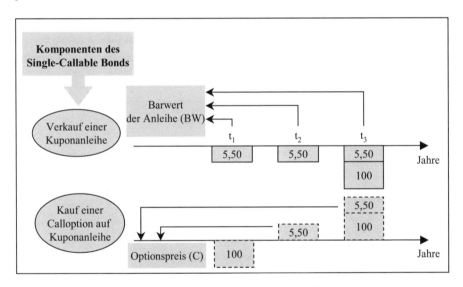

Abb. 243: Bewertung eines Single-Callable Bonds aus Sicht des Emittenten

Der Barwert der Anleihe ohne Kündigungsrecht beträgt **101,37 EUR** (vgl. Abb. 241). Die Optionskomponente soll in diesem Kapital wieder durch das Black-Modell für Anleiheoptionen bewertet werden (vgl. Kap. 6.1). Bei einer mit Kündigungsrecht für den Emittenten ausgestatteten Anleihe muss eine Anleihe-Calloption bewertet werden.

Um den Preis der Anleihe-Calloption feststellen zu können, muss die **Volatilität** der **Forward Kurse** per heute bekannt sein. Für das Beispiel beträgt diese

1,0227 % (zur Berechnung der Kursvolatilität, vgl. Kap. 6.1.5). Das Black-Modell für Anleihe-Calloptionen hat folgendes Aussehen:

$$C = ZB - AF(0,t) \cdot [F \cdot N(d_1) - X \cdot N(d_2)]$$

Dabei sind (d_1) und (d_2) definiert als:

$$d_1 = \frac{\ln\left(\frac{F}{X}\right) + \sigma^2 \cdot \frac{t}{2}}{\sigma \cdot \sqrt{t}}$$

$$d_2 = \frac{\ln\left(\frac{F}{X}\right) - \sigma^2 \cdot \frac{t}{2}}{\sigma \cdot \sqrt{t}} = d_1 - \sigma\sqrt{t}$$

Für das Beispiel ist die **Laufzeit (t)** eins, da nach einem Jahr die Kündigung erfolgen kann. Die **Volatilität (σ)** ist 0,010227 (1,0227 %). Der **Forward Kurs** der Anleihe in t=1 ist **99,92** (vgl. Abb. 244).

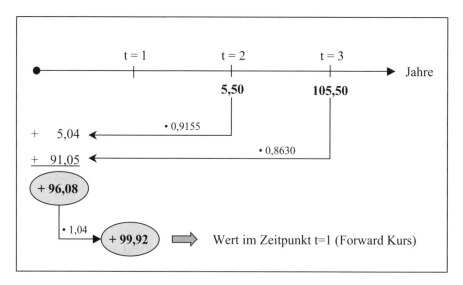

Abb. 244: Forward Kurs der Anleihe in t=1

Durch Einsetzen ergeben sich für (d_1) und (d_2) folgende Werte:

$$d_1 = \frac{\ln\left(\frac{99{,}92}{100}\right) + 0{,}010227^2 \cdot \frac{1}{2}}{0{,}010227 \cdot \sqrt{1}} = -0{,}07$$

$$d_2 = -0{,}07 - 0{,}010227\sqrt{1} = -0{,}08$$

Mit Hilfe dieser Werte können die Quantile der Standardnormalverteilung abgelesen werden (vgl. Anhang). $N(d_1)$ ist 0,4721 und $N(d_2)$ ist 0,4681.

$$N(d_1) = N(-0{,}07) = 0{,}4721$$

$$N(d_2) = N(-0{,}0476) = 0{,}4681$$

Auf Basis des Black-Modells ergibt sich ein **Preis der Anleihe-Calloption** von **0,35 EUR**.

$$C = 0{,}9615 \cdot (99{,}92 \cdot 0{,}4721 - 100 \cdot 0{,}4681) = 0{,}35 \text{ EUR}$$

Der Preis des Single-Callable Bonds ergibt sich aus dem Barwert der Anleihe ohne Kündigungsrecht abzüglich dem Preis für die Anleihe-Calloption. Für das Beispiel ergibt sich **ein Gesamtpreis des Single-Callable Bonds von 101,02 EUR** (vgl. Abb. 245).

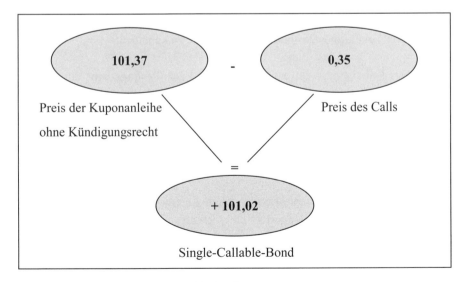

Abb. 245: Bewertung des Single-Callable Bonds

7.2 Anleihen mit mehrfachem Kündigungsrecht

7.2.1 Produktdesign

Ein Anleihe mit mehrfachem Kündigungsrecht ist eine Anleihe, die mit **mehreren Kündigungsterminen** ausgestattet ist. Die möglichen Kündigungstermine stehen bei der Emission der Anleihe fest. Der Optionsbestandteil, der die Kündigungstermine ermöglicht, ist eine **Bermuda-Option**.

Eine Bermuda-Option kann im Gegensatz zu einer europäischen Option zu mehreren Zeitpunkten ausgeübt werden. Sie unterscheidet sich von einer amerikanischen Option dadurch, dass die Ausübung nur zu festen Zeitpunkten und nicht wie bei einer amerikanischen Option jederzeit möglich ist (vgl. WILKENS/BAULE/ENTROP 2001, S. 76).

Damit ist eine Anleihe mit mehrfachem Kündigungsrecht auch wieder ein strukturiertes Finanzprodukt. Als Basis kann zum Beispiel eine Kuponanleihe mit jährlicher Zinszahlung und endfälliger Tilgung dienen. Das mehrmalige Kündigungsrecht des Emittenten oder des Investors wird durch eine Anleiheoption (Bermuda-Option) in das Auszahlungsprofil aufgenommen.

Damit zeichnet sich eine Anleihe mit mehrfachem Kündigungsrecht durch folgende Merkmale aus:

- Anleihe, bei der der Investor oder der Emittent das Recht besitzt, zu mehreren zukünftigen Zeitpunkten die Anleihe zu kündigen.

- Das Kündigungsrecht entspricht einem **Veräußerungsrecht** der Anleihe durch den Investor oder einem **Rückkaufsrecht** der Anleihe durch den Emittenten.

- Die Verkaufs- oder Rückkaufskurse zu den jeweiligen Kündigungsterminen stehen bereits bei Emission der Anleihe fest.

Analog zu den Single-Callable Bonds stellen Anleihen mit mehrfachem Kündigungsrecht für den Käufer (Investor) ein **Aktivum** (Vermögensgegenstand) und für den Verkäufer (Emittent) ein **Passivum** (Verbindlichkeit) dar.

7.2.2 Einsatz von stochastischen Forward Rates in Binomialbäumen

Bei der bisherigen Bewertung von Finanzinstrumenten wird der heute noch unbekannte Marktzins für zukünftige Zeitpunkte durch die **fairen Forward Rates** repräsentiert. Die Forward Rates leiten sich aus der aktuellen Zinsstrukturkurve ab und gewährleisten eine **arbitragefreie Bewertung**.

In diesem Kapitel sollen die deterministischen Zinsstrukturen durch **stochastische Zinsprozesse** abgelöst werden. Die Veränderungen der Zinssätze sind in stochastischen Zinsprozessen entweder normal- oder lognormalverteilt (vgl. JARROW/TURNBULL 2000, S. 463). Diese stochastischen Zinsprozesse können durch einen Binomialbaum dargestellt werden.

Der Binomialbaum berücksichtigt, dass die Marktzinssätze Schwankungen unterliegen, die Auswirkungen auf die Forward Rates haben. Bei den Schwankungen wird davon ausgegangen, dass sich die zukünftigen unbekannten Zinssätze in einer gewissen Bandbreite um die deterministischen Forward Rates bewegen. Die mögliche Bandbreite wird durch die Volatilität ausgedrückt.

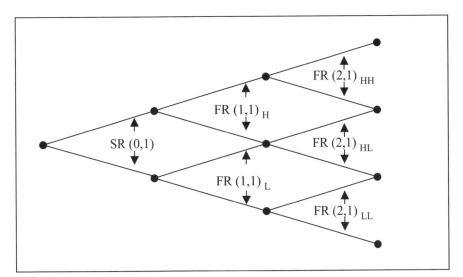

Abb. 246: Binomialbaum für stochastische Forward Rates

Auf Basis der deterministischen Forward Rates lässt sich unter Hinzunahme der Volatilität der Zinssätze ein Binomialbaum konstruieren, der die zukünftigen Schwankungen der Marktzinsen integriert (vgl. Abb. 246). Im folgenden seien als

Marktzinsen Nullkuponzinsen angenommen. Als Basis der Bewertung dienen die **Zerobond-Abzinsfaktoren**.

Ausgehend von der Spot Rate für ein Jahr **SR(0,1)** werden an jedem Knoten zwei mögliche Entwicklungen der Forward Rates angenommen. Der eine Pfad legt **steigende Zinsen** zugrunde und führt zur Forward Rate **FR(1,1)$_H$**. Der andere Pfad geht von **fallenden Zinsen** aus und führt zur Forward Rate **FR(1,1)$_L$**.

Es muss ein Zusammenhang zwischen hoher und niedriger Forward Rate hergestellt werden. Der formelmäßige Zusammenhang ergibt sich durch die Annahme der Lognormalverteilung bzw. der Normalverteilung der Zinssätze. Im folgenden sei auf Basis der **Lognormalverteilung der Zinssätze** argumentiert. Die Annahme der Lognormalverteilung hat den Vorteil, dass bei der Verteilungsannahme die Zinssätze nicht negativ werden können, was bei Annahme einer Normalverteilung möglich wäre (vgl. JARROW/TURNBULL 2000, S. 468). Der Zusammenhang zwischen den Forward Zinsen stellt sich bei Annahme der Lognormalverteilung wie folgt dar:

$$FR(1,1)_H = FR(1,1)_L \cdot e^{2\sigma}$$

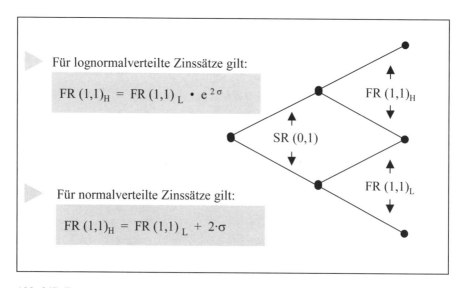

Abb. 247: Zusammenhang zwischen hoher und niedriger Forward Rate

Die Forward Rate bei steigenden Zinsen kann durch Multiplikation der Forward Rate bei sinkenden Zinsen mit dem Ausdruck ($e^{2\sigma}$) berechnet werden. Dabei ist (σ) die Volatilität der Zinssätze (vgl. Abb. 247). Die Volatilität kann in Abhängigkeit der Laufzeit der Nullkuponzinssätze schwanken.

Bei Kenntnis des Zusammenhangs zwischen hoher und niedriger Forward Rate genügt die Kenntnis des unteren oder des oberen Astes eines Binomialbaums, um diesen vollständig zu erstellen. Das Prinzip sei anhand eines 2-jährigen Binomialbaums erklärt (vgl. Abb. 248).

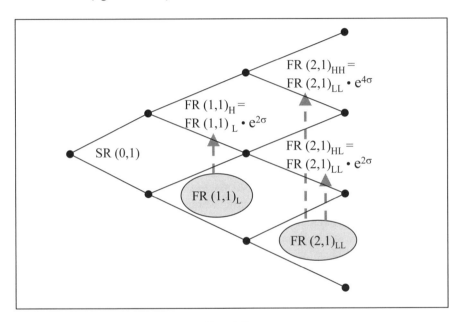

Abb. 248: Entwicklung eines 2-jährigen Binomialbaums

Zur vollständigen Entwicklung eines Binomialbaums gehört neben der Bestimmung der Forward Rates auch die Bestimmung der **Cash Flows** für jeden Knoten. Da zur Berechnung der einjährigen stochastischen Forward Rates Nullkuponzinsen benutzt werden, wird im folgenden der Cash Flow zu jedem Zeitpunkt auf eins normiert. Die Bewertungstechnik sei zunächst abstrakt anhand von Abb. 249 illustriert.

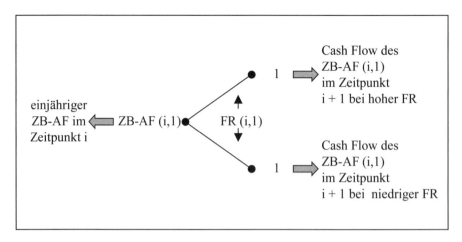

Abb. 249: Illustration der Bewertungstechnik

Die Cash Flows der Zerobond-Abzinsfaktoren in den Knotenpunkten $(i+1_H)$ und $(i+1_L)$ sind bekannt. Diese generieren einen Cash Flow in Höhe von jeweils einer Geldeinheit. Weil es sich bei der Betrachtung um Nullkuponzinsen handelt, müssen Kuponzahlungen nicht berücksichtigt werden. Da der Binomialbaum retrograd ermittelt wird, kann diese Vorgehensweise im späteren Verlauf für jeden Knoten angewandt werden. Der Cash Flow der Nullkuponanleihe im Zeitpunkt i (CF_i) wird durch Gewichtung der beiden diskontierten Cash Flows ermittelt:

$$CF_i = \frac{1}{2}\left(\frac{C_{i+1,H}}{1+FR(i,1)} + \frac{C_{i+1,L}}{1+FR(i,1)}\right)$$

Die Gewichtung des Cash Flows mit jeweils 0,5 in der Auf- und Abwärtsbewegung unterstellt, dass die Zinsentwicklung keinem steigenden oder fallenden Trend unterliegt. Sollte z.B. ein steigender Zinstrend angenommen werden, ist die Aufwärtsbewegung z.B. mit 0,6 und die Abwärtsbewegung mit 0,4 zu gewichten.

Stets bekannt und damit Ausgangspunkt der retrograden Berechnung ist der Cash Flow des Zerobond-Abzinsfaktors in t=0. Dieser ist der Preis des arbitragefreien Zerobond-Abzinsfaktors, der sich aus der in t=0 gültigen Nullkupon-Zinsstruktur ergibt. Gesucht werden nun diejenigen Forward Rates, die aus dem bekannten Zusammenhang zwischen hoher und niedriger Forward Rate und den weiteren Bedingungen diesen arbitragefreien Zerobond-Abzinsfaktor in t=0 ergeben. Dazu werden die zukünftigen Forward Rates aus der aktuellen Zinsstrukturkurve unter Berücksichtigung der bekannten Zinsvolatilitäten **iterativ** ermittelt (vgl. Abb.

250). (CF_0) ist dabei der Zerobond-Abzinsfaktor ZB-AF (0,2), der sich aus der angegebenen Nullkupon-Zinsstruktur folgendermaßen errechnet:

$$CF_0 = \frac{1}{1,045113^2} = 0,91553$$

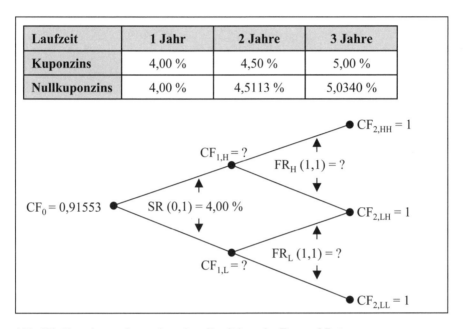

Abb. 250: Vorgehensweise zur iterativen Ermittlung der Forward Rates

Auf Grund des **funktionalen Zusammenhangs** zwischen hoher und niedriger Forward Rate braucht stets nur eine iterativ ermittelt werden. Die Iteration muss solange fortgeführt werden, bis die Forward Rates den am Markt beobachteten arbitragefreien Zerobond-Abzinsfaktor (0,2) ergeben. Dabei muss die Volatilitätsannahme mit den ermittelten Forward Rates **konsistent** sein. Die als bekannt vorausgesetzte Volatilität gewährleistet den Zusammenhang zwischen Forward Rates und Zerobond-Abzinsfaktor.

Im Beispiel wird eine Zinsvolatilität für den 2-Jahreszins von 10 % unterstellt. Der ZB-AF (0,2) beträgt 0,91553 und der Rückzahlungsbetrag in t=2 ist 1. Nur die beiden Forward Rates $FR(1,1)_H = 5,54092\%$ und $FR(1,1)_L = 4,51422\%$ ergeben bei einem Rückzahlungsbetrag von 1 und einer 2-jährigen **Zinsvolatilität** von **10 %** den arbitragefreien Zerobond-Abzinsfaktor ZB-AF (0,2) von 0,91553 (vgl. Abb. 251).

Laufzeit	1 Jahr	2 Jahre	3 Jahre
Kuponzins	4,00 %	4,50 %	5,00 %
Nullkuponzins	4,00 %	4,5113 %	5,0340 %

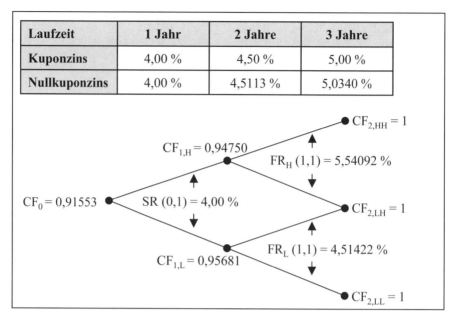

Abb. 251: Konsistenz zwischen Volatilität und Forward Rates

Bei einem dreijährigen Binomialbaum werden die einjährigen Forward Rates analog nur jetzt für zwei Knotenpunkte **kontinuierlich** durch Iteration ermittelt. Der bekannte arbitragefreie 3-jährige Zerobond-Abzinsfaktor ZB-AF (0,3) und der Cash Flow in t=0 (CF_0) betragen 0,8630:

$$CF_0 = \frac{1}{1,050340^3} = 0,8630$$

In t=3 ist der Rückzahlungsbetrag aufgrund des zugrundegelegten Zerobond-Abzinsfaktors jeweils 1. Die 3-jährige Zinsvolatilität möge bei 12 % liegen. Die Nullkuponzinsstruktur sei unverändert gegenüber der 2-jährigen Betrachtungsweise. Da deshalb auch die Forward Rates FR_L (1,1) und FR_H (1,1) unverändert und somit bekannt sind, müssen lediglich noch die Forward Rates FR_{LL} (2,1), FR_{LH} (2,1) und FR_{HH} (2,1) iterativ bestimmt werden. Abb. 252 zeigt die errechneten Forward Rates und Cash Flows für den 3-jährigen Binomialbaum.

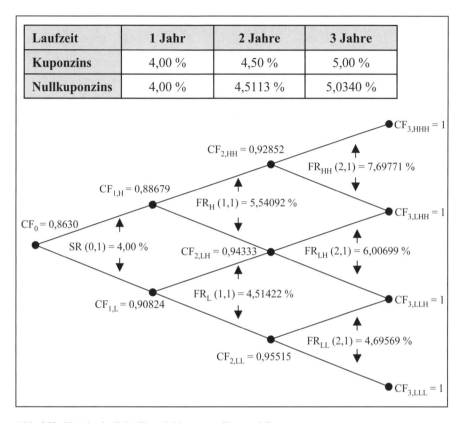

Abb. 252: Kontinuierliche Entwicklung von Forward Rates

Die ermittelten stochastischen Nullkupon-Forward Rates werden zur Preisfeststellung von Zinsderivaten mit mehrfachen oder stetigen Rechten benötigt. Ihr Vorteil liegt darin, dass mit ihnen alle Zinsderivate unabhängig vom jeweiligen Cash Flow des Produkts bewertet werden können. Damit gelten für die stochastischen Forward Rates die gleichen Vorteile in der Bewertung, die Nullkuponzinsen gegenüber Kuponzinsen aufweisen.

7.2.3 Multi-Callable Bonds

Bei einem **Multi-Callable Bond** liegt das Kündigungsrecht beim Emittenten. Der Emittent erwirbt das Recht, zu mehreren zukünftigen Zeitpunkten die Anleihe kündigen zu können. Da der Emittent die Shortposition in der Anleihe inne hat, entspricht das Kündigungsrecht einem Rückkaufsrecht der Anleihe. Die Rückkaufskurse zum jeweiligen Kündigungstermin werden bei der Emission der Anleihe festgelegt.

Durch die mögliche Kündigung zu verschiedenen, festgelegten Zeitpunkten kann ein Multi-Callable Bond nicht in geschlossener Form mit einem analytischen Optionspreismodell bewertet werden. Die Bewertung der Bermuda-Option kann aber durch einen **Binomialbaum** durchgeführt werden. Der Binomialbaum ist erforderlich, da das Underlying der Anleiheoption, der Forward Kurs, sich aus den Forward-Zinsen errechnet, die wiederum aus der aktuellen Zinsstrukturkurve abgeleitet werden (vgl. Kap. 6.1).

Das Kriterium, ob eine Kündigung zu einem bestimmten Zeitpunkt stattfindet (d.h. die Option ausgeübt wird), ist der Zinssatz zu diesem Zeitpunkt. Betrachtet sei wieder eine 3-jährige Anleihe (vgl. Abb. 253). Jetzt ist eine Kündigung nicht nur nach dem ersten, sondern auch nach dem zweiten Jahr möglich. Der Kuponzins liegt für die gesamte Laufzeit bei 5,50 %.

Laufzeit	3 Jahre
Volumen	100 EUR
Auszahlung	100 %
Zinssatz	5,50 % p.a., fest für drei Jahre
Zinszahlung	jährlich, nachträglich
Tilgung	endfällig

Abb. 253: Beispiel für einen Multi-Callable Bond

Wenn der **Marktzins für ein Jahr** am Ende des ersten Jahr über 5,50 % liegt, wird der Emittent nicht kündigen. Liegt der Marktzins für ein Jahr zu diesem Zeitpunkt hingegen unter 5,50 %, wird er kündigen, denn er kann sich zu Marktkonditionen billiger refinanzieren. Als Referenzzins dient der 1-Jahreszins, denn im Kündigungszeitpunkt steht der Emittent vor der Wahl, die Anleihe jetzt zu kündigen oder bis zum nächsten Kündigungstermin, d.h. in einem Jahr, zu warten.

Die kontinuierliche Entwicklung der einjährigen Forward Rates für alle Knotenpunkte durch Iteration (vgl. Kap. 7.2.2) kann auch zur Ermittlung des Preises von Multi-Callable Bonds benutzt werden.

Die Vorgehensweise soll anhand der 3-jährigen Kuponanleihe mit 5,50 % Kupon und einer Kündigungsmöglichkeit des Emittenten nach dem ersten und nach dem zweiten Jahr gezeigt werden. Es mögen die Marktzinssätze aus Abb. 254 gelten. Da die Marktzinssätze, die Zerobond-Abzinsfaktoren und die angenommenen Zinsvolatilitäten identisch mit dem in Kap. 7.2.2 entwickelten Beispiel sind, gelten die iterativ ermittelten Forward Rates aus Abb. 252 auch für die Berechnung des vorliegenden Multi-Callable Bonds.

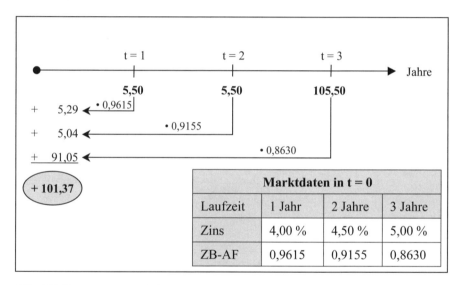

Abb. 254: Bewertung der Anleihe ohne Kündigungsrecht

Zuerst kann wieder nach dem Barwert der Anleihe gefragt werden, wenn diese keine Kündigungsrechte beinhalten würde. **Ohne Kündigungsrecht** hat die Anleihe einen Barwert von **101,37 EUR** (vgl. Abb. 254).

Das multiple Kündigungsrecht beinhaltet für den Emittenten die Möglichkeit, Kursverlusten durch Kündigung zu entgehen. Dieses Recht ist bei einer **arbitragefreien Bewertung zu berücksichtigen.** Hierzu müssen die Knotenpunkte, bei denen eine Kündigung seitens des Emittenten in Frage kommt, einzeln betrachtet werden. Der Emittent wird dann kündigen, wenn die entsprechende Forward Rate an einem bestimmten Knoten kleiner ist als der Kuponzins seiner Anleihe. Für das

Beispiel beträgt der Kupon 5,50 %. Alle Knoten, an denen die Forward Rate kleiner als 5,50 % ist, müssen in ihrem Wert korrigiert werden.

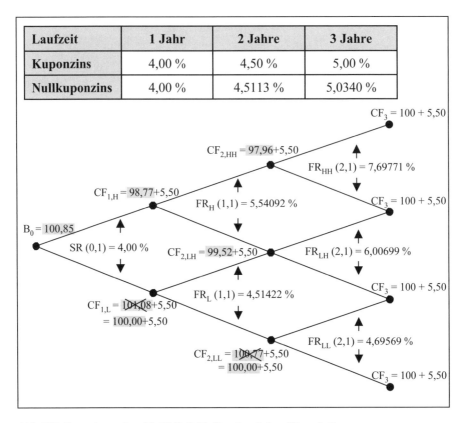

Abb. 255: Bewertung eines Multi-Callable Bonds mit dem Binomialbaum

Dem Emittent wurde bei der Emission ein **Rückkaufsrecht** zu **pari** eingeräumt. Übt dieser sein Kündigungsrecht aus, ist die Anleihe an dem jeweiligen Knotenpunkt mit dem **Pari-Kurs von 100** zu bewerten. Im Gegensatz zu Kap. 7.2.2, wo zur Berechnung der stochastischen Forward Rates Nullkuponanleihen verwendet wurden, wird in diesem Kapitel eine Kuponanleihe bewertet. Diese Änderung hat zwar keine Auswirkungen auf die berechneten stochastischen Forward Rates, sie muss jedoch bei der Betrachtung der Cash Flows in allen Knotenpunkten berücksichtigt werden. In jedem Knotenpunkt muss zum festgestellten Kurs (B), der bei Nullkuponanleihen bereits dem Cash Flow entspricht, noch der zu zahlende Kupon (K) hinzuaddiert werden. Der Cash Flow (CF) in jedem Knoten entspricht deshalb dem Kurs zuzüglich Kupon (CF = B + K). Entscheidungsrelevant für eine

Kündigung seitens des Emittenten ist jeweils der Kurs. Sollte dieser größer als 100,00 sein, wird der Emittent die Anleihe zu pari kündigen.

Beispielhaft möge der Kurs ($B_{2,LL}$) betrachtet werden. Bei einer Bewertung ohne Kündigungsrechte müsste sich ein Kurs an diesem Knoten von 100,77 ergeben (vgl. Abb. 255). Nimmt der Emittent sein Kündigungsrecht zu pari war, liegt der wahre Kurs bei 100,00.

Analog ist der **Anleihekurs** im Knotenpunkt ($B_{1,L}$) **auf 100 zu korrigieren**. Die Bewertung der nachfolgenden Knoten muss die Kurskorrektur berücksichtigen. Der Anleihekurs von 100,85 (B_0) in t=0 ergibt sich aus folgender Berechnung:

$$B_0 = \frac{1}{2}\left(\frac{B_{1,H}+K}{1+SR(0,1)} + \frac{B_{1,L}+K}{1+SR(0,1)}\right) = \frac{1}{2}\left(\frac{98,77+5,50}{1,04} + \frac{100,00+5,50}{1,04}\right) = 100,85$$

Da das Volumen der Beispielanleihe 100,00 EUR beträgt, entspricht ein Kurs von 100,85 einem **Barwert** des **Multi-Callable Bonds** von **100,85 EUR**.

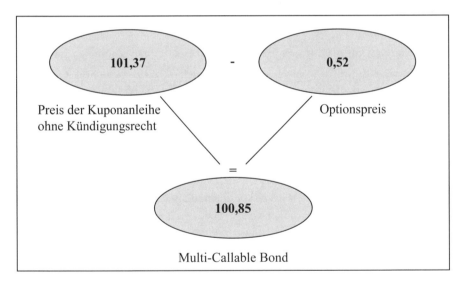

Abb. 256: **Preis eines Multi-Callable Bonds**

Mit der Kenntnis des Barwerts der Anleihe ohne und mit Kündigungsrechten kann auch der Wert der enthaltenen Optionskomponente explizit berechnet werden. Der Wert der zugrundeliegenden Bermuda-Option ergibt sich als Differenz von Barwert ohne und Barwert mit Kündigungsrecht (vgl. Abb. 256). Im Beispielfall hat die **Bermuda-Option** einen Preis von **0,52 EUR**.

7.2.4 Multi-Putable Bonds

Bei einem **Multi-Putable Bond** liegt das Kündigungsrecht beim Investor. Der **Investor** erwirbt das Recht, zu mehreren zukünftigen Zeitpunkten die Anleihe zu kündigen. Da der Investor die Longposition in der Anleihe inne hat, entspricht das Kündigungsrecht einem Veräußerungsrecht der Anleihe. Die Verkaufskurse zum jeweiligen Kündigungstermin werden bei der Emission der Anleihe festgelegt.

Die Vorgehensweise zur Bewertung eines Multi-Putable Bonds entspricht dem eines Multi-Callable Bonds. Bei der Bewertung von Multi-Putable Bonds möge im folgenden anstatt einer einfachen festverzinslichen Anleihe eine Stufenzinsanleihe bewertet werden. Die Optionskomponente eines Multi-Putable Bonds ist wieder eine Bermuda-Option, die analog zu den Multi-Callable Bonds durch einen Binomialbaum bewertet werden kann.

Das Kriterium, ob eine Kündigung zu einem bestimmten Zeitpunkt stattfindet (d.h. die Option ausgeübt wird), ist ebenfalls der Zinssatz zu diesem Zeitpunkt. Betrachtet sei eine 3-jährige Anleihe (vgl. Abb. 257). Die Kündigung ist nach dem ersten und nach dem zweiten Jahr möglich. Der Kuponzins steigt über die Laufzeit von 5,00 % auf 6,50 % an.

Wenn der **Marktzins für ein Jahr** am Ende des ersten Jahr unter 5,00 % liegt, wird der Investor nicht kündigen. Liegt der Marktzins für ein Jahr zu diesem Zeitpunkt hingegen über 5,00 %, wird er kündigen, denn er kann zu Marktkonditionen eine für ihn günstigere (d.h. höher verzinsliche) Anlage tätigen. Liegt der Marktzins am Ende des zweiten Jahres unter 5,50 %, wird der Investor erneut nicht kündigen. Liegt der Marktzins dagegen über 5,50 % wird er kündigen und eine neue Anlage zu Marktkonditionen tätigen. Als Referenzzins dient jeweils der 1-Jahreszins, denn im Kündigungszeitpunkt steht der Investor vor der Wahl, die Anleihe zu kündigen oder bis zum nächsten Kündigungstermin, d.h. in einem Jahr, zu warten.

Anleihen mit mehrfachem Kündigungsrecht

Laufzeit	3 Jahre
Volumen	100 EUR
Zinssatz 1. Jahr	5,00 % p.a.
Zinssatz 2. Jahr	5,50 % p.a.
Zinssatz 3. Jahr	6,50 % p.a.
Rückzahlung	100 %

Abb. 257: Beispiel für einen Multi-Putable Bond

Die Zinssätze, die Zerobond-Abzinsfaktoren und die Zinsvolatilitäten mögen die gleichen wie in Kap. 7.2.2 und in Kap. 7.2.3 sein. Damit behalten auch die dort iterativ ermittelten stochastischen Forward Rates weiterhin ihre Gültigkeit. Diese sind lediglich an die Cash Flow-Struktur der Stufenzinsanleihe anzupassen.

Zunächst kann erneut nach dem Barwert der Anleihe gefragt werden, wenn diese keine Kündigungsrechte beinhalten würde. Ohne Kündigungsrechte hat die Anleihe einen Barwert von 101,76 EUR (vgl. Abb. 258).

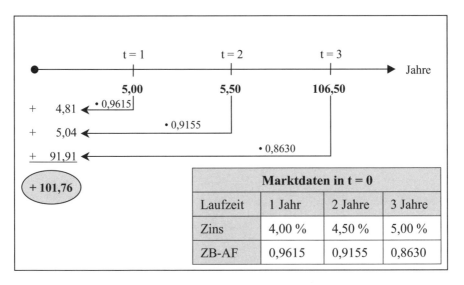

Abb. 258: Bewertung der Anleihe ohne Kündigungsrecht

Das multiple Kündigungsrecht beinhaltet für den Investor die Möglichkeit, Kursverlusten durch Kündigung zu entgehen. Hierzu müssen wieder die Knotenpunkte, bei denen eine Kündigung seitens des Investors in Frage kommt, einzeln betrachtet werden. Der Investor wird dann kündigen, wenn die entsprechende Forward Rate an einem Knoten größer ist als der in diesem Knoten gültige Kuponzins seiner Stufenzinsanleihe.

Dem Investor wurde bei der Emission ein **Veräußerungsrecht** zu **pari** eingeräumt. Übt dieser sein Kündigungsrecht aus, ist die Anleihe an diesem Knotenpunkt mit dem **Pari-Kurs von 100** zu bewerten. Das Vorgehen entspricht grundsätzlich dem Vorgehen bei der Bewertung von Multi-Callable Bonds. Zu beachten ist wegen der Kuponzahlungen wieder der Unterschied zwischen Cash Flow (CF) und Kurs (B).

Laufzeit	1 Jahr	2 Jahre	3 Jahre
Kuponzins	4,00 %	4,50 %	5,00 %
Nullkuponzins	4,00 %	4,5113 %	5,0340 %

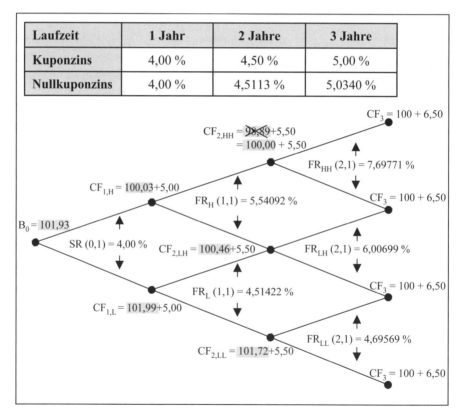

Abb. 259: Bewertung eines Multi-Putable Bonds mit dem Binomialbaum

Beispielhaft möge der Kurs ($B_{2,HH}$) betrachtet werden. Bei einer Bewertung ohne Kündigungsrechte müsste sich ein Kurs an diesem Knoten von 98,89 ergeben (vgl. Abb. 259). Nimmt der Investor sein Kündigungsrecht zu pari wahr, liegt der wahre Kurs bei 100,00.

Der Anleihekurs von 101,93 (B_0) in t=0 ergibt sich aus folgender Berechnung:

$$B_0 = \frac{1}{2}\left(\frac{B_{1,H}+K}{1+SR(0,1)} + \frac{B_{1,L}+K}{1+SR(0,1)}\right) = \frac{1}{2}\left(\frac{100,03+5,00}{1,04} + \frac{101,99+5,00}{1,04}\right) = 101,93$$

Da das Volumen der Beispielanleihe 100 EUR beträgt, entspricht ein Kurs von 101,93 einem Barwert des Multi-Putable Bonds von 101,93 EUR. Mit Kenntnis des Barwerts der Anleihe ohne und mit Kündigungsrecht kann auch hier wieder der Wert der enthaltenen Optionskomponente explizit berechnet werden. Der Preis der Bermuda-Option, den in diesem Fall der Investor an den Emittenten zu zahlen hat, beträgt 0,17 EUR (vgl. Abb. 260).

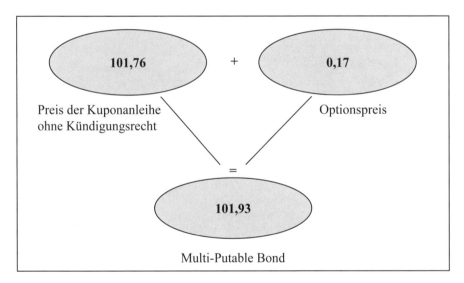

Abb. 260: Preis eines Multi-Putable Bond

7.3 Reverse Floater

7.3.1 Produktdesign

Ein **Reverse Floater** ist eine **Anleihe mit variabler Verzinsung**, deren Kupon durch **Abzug eines Geldmarktzinses** von einem **festen Basiszins** regelmäßig neu **angepasst** wird. Ein Beispiel habe einen **festen Basiszins** von 16 %, von dem an den jeweiligen Roll Over-Terminen der aktuelle **Euribor** abgezogen wird. Sollte die Differenz aus 16 % und Euribor negativ sein, findet keine Zinszahlung statt.

Durch die **Vermeidung von negativen Renditen** erhält der Reverse Floater ein **asymmetrisches Auszahlungsprofil**. Reverse Floater werden von Investoren in Erwartung sinkender Zinsen gekauft. Dies geschieht in der Regel am Ende einer Hochzinsphase.

Das Auszahlungsprofil eines Reverse Floaters kann synthetisch durch **symmetrische** und **asymmetrische Einzelkomponenten** erzeugt werden (vgl. Abb. 261).

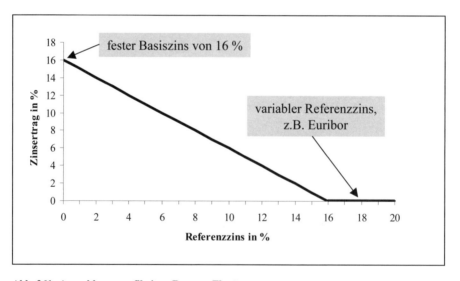

Abb. 261: Auszahlungsprofil eines Reverse Floaters

Die **symmetrischen** Komponenten eines Reverse Floaters sind ein **Floater** und **zwei Receiver-Swaps**. Der Floater und die variable Seite der Swaps werden mit dem Referenzzins (z.B. Euribor) verzinst. Jede Festzinsseite des Swaps erhält eine Verzinsung in Höhe der halben Grundverzinsung. Im Beispiel lag der feste Basiszins bei 16 %. Deshalb erhält jeder Swap einen festen Zinsertrag von 8 % des Nominalvolumens.

Die **asymmetrischen** Komponenten (**Optionskomponenten**) bestehen bei einem Reverse Floater aus einem **Cap**. Der Cap verhindert negative Renditen des Produkts. Sein Basiszins entspricht dem festen Basiszins des Reverse Floaters (im Beispiel 16 %).

7.3.2 Symmetrische Komponenten eines Reverse Floater

Die synthetische Konstruktion des Auszahlungsprofils eines Reverse Floaters lässt sich schrittweise durch Aneinanderreihung der Einzelkomponenten generieren. Unterschieden werden kann dabei nach dem Cash Flow-Profil und dem Zinsprofil.

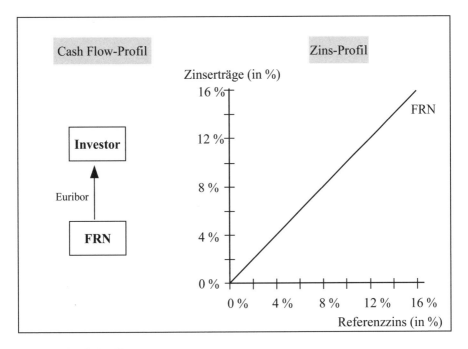

Abb. 262: Profil des Floater

Die erste Komponente ist ein **Floater**. Ein Floater ist eine variabel verzinsliche Anleihe, deren Kupon regelmässig an einen Geldmarktzins neu angepasst wird.

Im Beispiel soll diese Anpassung einmal jährlich an den Euribor erfolgen. Abb. 262 zeigt das Cash Flow-Profil und das Zinsprofil, welches der Floater erzeugt.

Durch diesen Floater erhält der Investor einen variablen Zinssatz in Höhe des jeweiligen Euribor. Durch den Kauf eines Receiver-Swaps kann ein Floater in eine Festzinsposition gedreht werden. Wie aufgezeigt, werden Reverse Floater in Erwartung fallender Zinsen gekauft. Ein reiner Floater profitiert aber von steigenden Zinsen. Für ihn liegt das Risiko in fallenden Zinsen. Durch das Drehen des Cash Flow-Profils in festverzinsliche Zahlungsströme ändert sich die Risikoposition (vgl. Abb. Abb. 263).

Durch Hinzunahme des Receiver-Swaps entspricht das Zinsprofil dem eines Festzinsprodukts. Es ist unabhängig von den aktuellen Marktzinsen und generiert einen konstanten Zinsertrag. Im Beispiel erhält der Investor einen festen Zinsertrag von 8 % aus dem Swap. Die variablen Zahlungen aus dem Floater und dem Swap heben sich gegenseitig auf.

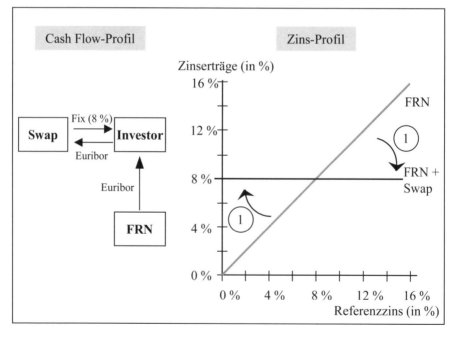

Abb. 263: Profil aus Floater und einem Receiver-Swap

Mit dem Kauf eines Receiver-Swaps ist bereits ein Schritt in Richtung des Auszahlungsprofils eines Reverse Floaters getan. Dieser zeigt eine Gerade mit negativer Steigung (vgl. Abb. 261). Die Verzinsung ist somit negativ abhängig vom relevanten Referenzzins. Die explizite Positionierung des Investors auf fallende Zinsen wird durch den Kauf eines weiteren Receiver-Swaps erreicht. Der feste Basiszins wird durch die beiden fixen Zahlungen aus dem Swap erreicht.

Im Cash Flow-Profil existieren nunmehr drei variable Zahlungsströme. Zwei davon heben sich gegenseitig auf. Durch den zusätzlichen Receiver-Swap geht der Investor jedoch eine weitere variable Zinsverpflichtung ein. Damit ist das Zinsprofil der bisherigen Komponenten eine fallende Gerade (vgl. Abb. 264).

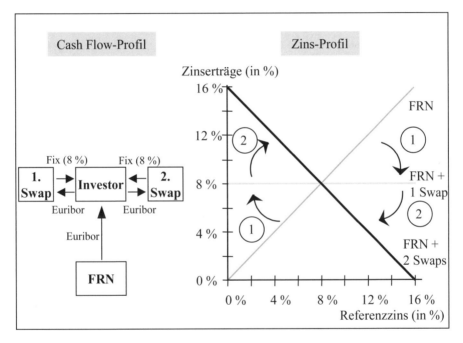

Abb. 264: Profil aus Floater und zwei Receiver-Swaps

Im Beispielfall erhält der Investor einen festen Basiszins in Höhe von 16 %. Dieser ergibt sich aus den beiden fixen Erträgen der Swaps von jeweils 8 %. Durch die Receiver-Swaps muss der Investor zweimal eine variable Zahlung in Höhe des Euribor leisten. Durch den Floater erhält er aber nur einmal eine variable Verzinsung in Höhe des Euribors. Netto bleibt somit der feste Basiszins von 16 % als Ertrag und ein Aufwand aus der variablen Seite in Höhe des Euribor.

7.3.3 Optionskomponenten eines Reverse Floater

Das Produktdesign eines Reverse Floater verhindert negative Renditen. Läge im Beispiel der Euribor über 16 %, würde die Rendite des Reverse Floaters 0 % nicht unterschreiten. Dies entspricht einem asymmetrischen Risikoprofil. Das asymmetrische Risikoprofil erhält das Produkt durch Hinzunahme einer Zinsoption. Die Zinsoption soll sicherstellen, dass eine Zinsobergrenze für die variable Zinszahlung nicht überschritten wird. Dies geschieht durch den Kauf eines **Caps**.

Bei einem Anstieg der variablen Verzinsung über den festen Basiszins gleicht die Zinsoption die Verluste aus den symmetrischen Produkten aus. Das Auszahlungsprofil garantiert ab der Überschreitung des festen Basiszinses durch den Referenzzins eine Rendite von Null (vgl. Abb. 265). Die Prämie des Cap ist zur besseren Übersicht in der Abbildung nicht berücksichtigt worden.

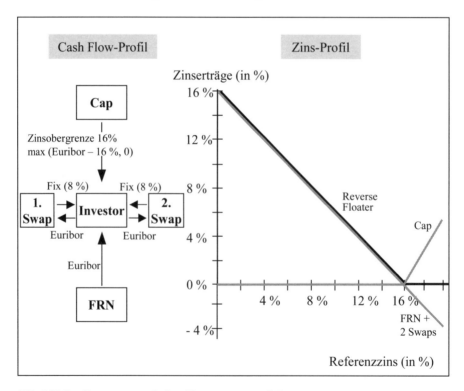

Abb. 265: Profil aus symmetrischen Komponenten und Cap

Damit ist das gewünschte Zinsprofil eines Reverse Floaters erreicht. Das Cash Flow-Profil entspricht dem der symmetrischen Komponenten, erweitert um eine eventuelle Ausgleichszahlung aus dem Cap. Bei einem Euribor an einem Roll-Over Termin von 20 % erhält der Investor zunächst den festen Basiszins von 16 %. Er muss aber auch die variable Verzinsung des Euribors von 20 % zahlen. Dies ergäbe einen Verlust in Höhe von 4 % des Nominalvolumens. Diese 4 % erhält er als Ausgleichszahlung durch den Cap. Das relevante Caplet hat dabei folgendes Auszahlungsprofil:

Ausgleichszahlung = max (Euribor - 16 %, 0) = max (20 % - 16 %, 0) = 4 %

Durch diese Ausgleichszahlung erleidet der Investor insgesamt keinen Verlust. Die Rendite dieses Reverse Floaters liegt daher zwischen einem Maximum von 16 % bei einem Euribor von 0 % und einem Minimum von 0 % bei einem Euribor von 16 % und mehr.

7.3.4 Bewertung der Komponenten eines Reverse Floaters

Der Preis eines Reverse Floaters ergibt sich aus der Summe der Preise der Einzelkomponenten (vgl. Abb. 266). Im Beispiel möge der Reverse Floater eine Laufzeit von 4 Jahren aufweisen. Der feste Basiszins liegt weiterhin bei 16 % und der zugehörige Referenzzinssatz sei ebenfalls weiterhin der Euribor.

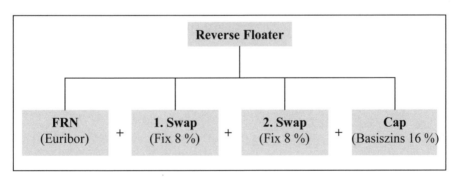

Abb. 266: Bausteine eines Reverse Floaters

Für die Bewertung des Floaters, der Receiver-Swaps und des Caps werden die Zerobond-Abzinsfaktoren und die Forward Rates der aktuellen Zinsstrukturkurve benötigt. Abb. 267 gibt einen Überblick über die zugrundeliegenden Zinssätze. Die entsprechenden Forward Rates können mit dem ZB-Master berechnet werden. Dieses Tool befindet sich im Download-Bereich von www.zinsrisiko.de.

Laufzeit	Kuponzinsen	Nullkuponzinsen	Stetige Zinsen	Zerobond-Abzinsfaktor
1 Jahr	3,35 %	3,35 %	3,30 %	0,9676
2 Jahre	3,67 %	3,68 %	3,61 %	0,9303
3 Jahre	4,08 %	4,10 %	4,02 %	0,8864
4 Jahre	4,48 %	4,53 %	4,43 %	0,8377

Abb. 267: Marktdaten zur Bewertung des Reverse Floaters

Ein **Floater** wird an einem Zinsanpassungstermin immer mit einem Kurs von 100 bewertet (zur Begründung, vgl. Kap. 1.1). Bei einem unterstellten Nominalvolumen von 100 EUR hat der Floater einen Kurs (Clean-Price) von **100 EUR**. Die Bewertung des Floaters für das Beispiel mit den aktuellen Marktdaten ist in Abb. 268 dargestellt.

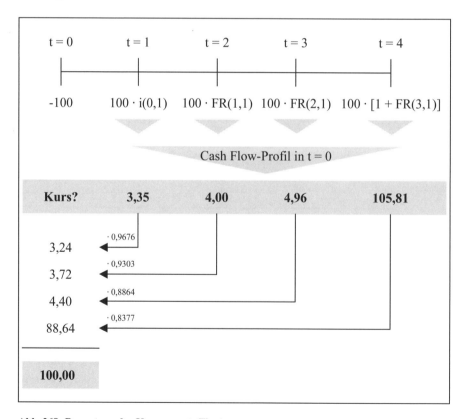

Abb. 268: Bewertung der Komponente Floater

Zur Bewertung der beiden Receiver-Swaps werden diese jeweils in eine Festzinsanleihe und einen Floater zerlegt (vgl. Kap. 3.1 und 3.2). Im Beispiel erhält die festverzinsliche Anleihe jeweils einen Zins von 8 %, die Verzinsung der variablen Seite ergibt sich für die Zwecke der Bewertung aus den relevanten Forward Rates. Die Cash Flow Profile für beide Seiten sind in Abb. 269 dargestellt.

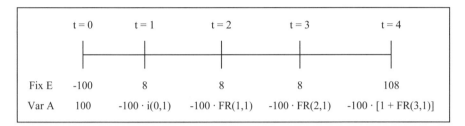

Abb. 269: Cash Flows eines Receiver-Swaps

Die Bewertung der **Festzinsseite** mit den aktuellen Marktzinssätzen ergibt bei einem Nominalvolumen von 100 EUR einen Kurs (Clean-Price) von **112,75 EUR** (vgl. Abb. 270). Die **variable Seite** ergibt wieder einen Kurs von **100 EUR**, da exakt am Zinsanpassungstermin bewertet wird.

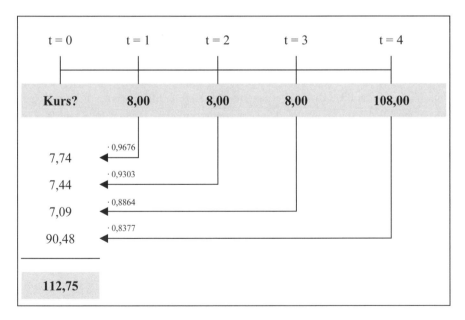

Abb. 270: Bewertung der Festzinsseite im Receiver-Swap

Der Reverse Floater hat eine Laufzeit von 4 Jahren. Zur Absicherung der Zinsobergrenze von 16 % ist somit ein 4-jähriger Cap mit insgesamt drei Caplets notwendig (vgl. Abb. Abb. 271). Die Prämie des Cap errechnet sich als Summe der Einzelpreise der Caplets.

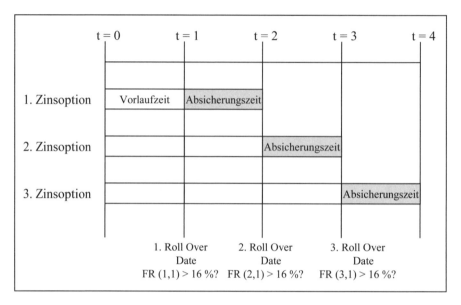

Abb. 271: Konstruktion der Komponente Cap

Bevor die einzelnen Caplets mit dem Black-Modell bewertet werden, sei kurz auf den inneren Wert des Caps eingegangen (vgl. Kap. 6.2.5). Dieser wird wesentlich durch die Differenz zwischen dem Basiszins und den laufzeitspezifischen Forward Rates beeinflusst. Abb. 272 macht deutlich, dass im Beispiel auf Grund des hohen Basiszinses von 16 % die Forward Rates aller Caplets darunter liegen. Daher liegt der innere Wert des Caps bei Null.

Die Berechnung der Preise für die drei Caplets wird mit Hilfe des Black-Modells durchgeführt. Die Volatilität betrage 20 %. Allgemein hat das Modell folgendes Aussehen:

$$\text{Caplet} = \text{KV} \cdot \text{LZ} \cdot e^{-r \cdot t_{GZ}} \left[\text{FR} \cdot N(d_1) - X \cdot N(d_2) \right]$$

Dabei sind (d_1) und (d_2) definiert als:

$$d_1 = \frac{\ln\left(\frac{FR}{X}\right) + \sigma^2 \cdot \frac{t_{vz}}{2}}{\sigma \cdot \sqrt{t_{vz}}},$$

$$d_2 = \frac{\ln\left(\frac{FR}{X}\right) - \sigma^2 \cdot \frac{t_{vz}}{2}}{\sigma \cdot \sqrt{t_{vz}}} = d_1 - \sigma\sqrt{t_{vz}}$$

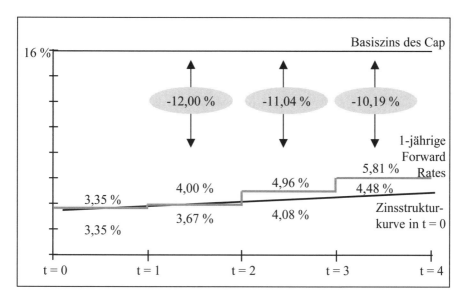

Abb. 272: Bewertung des Cap durch Differenz aus Basis- und Referenzzins

Für das erste **Caplet (1,1)** ergibt sich ein Preis von **Null EUR**:

$$\text{Caplet (1,1)} = 100 \cdot 1 \cdot e^{-0,0301 \cdot 2}[0,04 \cdot 0 - 0,16 \cdot 0] = 0 \text{ EUR}$$

Die Werte für $N(d_1)$ und $N(d_2)$ ergeben sich aus:

$$d_1 = \frac{\ln\left(\frac{0,04}{0,16}\right) + 0,2^2 \cdot \frac{1}{2}}{0,2 \cdot \sqrt{1}} = -6,83 \Rightarrow N(d_1) = 0$$

$$d_2 = -6,83 - 0,2\sqrt{1} = -7,03 \Rightarrow N(d_2) = 0$$

Der Wert des **zweiten Caplet (2,1)** beträgt ebenfalls **Null EUR**:

$$\text{Caplet (2,1)} = 100 \cdot 1 \cdot e^{-0,0402 \cdot 3} \left[0,0496 \cdot 0 - 0,16 \cdot 0\right] = 0 \text{ EUR}$$

$$d_1 = \frac{\ln\left(\frac{0,0496}{0,16}\right) + 0,2^2 \cdot \frac{2}{2}}{0,2 \cdot \sqrt{2}} = -4,00 \Rightarrow N(d_1) = 0$$

$$d_2 = -4,00 - 0,2\sqrt{2} = -4,28 \Rightarrow N(d_2) = 0$$

Für das **dritte Caplet (3,1)** liegt der Preis wiederum bei **Null EUR**:

$$\text{Caplet (3,1)} = 100 \cdot 1 \cdot e^{-0,0443 \cdot 4} \left[0,0581 \cdot 0.0049 - 0,16 \cdot 0,0018\right] \approx 0 \text{ EUR}$$

$$d_1 = \frac{\ln\left(\frac{0,0581}{0,16}\right) + 0,2^2 \cdot \frac{3}{2}}{0,2 \cdot \sqrt{3}} = -2,58 \Rightarrow N(d_1) = 0,0049$$

$$d_2 = -2,58 - 0,2\sqrt{3} = -2,93 \Rightarrow N(d_2) = 0,0018$$

Der Wert des 4-jährigen Caps beträgt als Summe der einzelnen Caplets ebenfalls Null EUR. In der Praxis wird der Cap trotz dieser Bewertung nicht kostenlos zu kaufen sein. Der Preis des Reverse Floaters wird daher leicht höher sein.

Bausteine	Nominalvolumen	Zins	Preis
FRN	100	Euribor	100,00
1. Swap FIX E VAR A	 100 -100	 8,00 % - Euribor	 112,75 -100,00
2. Swap FIX E VAR A	 100 -100	 8,00 % - Euribor	 112,75 -100,00
Cap	100	max (Euribor − 16 %, 0)	≈ 0,00
Reverse Floater	100	max (Euribor − 16%, 0)	125,50

Abb. 273: Gesamtbewertung eines Reverse Floaters

Als **Gesamtwert** des **Reverse Floaters** ergibt sich ein Preis von **125,50 EUR**. Abb. 273 zeigt die Zusammensetzung des Preises aus seinen Einzelkomponenten.

7.4 Leveraged Floater

7.4.1 Produktdesign

Ein **Leveraged Floater** ist eine **Anleihe mit variabler Verzinsung**, deren Kupon sich aus der **doppelten Geldmarktverzinsung** abzüglich eines **festen Basiszinses** errechnet. Als Geldmarktzins kann z.B. der Euribor fungieren. Die Rendite eines Leveraged Floaters kann ebenfalls **niemals negativ** werden. Dadurch ergibt sich wieder ein **asymmetrisches Auszahlungsprofil**.

Als Beispiel möge ein Leveraged Floater mit dem zweifachen des aktuellen Euribors abzüglich eines festen Basiszinses von 8 % betrachtet werden. Der Investor profitiert ab einem Euribor von mehr als 4 % doppelt von jeder Zinssteigerung. Der Leveraged Floater ist deshalb ein Finanzprodukt, das in Erwartung steigender Zinsen am Ende einer Niedrigzinsphase gekauft wird.

Das Auszahlungsprofil eines Leveraged Floaters kann, analog zum Reverse Floater, **synthetisch** durch **symmetrische** und **asymmetrische Einzelkomponenten** erzeugt werden (vgl. Abb. 274).

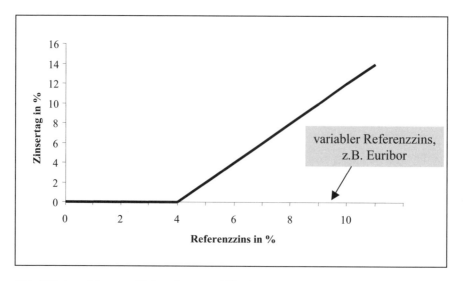

Abb. 274: Auszahlungsprofil eines Leveraged Floaters

Die **symmetrischen** Komponenten sind ein **Floater** und ein **Payer-Swap**. Der Floater erzielt eine variable Verzinsung in Höhe des Euribors. Der Payer-Swap erhält ebenfalls eine variable Verzinsung in Höhe der Euribors. Dadurch ergibt sich für den Investor insgesamt ein variabler Zinsertrag in Höhe des doppelten Euriborsatzes. Aus dem Payer-Swap zahlt er einen fixen Zinsaufwand in Höhe des festen Basiszinses. Im Beispiel bedeut dies ein fixe Zinsbelastung von 8 %.

Die **asymmetrischen** Komponenten sind **zwei Floors**. Sie verhindern, dass die Rendite des Leveraged Floaters negativ wird. Jeder Floor sichert dabei einen variablen Zahlungsstrom ab. Die Zinsuntergrenze (der Basiszins des Floors) ergibt sich aus dem Zinsprofil des Leveraged Floater. Im Beispiel liegt die Verzinsung bei zweimal Euribor abzüglich 8 %. Dieser Leveraged Floater hat genau dann eine Rendite von 0 %, wenn der Euribor bei 4 % liegt. Diese 4 % sind der Basiszins für die beiden Floors. Jedes Floorlet hat folgendes Auszahlungsprofil bei einem Euriborsatz von 4 %.

Ausgleichszahlung = max (4 % - Euribor, 0) = max (4 % - 4 %, 0) = 0 %

Damit ist die Rendite des Leveraged Floaters durch den Floor nach unten auf 0 % beschränkt, während zumindest theoretisch ein unbegrenzter Gewinn möglich ist.

7.4.2 Symmetrische Komponenten eines Leveraged Floater

Die synthetische Konstruktion eines Leveraged Floaters sei wiederum durch sukzessives Aneinanderreihen der Einzelkomponenten gezeigt. Unterschieden werden soll erneut zwischen dem Cash Flow-Profil und dem Zinsprofil.

Die erste Komponente ist ein **Floater**. Im Beispiel möge die Anpassung einmal jährlich an den Euribor erfolgen. Abb. 275 zeigt das Cash Flow-Profil und das Zinsprofil, welches der Floater erzeugt. Durch diesen Floater erhält der Investor einen variablen Zinssatz in Höhe des Euribor.

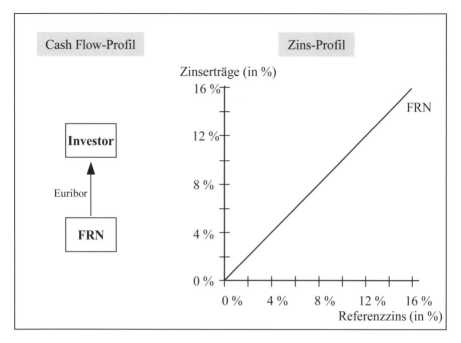

Abb. 275: Profil des Floater

Die nächste Komponente ist ein **Payer-Swap**. Durch diesen Payer-Swap wird der variable Zahlungsstrom aus dem Floater verschoben und verstärkt. Verschoben wird der Zahlungsstrom durch die fixe Zinsbelastung von 8 % aus dem Swap. Verstärkt wird der variable Zahlungsstrom dadurch, dass der Investor nun zweimal eine variable Verzinsung in Höhe des Euribor erhält. Dadurch steigt die Ertragsgerade im Zinsprofil doppelt so stark wie bei einem Floater an (vgl. Abb. 276).

Im Beispiel erhält der Investor nun zweimal den Euriborsatz und zahlt einen fixen Zinsaufwand von 8 %. Liegt der Euribor über 4 %, entspricht die Ertragsgerade aus den beiden Komponenten bereits der Ertragsgerade des Leveraged Floaters. Lediglich die negativen Renditen müssen noch verhindert werden.

Leveraged Floater

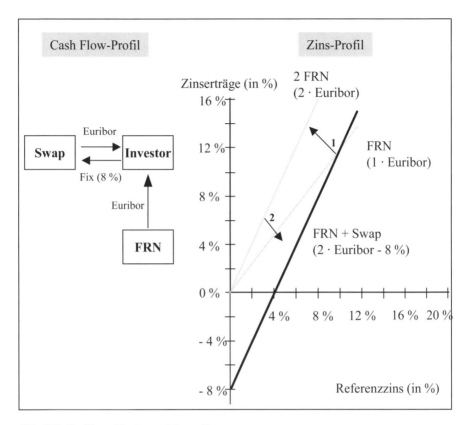

Abb. 276: Profil aus Floater und Payer-Swap

7.4.3 Optionskomponenten eines Leveraged Floaters

Das Produktdesign eines Leveraged Floaters verhindert negative Renditen (vgl. Abb. 274). Läge im Beispiel der Euribor bei 2 %, würde die Rendite des Leveraged Floaters 0 % ohne Absicherung unterschreiten (2 · 2 % - 8 % = - 4 %). Die Optionskomponente muss sicherstellen, dass keine negative Verzinsung eintritt.

Das gewünschte **asymmetrische Risikoprofil** erhält das Produkt durch Hinzunahme von **zwei Zinsoptionen**. Die Zinsoptionen sollen bei den variablen Zinserträgen eine Zinsuntergrenze garantieren. Dies geschieht durch den Kauf von **zwei Floors**. Bei einem Absinken der variablen Verzinsung unter die Hälfte des festen Basiszinses gleichen die Zinsoptionen die Verluste aus den symmetrischen Produkten aus.

Das Auszahlungsprofil garantiert bei Unterschreitung der Hälfte des festen Basiszinses durch den Referenzzinssatz eine Rendite von Null (vgl. Abb. 277). Beim Leveraged Floater ist immer die Hälfte und nicht der volle feste Basiszins angesprochen, da zwei variable Zahlungsströme beteiligt sind. Analog zum Cap sind die Prämien der beiden Floors in der Abbildung nicht berücksichtigt worden.

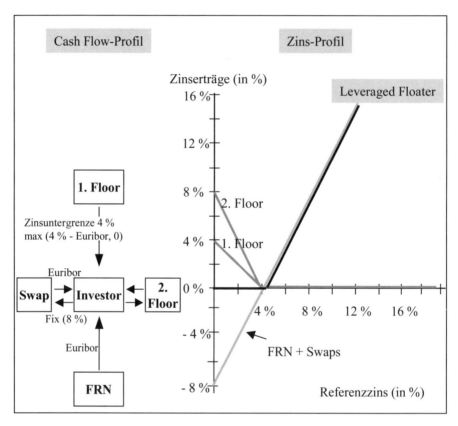

Abb. 277: Profil aus symmetrischen Komponenten und Floors

Damit ist das Zinsprofil eines Leveraged Floaters erreicht. Das Cash Flow-Profil entspricht dem der symmetrischen Komponenten, erweitert um eine eventuelle Ausgleichszahlung aus den Floors. Bei einem Euribor von 2 % erhält der Investor zunächst zweimal den variablen Euriborsatz, insgesamt 4 %. Er muss aber aus dem Swap einen fixen Zinsaufwand von 8 % zahlen. Dies ergäbe einen Verlust in Höhe von 4 % des Nominalvolumens. Diese 4 % erhält er als Ausgleichszahlung aus den beiden Floors. Das Auszahlungsprofil einer Option hat folgendes Aussehen:

Ausgleichszahlung = max (4 % - Euribor, 0) = max (4 % - 2 %, 0) = 2 %

Aus jedem der beiden Floors erhält der Investor eine Ausgleichszahlung von 2 % des Nominalvolumens. Insgesamt ergibt sich daher kein Verlust. Die minimale Rendite des Leveraged Floaters von 0 % ergibt sich bei einem Euribor kleiner als 4 %. Die maximale Rendite ist theoretisch unbegrenzt.

7.4.4 Bewertung der Komponenten eines Leveraged Floater

Der Preis eines Leveraged Floaters ergibt sich aus der Summe der Preise der Einzelkomponenten (vgl. Abb. 278). Im Beispiel möge der Leveraged Floater eine Laufzeit von 4 Jahren haben. Der feste Basiszins liegt bei 8 % und der zugehörige Referenzzins sei der Euribor.

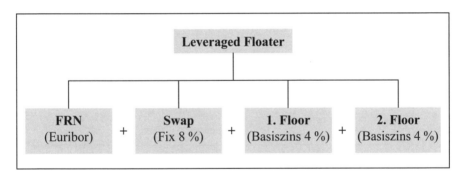

Abb. 278: Bausteine eines Leveraged Floaters

Für die Bewertung des Floaters, des Payer-Swaps und der Floors gelten die selben Marktdaten wie beim Reverse Floater (vgl. Abb. 267). Der zugrunde liegende **Floater** ist der gleiche. Dieser wird an dem Zinsanpassungstermin in t=0 mit einem Kurs von 100 bewertet. Bei einem Nominalvolumen von 100 EUR ergibt sich ein Clean-Price von ebenfalls **100 EUR**.

Der **Floater** aus dem Payer-Swap hat ebenfalls einen Clean-Price von **100 EUR**. Die **Festzinsanleihe** aus dem Swap entspricht derjenigen aus dem Receiver-Swap beim Reverse Floater. Diese hat einen Clean-Price von **112,75 EUR** (vgl. Abb. 270).

Die beiden Floors werden mit dem Black-Modell bewertet (vgl. Kap. 6.3.5). Es wird eine jährliche Volatilität von 20 % unterstellt. Zunächst sei jedoch der innere Wert der Floors betrachtet. Jeder der 4-jährigen Floors besteht aus drei Floorlets. Der innere Wert des ersten Floorlets (1,1) beträgt Null EUR. Der Referenzzins entspricht dem Basiszins des Floors. Der innere Wert des zweiten Floorlets (2,1) und des dritten Floorlets (3,1) beträgt ebenfalls jeweils Null EUR. Bei beiden ist die Differenz aus Basiszins und Referenzzins negativ (vgl. Abb. 279). Der innere Wert jedes 4-jährigen Floors ist somit als Summe aus den inneren Werten der Floorlets Null EUR.

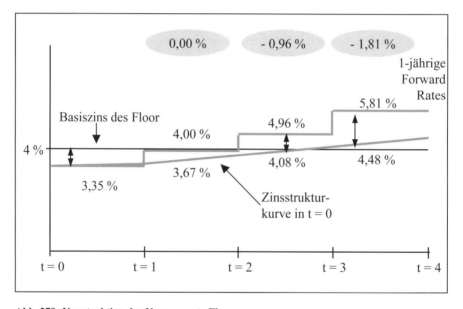

Abb. 279: Konstruktion der Komponente Floor

Der Gesamtwert eines Floors wird wieder durch das Black-Modell berechnet. Allgemein hat dieses Modell folgendes Aussehen:

$$\text{Floorlet} = KV \cdot LZ \cdot e^{-r \cdot t_{GZ}} \left[X \cdot N(-d_2) - FR \cdot N(-d_1) \right]$$

Dabei sind (d_1) und (d_2) definiert als:

$$d_1 = \frac{\ln\left(\frac{FR}{X}\right) + \sigma^2 \cdot \frac{t_{vz}}{2}}{\sigma \cdot \sqrt{t_{vz}}},$$

Leveraged Floater

$$d_2 = \frac{\ln\left(\frac{FR}{X}\right) - \sigma^2 \cdot \frac{t_{vz}}{2}}{\sigma \cdot \sqrt{t_{vz}}} = d_1 - \sigma\sqrt{t_{vz}}$$

Für das **erste Floorlet (1,1)** ergibt sich ein Gesamtwert von **0,31 EUR**:

$$\text{Floorlet (1,1)} = 100 \cdot 1 \cdot e^{-0,0361 \cdot 2}[0,04 \cdot 0,5398 - 0,04 \cdot 0,4602] = 0,31 \text{ EUR}$$

$$d_1 = \frac{\ln\left(\frac{0,04}{0,04}\right) + 0,2^2 \cdot \frac{1}{2}}{0,2 \cdot \sqrt{1}} = 0,1 \Rightarrow N(d_1) = 0,5398 \Rightarrow N(-d_1) = 0,4602$$

$$d_2 = 0,1 - 0,2\sqrt{1} = -0,1 \Rightarrow N(d_2) = 0,4602 \Rightarrow N(-d_2) = 0,5398$$

Das **zweite Floorlet (2,1)** hat einen Gesamtwert von **0,15 EUR**:

$$\text{Floorlet (2,1)} = 100 \cdot 1 \cdot e^{-0,0402 \cdot 2}[0,04 \cdot 0,2676 - 0,0496 \cdot 0,1841] = 0,15 \text{ EUR}$$

$$d_1 = \frac{\ln\left(\frac{0,0496}{0,04}\right) + 0,2^2 \cdot \frac{2}{2}}{0,2 \cdot \sqrt{2}} = 0,90 \Rightarrow N(d_1) = 0,8159 \Rightarrow N(-d_1) = 0,1841$$

$$d_2 = 0,90 - 0,2\sqrt{2} = 0,62 \Rightarrow N(d_2) = 0,7324 \Rightarrow N(-d_2) = 0,2676$$

Das **dritte Floorlet (3,1)** hat einen Gesamtwert von **0,10 EUR**:

$$\text{Floorlet (3,1)} = 100 \cdot 1 \cdot e^{-0,0443 \cdot 3}[0,04 \cdot 0,1841 - 0,0581 \cdot 0,1056] = 0,10 \text{ EUR}$$

$$d_1 = \frac{\ln\left(\frac{0,0581}{0,04}\right) + 0,2^2 \cdot \frac{3}{2}}{0,2 \cdot \sqrt{3}} = 1,25 \Rightarrow N(d_1) = 0,8944 \Rightarrow N(-d_1) = 0,1056$$

$$d_2 = 1,25 - 0,2\sqrt{3} = 0,90 \Rightarrow N(d_2) = 0,8159 \Rightarrow N(-d_2) = 0,1841$$

Als Gesamtwert ergibt sich somit für einen 4-jährigen Floor ein Preis von **0,56 EUR** und damit ein **Gesamtwert** für den **Leveraged Floater** von **88,37 EUR**. Abb. 280 zeigt die Zusammensetzung des Preises aus seinen Einzelkomponenten.

Bausteine	Nominalvolumen	Zins	Preis
FRN	100	Euribor	100,00
Payer-Swap VAR A FIX E	 100 -100	 Euribor - 8,00 %	 100,00 -112,75
1. Floor	100	max (4 % – Euribor, 0)	0,56
2. Floor	100	max (4 % – Euribor, 0)	0,56
Leveraged Floater	100	max (4 % – Euribor, 0)	88,37

Abb. 280: Gesamtbewertung eines Leveraged Floaters

7.5 Gecapte Constant Maturity Swaps

7.5.1 Produktdesign

Ein gecapter Constant Maturity Swap ist ein weiteres strukturiertes Finanzprodukt. Er wird besonders zur Absicherung einer variablen Finanzierung verwendet. Ein gecapter Constant Maturity Swap kann synthetisch aus einem Constant Maturity Swap (vgl. Kap. 3.4.4) und einem Cap (vgl. Kap. 6.2) erzeugt werden.

Dieses Produkt soll anhand des bereits aus Kap. 3.4.4 bekannten Beispiels erläutert werden. Abb. 281 zeigt noch einmal die Daten des zugrundeliegenden Constant Maturity Swaps.

Typ	Longposition Geldmarktseite
Geldmarktseite	1-Jahres Euribor
Kapitalmarktseite	4-Jahres Swapsatz
Laufzeit	2 Jahre
Nominalvolumen	1.000.000 EUR
Zinsanpassung	jährlich
Volatilität Forward Swapzinsen σ_{FR}	15 %
Volatilität Forward Geldmarktzinsen σ_{FRZ}	20 %

Abb. 281: Beispiel für einen Constant Maturity Swap

Es mögen weiterhin die bekannten Marktdaten gelten (vgl. Abb. 72). Der Investor erhält im Beispiel den 1-Jahres Euribor und zahlt den 4-Jahres Swapsatz. Die Zinsanpassung erfolgt jährlich. Das Nominalvolumen betrage 1.000.000 EUR. Die Bewertung der Geldmarktseite (Euribor-Seite) ergibt einen **Barwert** von **87.021,58 EUR** (vgl. Abb. 282).

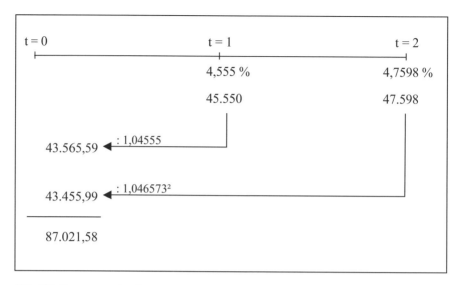

Abb. 282: **Bewertung der Geldmarktseite des Constant Maturity Swaps**

Unter Berücksichtigung der notwendigen Zinssatzkorrekturen zur korrekten Bewertung der Kapitalmarktseite (zur Begründung dieser Problematik, vgl. Kap. 3.4.4) ergibt sich für diese ein Barwert von -92.647,53 EUR (vgl. Abb. 283). Bei diesem Barwert beträgt die Partizipationsrate am Kapitalmarktzins 100 %.

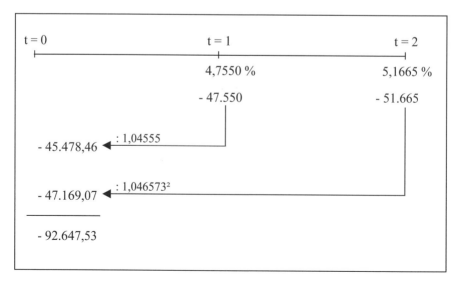

Abb. 283: **Bewertung der Kapitalmarktseite des Constant Maturity Swaps**

Damit ergibt sich für den Investor ein Barwert des Constant Maturity Swaps (CMS) von – 5.625,95 EUR. Wie in Kap. 3.4.4.3 gezeigt, würde sich bei einer Partizipationsrate von 93,9276 % ein Barwert des CMS von Null EUR einstellen. Wird der Constant Maturity Swap wie in der Praxis üblich ohne Ausgleichszahlung zu Beginn emittiert, wäre bei dieser Partizipationsrate ein faire Bewertung gegeben.

Im Folgenden soll dieser CMS um einen Cap auf den Kapitalmarktzinssatz erweitert werden. Der Investor kann dann von Zinssenkungen am langen Ende partizipieren und ist bei einem Zinsanstieg am langen Ende durch den Cap abgesichert. Damit der Investor mit einem maximalen Finanzierungszins kalkulieren kann, benötigt er eine Longposition in einem Cap. Die Geldmarktseite des CMS profitiert weiterhin von einem Zinsanstieg der Geldmarktzinsen.

7.5.2 Bewertung der Optionskomponente

Anstatt die Kapitalmarktseite über die Senkung der Partizipationsrate an die Geldmarktseite anzupassen, sei für die Integration des Caps die Partizipationsrate bei 100 % belassen und stattdessen der Basiszins des Cap so gewählt, dass die fällige Optionsprämie exakt der errechneten Barwertdifferenz entspricht.

Die Prämie des Cap muss dem barwertigen Nachteil des Investors bzw. dem barwertigen Vorteil des Emittenten aus der Differenz von Geld- und Kapitalmarktseite entsprechen. Für das Beispiel ergibt sich eine Differenz von 5.625,95 EUR.

Die Laufzeit des Cap entspricht der Laufzeit des Constant Maturity Swaps. Die Anzahl der benötigten Caplets ergibt sich aus der Swaplaufzeit und der Zinsanpassungsperiode. Im Beispiel beträgt die Swaplaufzeit 2 Jahre. Die Zinsanpassung findet jährlich statt. Es wird daher ein Caplet benötigt (zur Begründung der Anzahl, vgl. Kap. 6.2). Dieses Caplet mit einer Vorlaufzeit von einem Jahr und einer Absicherungszeit von einem Jahr, sichert die Zinsperiode von t=1 bis t=2 ab.

Soweit entspricht die Konstruktion des Caplets der bekannten Vorgehensweise. Eine Besonderheit ergibt sich allerdings bei der Wahl des Referenzzinses. Da mit dem Cap die Kapitalmarktseite des CMS und damit der langfristige Marktzins (im Beispiel der 4-Jahreszins) gegen einen Zinsanstieg gesichert werden soll, fallen bei diesem CMS-Cap die Laufzeit des Referenzzinses und die Dauer der Absicherungszeit auseinander.

Um weiterhin das Black-Modell zur Bewertung verwenden zu können, sind Modifikationen beim Basis- und Referenzzins notwendig. Statt der bisherigen Identität der Laufzeit von Basis- und Referenzzins mit der Dauer der Absicherungszeit, muss sich die Laufzeit der beiden Zinssätze jetzt an der Laufzeit des Kapitalmarktzinses orientieren. Damit entsprechen auch die bewertungsrelevanten Forward Zinsen der Laufzeit des Kapitalmarktzinses. Gleiches gilt für die in das Modell einfließende Volatilität der Zinsen.

Die Volatilität der 4-jährigen Forward Swapzinsen betrage im Beispiel 15 %. Der Nominalbetrag des Cap entspricht dem Nominalbetrag des Constant Maturity Swaps. Durch Auflösen der Black-Formel für Caps nach dem Basiszins kann der Basiszins ermittelt werden, der bei den gegebenen Marktdaten eine Cap-Prämie von 5.625,95 EUR ergibt.

Die Bewertung des Cap erfolgt vereinfacht mit den unkorrigierten deterministischen Forward Rates auf Basis der aktuellen Zinsstrukturkurve. Für das zu betrachtende Caplet in einem Jahr für eine Absicherung von einem Jahr wird die Forward Rate FR(1,4) benötigt. Strenggenommen müsste auf die Forward Rate ebenfalls eine Zinssatzkorrektur vorgenommen werden. Da diese im Allgemeinen aber sehr klein ist, wird für die nachfolgende Bewertung mit dem Black-Modell als Approximation die unkorrigierte Forward Rate verwendet. Für das gesuchte Caplet gilt:

$$\text{Caplet}(1,1) = 1.000.000 \cdot 1 \cdot 0{,}912979 \cdot [5{,}1575\% \cdot N(d_1) - X \cdot N(d_2)] = 5.625{,}95 \text{ EUR}$$

0,912979 ist der Zerobond-Abzinsfaktor der zugrundeliegenden Zinsstrukturkurve. Der gesuchte Basiszins lässt sich am besten durch Ausprobieren ermitteln, da er auch in die Berechnung von (d_1) und (d_2) und damit $N(d_1)$ und $N(d_2)$ eingeht.

Die Bewertung mit dem Black-Modell ergibt bei einem Basiszins von 4,6 % eine Prämie von 5.944,45 EUR und bei einem Basiszins von 4,7 % eine Prämie von 5.277,27 EUR. Der exakte Basiszins für eine Cap-Prämie von 5.625,95 EUR liegt zwischen diesen beiden Werten (vgl. Abb. 284).

Bei einem Basiszins des Cap von 4,6 % muss zu Beginn der Laufzeit des Constant Maturity Swaps eine Ausgleichszahlung von 318,50 EUR seitens des Investors an den Emittenten gezahlt werden. Beträgt der Basiszins 4,7 %, muss der Emittent an den Investor 348,68 EUR Ausgleich zahlen. In beiden Fällen wäre der Constant Maturity Swap nicht vollständig erfolgsneutral. Dies ist auf die Usance der Feststellung des Basiszinses von Caps zurückzuführen. Der Basiszins wird überlicherweise mit einer Nachkommastelle angegeben. Eine genauere Interpolation ergibt bei einem Basiszins von 4,647 % einen Wert des Cap von 5.625,50 EUR.

Basispreis	Preis des Caps mittels Black-Formel	gesuchter Preis des Caps aus Duplizierung	Ausgleichszahlung
(0)	(1)	(2)	(3) = (1) – (2)
4,6 %	5.944,45 EUR	5.625,95 EUR	+ 318,50 EUR
4,7 %	5.277,27 EUR	5.625,95 EUR	– 348,68 EUR

Abb. 284: Basiszinses und fällige Ausgleichszahlungen

7.6 Fallstudien zu strukturierten Finanzprodukten mit Zinsoptionen

7.6.1 Fallstudie 22: Bewertung eines Single-Putable Bond

Die X-Bank begibt eine Anleihe mit 4 Jahren Laufzeit und einmaligem Kündigungsrecht des Investors in zwei Jahren. Die Anleihe kann im Kündigungszeitpunkt zu pari an den Emittenten verkauft werden.

Ausstattungsmerkmale der Anleihe:

Laufzeit:	4 Jahre
Nominalvolumen:	500.000 EUR
Kupon:	3,60 %
Tilgung:	endfällig

Am Markt existieren folgende Kuponzinsen:

Jahre	1	2	3	4
Kuponzinsen	3,50 %	3,60 %	3,50 %	3,90 %

Die zugehörigen Nullkuponzinsen lauten:

Jahre	1	2	3	4
Nullkuponzinsen	3,500 %	3,602 %	3,498 %	3,922 %

a) Berechnen Sie den **Barwert** der Anleihe ohne Kündigungsrecht in t=0. Wie hoch ist der **Kurs** der Anleihe in t=0?

b) Berechnen Sie den **Forward Kurs** der Anleihe für den Kündigungszeitpunkt.

c) Wie hoch ist der **innere Wert** des Kündigungsrechts?

d) Berechnen Sie den **Gesamtwert** des Kündigungsrechts.

e) Welchen **Kurs** hat die Anleihe mit Kündigungsrecht in t=0?

7.6.2 Fallstudie 23: Bewertung eines Multi-Callable Bond

Die X-Bank begibt eine 4-Jahres Anleihe mit Kündigungsrechten nach einem, zwei und drei Jahren. Die Anleihe hat folgende Ausstattungsmerkmale:

Laufzeit: 4 Jahre
Nominalvolumen: 50.000 EUR
Kupon: 5 %

Am Markt existieren folgende Kuponzinsen:

Jahre	1	2	3	4
Kuponzinsen	3,80 %	3,70 %	4,50 %	5,10 %

Gegeben sind die Forward Rates $FR_H = 4{,}135\ \%$, $FR_{LH} = 6{,}113\ \%$ und $FR_{LLH} = 5{,}984\ \%$. Die Volatilität der Forward Rates ist 15 %.

a) Ermitteln Sie die fehlenden **Forward Rates** und stellen Sie den zur Bewertung notwendigen Binomialbaum auf.

b) Bewerten Sie die Anleihe der X-Bank ohne Kündigungsrecht mit dem Binomialbaum.

c) Wie hoch ist der **Kurs** der Anleihe **ohne Kündigungsrecht**?

d) Berechnen Sie den Wert der zugrundeliegenden Bermuda-Option.

e) Wie hoch ist der **Kurs** der Anleihe **mit Kündigungsrecht**?

7.6.3 Fallstudie 24: Bewertung eines Reverse Floaters

Konstruieren Sie schrittweise (Teilaufgaben a-d) einen 3-jährigen Reverse Floater mit einem Volumen von 10 Mio. EUR. Der Kupon soll 14% - 1-Jahres-Euribor betragen.

Die notwendigen Kuponzinssätze und zugehörigen Forward Zinsen finden Sie in der nachstehenden Tabelle:

Kuponzinssätze und zugehörige Forwards:

Beginn \ Laufzeit	1	2	3
0	4,6300 %	4,6900 %	4,6800 %
1	4,7529 %	4,7068 %	4,9852 %
2	4,6586 %	5,1101 %	5,1632 %
3	5,5869 %	5,4365 %	5,5244 %

a) Konstruieren Sie den **Cash Flow** einer 3-jährigen Floating Rate Note (FRN)! Verwenden Sie dabei die (fairen) Marktzinssätze! Welchen **Kurs** hat die Floating Rate Note zum Bewertungszeitpunkt t=0?

b) Konstruieren Sie die **Cash Flows** der notwendigen Swaps und berechnen Sie deren **Barwert** zum Zeitpunkt t=0! Interpretieren Sie Ihr Ergebnis!

c) Geben Sie die **Ausstattungsmerkmale** des benötigten Caps an! Schätzen Sie den **Barwert** des Caps zum Bewertungszeitpunkt t=0. Begründen Sie Ihr Ergebnis!

d) Erstellen Sie den **Reverse Floater** aus den zuvor ermittelten Bausteinen! Zeigen Sie tabellarisch, wie sich die Ausstattungsmerkmale der einzelnen Bausteine zu einem Reverse Floater zusammensetzen! Welcher **Preis** ergibt sich?

e) Von welcher **Zinsentwicklung** profitiert der Käufer eines Reverse Floaters?

Fallstudien zu strukturierten Finanzprodukten mit Zinsoptionen

7.6.4 Fallstudie 25: Bewertung eines Leveraged Floater

Ein Investor möchte einen Leveraged Floater erwerben. Der Leveraged Floater hat folgende Ausstattungsmerkmale:

Laufzeit: 3 Jahre
Volumen: 10 Mio. EUR
Kupon: 2 · 1-Jahres Euribor – 7 %

Am Markt existieren folgende Kuponzinsen:

Jahre	1	2	3	4
Kuponzinsen	5,00 %	5,10 %	5,20 %	5,50 %

Die Volatilität der Forward Rates beträgt 20 %.

a) Von welcher **Zinsentwicklung** profitiert der Käufer eines Leveraged Floaters?

b) Berechnen Sie anhand der vorliegenden Kuponzinssätze die **Forward Rates**.

c) Konstruieren Sie den **Cash Flow** der Floating Rate Note (FRN)! Verwenden Sie dabei die (fairen) Marktzinssätze! Welchen **Kurs** hat die Floating Rate Note zum Bewertungszeitpunkt t=0?

d) Konstruieren Sie den **Cash Flow** des notwendigen Swaps und berechnen Sie dessen **Barwert** zum Zeitpunkt t=0!

e) Geben Sie die **Ausstattungsmerkmale** der benötigten Floors an! Berechnen Sie den **Barwert** der Floors zum Bewertungszeitpunkt t=0.

f) Welcher **Preis** ergibt sich für den Leveraged Floater?

7.6.5 Fallstudie 26: Bewertung eines gecapten Constant Maturity Swaps

Ein Unternehmen kauft einen Constant Maturity Swap. Dabei nimmt es die Longposition in der Geldmarktseite ein. Der Swap hat folgende Ausstattungsmerkmale:

Geldmarktsatz:	1-Jahres Euribor
Kapitalmarktsatz:	4-Jahres Swapsatz
Nominalvolumen:	5.000.000 EUR
Laufzeit:	3 Jahre
Zinsanpassung:	jährlich
Volatilität Geldmarktzinsen:	15 %
Volatilität Kapitalmarktzinsen:	12 %

Am Markt existieren folgende Kuponzinsen:

Beginn \ Laufzeit	1	2	3	4	5	6	7
0	3,00 %	3,25 %	3,50 %	4,00 %	4,50 %	4,75 %	5,00 %
1	3,51 %	3,76 %	4,36 %	4,92 %	5,15 %	5,39 %	
2	4,03 %	4,82 %	5,43 %	5,62 %	5,83 %		
3	5,65 %	6,20 %	6,21 %	6,36 %			
4	6,79 %	6,52 %	6,62 %				
5	6,23 %	6,53 %					
6	6,85 %						

Die zugehörige Nullkuponzinsstrukturkurve hat in t=0 folgendes Aussehen:

Jahre	1	2	3	4	5	6	7
Nullkuponzinsen	3,00 %	3,25 %	3,51 %	4,04 %	4,59 %	4,86 %	5,14 %

a) Stellen Sie den **Cash Flow der Geldmarktseite** des CMS auf und **bewerten** Sie diese zum Zeitpunkt t=0.

b) Welche Höhe haben die notwendigen **Zinssatzkorrekturen** für die Zinsfeststellung der Kapitalmarktseite in t=0?

c) Berechnen Sie alle weiteren notwendigen **Zinssatzkorrekturen** für die Kapitalmarktseite.

d) Stellen Sie den **Cash Flow der Kapitalmarktseite** des CMS auf und **bewerten** Sie diese zum Zeitpunkt t=0.

e) Wie hoch ist der **Barwert** des gesamten CMS?

f) Wieviele Caplets sind zur **Absicherung** der Kapitalmarktseite notwendig?

g) Berechnen Sie den notwenigen **Basiszins** des Cap, um möglichst einen Barwert des CMS von Null EUR zu erhalten.

h) Wie hoch ist der **Basiszins** des Cap, wenn zusätzlich zur Kapitalmarktseite auch bei den Cap-Zinssätzen Zinssatzkorrekturen durchgeführt werden.

8 Wandelanleihen

8.1 Produktdesign von Wandelanleihen

Eine **Wandelanleihe (englisch: Convertible Bond)** ist eine Anleihe, die zu einem bestimmten Zeitpunkt oder innerhalb einer bestimmten Frist in einem festgelegten Umtauschverhältnis in Aktien des emittierenden Unternehmens getauscht werden kann.

Wandelanleihen haben i.d.R. einen niedrigeren Kupon als vergleichbare normale festverzinsliche Anleihen des gleichen Emittenten, da sie dem Investor ein zusätzliches Recht einräumen. Anders als bei Optionsanleihen, die bei Ausübung des eingeräumten Rechts als Anleihe ex Optionsschein weiter am Markt notiert werden, erlischt bei den Wandelanleihen die Gläubigereigenschaft nach erfolgter Wandlung. Im Gegensatz zu den Optionsanleihen, bei denen durch die Trennung des Optionsscheins von der Anleihe beide Positionen möglich sind, kann bei Wandelanleihen nur zwischen Gläubigerposition und Eigentümerposition gewählt werden. Die weiteren Eigenschaften von Wandelanleihen mögen im folgenden anhand des in Abb. 285 beschriebenen Beispiels erläutert werden.

Daten einer Wandelanleihe	
Wandlungsverhältnis	2 Aktien je 100 EUR Nominalvolumen
Verkaufskurs	105,00 EUR
aktueller Aktienkurs	30,00 EUR
Kupon	5,0 %
risikoadäquater Marktzins (3 Jahre)	6,9 %

Abb. 285: Beispiel einer 3-jährigen Wandelanleihe

Der 3-jährige risikoadäquate Marktzins des emittierenden Unternehmen möge 6,9 % betragen. Der Kupon der Wandelanleihe liegt lediglich bei 5,0 %. In dem das emittierende Unternehmen den Investoren ein Recht auf Wandlung gewährt, kann es sich deutlich günstiger refinanzieren. Sollte ein Investor am Ende der Laufzeit das Recht zur Wandlung wahrnehmen, verpflichtet sich der Emittent pro

100 EUR Nominalvolumen zwei Aktien zu liefern. Verkauft wird die Wandelanleihe zu einem Kurs von 105,00.

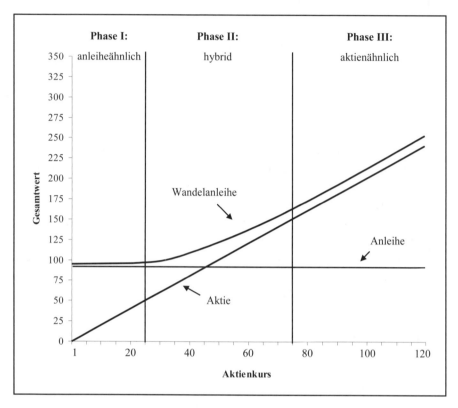

Abb. 286: Wertentwicklung der 3-jährigen Wandelanleihe

Der aktuelle Aktienkurs liegt bei 30,00 EUR. Dadurch ergibt sich eine Wandlungsprämie von 43 %. Die Wandlungsprämie beziffert den Wertverlust, den der Investor hinnehmen müsste, wenn er zeitgleich mit dem Kauf wandelt. Für den Kauf von 100,00 EUR Nominalvolumen der Anleihe muss er 105,00 EUR bezahlen. Dieses Nominalvolumen berechtigt bei Wandlung zum Bezug von zwei Aktien. Als absoluten Gegenwert in Aktien würde er 60,00 EUR (2 · aktueller Aktienkurs von 30,00 EUR) erhalten. Dies entspricht einem relativen Gegenwert von 57 % des eingesetzten Kapitals (60 : 105). Der prozentuale Wertverlust zum eingesetzten Kapital ist identisch mit der Wandlungsprämie von 43 % (100 % - 57 %). Allgemein hat daher eine ansonsten ausstattungsgleiche Wandelanleihe mit einer niedrigeren Wandlungsprämie für einen Investor einen höheren Wert. Dies drückt sich in einem niedrigeren Kaufpreis aus.

Die Besonderheit von Wandelanleihen gegenüber den bisher betrachteten Finanzprodukten ergibt sich aus ihrer hybriden Struktur. Die Wertentwicklung einer Wandelanleihe kann entweder von der festverzinslichen Anleihekomponente oder der Aktie dominiert werden, oder sie ist von beiden Einflussfaktoren abhängig. Abb. 286 zeigt den Wertverlauf der 3-jährigen Wandelanleihe in Abhängigkeit von der Entwicklung des Aktienkurses des Emittenten.

Als Vergleich wird zum einen eine rein festverzinsliche Anleihe und zum anderen die Aktie herangezogen. Die Wertentwicklung der festverzinslichen Anleihe verläuft unabhängig vom Aktienkurs und wird durch eine Parallele zur x-Achse dargestellt. Die Aktie selbst ist direkt abhängig von ihrem eigenen Kursverlauf und ergibt eine Gerade, die im Nullpunkt beginnt und deren Steigung sich aus dem Bezugsverhältnis errechnet. Der Gesamtwert ergibt sich im Beispiel aus der Multiplikation des jeweiligen Aktienkurses mit zwei (für die zwei Aktien, die im Rahmen der Wandlung bezogen werden können).

Der Kursverlauf der Wandelanleihe zeigt die drei beschriebenen Phasen. Bis zu einem bestimmten Aktienkurs ist die Wertentwicklung der Wandelanleihe quasi unabhängig von Aktienkurssteigerungen. In diesem Bereich wird der Wert der Wandelanleihe eindeutig von der Anleihekomponente bestimmt. Bei weiter steigenden Kursen nimmt der Einfluss des Aktienkurses auf den Wert der Wandelanleihe zu. In diesem Bereich ist die Wandelanleihe hybrid. Ihr Wert wird sowohl von der Anleihekomponente als auch von der Aktienkomponente bestimmt. Übersteigt der Wert des Aktienkurses eine bestimmte Schwelle, geht der Einfluss der Anleihekomponente zurück und der Einfluss der Aktienkomponente dominiert. In diesem Bereich befindet sich die zugrundegelegte Option der Wandelanleihe im Geld.

Für den Wertverlauf der Wandelanleihe lassen sich zwei **Wertuntergrenzen** bestimmen. Bei einem Aktienkurs, der zu keinem Zeitpunkt eine Wandlung in Aktien erwarten lässt, stellt die Wertuntergrenze der Preis der zugrundegelegten Anleihe dar. Die zweite Wertuntergrenze ergibt sich bei steigenden Aktienkursen im Bereich des aktienähnlichen Kursverlaufs. Da der Emittent eine jederzeitige Wandlung in zwei Aktien garantiert, entspricht die zweite Wertuntergrenze dem doppelten Aktienkurs im jeweiligen Szenario.

8.2 Einsatz von deterministischen Forward Rates in Binomialbäumen

Die bisher in Kap. 4.4.2 mithilfe des Binomialmodells bewerteten Optionen hatten stets eine relativ kurze Restlaufzeit von maximal einem Jahr. Wandelanleihen hingegen haben in der Regel Laufzeiten von mehreren Jahren. Bei kurzen Laufzeiten der Optionen ist die Annahme einer flachen Zinsstrukturkurve im Rahmen der Bewertung nicht weiter problematisch. Spätestens bei Produkten mit längeren Laufzeiten kann die Annahme einer flachen Zinsstrukturkurve jedoch zu größeren Bewertungsfehlern führen.

Damit mehrjährige Wandelanleihen mit dem Binomialmodell sachgerecht bewertet werden, muss die tatsächliche Zinsstrukturkurve in das Modell integriert werden. Als Stellvertreter für die heute noch unbekannten zukünftigen Zinssätze fungieren wieder die deterministischen Forward Rates. Der Einsatz der Forward Rates hat allerdings zur Folge, dass nicht mehr nur ein Wachstumsfaktor (a) und eine implizite Eintrittswahrscheinlichkeit (p) des Aufwärtsfaktors (u) und des Abwärtsfaktors (d) für den ganzen Baum existiert. Vielmehr sind aufgrund der variierenden Forward Rates für jede Bewertungsperiode ein eigener Wachstumsfaktor (a) und damit auch eigene implizite Wahrscheinlichkeit (p) zu berechnen. Diese Modifikation hat aber keine Auswirkungen auf die sonstigen Eigenschaften des Binomialmodells, da der Wachstumsfaktor (a) lediglich von der zugrundeliegenden Zinsstruktur beeinflusst wird und nicht durch den Aufwärtsfaktor (u) und den Abwärtsfaktor (d), d.h. durch die Volatilität der Aktienkurse.

Laufzeit (t)	1	2	3
risikoloser Kuponzinssatz	4,00 %	5,00 %	6,00 %
risikobehafteter Kuponzinssatz	4,60 %	5,75 %	6,90 %
ZB-AF (0,t) risikolos	0,961538	0,906593	0,837653
ZB-AF (0,t) risikobehaftet	0,956023	0,893644	0,816065
Forward Rate (t-1,1) risikolos	4,00 %	6,0606 %	8,2302 %
Forward Rate (t-1,1) risikobehaftet	4,60 %	6,9803 %	9,5066 %
Stetige Forward Rate (t-1,1) risikolos	3,9221 %	5,8841 %	7,9090 %
Stetige Forward Rate (t-1,1) risikobeh.	4,4973 %	6,7474 %	9,0814 %

Abb. 287: Marktdaten zur Bewertung der Wandelanleihe

Das neue Vorgehen sei anhand einer 3-jährigen amerikanischen Calloption gezeigt. Am Markt existieren die in Abb. 287 beschriebenen Marktdaten. Abb. 288 zeigt die auf den Marktdaten basierenden Zinsstrukturkurven. Dabei ergibt sich die risikoadäquate Zinsstruktur des Emittenten aus einem Spread von 15 Prozent auf die risikolose Zinsstruktur.

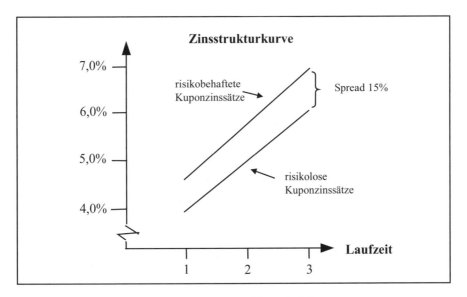

Abb. 288: Zinsstrukturkurven zur Bewertung der Wandelanleihe

Als erstes sei der Wachstumsfaktor (a) für die **Periode von t=2 bis t=3** berechnet. Die deterministische risikolose lineare Forward Rate FR (2,1) beträgt 8,2302 %. Die Umrechnung des linearen in einen stetigen Zins ergibt einen Wert von 7,909 %. Zur Berechnung des Wachstumsfaktors (a) ist stets die risikolose Forward Rate heranzuziehen, da für die Verzinsung des Aktienkapitals kein Kreditrisiko besteht. Durch die stetige risikolose Forward Rate FR (2,1) ergibt sich ein Wachstumsfaktor (a) für diese Periode von 1,082302:

$$a(3.\text{ Periode}) = e^{0,07909} = 1,082302$$

Der Wachstumfaktor (a) beträgt immer [1 + FR (2,1)]. In diesem Fall hätte der Wachstumsfaktor für die Periode von t=2 bis t=3 unter Zuhilfenahme der linearen Zinssätze auch folgendermassen berechnet werden können:

$$a(3.\text{ Periode}) = 1 + FR(2,1) = 1 + 0,082302 = 1,082302$$

Aus diesem Wachstumsfaktor von 1,082302 ergibt sich eine implizite Eintrittswahrscheinlichkeit (p) des Aufwärtsfaktors (u) für die dritte Periode von 0,560691:

$$p(3.\ \text{Periode}) = \frac{1,082302 - 0,7408182}{1,3498588 - 0,7408182} = 0,560691$$

In dieser Berechnung ergibt sich der Aufwärtsfaktor (u) und der Abwärtsfaktor (d) aus der zugrundegelegten Volatilität der Aktienkurse von 30 % (0,3):

$$u = e^{0,3} = 1,3498588$$

$$d = e^{-0,3} = 0,7408182$$

Da der Auf- bzw. Abwärtsfaktor lediglich durch die Volatilität des Aktienkurses und nicht durch die Zinsstruktur beeinflusst wird, bleiben (u) und (d) für alle Perioden konstant.

Für die zweite **Periode von t=1 bis t=2** ergibt sich ein Wachstumsfaktor (a) von 1,060606 und eine implizite Eintrittswahrscheinlichkeit (p) von 0,525068:

$$a(2.\ \text{Periode}) = e^{0,058841} = 1,060606$$

$$p(2.\ \text{Periode}) = \frac{1,060606 - 0,7408182}{1,3498588 - 0,7408182} = 0,525068$$

Die erste **Periode von t=0 bis t=1** weist einen Wachstumsfaktor (a) von 1,04 und eine implizite Eintrittswahrscheinlichkeit (p) von 0,491235 auf:

$$a(1.\ \text{Periode}) = e^{0,039221} = 1,04$$

$$p(1.\ \text{Periode}) = \frac{1,04 - 0,7408182}{1,3498588 - 0,7408182} = 0,491235$$

Als nächstes ist der **Aktienkursverlauf** mithilfe des Auf- und Abwärtsfaktors zu bestimmen. Die Laufzeit der amerikanischen Calloption beträgt 3 Jahre. Eine Bewertungsperiode entspricht einem Jahr. Damit ergibt sich der in Abb. 289 gezeigte Aktienkursverlauf, der die Grundlage für die Bewertung der Option bildet.

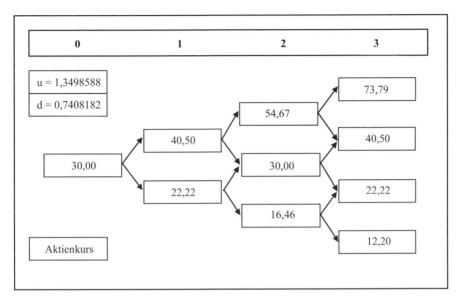

Abb. 289: Aktienkursverlauf der amerikanischen Calloption

Methodisch wird analog zu den bisher bewerteten amerikanischen Aktienoptionen retrograd der Wert des im Baum jeweils vorgelagerten Bewertungszeitpunkts unter Beachtung der periodischen impliziten Eintrittswahrscheinlichkeiten (p) ermittelt. Beispielhaft sei die Berechnung für das Szenario (S_{uu}) durchgeführt.

Im Szenario (S_{uuu}) liegt der Aktienkurs bei 73,79 EUR. Der Basispreis der Option möge Null EUR betragen. Dies hat den Vorteil, dass eine amerikanische Calloption dann rechnerisch stets den Wert des Aktienkurses im jeweiligen Szenario haben muss. Eine Prüfung auf vorzeitige Ausübung ist nicht notwendig, da beide Varianten, das frühzeitige Ausüben und das Halten der Option, in jedem Szenario den gleichen Wert aufweisen. Eine ausstattungsgleiche europäische Calloption hat ebenfalls den gleichen Preis. Anhand dieser Eigenschaft kann auch unmittelbar die Richtigkeit der impliziten Eintrittswahrscheinlichkeiten (p) in den jeweiligen Perioden überprüft werden, die mit den deterministischen Forward Rates ermittelt wurden.

Bei einem Basispreis von Null EUR hat die Calloption im Szenario (S_{uuu}) einen Wert von ebenfalls 73,79 EUR. Im Szenario (S_{uud}) liegen der Aktienkurs und der Callpreis bei 40,50 EUR.

Der retrograd ermittelte diskontierte Wert der Aktienoption im Szenario (S_{uu}) beträgt unter Beachtung der impliziten Eintrittswahrscheinlichkeit (p) von 0,560691 für diese Periode 54,67 EUR:

$$C_{uu} = [0{,}560691 \cdot 73{,}79 + (1 - 0{,}560691) \cdot 40{,}50] \cdot e^{(-0{,}07909)} = 54{,}67$$

Der Callpreis (C_{uu}) entspricht dem Aktienkurs im Szenario (S_{uu}). Damit ist die implizite Wahrscheinlichkeit für diese Periode korrekt. Nach der gleichen Vorgehensweise ergibt sich für das Szenario (S_{ud}) ein Wert von 30,00 EUR:

$$C_{ud} = [0{,}560691 \cdot 40{,}50 + (1 - 0{,}560691) \cdot 22{,}22] \cdot e^{(-0{,}07909)} = 30{,}00$$

Analog errechnet sich der dritte Callpreis in t=2. Er beträgt 16,46 EUR.

Auf Basis der nun für t=2 bekannten Callpreise werden anschließend die Callpreise in t=1 berechnet. Bei den Berechnungen ist die neue implizite Eintrittswahrscheinlichkeit (p) für die Periode von t=1 bis t=2 zu berücksichtigen. Der neue Wert für (p) ist 0,525068. Die Berechnung der Callpreise sei beispielhaft für den Callpreis im Szenario (S_u) dargestellt. In diesem Szenario ergibt sich ein Wert von 40,50 EUR:

$$C_u = [0{,}525068 \cdot 54{,}67 + (1 - 0{,}525068) \cdot 30{,}00] \cdot e^{(-0{,}058841)} = 40{,}50$$

Zu beachten ist bei den Berechnungen, dass auch der jeweilige Diskontierungszins für die Betrachtungsperiode angepasst wird. Dieser entspricht der Forward Rate für die jeweilige Periode als stetigem Zinssatz. Die vollständige Bewertung der 3-jährigen amerikanischen Calloption zeigt Abb. 290.

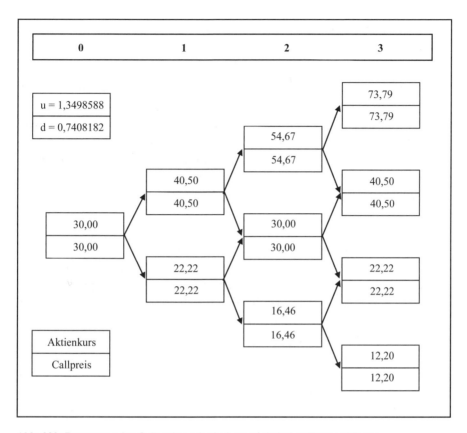

Abb. 290: Bewertung der Calloption mittels deterministischer Forward Rates

Die Verwendung deterministischer Forward Rates in den Binomialbäumen macht die Bewertung von Optionen exakter, denn je länger die Laufzeit einer Option bzw. allgemein eines Produkts mit optionalen Bestandteilen und je steiler die zugrundeliegende Zinsstruktur ist, desto größer wird der Bewertungsfehler durch die vereinfachende Annahme einer flachen Zinsstrukturkurve.

8.3 Bewertung einer unkündbaren Wandelanleihe

In diesem Kapitel wird die in Abb. 285 gezeigte 3-jährige Wandelanleihe mithilfe des Binomialmodells bewertet. Der Aktienkursverlauf möge dem in Abb. 289 gezeigten entsprechen. Die einzelne Bewertungsperiode entspricht weiterhin einem Jahr, so dass insgesamt an vier Zeitpunkten (t=0 bis t=3) Aktienkurse festgestellt werden. Die zugrundeliegenden Zinsstrukturen zeigt Abb. 287. Da der Aktienkursverlauf und die Zinsstrukturen der 3-jährigen amerikanischen Aktienoption aus Kap. 8.2 mit denen der Wandelanleihe identisch sind, behalten auch alle impliziten Wahrscheinlichkeiten (p) und alle deterministischen Forward Rates ihre Gültigkeit.

Die 3-jährige Wandelanleihe gibt dem Investor das Recht, während der Laufzeit jederzeit die Anleihe in Aktien des emittierenden Unternehmens zu tauschen. Da im Beispiel eine Bewertung an drei zukünftigen Zeitpunkten durchgeführt wird (t=1 bis t=3), ergeben sich für den Investor zwei Termine, an denen er vorzeitig wandeln kann (t=1 und t=2). In t=3 muss der Investor entweder wandeln oder er erhält den nominalen Tilgungsbetrag zurückgezahlt. Zu jedem Zeitpunkt steht dem Investor außerdem der Kupon in Höhe von 5,00 % zu. Die Wandelanleihe setzt sich damit aus einer klassischen festverzinslichen Anleihe und einer amerikanischen Aktien-Calloption zusammen. Der Investor nimmt die Longposition in der Calloption ein. Damit hat er das Recht, aber nicht die Pflicht Aktien des Emittenten zu erwerben.

Zu jedem Bewertungszeitpunkt muss der Investor prüfen, ob eine Wandlung in Aktien oder das Halten der Wandelanleihe für ihn vorteilhaft ist. Der Investor wählt stets das Maximum aus beiden Alternativen. Sein Auszahlungsprofil lautet in jedem Szenario:

$$\max(2 \cdot A + K; DW + K)$$

($2 \cdot A + K$) ist der Wert der Aktien zuzüglich des Kupons, den der Investor bei einer Wandlung erhält. Im Beispiel erhält er für 100 EUR Nominalvolumen der Wandelanleihe zwei Aktien. (DW) ist der diskontierte Wert, der sich aus der retrograden Abzinsung berechnet. Bei der Berechnung des diskontierten Wertes ergeben sich allerdings wesentliche Unterschiede im Vergleich zur Bewertung von Aktienoptionen, denn aufgrund der hybriden Eigenschaft von Wandelanleihen sind die beiden Wertkomponenten simultan zu berücksichtigen. Es gilt, parallel die Aktienkomponente (Eigenkapitalkomponente) und die Anleihekomponente (Fremdkapitalkomponente) zu bepreisen. Der diskontierte Wert (DW) der

Wandelanleihe in jedem Szenario ergibt sich durch Addition der jeweiligen Aktien- und Anleihekomponente.

Bei der Diskontierung ist auf die Verwendung der richtigen Zinsstrukturkurve zu achten. Die Aktienkomponente ist aufgrund ihrer Eigenkapitaleigenschaft mit der risikolosen Zinsstrukturkurve zu diskontieren. Für die Bewertung der Anleihekomponente ist dagegen aufgrund ihrer Fremdkapitaleigenschaft bzw. dem in ihr gegebenenfalls enthaltenen Kreditrisiko die individuelle risikobehaftete Zinsstrukturkurve (risikolose Zinssätze + Creditspread) des Emittenten relevant (vgl. TSIVERIOTIS/FERNANDES 1998).

Damit gilt für die Auswahl der Zinsstruktur folgende **Entscheidungsregel**. Bleibt während der Laufzeit der Wandelanleihe die Wandlung aus, ist die Wandelanleihe mit dem risikoadäquaten Zins einer vergleichbaren Anleihe zu bewerten. Steht aufgrund des Aktienkursverlaufs im Binomialbaum fest, dass eine Wandlung stattfindet, ist der risikolose Zins zur Bewertung heranzuziehen (vgl. HULL 2003, S. 652). Die Kuponzahlungen bleiben stets Bestandteil der Anleihekomponente und werden deshalb immer mit dem risikobehafteten Zins diskontiert.

Die Vorgehensweise soll nun konkret am Beispiel der 3-jährigen Wandelanleihe demonstriert werden. Die retrograde Ermittlung des Preises beginnt am Verfallzeitpunkt der Wandelanleihe. Für jedes Szenario in t=3 wird geprüft, ob eine Ausübung oder ein Verfallenlassen und damit ein Erhalt des Rückzahlungsbetrags sinnvoller ist. Der Aktienkurs im Szenario (S_{uuu}) beträgt 73,79 EUR. Bei Wandlung erhält der Investor zwei Aktien im Gesamtwert von 147,58 EUR (2 · 73,79) zuzüglich des Kupons von 5,00 EUR. Der Kupon wird aufgrund des Kreditrisikos der Anleihekomponente zugeschlagen. Im Falle der Wandlung erhält der Investor 152,58 EUR (147,58 + 5,00). Nimmt der Investor die Wandlungsmöglichkeit nicht in Anspruch, erhält er den nominalen Rückzahlungsbetrag von 100,00 EUR und ebenfalls den Kupon von 5,00 EUR. Der Wert der Anleihekomponente beträgt damit 105,00 EUR (100,00 + 5,00). In diesem Szenario ist es optimal, das Wandlungsrecht auszuüben (152,58 > 105,00).

Als nächstes sei das Szenario (S_{uud}) betrachtet. Der Aktienkurs in diesem Szenario beträgt 40,50 EUR. Eine Wandlung ergibt einen Ertrag von 86,00 EUR (2 · 40,50 + 5,00). Verzichtet der Investor auf die Wandlung, erhält er vom Emittenten den Nominalbetrag von 100,00 EUR + Kupon zurück (100,00 + 5,00). Damit ist es nicht optimal, in Aktien des Emittenten zu wandeln (86,00 < 105,00). In (S_{uud}) hat die Aktienkomponente einen Wert von Null und die Anleihekomponente einen Wert von 105,00 EUR (100,00 + 5,00). Insgesamt beträgt der Wert der Wandelanleihe in (S_{uud}) 105,00 EUR (0,00 + 105,00). Analog werden die Szenarien (S_{udd}) und (S_{ddd}) bewertet. Abb. 291 zeigt die Preise der Wandelanleihe in t=3.

Jahr	3
	73,79
	147,58
	5,00
	152,58
	40,50
	0,00
	105,00
	105,00
Aktienkurs	
Wert Aktienkomponente (EK)	
Wert Anleihekomponente (FK)	22,22
Gesamtwert Wandelanleihe	0,00
	105,00
	105,00
	12,20
	0,00
	105,00
	105,00

Abb. 291: Bewertung der Wandelanleihe in t=3

Das weitere Vorgehen gleicht dem bei den Aktienoptionen. Als nächstes werden retrograd die Werte der Wandelanleihe in t=2 berechnet. Beispielhaft sei das Szenario (S_{uu}) betrachtet. Zunächst werden für dieses Szenario die diskontierten Werte der Wandelanleihe auf Basis der Szenarien (S_{uuu}) und (S_{uud}) berechnet. Dabei werden die Aktien- und die Anleihekomponente getrennt bewertet. Für die Aktienkomponente wird die risikolose stetige Forward Rate FR (2,1) in Höhe von 7,909 % benötigt. Die implizite Eintrittswahrscheinlichkeit (p) für den Aufwärtsfaktor (u) beträgt für die Periode von t=2 bis t=3 0,560691. Daraus ergibt sich ein diskontierter Wert der Aktienkomponente (DW_{Aktie}) von 76,45 EUR:

$$DW_{Aktie} = [0{,}560691 \cdot 147{,}58 + (1 - 0{,}560691) \cdot 0] \cdot e^{(-0,07909)} = 76{,}45$$

Für die Anleihekomponente wird die risikobehaftete stetige Forward Rate FR_R (2,1) in Höhe von 9,0814 % benötigt. Die Eintrittswahrscheinlichkeit (p) ist unverändert, da sie stets auf Basis der risikolosen Zinsstruktur ermittelt wird. Der diskontierte Wert der Anleihekomponente ($DW_{Anleihe}$) beträgt 44,68 EUR:

$$DW_{Anleihe} = [0{,}560691 \cdot 5{,}00 + (1 - 0{,}560691) \cdot 105{,}00] \cdot e^{(-0{,}090814)} = 44{,}68$$

Es ergibt sich insgesamt ein diskontierter Wert (DW) in (S_{uu}) von 121,13 EUR, der sich aus der Summe von (DW_{Aktie}) und ($DW_{Anleihe}$) (76,45 + 44,68) errechnet. Addiert man abschließend den Kupon von 5,00 EUR hinzu, erhält man das Ergebnis bei Nicht-Wandlung, das mit dem Ergebnis bei Wandlung zu vergleichen ist.

Würde der Investor im Szenario (S_{uu}) wandeln, bekäme er zweimal den Aktienkurs von 54,66 EUR plus Kupon von 5,00 EUR, insgesamt 114,32 EUR. Dem ist der Wert der Wandelanleihe bei Halten gegenüber zu stellen. Dieser beträgt als Summe der diskontierten Werte plus Kupon 126,13 EUR (76,45 + 44,68 + 5,00). Damit ist eine Wandlung nicht vorteilhaft. Der risikobehaftete Kupon wird wieder der Anleihekomponente zugeschlagen. Der Gesamtwert in (S_{uu}) setzt aus dem Wert der Aktienkomponente von 76,45 EUR und der Anleihekomponente von 49,68 EUR zusammen.

Bei den Szenarien (S_{ud}) und (S_{dd}) weist wiederum nur die Anleihekomponente einen Wert auf. Dieser ist aufgrund des deterministischen Charakters in beiden Szenarien identisch. Der Wert von 100,88 EUR errechnet sich, in dem der Anleihe-Cash Flow von 105,00 EUR in t=3 mit der risikobehafteten Forward Rate FR_R (2,1) von 9,5066 % diskontiert wird (105,00 : 1,095066 = 95,88) und der in t=2 fällige Kupon hinzuaddiert wird (95,88 + 5,00 = 100,88). Im Szenario (S_{ud}) ergäbe sich bei Wandlung nur ein Ergebnis von 65,00 EUR (2 · 30,00 + 5,00). Im Szenario (S_{dd}) würde das Ergebnis mit 37,92 EUR (2 · 16,46 + 5,00) noch schlechter ausfallen.

Die gleiche Vorgehensweise liegt der Preisfeststellung in den Szenarien (S_u) und (S_d) zugrunde. Dabei ist für die Periode von t=1 bis t=2 eine risikolose stetige Forward Rate FR (1,1) von 5,8841 % und eine risikobehaftete stetige Forward Rate FR_R (1,1) von 6,7474 % zu verwenden. Die implizite Eintrittswahrscheinlichkeit (p) für die Periode ist 0,525068.

Für das Szenario (S_u) ergibt sich ein Wert für die Aktienkomponente von 37,85 EUR:

$$DW_{Aktie} = [0{,}525068 \cdot 76{,}45 + (1 - 0{,}525068) \cdot 0] \cdot e^{(-0{,}058841)} = 37{,}85$$

Für die Anleihekomponente gilt:

$$DW_{Anleihe} = [0{,}525068 \cdot 49{,}68 + (1 - 0{,}525068) \cdot 100{,}88] \cdot e^{(-0{,}067474)} = 69{,}17$$

In der Summe (einschließlich Kupon) errechnen sich 112,02 EUR (37,85 + 69,17 + 5,00). Eine Wandlung ist nicht vorteilhaft, da die Aktien einschließlich des Kupons nur einen Wert von 86,00 EUR (2 · 40,50 + 5,00) aufweisen.

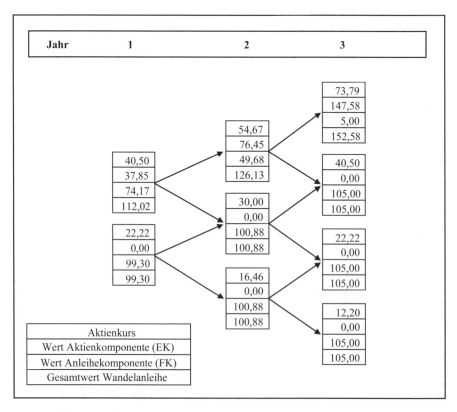

Abb. 292: Bewertung der Wandelanleihe in t=1 und t=2

Für das Szenario (S_d) errechnet sich der Wert der Anleihekomponente in t=1 von 99,30 EUR aus der Abzinsung des Wertes in t=2 von 100,88 mit der risikobehafteten Forward Rate FR_R (1,1) von 6,9803 % und erneuter Addition des Kupons:

$$100,88 : 1,069803 + 5,00 = 99,30$$

Abb. 292 zeigt die Bewertung der Wandelanleihe in allen Szenarien.

Als letzter Schritt ist der Preis der Wandelanleihe (CB = Convertible Bond) in t=0 festzustellen. Die Bewertung in t=0 ist nicht so komplex wie die Bewertung an den zukünftigen Zeitpunkten. Zum einen muss in t=0 keine Kuponzahlung berücksichtigt werden. Zum anderen stellt sich in t=0 nicht die Frage der frühzeitigen Wandlung seitens des Investors. Der Wert der Wandelanleihe wird in t=0 daher lediglich als diskontierter Wert der Aktien- und Anleihekomponente aus den Szenarien (S_u) und (S_d) ermittelt. Die Eintrittswahrscheinlichkeit (p) beträgt für die Periode von t=0 bis t=1 0,491235. Die risikolose stetige Forward Rate FR (0,1) entspricht dem risikolosen stetigen Kassazins für ein Jahr von 3,9221 %. Die Aktienkomponente hat in t=0 einen Wert von 18,48 EUR:

$$DW_{Aktie} = [0,491235 \cdot 37,85 + (1 - 0,491235) \cdot 0] \cdot e^{(-0,039221)} = 17,88$$

Für die Anleihekomponente ist die risikobehaftete stetige Forward Rate FR_R (0,1) bzw. der risikobehaftete stetige Kassazins von 4,4973 % für ein Jahr zur Diskontierung zu verwenden. Die Anleihekomponente hat in t=0 einen Wert von 83,13 EUR:

$$DW_{Anleihe} = [0,491235 \cdot 74,17 + (1 - 0,491235) \cdot 99,30] \cdot e^{(-0,044973)} = 83,13$$

Da die Anleihekomponente in den beiden Szenarien (S_u) und (S_d) unterschiedliche Werte aufweist, kann nicht der vereinfachte Weg der Diskontierung des Anleihe-Cash Flows mit dem zugehörigen Zins gegangen werden (wie in den Szenarien S_{ud} und S_{dd}).

Der Preis der Wandelanleihe in t=0 ergibt sich aus der Addition von Aktien- und Anleihekomponente. Bei einer arbitragefreien Bewertung müsste der Preis für die gesamte Wandelanleihe bei 101,01 EUR (17,88 + 83,13) liegen. Da sie beispielhaft mit einem Kurs von 105,00 emittiert wird, ergibt sich ein Aufgeld zugunsten des Emittenten von 3,80 % [(105,00 - 101,01) : 105,00].

Der Preis der vorgestellten Wandelanleihe wird im wesentlichen von der Anleihekomponente mit 83,13 EUR dominiert. Dies liegt an der zugrundegelegten Volatilität der Aktienkurse und damit am angenommenen Aktienkursverlauf. Für den Investor ist nur in einem Szenario (S_{uuu}) das Wandeln in Aktien rational. In allen anderen Szenarien wird die Anleihe getilgt, die damit an Einfluss gewinnt. Abb. 293 zeigt den vollständigen Binomialbaum der Wandelanleihe.

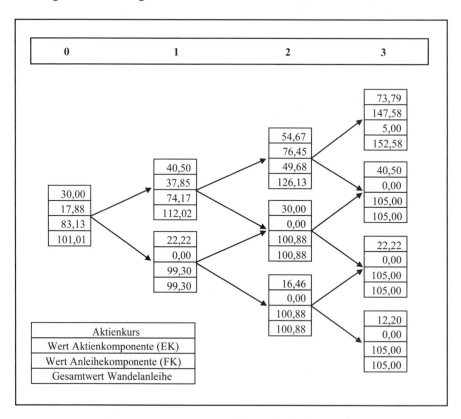

Abb. 293: Vollständiger Binomialbaum der 3-jährigen Wandelanleihe

Im Binomialmodell wird der Wert der Wandelanleihe inklusive der Wandelrechte bewertet. Der festgestellten Preis von 101,01 EUR beinhaltet auch den Preis für die Calloption, die der Investor kaufen muss, um seine Optionsrechte ausüben zu können. Der Preis für die Calloption kann ermittelt werden, indem der Wandelanleihe eine Anleihe des gleichen Emittenten ohne Wandlungsrechte gegenübergestellt wird. Die Differenz zwischen den beiden Preisen entspricht dem Preis der Calloption.

Bewertung einer unkündbaren Wandelanleihe

Abb. 294 zeigt den Barwert einer 3-jährigen Anleihe des gleichen Emittenten ohne weitere Rechte. Der Barwert beträgt 94,94 EUR. Der Preis der Optionskomponente innerhalb der Wandelanleihe beträgt damit 6,07 EUR (101,01 - 94,94).

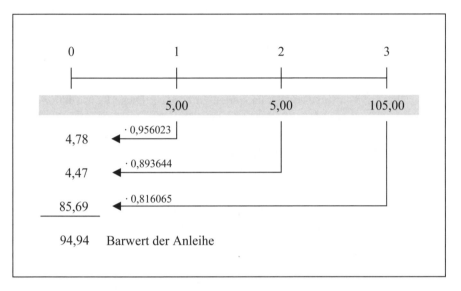

Abb. 294: Bewertung einer 3-jährigen Anleihe ohne Wandlungsrechte

8.4 Bewertung einer kündbaren Wandelanleihe

Wandelanleihen werden oft auch mit zusätzlichen Rechten ausgestattet. Hatte bisher lediglich der Investor das Recht, die Anleihe zu jedem Zeitpunkt der Laufzeit in Aktien des emittierenden Unternehmens zu wandeln, können auch dem Emittenten zusätzliche Rechte eingeräumt werden.

Häufig erhält der Emittent das Recht, bei einem bestimmten Aktienkurs die Anleihe frühzeitig vom Investor zurückkaufen zu können. Diese Konstruktion heißt **kündbare Wandelanleihe (Callable Convertible Bond)**. Aus Sicht des Emittenten wirkt die Kündigungsmöglichkeit wie ein Cap. Der Kündigungsbetrag stellt für ihn den maximalen Aufwand dar, den er für die Rückzahlung einkalkulieren muss. Im Gegenzug muss er für die Einräumung dieses Rechts aber an den Investor eine zusätzliche Prämie zahlen. Diese wird mit dem Emissionspreis der Wandelanleihe verrechnet. Daher muss der Preis einer Wandelanleihe mit Kündigungsrecht des Emittenten stets unter dem Preis einer Wandelanleihe ohne ein derartiges Recht liegen.

Der Investor hat beim Kauf einer Wandelanleihe eine Longposition in einer festverzinslichen Anleihe und eine Longposition in einer amerikanischen Aktien-Calloption. Der Emittent hat bei einer unkündbaren Wandelanleihe die entsprechenden Gegenpositionen (Shortpositionen) zum Investor inne. Durch das Kündigungsrecht erwirbt der Emittent eine Longposition in einer Aktien-Calloption vom Investor. Mit dieser Longposition kann der Emittent bei Kündigung das Optionsrecht des Investors glattstellen. Darüber hinaus benötigt er noch eine Longposition in einer amerikanischen Anleihe-Calloption. Da bei der Bewertung mit dem Binomialbaum nur einzelne Kündigungszeitpunkte betrachtet werden, entspricht dies einer Bermuda-Option.

Der Basispreis der Anleiheoption, die den Emittenten zur Kündigung berechtigt, ist in der Regel nicht konstant, sondern eine Funktion der Zeit. Diese kann z.B. so konstruiert sein, dass der Basispreis und damit der Tilgungsbetrag umso höher ist, je länger der Emittent sein Kündigungsrecht nicht wahrnimmt.

Im folgenden sei wieder das bereits bekannte Beispiel der Wandelanleihe aus Kap. 8.3 betrachtet. Alle Daten bleiben unverändert. Zusätzlich erhält der Emittent aber ein Kündigungsrecht der Wandelanleihe. Bei einer Kündigung seitens des Emittenten erhält der Investor in $t=1$ eine Rückzahlung von 102,00 EUR und in $t=2$ von 105,00 EUR. Kündigt der Emittent die Wandelanleihe nicht, wird sie in $t=3$ zum Nominalbetrag von 100,00 EUR zurückgezahlt. Zu jedem Rückzahlungszeitpunkt steht dem Investor zusätzlich der Kupon in Höhe von 5,00 % zu. Da die Wandelanleihe ein zusätzliches Recht für den Emittenten beinhaltet, wird sie statt für 105,00 ohne Kündigungsrecht zu 100,00 emittiert.

Im Gegensatz zur unkündbaren Wandelanleihe ist neben dem Ausübungsverhalten des Investors nun zusätzlich das Ausübungsverhalten des Emittenten zu berücksichtigen. Als erstes sei das alleinige Ausübungsverhalten des Emittenten betrachtet. Der Emittent hat ein Interesse daran, einen möglichst niedrigen Rückzahlungsbetrag bei Fälligkeit zu zahlen. Er wird versuchen, seine Zahlungen an den Investor zu minimieren. Im Falle der unkündbaren Wandelanleihe musste er entweder zwei Aktien pro 100,00 EUR Nominalvolumen liefern oder bei Ablauf der Wandelanleihe zu 100,00 EUR tilgen, wenn der Investor nicht gewandelt hat.

Bei der kündbaren Wandelanleihe hat er zu jedem möglichen Kündigungs-zeitpunkt der Anleihelaufzeit das Recht, zu wählen, ob er den in einem Szenario gültigen, retrograd ermittelten diskontierten Wert der Wandelanleihe (DW) plus den Kupon (K) oder den für diesen Zeitpunkt gültigen Kündigungspreis (KP) plus den Kupon zahlen möchte. Aus diesen beiden Werten wählt der Emittent stets das Minimum. Sein Auszahlungsprofil besitzt daher folgendes Aussehen:

$$\min(DW + K; KP + K)$$

Der Preis der Wandelanleihe in einem Szenario wird aber nicht alleine durch das Auszahlungsprofil des Emittenten bestimmt, sondern ist zusätzlich auch vom Verhalten des Investors im gleichen Szenario abhängig. Bei isolierter Betrachtung des Wandlungsrechts des Investors ergab sich bei der unkündbaren Wandelanleihe das folgende Auszahlungsprofil:

$$\max(2 \cdot A + K; DW + K)$$

Da die Handlungen von Emittent und Investor in jedem Szenario von einander abhängen, müssen beide Auszahlungsprofile zusammengefasst werden. Als erstes darf der Emittent wählen, ob er kündigen möchte oder nicht. Im Anschluß daran wählt der Investor, ob er im Falle der Kündigung eine Rückzahlung in Geld (KP + K) oder die Lieferung von Aktien (2 · A + K) wünscht oder aber im Falle der Nicht-Kündigung die Wandelanleihe behalten (DW + K) oder wandeln will (2 · A + K). Das kombinierte Auszahlungsprofil einer kündbaren Wandelanleihe sieht damit folgendermaßen aus:

$$\max[\min(DW + K; KP + K); 2 \cdot A + K]$$

Die Bewertung einer kündbaren Wandelanleihe sei wieder anhand des 3-jährigen Beispiels verdeutlicht (vgl. Abb. 285). Zusätzlich hat der Emittent die genannten Kündigungsmöglichkeiten. Methodisch wird wie bei der unkündbaren Wandelanleihe vorgegangen. Die Werte in den jeweiligen Szenarien werden retrograd ermittelt. Begonnen wird in t=3. Da sich zu diesem Zeitpunkt keine zusätzlich zu berücksichtigenden Rechte gegenüber der unkündbaren Wandelanleihe ergeben, entsprechen die Werte denen aus Abb. 291.

Als nächstes werden die Werte der kündbaren Wandelanleihe in t=2 ermittelt. Zuerst sei das Szenario (S_{uu}) betrachtet. Zunächst wählt der Emittent seinen minimalen Rückzahlungsbetrag. In t=2 darf der Emittent zu 105,00 EUR kündigen. Zuzüglich des Kupons ergibt sich für ihn in diesem Fall ein zu zahlender Betrag von 110,00 EUR. Dieser Betrag muss mit dem Wert bei Nicht-Kündigung (DW + K) verglichen werden. Der diskontierte Wert in (S_{uu}) wurde bereits in Kap. 8.3 berechnet. Die Aktienkomponente hat einen Wert von 76,45 EUR und die Anleihekomponente von 44,68 EUR:

$$DW_{Aktie} = [0{,}560691 \cdot 147{,}58 + (1 - 0{,}560691 \cdot 0)] \cdot e^{(-0{,}07909)} = 76{,}45$$

$$DW_{Anleihe} = [0{,}560691 \cdot 5{,}00 + (1 - 0{,}560691) \cdot 105{,}00] \cdot e^{(-0{,}090814)} = 44{,}68$$

Insgesamt beträgt der diskontierte Wert der Wandelanleihe im Szenario (S_{uu}) 121,13 EUR (76,45 + 44,68). Hinzuaddiert werden muss nun noch die Kuponzahlung von 5,00 EUR, so dass sich insgesamt ein Betrag von 126,13 EUR ergibt. Im Szenario (S_{uu}) wird der Emittent daher kündigen. Der Rückzahlungbetrag von 110,00 EUR liegt um 16,13 EUR (126,13 – 110,00) niedriger.

Nachdem der Emittent dem Investor die Kündigung mitgeteilt hat, wird der Investor seinerseits versuchen, unter den gegebenen Umständen seinen Auszahlungs-betrag zu maximieren. Er hat das Recht, die Rückzahlung in Höhe des Kündigungspreises zu akzeptieren oder eine Rückzahlung in Aktien zu verlangen. Der Aktienkurs in (S_{uu}) liegt bei 54,67 EUR. Da der Investor das Recht auf den Bezug von zwei Aktien hat, bekommt er bei Rückzahlung in Aktien 109,34 EUR (2 · 54,67). Der Betrag von 109,34 EUR ist um 4,34 EUR (109,34 – 105,00) größer als der Kündigungsbetrag des Emittenten. Der Investor wird daher die Lieferung der Aktien verlangen. Zusätzlich erhöht sich der Wert der Wandelanleihe in (S_{uu}) noch um den Kupon von 5,00 EUR, so dass sich insgesamt ein Wert von 114,34 EUR ergibt.

In den beiden anderen Szenarien in t=2 (S_{ud}) und (S_{dd}) ergeben sich gegenüber dem Fall einer unkündbaren Wandelanleihe keine Unterschiede. Der Wert der Szenarien ist zu niedrig (100,88 < 105,00), so dass der Emittent sein Kündigungsrecht nicht ausüben wird. Abb. 295 zeigt die Preise der Wandelanleihe in t=2.

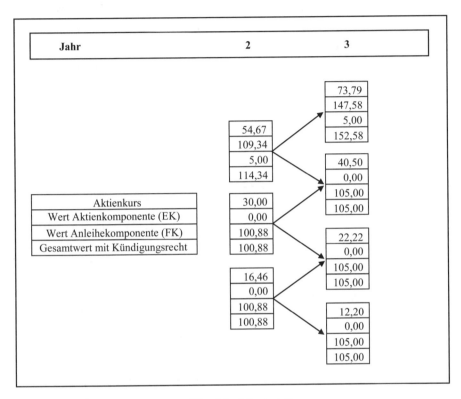

Abb. 295: Bewertung der kündbaren Wandelanleihe in t=2

Die Bewertung der Wandelanleihe muss in t=1 fortgesetzt werden. Beispielhaft sei das Szenario (S_u) betrachtet. Als erstes wird der Emittent wieder seinen Rückzahlungsbetrag minimieren. Kündigen kann er in t=1 zu 102,00 EUR. Er wird dies tun, wenn der diskontierte Wert höher ist. Der Wert der Aktienkomponente beträgt 54,12 EUR und der Wert der Anleihekomponente 47,24 EUR:

$$DW_{Aktie} = [0,525068 \cdot 109,34 + (1 - 0,52068) \cdot 0] \cdot e^{(-0,058841)} = 54,12$$

$$DW_{Anleihe} = [0,525068 \cdot 5,00 + (1 - 0,525068) \cdot 100,88] \cdot e^{(-0,067474)} = 47,24$$

Der Gesamtwert bei Diskontierung beträgt 101,36 EUR (54,12 + 47,24). Dieser Betrag ist kleiner als der Kündigungsbetrag von 102,00 EUR. Der Emittent wird daher von seinem Kündigungsrecht keinen Gebrauch machen. Der Investor überprüft, ob seine Alternative zum diskontierten Wert, der Bezug von zwei Aktien, zu einem besseren Ergebnis führt. Der Aktienkurs in (S_u) ist 40,50 EUR. Damit würde er bei Lieferung von zwei Aktien 81,00 EUR erhalten. Er wird nicht wandeln, weil er dabei einen Minderertrag von 20,36 EUR (101,36 - 81,00) realisieren würde. Da der Investor zusätzlich die Kuponzahlung von 5,00 EUR erhält, beträgt der Wert der Wandelanleihe für ihn in t=1 insgesamt 106,36 EUR (101,36 + 5,00). Im Szenario (S_d) wird der Emittent nicht kündigen und der Investor nicht wandeln. Abb. 296 zeigt die Preise der kündbaren Wandelanleihe in t=1.

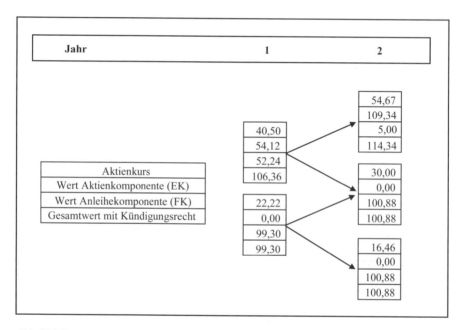

Abb. 296: Bewertung der kündbaren Wandelanleihe in t=1

Wenn die Preise der kündbaren Wandelanleihe in t=1 bekannt sind, kann abschließend die Berechnung des Preises in t=0 durch Diskontierung der Werte aus t=1 durchgeführt werden. Zusätzliche Rechte seitens des Emittenten bzw. des Investors oder Kuponzahlungen müssen zu diesem Zeitpunkt nicht berücksichtigt werden. Im Beispiel hat die Aktienkomponente einen Wert von 25,56 EUR und die Anleihekomponente einen Wert von 72,83 EUR:

$$DW_{Aktie} = [0,491235 \cdot 54,12 + (1 - 0,491235) \cdot 0] \cdot e^{(-0,039221)} = 25,56$$

$$DW_{Anleihe} = [0{,}491235 \cdot 52{,}24 + (1 - 0{,}491235) \cdot 99{,}30] \cdot e^{(-0{,}044973)} = 72{,}83$$

Der arbitragefreie Preis der Wandelanleihe in t=0 beträgt 98,39 EUR (25,56 + 72,83). Der Emissionspreis liegt bei 100,00. Der Investor zahlt damit einen Aufpreis von 1,61 (100,00 - 98,39). Abb. 297 zeigt die Bewertung der kündbaren Wandelanleihe von t=3 bis t=0.

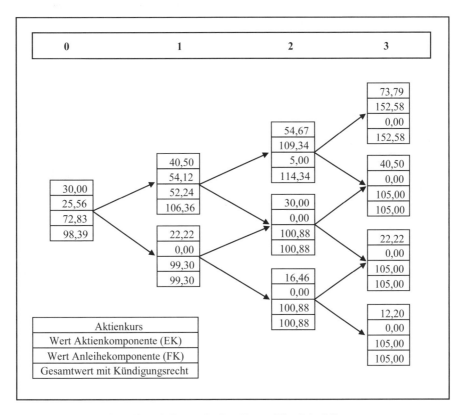

Abb. 297: Vollständiger Binomialbaum der kündbaren Wandelanleihe

Für die kündbare Wandelanleihe kann ebenfalls der Wert der Optionskomponenten bestimmt werden. Eine ausstattungsgleiche Anleihe des Emittenten ohne Wandlungsrechte hat einen Barwert von 94,94 EUR (vgl. Abb. 294). Die unkündbare Wandelanleihe kostet 101,01 EUR (vgl. Abb. 293). Damit hat die Calloption des Investors einen Preis von 6,07 EUR (101,01 – 94,94). Da der Preis einer kündbaren Wandelanleihe mit 98,39 EUR um 2,62 EUR geringer ist als der Preis der unkündbaren Wandelanleihe mit 101,01, muss diese Differenz auf die Zahlung der Optionsprämie des Emittenten an den Investor für das Kündigungsrecht der Anleihe zurückzuführen sein. Aus Sicht des Emittenten ergibt sich folgende Zusammensetzung des Preises der kündbaren Wandelanleihe CCB (Callable Convertible Bond):

$$CCB = 94{,}94 + 6{,}07 - 2{,}62 = 98{,}39$$

Einen abschließenden Vergleich über die verschiedenen Ausstattungsvarianten von Anleihen zeigt Abb. 298.

Emittent Investor	kein Kündigungsrecht	Kündigungsrecht
kein Wandlungsrecht	festverzinsliche Anleihe 94,94	Callable Bond /
Wandlungsrecht	Convertible Bond 101,01	Callable Convertible Bond 98,39

Abb. 298: Vergleich verschiedener Ausstattungsvarianten von Anleihen

In den analysierten Beispielen des Kap. 8 wurde der Fall der Callable Bonds nicht mehr untersucht. Hier sei auf die Ausführungen in Kap. 7.1.3 (Single-Callable Bonds) und Kap. 7.2.3 (Multi-Callable Bonds) verwiesen.

8.5 Fallstudien zu Wandelanleihen

8.5.1 Fallstudie 27: Bewertung einer unkündbaren Wandelanleihe

Die X-Bank emittiert eine 3-jährige Wandelanleihe auf die Aktie der Alternativ AG. Je 100 EUR Nominalvolumen bekommt der Investor bei Wandlung 6 Aktien der Alternativ AG. Der aktuelle Aktienkurs beträgt 10,00 EUR. Die jährliche Volatilität der Aktienkurse der Alternativ AG beträgt 40 %. Die Wandelanleihe wird durch die X-Bank zu einem Kurs von 100,00 emittiert.

Am Markt existiert folgende **risikolose Zinsstrukturkurve**:

Laufzeit	1 Jahr	2 Jahre	3 Jahre
Kuponzins	5,00 %	6,50 %	8,50 %
Nullkuponzins	5,00 %	6,55 %	8,73 %

Die Alternativ AG hat einen **konstanten Spread** auf die risikolosen Zinsen von 12 % für jede Laufzeit:

Laufzeit	1 Jahr	2 Jahre	3 Jahre
Kuponzins	5,60 %	7,28 %	9,52 %
Nullkuponzins	5,60 %	7,34 %	9,81 %

a) Berechnen Sie die zur Bewertung der Wandelanleihe notwendigen **risikolosen und risikobehafteten Zerobond-Abzinsfaktoren**.

b) Berechnen Sie die notwendigen **stetigen risikolosen und risikobehaften Forward Rates**.

c) Berechnen Sie den **Aufwärtsfaktor (u)** und den **Abwärtsfaktor (d)**.

d) Wie hoch sind die **impliziten Gleichgewichtswahrscheinlichkeiten (p)** für die drei Bewertungsperioden.

e) **Bewerten** Sie die Wandelanleihe in t=0!

f) Wie groß ist der **Gewinn** der X-Bank bei Emission der Wandelanleihe?

8.5.2 Fallstudie 28: Bewertung einer kündbaren Wandelanleihe

Die X-Bank überlegt, ob sie alternativ zu der in Fallstudie 27 analysierten Wandelanleihe eine ansonsten ausstattungsgleiche Wandelanleihe mit einem eigenen Kündigungsrecht versehen soll. Dabei möchte sie zu jedem möglichen Kündigungszeitpunkt zu einem Kurs von 108,00 kündigen können. Diese Wandelanleihe soll wieder zu 100,00 emittiert werden.

a) In welchen **Szenarien** wird die X-Bank die Wandelanleihe kündigen?

b) Bewerten Sie die **kündbare Wandelanleihe** in t=0!

c) Wie groß ist jetzt der **Gewinn** der X-Bank bei der Emission?

Anhang

Verteilungsfunktion der Standard-Normalverteilung

z	0,00	0,01	0,02	0,03	0,04	0,05	0,06	0,07	0,08	0,09
0,0	0,5000	0,5040	0,5080	0,5120	0,5160	0,5199	0,5239	0,5279	0,5319	0,5359
0,1	0,5398	0,5438	0,5478	0,5517	0,5557	0,5596	0,5636	0,5675	0,5714	0,5753
0,2	0,5793	0,5832	0,5871	0,5910	0,5948	0,5987	0,6026	0,6064	0,6103	0,6141
0,3	0,6179	0,6217	0,6255	0,6293	0,6331	0,6368	0,6406	0,6443	0,6480	0,6517
0,4	0,6554	0,6591	0,6628	0,6664	0,6700	0,6736	0,6772	0,6808	0,6844	0,6879
0,5	0,6915	0,6950	0,6985	0,7019	0,7054	0,7088	0,7123	0,7157	0,7190	0,7224
0,6	0,7257	0,7291	0,7324	0,7357	0,7389	0,7422	0,7454	0,7486	0,7517	0,7549
0,7	0,7580	0,7611	0,7642	0,7673	0,7704	0,7734	0,7764	0,7794	0,7823	0,7852
0,8	0,7881	0,7910	0,7939	0,7967	0,7995	0,8023	0,8051	0,8078	0,8106	0,8133
0,9	0,8159	0,8186	0,8212	0,8238	0,8264	0,8289	0,8315	0,8340	0,8365	0,8389
1,0	0,8413	0,8438	0,8461	0,8485	0,8508	0,8531	0,8554	0,8577	0,8599	0,8621
1,1	0,8643	0,8665	0,8686	0,8708	0,8729	0,8749	0,8770	0,8790	0,8810	0,8830
1,2	0,8849	0,8869	0,8888	0,8907	0,8925	0,8944	0,8962	0,8980	0,8997	0,9015
1,3	0,9032	0,9049	0,9066	0,9082	0,9099	0,9115	0,9131	0,9147	0,9162	0,9177
1,4	0,9192	0,9207	0,9222	0,9236	0,9251	0,9265	0,9279	0,9292	0,9306	0,9319
1,5	0,9332	0,9345	0,9357	0,9370	0,9382	0,9394	0,9406	0,9418	0,9429	0,9441
1,6	0,9452	0,9463	0,9474	0,9484	0,9495	0,9505	0,9515	0,9525	0,9535	0,9545
1,7	0,9554	0,9564	0,9573	0,9582	0,9591	0,9599	0,9608	0,9616	0,9625	0,9633
1,8	0,9641	0,9649	0,9656	0,9664	0,9671	0,9678	0,9686	0,9693	0,9699	0,9706
1,9	0,9713	0,9719	0,9726	0,9732	0,9738	0,9744	0,9750	0,9756	0,9761	0,9767
2,0	0,9772	0,9778	0,9783	0,9788	0,9793	0,9798	0,9803	0,9808	0,9812	0,9817
2,1	0,9821	0,9826	0,9830	0,9834	0,9838	0,9842	0,9846	0,9850	0,9854	0,9857
2,2	0,9861	0,9864	0,9868	0,9871	0,9875	0,9878	0,9881	0,9884	0,9887	0,9890
2,3	0,9893	0,9896	0,9898	0,9901	0,9904	0,9906	0,9909	0,9911	0,9913	0,9916
2,4	0,9918	0,9920	0,9922	0,9925	0,9927	0,9929	0,9931	0,9932	0,9934	0,9936
2,5	0,9938	0,9940	0,9941	0,9943	0,9945	0,9946	0,9948	0,9949	0,9951	0,9952
2,6	0,9953	0,9955	0,9956	0,9957	0,9959	0,9960	0,9961	0,9962	0,9963	0,9964
2,7	0,9965	0,9966	0,9967	0,9968	0,9969	0,9970	0,9971	0,9972	0,9973	0,9974
2,8	0,9974	0,9975	0,9976	0,9977	0,9977	0,9978	0,9979	0,9979	0,9980	0,9981
2,9	0,9981	0,9982	0,9982	0,9983	0,9984	0,9984	0,9985	0,9985	0,9986	0,9986
3,0	0,9987	0,9987	0,9987	0,9988	0,9988	0,9989	0,9989	0,9989	0,9990	0,9990
3,1	0,9990	0,9991	0,9991	0,9991	0,9992	0,9992	0,9992	0,9992	0,9993	0,9993
3,2	0,9993	0,9993	0,9994	0,9994	0,9994	0,9994	0,9994	0,9995	0,9995	0,9995
3,3	0,9995	0,9995	0,9995	0,9996	0,9996	0,9996	0,9996	0,9996	0,9996	0,9997
3,4	0,9997	0,9997	0,9997	0,9997	0,9997	0,9997	0,9997	0,9997	0,9997	0,9998
3,5	0,9998	0,9998	0,9998	0,9998	0,9998	0,9998	0,9998	0,9998	0,9998	0,9998
3,6	0,9998	0,9998	0,9999	0,9999	0,9999	0,9999	0,9999	0,9999	0,9999	0,9999
3,7	0,9999	0,9999	0,9999	0,9999	0,9999	0,9999	0,9999	0,9999	0,9999	0,9999
3,8	0,9999	0,9999	0,9999	0,9999	0,9999	0,9999	0,9999	0,9999	0,9999	0,9999
3,9	1,0000	1,0000	1,0000	1,0000	1,0000	1,0000	1,0000	1,0000	1,0000	1,0000

Tabelliert sind die Werte der Verteilungsfunktion

$\Phi(z) = P(Z \leq z)$ für $z \geq 0$.

Ablesebeispiel: $\Phi(0,89) = 0,8133$

Funktionswerte für negative z-Werte: $\Phi(-z) = 1 - \Phi(z)$

Ablesebeispiel: $\Phi(-1,63) = 1 - \Phi(1,63) = 1 - 0,9484 = 0,0516$

Abkürzungsverzeichnis

Δ	Delta
δ	stetige Dividendenrendite
Σ	Summe
σ	Volatilität
a	Wachstumsfaktor
A	aktueller Preis
A_d	Aktienkurs beim Abwärtsszenario in t=1
A_u	Aktienkurs beim Aufwärtsszenario in t=1
A_i	Aktienkurs in t=i
act	actual
B	Kurs
BBA	British Bankers Association
BP	Basis Point
BPV	Basis Point Value
BW	Barwert
C	Callpreis
C_{IW}	innerer Wert Calloption
C_d	Callpreis beim Abwärtsszenario in t=1
C_u	Callpreis beim Aufwärtsszenario in t=1
CCB	Callable Convertible Bond
CB	Convertible Bond
CF	Cash Flow
CMS	Constant Maturity Swap
CV	Convexity
CV_a	abgeänderte Convexity
CVA	Convexity Adjustment
D	Duration
d	Abwärtsfaktor
d_1	z-Wert der Standardnormalverteilung
d_2	z-Wert der Standardnormalverteilung
DAX®	Deutscher Aktienindex, eingetragenes Markenzeichen der Deutsche Börse AG
DW	diskontierter Wert
e	Eulersche Zahl
ED	Effective Duration
EK	Eigenkapital
EW	Endwert
EXCEL®	EXCEL, eingetragenes Markenzeichen von Microsoft

F	Forward Kurs
FK	Fremdkapital
FR	Forward Rate
FRA	Forward Rate Agreement
FRN	Floating Rate Note
FRZ	Forward Rate Geldmarktzinsen
GZ	Gesamtlaufzeit
I	Indexstand
i	Kuponzinssatz
IW	innerer Wert
k_i	relative Kursänderung
K	Kupon
K_0	Kreditvolumen in t=0
K_1	Kreditvolumen in t=1
KP	Kündigungspreis
KRD	Key Rate Duration
KV	Kontraktvolumen
LZ	Laufzeit
m	Anzahl Zinszahlungen im Jahr
MD	Modified Duration
MD_a	abgeänderte Modified Duration
Moody's	Moody's Investors Service
MZE	Marktzinsänderungseffekt
$N(d_i)$	Quantile der Standardnormalverteilung
n	Variable
NV	Nominalvolumen
OTC	Over the Counter
P	Putpreis
P_{IW}	innerer Wert Putoption
P_d	Putpreis beim Aufwärtsszenario in t=1
P_u	Putpreis beim Abwärtsszenario in t=1
p	Wahrscheinlichkeit
PEX®	Deutscher Pfandbriefindex, eingetragenes Markenzeichen der Deutsche Börse AG
R	Yield to Maturity
r	stetiger Zinssatz
REX®	Deutscher Rentenindex, eingetragenes Markenzeichen der Deutsche Börse AG
S	Ausgangsszenario in t=0
S_d	Abwärtsszenario in t=1

Abkürzungsverzeichnis

S_u	Aufwärtsszenario in t=1
S&P	Standard & Poor's
SR	Spot Rate
SwR	Swap Rate
TA	Timing Adjustment
t	Zeitindex
u	Aufwärtsfaktor
X	Basispreis
x	Variable
z	Nullkuponzinssatz
ZB-AF	Zerobond-Abzinsfaktor
ZB-UF	Zerobond-Aufzinsfaktor
ZpI	Zinsertrag pro Indexpunkt
ZSKE	Zinsstrukturkurvenrutscheffekt

Literaturverzeichnis

BBA, http://www.bba.org.uk

BLACK F. 1976, The Pricing of Commodity Contracts, Journal of Financial Economics, 3 (März 1976), S. 167-179.

BLACK F./SCHOLES M. 1973, The Pricing of Options and Corporate Liabilities, Journal of Political Economy, 81 (Mai-Juni 1973), S. 637-659.

BODIE Z./KANE A./MARCUS A. 2002, Investments, 5. Auflage, New York.

BOSCH K. 1993, Statistik-Taschenbuch, 2. Auflage, München.

COX J./ROSS S./RUBINSTEIN M. 1979, Option Pricing: A Simplified Approach, Journal of Financial Economics, 7 (Oktober 1979), S. 229-264.

DEUTSCHE BÖRSE 2002, Leitfaden zu den Aktienindizes der Deutschen Börse, Frankfurt am Main.

HULL J. 2003, Options, Futures and Other Derivatives, 5. Auflage, Upper Saddle River.

JARROW R./TURNBULL S. 2000, Derivative Securities, 2. Auflage, Cincinnati.

MACAULAY, F.R. 1938, Some Theoretical Problem Suggested by the Movement of Interest Rates, Bond Yields and Stock Prices in the United States since 1856, National Bureau of Economic Research, New York, S. 44-53.

MARUSEV A./PFINGSTEN A. 1992, Zur arbitragefreien Fortrechnung von Zinsstrukturkurven, Volkswirtschaftliche Diskussionsbeiträge 29-92, Siegen.

SCHIERENBECK H. 2003a, Ertragsorientiertes Bankmanagement, Band 1: Grundlagen, Marktzinsmethode und Rentabilitäts-Controlling, 8. Auflage, Wiesbaden.

SCHIERENBECK H. 2003b, Ertragsorientiertes Bankmanagement, Band 2: Risiko-Controlling und intergrierte Rendite-/Risikosteuerung, 8. Auflage, Wiesbaden.

SCHIERENBECK H./WIEDEMANN A. 1996, Marktwertrechnungen im Finanzcontrolling, Stuttgart.

STEINBRENNER H.P. 1996, Bewertungen im professionellen Optionsgeschäft, Stuttgart.

STEINER M./BRUNS C. 2002, Wertpapiermanagement, 8. Auflage, Stuttgart.

STEINER P./UHLIR H. 2001, Wertpapieranalyse, 4. Auflage, Heidelberg.

TSIVERIOTIS K./FERNANDES C. 1998, Valuing Convertible Bonds with Credit Risk, The Journal of Fixed Income, Vol. 8, Nr. 2, 1998, S. 95-102.

WIEDEMANN A./NOLTE M. 1994, Kalkulation und Einsatz von Forward Rate Agreements im Treasury-Management, ZfB, 64. Jg., Heft 5, 1994, S. 629-654.

WILKENS M./BAULE R./ENTROP O. 2001, Multi Callable Step-up Bonds – attraktive Fixed Income Produkte, Sparkasse, Heft 2, 2001, S. 75-77.

Stichwortverzeichnis

A

Abschlag.................................. 236
Absicherungszeit.........................291
absolute Kursänderung..................65
Aktienanleihe............................ 219
Aktien-Calloption...................... 204
am Geld....................................210
amerikanische Calloption.............185
amerikanische Putoption..............191
amerikanische Option................. 145
Anleihe......................................41
Anleihe-Calloption.....................265
Anleihekursverlauf.....................270
Anleihen mit einfachem
Kündigungsrecht.......................339
Anleihen mit halbjährlicher
Zinszahlung...............................47
Anleiheoption...........................265
Anleihe-Putoption...................... 268
Arbitrageportfolio..................... 164
aus dem Geld............................208
Ausgleichszahlung eines FRA....... 93
Ausgleichszahlung von Caps....... 292
Ausgleichszahlung
von Swaptions...........................324
Ausgleichzahlung von Floors...... 304

B

Barwert.....................................28
Barwert-Rendite-Kurve.................68
Barwertrisiko.............................57
Basispoint Values........................76
Basiswert.................................139
Bermuda-Option....................... 358
Binomialbaum..........................359
Binomialmodell........................156
Binomialschritt.........................156
Black-Modell für Caps...............297

Black-Modell für Floors............309
Black-Modell für Collars..........318
Black-Modell für Swaptions......329
Black/Scholes-Modell...............204
Bonitätsbewertung......................79
Bonitätsrisiko............................ 78
bonitätsrisikolose Anleihe............41
Bull-Spread..............................251

C

Callable Bond..........................339
Callable Convertible Bond.........424
Calloption...............................139
Cap.. 287
Caplet.................................... 289
Clean Price...............................45
Collar.....................................312
Constant Maturity Swap............121
Convertible Bond....................407
Convexity.................................66
Convexity Adjustment...............114
Corporate Bonds....................... 78
Credit-Spread...........................80

D

Delta......................................164
Deutscher Pfandbriefindex............9
Deutscher Rentenindex................ 8
Dirty Price................................45
Discount.................................236
Discount-Zertifikat................... 235
Dividendenrendite....................254
Dividendenzahlung.................. 198
Duplizierung............................ 29
Duration.................................. 60
durchschnittliche
Kapitalbindungsdauer................. 62

E

echte Nullkuponanleihe................. 49
Effective Duration........................72
Einperiodenfall.............................156
europäische Calloption.................168
europäische Putoption.................172
europäische Option..................... 145
exponentielle Verzinsung................5

F

festverzinsliche Anleihe.................41
Festzinsempfänger-Swap............. 101
Festzinszahler-Swap..................... 101
Financial Engineering................. 1
Finanzmathematik.....................3
Floater...............................86
Floor...................................300
Floorlet............................302
Forward Kurs....................... 273
Forward Rate Agreement............89
Forward Swap....................... 108
Forward-Zinssatz.................... 23
FRABBA-Term......................89
FRA-Periode......................... 90
FRA-Zins.............................. 89

G

Gecapter Constant
Maturity Swap.......................395
Gesamtlaufzeit............................ 291
Gewinn- und Verlustprofil........... 142

H

Hedge-Ratio............................... 164
historische Volatilität................... 209

I

im Geld..........................208
implizite Wahrscheinlichkeit....... 159
In Area Swap.............................112

index-basierte Anleihe................. 240
Index-Calloption....................254
Index-Option........................ 253
Index-Putoption....................256
Indexzertifikat......................248
innerer Wert............................. 146

K

Kalkulationszinswürfel................. 11
Kapitalzuwachsanleihe..............49
Key Rate.............................74
Key Rate Duration................... 74
kündbare Wandelanleihe.............424
Kuponzinssatz....................... 3
Kursindex............................253
Kursverlaufshypothese.................213
Kursvolatilität....................... 278
Kurswertrisiko.........................51

L

Leveraged Floater....................... 386
lineare Interpolation.................. 24
lineare Verzinsung......................... 5
Lognormalverteilung der
Zinssätze................................ 360
Long Collar........................318
Long-Calloption................... 140
Long-Putoption........................... 140

M

Marktzinsänderungseffekt.............56
Mehrperiodenfall....................179
Modified Duration................... 64
Moneyness........................ 211
Moody's Investors Service......... 80
Multi-Callable Bond............. 365
Multi-Putable Bond.................370

N

Nominalzins...........................3

Nullkupon-Anleihe................. 49
Nullkuponzinssatz.................... 20

O
Option.. 139
Optionsportfolio......................... 164
Optionspreismodell.................. 155
Optionsstrategie..................... 240
OTC-Option........................... 139

P
Partizipationsbereich................240
Partizipationsrate....................240
Payer-Swap............................. 101
Payer-Swaption..................... 321
Performanceindex................. 253
PEX..9
Plain Vanilla Swap..................100
Preiskanal...........................148
Pull to Par-Effekt..................... 59
Put-Call Parität......................178
Putable Bond........................339
Putoption.................................. 139

R
Rating-Klasse........................... 79
Receiver-Swap...................... 101
Receiver-Swaption.................322
rechnerischer Kurs........................ 44
relative Kursänderung................65
Restlaufzeitverkürzungseffekt....... 54
Reverse Floater..................... 374
REX..8
risikoadjustierte
  Wahrscheinlichkeit...................... 208
risikoneutrale Bewertung............. 157
Rückkaufsrecht....................... 339

S
Schlüsselrenditen............................ 74

Short Collar...........................318
Short-Calloption....................140
Short-Putoption..................... 141
Single-Callable Bond..............349
Single-Putable Bond.............. 340
Spread... 81
Spreadkurve........................... 81
Standard & Poor's..................80
standardisierte Option............... 139
Standardnormalverteilung............206
Step-up Bond......................... 345
stetige Verzinsung......................6
Stillhalter................................140
stochastische Zinsprozesse...........359
stochastische Forward Rates...... 359
Straight Bond......................... 41
Stückzinsen............................. 45
Stufenzinsanleihe.................. 283
Summendiskontierungsfaktor...... 328
Swap......................................100
Swap Rate............................. 321
Swapsatz.................................. 9
Swaption................................ 320
Swaption-Volatilität................. 329
symmetrisches Finanzprodukt....... 41

T
Timing Adjustment................. 123

U
Underlying................................... 139
unkündbare Wandelanleihe..........416
Unternehmensanleihen..................78
Upfront-Prämie........................ 110

V
variabel verzinsliche Anleihe..........86
Veräußerungsrecht....................... 339
Volatilität.................................. 210

vollständige
Gleichgewichtsmodelle................155
Vorlaufzeit...................................291

W

Wandelanleihe..............................407
Wertobergrenze............................147
Wertuntergrenze...........................146
Wiederanlagerisiko........................61
Wurzelgesetz................................209

Y

Yield to Maturity...........................35

Z

Zahlungsstrom-Transformator.......11
Zählweisen.......................................3
Zeitwert..149
zentraler Grenzwertsatz................214
Zero Cost Collar..........................312
Zero Rates.......................................3
Zerobond-Abzinsfaktor..................11
Zerobond-Aufzinsfaktor................17
Zinsbegriffe.....................................3
Zinsderivat...................................287
Zinskalküle.....................................5
Zinsobergrenze............................287
Zinsoptionen................................265
Zinssammler..................................51
Zinssatzkorrektur.........................114
Zinsstrukturkurve............................7
Zinsstrukturkurvenrutscheffekt......56
Zinsuntergrenze...........................300
Zinsverrechnungstermin..................4
Zinsvolatilität..............................278
zusätzliche Zinsleistung
pro Index-Punkt....................243

ccfb – Prof. Dr. Wiedemann Consulting GmbH & Co.KG

Ihr Schritt in die richtige Richtung

competence center finanz- und bankmanagement

Das Unternehmen

Die ccfb – Prof. Dr. Wiedemann Consulting wurde im Sommer 2001 mit dem Ziel gegründet, neue wissenschaftliche Konzepte in die Praxis zu überführen. Hinter der Abkürzung ccfb steht das **competence center finanz- und bankmanagement,** dessen Aufgabe die betriebswirtschaftliche Beratung von Unternehmen, Kommunen und Kreditinstituten ist.

competence center bankmanagement

Im Fokus der Beratungstätigkeit für Banken und Sparkassen steht neben der Implementierung neuer Methoden insbesondere deren Feinabstimmung auf die individuellen Bedürfnisse der Kunden. So wurde in der Vergangenheit beispielsweise im Rahmen von Projekten zur barwertigen Zinsbuchsteuerung das Konzept der gleitenden Durchschnitte zur Abbildung des variabel verzinslichen Geschäfts dahingehend verfeinert, dass die in der Praxis regelmäßig zu beobachtenden Bestandsschwankungen zukunftsorientiert berücksichtigt werden können. Hierfür stehen mit dem Programm Optimix und der Szenarioanalyse praxiserprobte EXCEL-Lösungen zur Verfügung.

Einen neuen Ansatz hat die ccfb auch im Bereich des Cash Flow-Mappings erarbeitet, mit dem es möglich ist, Zahlungen auf Stützstellen einer beliebigen Anzahl und Lage zu verteilen. Mit Hilfe dieser Erweiterung lässt sich die auch bei einer wertorientierten Steuerung stets zu berücksichtigende GuV-Wirkung von Steuerungsmaßnahmen optimieren.

competence center finanzmanagement

Im Bereich des Risikomanagements für Kommunen und private Unternehmen gehört die ccfb mit einem praxisorientierten Cash Flow at Risk-Ansatz zu den Vorreitern auf diesem Gebiet. Der Cash Flow at Risk-Ansatz stellt eine Übertragung des in Banken bereits etablierten Value at Risk-Ansatzes auf Unternehmen dar. Mit diesem Ansatz lassen sich die Charakteristika von Unternehmen sachgerecht abbilden und modellieren, da den finanziellen Aktiva und Passiva in Unternehmen im Vergleich zu Kreditinstituten eine in der Regel nur untergeordnete Bedeutung zukommt. Erfassen lässt sich sowohl der Einfluss der operativen Cash Flows auf die Höhe der finanziellen Risiken (z. B. saisonale Schwankungen der Nachfragemenge) als auch der umgekehrte Fall, der Einfluss von Wechselkurs- oder Rohstoffpreisschwankungen auf den Umsatz. Auch fordern Unternehmen in der Regel einen längeren Planungshorizont von z. B. 3 bis 12 Monaten.

training und coaching

Neben der Implementierung von Konzepten bietet die ccfb auch interne und externe Seminare zu allen Themen des modernen Bankmanagements an, z. B. Bewertung von Finanzinstrumenten, Gesamtbanksteuerung, Risikocontrolling und Vertriebscontrolling. Für Unternehmen hat sich die ccfb auf den Bereich des finanziellen Risikomanagements spezialisiert.

Kontakt

Mehr Informationen über die Gesellschaft erhalten Sie auf der Internetseite www.ccfb.de oder persönlich bei:

ccfb
Prof. Dr. Wiedemann Consulting GmbH & Co.KG
Am Eichenhang 50
57076 Siegen
Telefon: 0271_23 85 433_0
Telefax: 0271_23 85 433_9
E-Mail: info@ccfb.de
www.ccfb.de

competence center finanz- und bankmanagement

Dienstleistungsangebot im Überblick

Risikomanagement
- Konzeption und Einführung von Managementsystemen zur Steuerung von Zins-, Kredit- und operationellen Risiken in Banken und Sparkassen
  - Spezialgebiet: Zins- und Währungsrisikomanagement in Unternehmen
  - Spezialgebiet: Zinsmanagement in Kommunen

Strategie- und Fusionsberatung für Banken und Sparkassen
- Erstellung wissenschaftlicher Gutachten
- Fusionsbegleitung

Balanced Scorecard für Banken und Sparkassen
- Konzeption bankenspezifischer Scorecards
- Begleitung bei der Implementation

Vertriebsmanagement für Banken und Sparkassen
- Entwicklung von Vertriebskonzepten
- Aufbau einer Einzelgeschäftskalkulation
- Produktentwicklung

Selbstlernprogramme
- Offline- und Online-Programme für den Bereich Bewertung von Finanzprodukten, Treasury und Risikomanagement

Seminare
- Entwicklung und Durchführung von Seminaren (auch Inhouse) für Unternehmen und Kreditinstitute zu allen oben genannten Themen (z. B. barwertige Zins- und Kreditrisikosteuerung, operationelle Risiken, Einzelgeschäftskalkulation, finanzielles Risikomanagement in Unternehmen, Treasury-Management)